Z, A CIDADE PERDIDA

DAVID GRANN

Z, a cidade perdida
A obsessão mortal do coronel Fawcett em busca do Eldorado brasileiro

Tradução
Claudio Carina

Copyright © 2005, 2009 by David Grann

Grafia atualizada segundo o Acordo Ortográfico da Língua Portuguesa de 1990, que entrou em vigor no Brasil em 2009.

Título original
The lost city of Z — A tale of deadly obsession in the Amazon

Capa
Retina_78

Mapas das pp. 12-15
David Cain

Preparação
Rodrigo Villela

Índice remissivo
Luciano Marchiori

Revisão
Valquíria Della Pozza
Carmen S. da Costa

Dados Internacionais de Catalogação na Publicação (CIP)
Câmara Brasileira do Livro, SP, Brasil

Grann, David
  Z, a cidade perdida : a obsessão mortal do coronel Fawcett em busca do Eldorado brasileiro / David Grann ; tradução Claudio Carina. — São Paulo : Companhia das Letras, 2009.

  Título original: The lost city of Z.
  ISBN 978-85-359-1515-0

  1. Amazônia – Expedições exploradoras 2. Amazônia – Exploradores 3. Fawcett, Percy Harrison, 1867-1925 – Amazônia – Viagens 4. Fawcett Percy Harrison, 1867-1925 – Morte e funeral 5. Grann, David – Amazônia – Viagens I. Título

09-06922   CDD-910.92

Índice para catálogo sistemático:
1. Aventureiros desaparecidos : Vida e obra   910.92

[2009]
Todos os direitos desta edição reservados à
EDITORA SCHWARCZ LTDA.
Rua Bandeira Paulista, 702, cj. 32
04532-002 — São Paulo — SP
Telefone (11) 3707-3500
Fax (11) 3707-3501
www.companhiadasletras.com.br

Para minha intrépida Kyra

Às vezes, basta-me uma partícula que se abre no meio de uma paisagem incongruente, um aflorar de luzes na neblina, o diálogo de dois passantes que se encontram no vaivém, para pensar que partindo dali construirei pedaço por pedaço a cidade perfeita [...] Se digo que a cidade para a qual tende a minha viagem é descontínua no espaço e no tempo, ora mais rala, ora mais densa,
    você não deve crer que pode parar de procurá-la.

Italo Calvino, As cidades invisíveis*

---

* Tradução de Diogo Mainardi. 2ª ed. São Paulo: Companhia das Letras, 1990, p. 149.

Sumário

Prefácio 17
1. Nós voltaremos 21
2. O desaparecimento 33
3. Começa a busca 44
4. O tesouro enterrado 52
5. Espaços em branco no mapa 70
6. O discípulo 82
7. Sorvete seco e meias de adrenalina 92
8. Na Amazônia 97
9. Os documentos secretos 118
10. O Inferno Verde 124
11. O Acampamento do Cavalo Morto 131
12. Nas mãos dos deuses 134
13. O resgate 161
14. O caso de Z 166
15. Eldorado 188
16. A caixa trancada 197

17. O mundo inteiro está louco 201
18. Uma obsessão científica 228
19. Uma pista inesperada 239
20. Não tenha medo 244
21. A última testemunha 265
22. Vivo ou morto 277
23. Os ossos do coronel 300
24. O outro mundo 314
25. Z 320

Agradecimentos 341
Observação sobre as fontes 345
Notas 349
Bibliografia selecionada 379
Índice remissivo 393

Z, A CIDADE PERDIDA

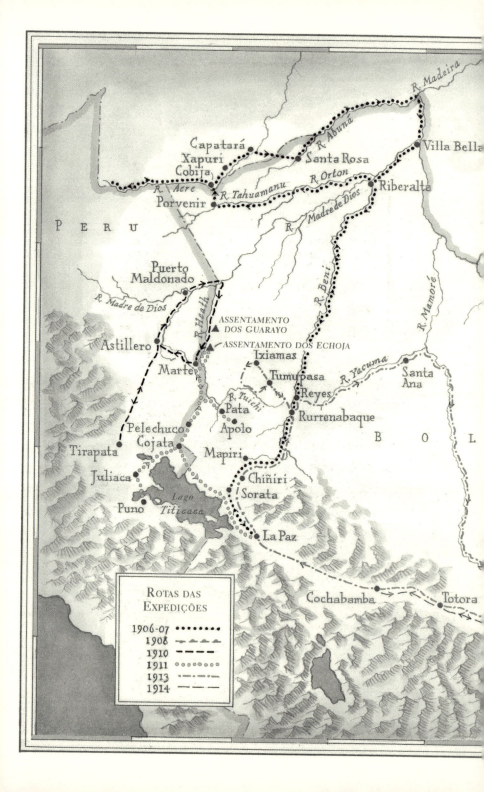

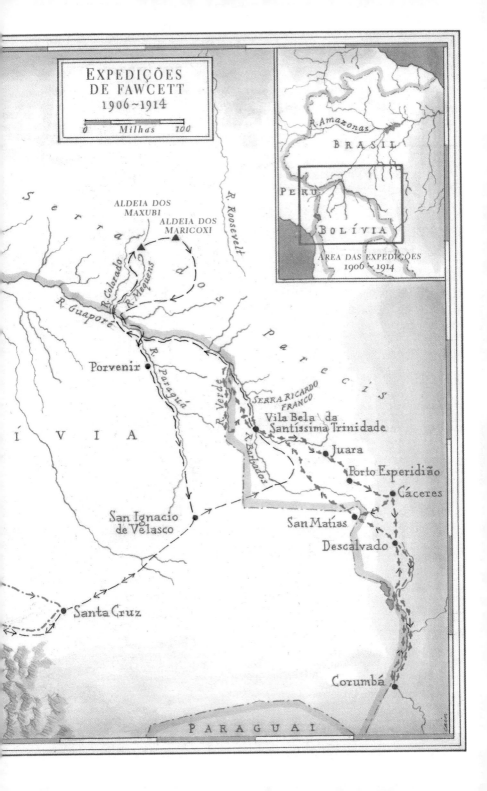

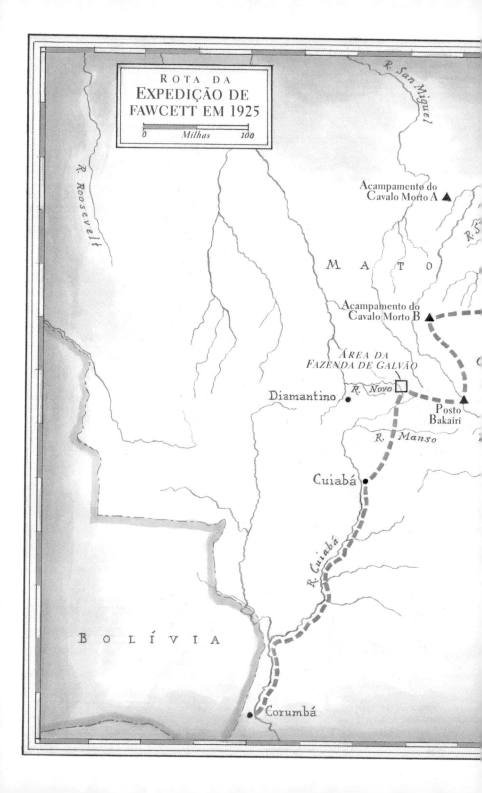

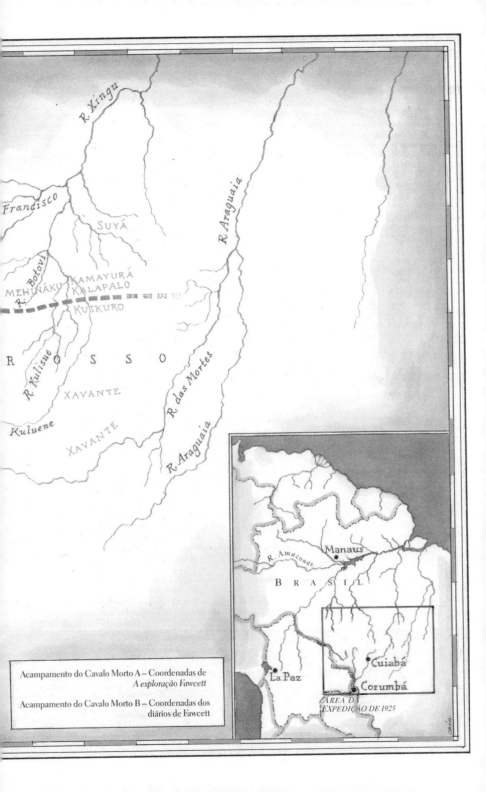

Prefácio

Tirei o mapa do bolso. Estava molhado e amassado, e as linhas que havia traçado para destacar minha rota estavam agora esmaecidas. Olhei para minhas anotações, esperando que pudessem me tirar da Amazônia, não me aprofundar ainda mais na selva. A letra Z ainda era visível no centro do mapa. Mas parecia menos uma referência que uma zombaria, mais um atestado da minha loucura.

Sempre me considerei um repórter isento, que nunca se envolveu pessoalmente em suas matérias. Enquanto outros em geral pareciam sucumbir aos próprios sonhos loucos e obsessões, eu sempre tentava ser uma testemunha invisível. E tinha me convencido de que essa era a razão de ter viajado mais de 15 mil quilômetros, de Nova York a Londres e depois ao rio Xingu, um dos maiores afluentes do Amazonas; de ter passado meses debruçado sobre centenas de páginas de diários e cartas vitorianas; de ter deixado para trás minha esposa e um filho de um ano e feito outro seguro de vida para mim.

Disse a mim mesmo que tinha vindo até aqui simplesmente para registrar o modo como gerações de cientistas e aventureiros se empenharam de maneira obsessiva para solucionar algo que chegou a ser descrito como "o maior mistério exploratório do século XX" — a localização da Cidade de Z. Uma antiga cidade, com uma malha de estradas, pontes e templos, que se acreditava estar oculta na Amazônia, a maior selva do mundo. Numa era de aviões e satélites, essa região continua sendo um espaço em branco no mapa. Durante centenas de anos, a floresta atormentou geógrafos, arqueólogos, construtores de impérios, caçadores de tesouros e filósofos. Quando os europeus chegaram pela primeira vez à América do Sul, na virada do século XVI, estavam convencidos de que a selva abrigava o cintilante reino de Eldorado. Milhares morreram à procura desse reino. Mais recentemente, muitos cientistas concluíram que nenhuma civilização complexa poderia ter se desenvolvido num meio ambiente tão hostil, onde o solo é pobre para o cultivo agrícola, os mosquitos são transmissores de doenças letais e os predadores estão sempre à espreita sob a copa das árvores.

De forma geral, a região tem sido considerada uma selva primeva, um lugar onde, segundo a descrição de Thomas Hobbes do estado da natureza, "não existem Artes; nem Literatura; nem Sociedade; e, pior que tudo, existe um temor contínuo e a ameaça de uma morte violenta".[1] As inclementes condições da Amazônia alimentaram uma das mais persistentes teorias do desenvolvimento humano: o determinismo ambiental. De acordo com essa teoria, mesmo se alguns humanos primitivos sobrevivessem às mais áridas condições do planeta, eles dificilmente teriam evoluído para além da formação de algumas tribos primitivas. Em outras palavras, a sociedade é prisioneira da geografia. Por isso, se Z fosse encontrada num ambiente tão inabitável, seria mais que um repositório de tesouros dourados, mais que uma curiosidade intelectual; como declarou um jornal em 1925, "Z escreveria um novo capítulo na história da humanidade".²

Durante quase um século, exploradores sacrificaram tudo, até mesmo a vida, para encontrar a Cidade de Z. A busca por essa civilização, e pelos incontáveis homens que desapareceram enquanto procuravam por ela, ofuscou romances vitorianos de aventura de Arthur Conan Doyle e H. Rider Haggard — ambos, aliás, fascinados pela busca por Z na vida real. Às vezes eu precisava me lembrar de que tudo nessa história era verdade: um astro de cinema raptado por índios; canibais, ruínas, mapas secretos e espiões; exploradores morrendo de inanição, doenças, ataques de animais selvagens e flechas envenenadas; e o que estava em jogo em meio às mortes e à aventura era a própria compreensão das Américas em seu estágio anterior à chegada de Cristóvão Colombo às praias do Novo Mundo.

Agora, enquanto eu examinava meu mapa amarrotado, nada disso importava. Olhei para as árvores e as trepadeiras emaranhadas a meu redor, enquanto moscas e mosquitos me picavam deixando marcas de sangue na pele. Eu tinha me perdido do meu guia. Estava sem água e sem comida. Guardando o mapa no bolso, continuei em frente, tentando encontrar minha saída entre os galhos que chicoteavam meu rosto. Pouco depois avistei algo se movendo entre as árvores. "Quem está aí?", gritei. Não houve resposta. Uma figura adejou entre os galhos, depois outra. Estavam se aproximando, e pela primeira vez perguntei a mim mesmo: *Que diabo estou fazendo aqui?*

1. Nós voltaremos

Num dia frio de janeiro de 1925, um cavalheiro alto e elegante andava apressado pelas docas de Hoboken, Nova Jersey, em direção ao SS *Vauban*, um transatlântico de 511 pés com destino ao Rio de Janeiro. Com 57 anos de idade e mais de um metro e oitenta de altura, tinha os braços longos e entrelaçados de músculos. Embora os cabelos estivessem rareando e o bigode fosse salpicado de branco, sua forma física era tão boa que ele poderia caminhar dias com pouco, ou até nenhum, descanso ou alimento. O nariz era torto como o de um pugilista, e havia algo feroz em sua aparência, especialmente nos olhos. Eram próximos um do outro, e olhavam debaixo de tufos de sobrancelhas espessas. Ninguém, nem mesmo sua família, parecia concordar quanto à cor deles — alguns achavam que eram azuis; outros, castanhos. Mas quase todos que o conheciam se impressionavam com sua intensidade: alguns o chamavam de "os olhos de um visionário". Já tinha sido fotografado muitas vezes usando botas de montar e um chapéu Stetson, com uma espingarda pendurada no ombro, mas mesmo de terno e gravata, e com a barba desgrenhada como de hábito, ele era reconhecido pela multidão no píer. Era o coronel Percy Harrison Fawcett, e seu nome era famoso no mundo inteiro.

Era o último dos grandes exploradores vitorianos[1] a se aventurar em regiões não mapeadas com pouco mais que um machete, uma bússola e um propósito quase divino. Por quase duas décadas, histórias de suas aventuras tinham cativado a imaginação do público: como ele havia sobrevivido nas selvas da América do Sul sem contato com o mundo exterior; como tinha sido atacado por índios de tribos hostis, muitos dos quais jamais haviam visto um homem branco; como tinha lutado contra piranhas, enguias elétricas, jaguares, crocodilos, morcegos-vampiros e jiboias, inclusive uma que quase o esmagou; e como tinha saído trazendo mapas de regiões das quais nenhuma expedição anterior havia regressado. Era conhecido como o "David Livingstone da Amazônia", e acreditava-se que fosse dotado de tão incomparável poder de resistência que alguns colegas chegavam a afirmar que ele era imune à morte. Um explorador americano descreveu-o como "um homem de vontade indômita, destemido, de infinitos recursos";[2] outro declarou que ele era capaz de "caminhar, escalar e explorar mais depressa que qualquer um".[3] O *Geographical Journal* de Londres, influente publicação em sua especialidade, afirmou em 1953 que "Fawcett marcava o final de uma era. Quase poderíamos defini-lo como o último dos exploradores individualistas. O tempo dos aeroplanos, do rádio e das expedições modernas com altos financiamentos ainda não havia chegado. Com ele, ainda vale a heroica história de um homem contra a floresta".[4]

Em 1916, a Real Sociedade Geográfica (RSG) agraciou-o, com as bênçãos do rei George V, com uma medalha de ouro "por suas contribuições ao mapeamento da América do Sul". E em intervalos de alguns anos, quando ele voltava da selva, sujo e magro, como uma aranha, dezenas de cientistas e luminares lotavam o salão da Real Sociedade Geográfica para ouvi-lo falar. Entre eles estava sir Arthur Conan Doyle,⁵ que dizia ter se inspirado nas experiências de Fawcett para seu livro *O mundo perdido*, de 1912, no qual exploradores "desaparecem no desconhecido"⁶ da América do Sul e encontram, num platô remoto, uma terra onde os dinossauros escaparam da extinção. Enquanto subia pela prancha de acesso naquele dia de janeiro, Fawcett parecia um dos protagonistas do livro, o lorde John Roxton:

> Havia nele alguma coisa de Napoleão III, alguma coisa de Don Quixote, mas havia também a essência do cavalheiro inglês rural [...] A voz era delicada e os modos tranquilos, mas por trás de seus cintilantes olhos azuis percebiam-se uma energia furiosa e uma determinação implacável, ainda mais perigosas por serem mantidas sob controle.⁷

Nenhuma das expedições anteriores de Fawcett se comparava com a que estava prestes a empreender, e ele mal escondia sua impaciência ao entrar na fila com os outros passageiros para subir a bordo do *SS Vauban*. O navio, anunciado como "o melhor do mundo", era parte da classe de elite "V" da Lamport & Holt.⁸ Os alemães tinham afundado diversos transatlânticos da companhia durante a Primeira Guerra Mundial, mas aquele havia sobrevivido, o casco negro manchado de sal, com elegantes tombadilhos brancos e chaminés listradas soltando nuvens de fumaça no céu. Automóveis Ford modelo T conduziam passageiros até as docas, enquanto estivadores ajudavam a transportar as bagagens ao compartimento do navio. Muitos homens usavam gravata de seda e chapéu-coco; as mulheres vestiam casaco de pele e chapéu emplumado, como se estivessem em um evento social, o que, de certa forma, era verdade — as listas de passageiros dos luxuosos transatlânticos eram comentadas nas colunas de fofocas e consultadas por mulheres jovens em busca de solteiros disponíveis.

Fawcett avançava com sua bagagem. Seus baús estavam carregados de armas, comida enlatada, leite em pó, sinalizadores e machetes feitos à mão. Havia também um kit de instrumentos de levantamento topográfico: um sextante e um cronômetro para determinar a latitude e a longitude, um aneroide para medir a pressão atmosférica e uma bússola de glicerina que cabiam no bolso. Fawcett havia escolhido cada item baseado em anos de experiência; até as roupas nas malas eram feitas de gabardine leve e à prova de rasgos. Já tinha visto homens morrerem por descuidos que pareciam inócuos — uma rede rasgada, uma bota apertada demais.

Fawcett estava partindo para a Amazônia, uma floresta quase do tamanho dos Estados Unidos, a fim de fazer o que ele chamava de "a grande descoberta do século"[9] — uma civilização perdida. Àquela altura, a maior parte do mundo já havia sido explorada, despida de seu véu de mistério, mas a Amazônia permanecia tão misteriosa quanto o lado escuro da Lua. Como observou sir John Scott Keltie, ex-secretário da Real Sociedade Geográfica e um dos mais aclamados geógrafos do mundo na época: "O que existe ali ninguém sabe".[10]

Desde que Francisco de Orellana e seu exército de conquistadores espanhóis desceram o rio Amazonas, em 1542, talvez nenhum outro lugar do planeta tenha estimulado tanto a imaginação — ou atraído tantos homens para a morte. Gaspar de Carvajal, um frade dominicano que acompanhou Orellana, descreveu mulheres guerreiras na selva que remetiam às míticas amazonas gregas. Meio século depois, sir Walter Raleigh descreveu índios com "olhos nos ombros e bocas no meio do peito"[11] — uma lenda que Shakespeare desenvolveu em *Otelo*:

Falava de canibais que comem uns aos outros (os antropófagos) e dos homens cujas cabeças crescem debaixo dos ombros.*

O que era verdade sobre a região — serpentes longas como árvores, roedores do tamanho de porcos — já era tão inacreditável que nenhum exagero parecia fantasioso demais. E a visão mais arrebatadora de todas era a de Eldorado. Raleigh afirmou que esse reino, cujas informações a respeito os conquistadores ouviram dos índios, era tão rico em ouro que seus habitantes transformavam o metal em pó e o sopravam "através de tubos ocos sobre os corpos nus até que todos brilhassem dos pés à cabeça".[12]

Porém, todas as expedições que tentaram encontrar Eldorado terminaram em desastre. Carvajal, cujo destacamento esteve procurando esse reino, escreveu em seu diário: "Chegamos a [um estado de] privação tão grande que estávamos comendo apenas couro, cintos e solas de sapatos, cozidos com certas ervas, de forma que tão grande era nossa fraqueza que não conseguíamos ficar em pé".[13] Cerca de 4 mil homens morreram naquela expedição, de fome, doenças ou nas mãos de índios que defendiam seu território com flechas embebidas em veneno. Outras expedições a Eldorado apelaram para o canibalismo. Muitos exploradores enlouqueceram. Em 1561, Lope de Aguirre levou seus homens a um estado de fúria assassina, gritando: "Será que Deus pensa que, por estar chovendo, eu não vou... destruir o mundo?".[14] Aguirre chegou a esfaquear a própria filha, murmurando: "Encomenda tua alma a Deus, minha filha, pois estou prestes a te matar".[15] Antes que a Coroa espanhola enviasse forças para detê-lo, Aguirre alertou em uma carta: "Juro ao senhor, meu Rei, sobre a minha palavra como cristão, que, se 100 mil homens viessem, nenhum

---

* *Tragédias*. Tradução de F. Carlos de Almeida Cunha Medeiros e Oscar Mendes. Rio de Janeiro: Nova Aguilar, 1989.

escaparia. Pois os relatos são falsos: não há nada além de desespero naquele rio".[16] Finalmente os companheiros de Aguirre se rebelaram e o mataram; seu cadáver foi esquartejado, e autoridades espanholas expuseram a cabeça da "Ira de Deus" numa gaiola de metal. Mesmo assim, durante três séculos expedições continuaram aquela busca, até que, depois de um alto preço em mortes e sofrimentos digno de Joseph Conrad, a maioria dos arqueólogos concluiu que Eldorado não era mais que uma ilusão.

Fawcett, contudo, tinha certeza de que a Amazônia abrigava um reino fabuloso, e não se tratava de mais um maluco ou soldado da fortuna. Homem de ciência, tinha passado anos reunindo evidências para provar sua proposta — desenterrando artefatos, estudando petróglifos e entrevistando tribos. E, depois de ferozes batalhas contra os céticos, Fawcett tinha recebido apoio financeiro das mais respeitadas instituições científicas, até da Real Sociedade Geográfica, da Sociedade Geográfica Americana e do Museu do Índio Americano. Os jornais proclamavam que ele em breve chocaria o mundo. O *Atlanta Constitution* declarou: "Talvez seja a mais arriscada e certamente a mais espetacular aventura do gênero já empreendida por um conceituado cientista com apoio de instituições científicas conservadoras".[17]

Fawcett havia estabelecido que um povo antigo e altamente desenvolvido ainda existia na Amazônia brasileira, e sua civilização era tão antiga e sofisticada que mudaria para sempre a visão ocidental das Américas. Ele batizou esse mundo perdido de Cidade de Z. "O lugar central que eu chamo de 'Z' — nosso objetivo principal — é em um vale [...] com cerca de quinze quilômetros de largura, a cidade situa-se no alto e no meio dele, cujo acesso é uma estrada de pedra",[18] afirmava Fawcett. "As casas são baixas e sem janelas, e existe um templo piramidal."

Os repórteres nas docas de Hoboken, do outro lado do rio Hudson a partir de Manhattan, gritavam perguntas sobre a localização de Z. Na esteira dos horrores tecnológicos da Primeira Guerra Mundial, e em meio à disseminação da urbanização e da industrialização, poucos eventos cativaram tanto o público. Um dos jornais exultou: "Desde que Ponce de León atravessou a desconhecida Flórida em busca das Águas da Juventude Perpétua [...] nenhuma outra aventura tão fascinante foi planejada".[19]

Fawcett recebeu bem "o espalhafato", como o descreveu em carta a um amigo, mas era cuidadoso em suas respostas. Sabia que seu principal rival, Alexander Hamilton Rice, um médico americano multimilionário que dispunha de vastos recursos, já estava entrando na selva com uma série de equipamentos sem precedentes. A perspectiva de Rice encontrar Z deixava Fawcett aterrorizado. Muitos anos antes, Fawcett havia testemunhado o caso de um colega da Real Sociedade Geográfica, Robert Falcon Scott, que partiu para se tornar o primeiro explorador do Polo Sul apenas para descobrir, ao chegar lá e pouco antes de morrer enregelado, que seu rival norueguês, Roald Amundsen, havia passado por ali 33 dias antes. Em carta à Real Sociedade Geográfica, Fawcett escreveu: "Não posso dizer tudo que sei, nem ser preciso quanto à localização, pois essas coisas vazam, e não pode haver nada mais amargo para um pioneiro do que ver a coroação de seu trabalho ser antecipada".[20]

Fawcett temia também que os detalhes de sua rota fossem revelados e que outros tentassem encontrar Z ou resgatá-lo, o que resultaria em inúmeras mortes. Uma expedição com quatrocentos homens armados já havia desaparecido na mesma região. Um boletim informativo telegrafado ao redor do planeta declarava: "A Expedição de Fawcett [...] penetrando terras de onde ninguém retornou". E Fawcett, que estava determinado a chegar às áreas mais inacessíveis, não pretendia, como outros exploradores, viajar de barco; em vez disso, planejava abrir caminho a pé pela selva. A Real Sociedade Geográfica havia advertido que Fawcett "deve ser o único geógrafo vivo que poderia tentar com sucesso"[21] uma expedição dessas e que "seria inútil que qualquer outra pessoa seguisse seus passos".[22] Antes de sair da Inglaterra, Fawcett confidenciou ao filho mais novo, Brian: "Se com toda a minha experiência não conseguirmos sucesso, não haverá muita esperança para os outros".[23]

Quando repórteres se acotovelaram a seu redor, Fawcett explicou que só uma pequena expedição teria alguma chance de sobreviver. Poderia viver dos recursos naturais e não representaria uma ameaça aos índios hostis. Afirmou ainda que a expedição "não será um grupo de exploração mimado, com um exército de carregadores, guias e animais de carga. Esse tipo de expedição pesada não chega a lugar nenhum; permanece na periferia da civilização e ganha publicidade. Não é possível ter carregadores quando a selva inexplorada começa, pois eles têm medo dos selvagens. Animais não podem ser levados por falta de pasto e por causa do ataque de insetos e morcegos. Não existem guias, pois ninguém conhece a região. É uma questão de reduzir o equipamento ao mínimo absoluto, carregar tudo pessoalmente e confiar que vamos continuar existindo e fazendo amizade com as diversas tribos que encontrarmos".[24] E acrescentou: "Vamos ter de sofrer todas as formas de exposição [...] Teremos de chegar a uma resistência mental e do sistema nervoso, além de física, pois homens, sob essas condições em geral, desmoronam quando sua mente sucumbe antes do seu corpo".[25]

Fawcett escolheu apenas duas pessoas para ir com ele: seu filho Jack, de 21 anos, e o melhor amigo de Jack, Raleigh Rimell. Embora os dois nunca tivessem participado de uma expedição, Fawcett acreditava que fossem tipos ideais para a missão: durões, leais e, por serem tão próximos, incapazes de "atormentar e perseguir um ao outro"[26] após meses de isolamento e sofrimentos — ou, como era comum nessas expedições, de se amotinar. Jack era, nas palavras de seu irmão Brian, "um reflexo do pai":[27] alto, ascético e em ótima forma física. Nem ele nem o pai fumavam ou bebiam. Brian observou que "o metro e noventa de Jack era composto de ossos e músculos, e que os três principais agentes da degeneração física — álcool, tabaco e vida fácil — o revoltavam".[28] O coronel Fawcett, que seguia um estrito código vitoriano, definia-o de uma forma um tanto quanto diferente: "Ele é... absolutamente virgem em corpo e mente".[29]

Jack, que desejava acompanhar o pai em uma expedição desde garoto, passara anos se preparando — levantando peso, mantendo uma dieta rígida, estudando português e aprendendo a navegar seguindo as estrelas. Mas ainda tinha passado por poucas privações de verdade, e seu rosto, com a pele luminosa, o bigode encrespado e o cabelo castanho e liso, não mostrava nada da dureza do pai. Com suas roupas estilosas, parecia mais um artista de cinema, pois era o que pretendia se tornar depois de seu triunfal regresso.

Embora fosse menor que Jack, Raleigh tinha quase um metro e oitenta e era bem musculoso. (Um "belo físico",[30] disse Fawcett à RSG.) O pai era cirurgião da Marinha Real e havia morrido de câncer em 1917, quando Raleigh tinha quinze anos. De cabelo escuro, com um pronunciado bico de viúva e um bigode de jogador de pôquer das barcaças do Mississippi, Raleigh tinha um temperamento travesso e brincalhão. "É um palhaço nato",[31] disse Brian Fawcett, a "perfeita contraparte do sisudo Jack". Os dois rapazes eram virtualmente inseparáveis desde que andavam juntos pelos campos ao redor de Seaton, Devonshire, onde cresceram andando de bicicleta e disparando espingardas para o alto. Em carta a um dos confidentes de Fawcett, Jack escreveu: "Agora temos Raleigh Rimell a bordo, que é tão perspicaz quanto eu [...] É o único amigo íntimo que já tive. Eu o conheci quando tinha sete anos e estamos juntos desde essa época. Ele é honesto e decente em todos os sentidos da palavra, e nos conhecemos até o avesso".[32]

Quando os entusiasmados Jack e Raleigh subiram a bordo do navio, encontraram dezenas de camareiros, em uniformes brancos e engomados, apressando-se pelos corredores com telegramas e cestos de frutas desejando boa viagem. Evitando os alojamentos da popa, onde os passageiros pagavam pouco para viajar, um dos camareiros conduziu os exploradores até as cabines de primeira classe, no centro do navio, longe do ruído dos hélices. As condições se assemelhavam bem pouco às existentes quando Fawcett fez sua primeira viagem à América do Sul, duas décadas antes, ou quando Charles Dickens, ao atravessar o Atlântico em 1842, descreveu sua cabine como um "caixote absolutamente impraticável, totalmente irrecuperável e profundamente ridículo".[33] (A sala de jantar, acrescentou Dickens, parecia um "carro funerário com janelas".[34]) Agora tudo era projetado para acomodar uma nova casta de turistas — "meros viajantes", como Fawcett os reduzia, que tinham pouca noção dos "lugares que hoje em dia exigem algum grau de resistência e sacrifícios vitais, sem o físico necessário para enfrentar os perigos". Os alojamentos da primeira classe dispunham de camas e água corrente; escotilhas deixavam entrar a luz do sol e ar fresco e ventiladores giravam no teto. Os folhetos sobre o navio enalteciam a "perfeita ventilação assegurada por equipamentos modernos"[35] do *Vauban*, que ajudavam a "dissipar a impressão de que uma viagem para e pelos trópicos seria necessariamente desconfortável".

Como muitos outros exploradores vitorianos, Fawcett era um diletante profissional, que, além de ser um autêntico geógrafo e arqueólogo, era também um artista de talento (seus desenhos a tinta foram expostos na Academia Real) e construtor de navios (ele patenteou a "curva piscosa", que aumentava a velocidade de uma embarcação em alguns nós). A despeito de seu interesse pelo mar, ele escreveu à esposa Nina, sua mais leal aliada e que servia como porta-voz durante suas viagens, que achara o *SS Vauban* e a viagem "bastante cansativos":[36] tudo que ele queria era estar na selva. Enquanto isso, Jack e Raleigh estavam ansiosos para explorar o luxuoso interior do navio. De um lado havia um salão com teto arqueado e colunas de mármore. Do outro, uma sala de jantar com mesas forradas de branco e garçons, vestidos a rigor, que serviam bandejas de carneiro assado e vinho em cântaros enquanto a orquestra tocava. O navio tinha até um ginásio onde os jovens podiam se exercitar para a missão.

Jack e Raleigh não eram apenas dois rapazes anônimos: eram, como os jornais os aclamavam, "corajosos", "ingleses empertigados", que lembravam sir Lancelot. Os dois conheceram dignitários que os convidavam para sentar às suas mesas e mulheres que fumavam longos cigarros e os fitavam com o que o coronel Fawcett chamou de "olhares ousados e ostensivos". Ao que consta, Jack era inseguro em relação a mulheres: a impressão é de que elas lhe pareciam tão misteriosas e remotas quanto Z. Mas Raleigh logo começou a flertar com uma garota, com certeza vangloriando-se de suas futuras aventuras.

Fawcett sabia que para Jack e Raleigh a expedição ainda era somente um exercício da imaginação. Em Nova York, os dois jovens tinham participado de várias festividades: as noites no hotel Waldorf-Astoria, onde dignitários e cientistas de toda a cidade haviam se reunido para uma festa de despedida no Salão Dourado; os brindes no Camp Fire Club e no National Arts Club; a parada em Ellis Island (um funcionário da imigração observou que ninguém do grupo era "ateu", "polígamo", "anarquista" ou "deformado"); e as visitas aos palácios cinematográficos que Jack frequentava dia e noite.

Enquanto Fawcett tinha desenvolvido sua perseverança ao longo de anos de explorações, Jack e Raleigh teriam de conseguir isso de uma hora para outra. Mas Fawcett não tinha dúvida de que conseguiriam. Em seu diário ele escreveu que "Jack tem a formação adequada. É jovem o suficiente para se adaptar a qualquer coisa, e alguns meses na trilha vão endurecê-lo. Se puxou a mim, ele não vai contrair as diversas doenças e moléstias [...] e numa emergência acho que a coragem dele vai prevalecer".[37] Fawcett expressava a mesma confiança em Raleigh, que admirava Jack de uma forma quase tão intensa quanto Jack admirava o pai. "Raleigh vai segui-lo por onde for",[38] observou Fawcett.

A tripulação do barco começou a gritar: "Todos os que forem ficar em terra devem descer". O apito do capitão reverberou a bombordo, e o navio afastou-se das docas rangendo e ofegando. Fawcett pôde ver a silhueta de Manhattan, com a Metropolitan Life Insurance Tower, outrora o edifício mais alto do planeta, e o Woolworth Building, que o tinha superado — a metrópole cintilando em luzes, como se reunisse todas as estrelas do céu. Com Jack e Raleigh a seu lado, Fawcett gritou para os repórteres no píer: "Nós voltaremos, e vamos trazer o que procuramos!".[39]

2. O desaparecimento

Como o Amazonas pode ser enganoso.

O rio mais poderoso do mundo, maior que o Nilo e o Ganges, mais poderoso que o Mississippi e que todos os rios da China, começa como um simples regato.[1] A mais de 5 mil metros de altura nos Andes, entre a neve e as nuvens, o filete emerge de uma junção rochosa — uma bica de água cristalina. Aqui o rio não se diferencia de tantos outros riachos que atravessam os Andes, alguns cascateando pela face oeste em direção ao Pacífico, a noventa quilômetros de distância, e outros, como o Amazonas, descendo pela fachada leste numa viagem aparentemente impossível até o oceano Atlântico — uma distância maior que a de Nova York a Paris. Nessa altitude o ar é frio demais para abrigar uma floresta ou muitos predadores. Mas é ali que nasce o Amazonas, alimentado pela chuva e pela neve derretida e superando penhascos atraído pela gravidade.

A partir da nascente o rio desce abruptamente. Ao ganhar velocidade é seguido por outros riachos, quase todos tão pequenos que nem têm nome. Dois mil metros abaixo a água adentra um vale onde surgem as primeiras tonalidades de verde, onde riachos maiores logo convergem em sua direção. Avolumando-se em seu movimento em direção às planícies abaixo, o rio ainda tem mais de mil quilômetros a percorrer até chegar ao oceano. Mas nada o detém. Assim como a selva, que, em razão do calor e das pesadas chuvas equatoriais, gradualmente vai engolindo as margens do rio. Perdendo-se de vista no horizonte, essa floresta abriga a maior variedade de espécies do mundo. E é aqui que, pela primeira vez, o rio se torna reconhecível — é o Amazonas.

Mas ainda não é o que parece. Serpeando em direção ao leste, o Amazonas entra numa região enorme com o formato de uma tigela rasa e, pelo fato de correr por essa bacia, cerca de 40% das águas da América do Sul — de rios de lugares distantes como a Colômbia, Venezuela, Bolívia e Equador — deságuam no seu curso. E assim o Amazonas torna-se ainda mais poderoso. Com cem metros de profundidade em alguns lugares, o rio não tem mais pressa, continuando sua conquista em seu próprio ritmo. O Amazonas passa pelo rio Negro e pelo rio Madeira; depois pelo Tapajós e pelo Xingu, dois dos maiores afluentes ao sul; em seguida passa por Marajó, uma ilha maior que a Suíça, até que afinal, depois de percorrer 6 mil quilômetros e recolher a água de mil tributários, atinge sua foz de trezentos quilômetros de largura que deságua no oceano Atlântico. O que começou como um filete agora dá vazão a mais de 26 milhões de litros de água por segundo — uma descarga sessenta vezes maior que a do Nilo. As águas doces do Amazonas avançam tanto mar afora que em 1500 Vicente Pinzón, um comandante espanhol que acompanhava a expedição de Colombo, descobriu o rio enquanto navegava a quilômetros da costa do Brasil. Ele o chamou Mar Dulce, ou Mar Doce.

Trata-se de uma região difícil de ser explorada em quaisquer circunstâncias, mas em novembro o início da estação das chuvas torna o rio praticamente intransponível. As ondas — como ondas de maré mensais com velocidades de 22 quilômetros por hora, conhecidas como pororoca, "estrondo" em tupi-guarani — arrebentam na praia. Em Belém, o Amazonas costuma subir quatro metros; em Iquitos, sete metros; em Óbidos, doze metros. O Madeira, o mais extenso afluente do Amazonas, pode encher ainda mais, chegando a subir mais de 21 metros. Depois de meses de inundação, muitos desses rios transbordam das margens, cascateando pela floresta, arrancando plantas e rochas e quase transformando o sudeste da bacia num mar interior, como era milhões de anos atrás. Depois o sol aparece e resseca a região. O solo racha como em um terremoto. Pântanos evaporam, deixando piranhas ilhadas em poças desidratadas, devorando umas às outras. Brejos transformam-se em charcos; ilhas se tornam montes de terra.

Desde quando a memória alcança, é assim que a estação da seca chega ao sudeste da bacia do Amazonas. E assim foi em junho de 1996, quando uma expedição de cientistas e aventureiros brasileiros partiu em direção à floresta. Eles estavam à procura de sinais do coronel Percy Fawcett, que havia desaparecido com seu filho Jack e Raleigh Rimell mais de setenta anos antes.

A expedição foi liderada por um banqueiro brasileiro de 42 anos chamado James Lynch.[2] Depois de ouvir um repórter mencionar a história de Fawcett, ele leu tudo o que encontrou sobre o assunto. E ficou sabendo que o desaparecimento do coronel em 1925 tinha deixado o mundo chocado — "entre os mais espetaculares desaparecimentos dos tempos modernos",[3] como definiu um observador. Durante cinco meses, Fawcett enviou despachos que eram transportados pela selva, manchados e amarrotados, por mensageiros indígenas e, no que parecia um ato de magia, datilografados em teletipos e impressos em praticamente todos os continentes. Num caso precoce de reportagem moderna de consumo global, africanos, asiáticos, europeus, australianos e americanos foram galvanizados por um mesmo evento distante. A expedição, escreveu um jornal, "capturou a imaginação de todas as crianças que um dia sonharam com terras ainda não descobertas".[4]

Mas, então, os despachos cessaram. Lynch leu que Fawcett tinha avisado que poderia ficar sem fazer contato por meses, mas um ano havia se passado, depois dois, e a fascinação do público aumentava. Será que Fawcett e os dois rapazes estavam prisioneiros dos índios? Teriam morrido de fome? Sentiram-se arrebatados demais por Z para voltar? O assunto era tema de debates em salões e bares clandestinos; cabogramas eram trocados nos mais altos níveis governamentais. Peças radiofônicas, romances (acredita-se que *Um punhado de pó*, de Evelyn Waugh, tenha sido influenciado pela saga de Fawcett),[5] poemas, documentários, filmes, selos, histórias para crianças, histórias em quadrinhos, baladas, peças de teatro, *graphic novels* e exposições de museus foram dedicados ao caso. Em 1933, um cronista de viagens declarou: "Já se criaram lendas o bastante em torno do assunto para dar origem a um novo ramo do folclore à parte".[6] Fawcett tinha ganhado seu lugar nos anais da exploração, não pelo que revelou ao mundo, mas pelo que escondera. Ele havia se comprometido a realizar "a maior descoberta do século" — mas, em vez disso, criou "o maior mistério da exploração do século xx".

Lynch também ficara sabendo, para sua surpresa, que inúmeros cientistas, exploradores e aventureiros tinham se embrenhado pela floresta determinados a encontrar a expedição de Fawcett, viva ou morta, e a voltar com provas da existência de Z. Em fevereiro de 1955, o *New York Times* anunciou que o desaparecimento de Fawcett havia desencadeado mais buscas "que as empreendidas ao longo dos séculos para encontrar o fabuloso Eldorado".[7] Algumas expedições foram dizimadas por fome e por doenças, ou retiraram-se em desespero; outras foram mortas por tribos indígenas. E houve aqueles aventureiros que partiram para procurar Fawcett e, em vez disso, desapareceram como ele nas selvas que os viajantes havia muito tinham batizado como "inferno verde". Pelo fato de muitos terem desaparecido sem alarde, não existem estatísticas confiáveis quanto ao número dos que morreram. Uma estimativa recente, contudo, estabelece que o total pode chegar a cem pessoas.

Lynch parecia imune a voos da fantasia. Alto e esguio, com olhos azuis e pele clara queimada de sol, ele trabalhava no Chase Bank, em São Paulo. Era casado e tinha dois filhos. Mas, com trinta anos de idade, sentiu-se intrigado e começou a permanecer durante dias na Amazônia, explorando a mata virgem. Essas aventuras logo o envolveram em exaustivos percalços: uma vez, escalou uma montanha durante 72 horas sem dormir e atravessou um cânion equilibrando-se numa corda. "A ideia é se exaurir física e mentalmente e ver como você responde sob tais circunstâncias", declarou Lynch, acrescentando: "Algumas pessoas podem ceder, mas eu sempre achei isso meio divertido".

Lynch era mais que um aventureiro. Atraído por uma busca intelectual, além de física, ele esperava esclarecer alguns aspectos pouco conhecidos do mundo e costumava passar meses na biblioteca pesquisando algum tópico. Por exemplo, ele já tinha se aventurado pela nascente do Amazonas e encontrado uma colônia de menonitas vivendo no deserto boliviano. Mas nunca havia enfrentado um caso como o do coronel Fawcett.

Não apenas as equipes de busca anteriores tinham fracassado em descobrir o destino da expedição — com cada desaparecimento se tornando um mistério em si mesmo —, como nenhuma havia elucidado o que Lynch considerava o maior enigma de todos: Z. Na verdade, Lynch considerava que, diferentemente de outros exploradores — como Amelia Earhart, desaparecida em 1937 enquanto tentava voar em torno do globo —, Fawcett tinha se tornado quase impossível de ser rastreado. Sua rota foi mantida em tamanho segredo que mesmo sua esposa, Nina, confessou que ele havia escondido dela detalhes cruciais. Lynch desencavou velhos relatos de jornais, mas eles forneceram poucas pistas tangíveis. Depois encontrou um desgastado exemplar de *A Expedição Fawcett*, uma coletânea de textos do explorador editada pelo filho sobrevivente, Brian, publicada em 1953. (Ernest Hemingway guardava um exemplar em sua estante.) Aparentemente o livro continha uma das poucas pistas da jornada final do coronel, nas palavras de Fawcett: "Nossa rota partirá do Acampamento do Cavalo Morto, 11º43' sul e 54º35' oeste, onde meu cavalo morreu em 1921".[8] Embora as coordenadas fossem apenas um ponto de partida, Lynch inseriu-as no seu GPS. O aparelho delineou uma região na bacia sul do Amazonas, em Mato Grosso, um estado maior que a França e a Grã-Bretanha juntas. Mas para chegar ao Acampamento do Cavalo Morto era preciso atravessar algumas das matas mais intratáveis da Amazônia; implicava também entrar em terras controladas por tribos indígenas que haviam se isolado na densa floresta e que guardavam seu território com ferocidade.

O desafio parecia insuperável. Mas, enquanto porejava sobre os balanços financeiros no trabalho, Lynch se perguntava: e se Z realmente existir? E se a selva tiver escondido esse lugar? Até hoje, o governo brasileiro estima que existam mais de sessenta tribos indígenas sem contato com o exterior.[9] "Essa floresta é [...] quase o último lugar da terra onde indígenas podem sobreviver isolados do restante da humanidade",[10] escreveu John Hemming, o destacado historiador de índios brasileiros e ex-diretor da Real Sociedade Geográfica. Sydney Possuelo, presidente da Funai, comentou sobre esses grupos: "Ninguém sabe ao certo quem eles são, onde estão, quantos são e que idioma falam".[11] Em 2006, integrantes de uma tribo nômade chamada Nukak-Makú saíram da Amazônia colombiana e anunciaram que estavam prontos para participar do mundo moderno, embora não soubessem que a Colômbia era um país e tivessem perguntado se os aviões no céu estavam sobre alguma estrada invisível.[12]

Certa noite, incapaz de dormir, Lynch foi até seu estúdio, atulhado de mapas e relíquias de suas expedições anteriores. Entre os textos sobre Fawcett, encontrou um em que o coronel previa o filho: "Se com toda a minha experiência nós não conseguirmos, não há muita esperança para os outros". Em vez de se desanimar com aquelas palavras, Lynch sentiu-se ainda mais motivado. "Eu preciso ir", disse à esposa.

Lynch logo arrumou um parceiro, Rene Delmotte, um engenheiro brasileiro que conheceu em uma competição de aventuras. Durante meses os dois homens estudaram imagens de satélite da Amazônia, calibrando a trajetória planejada. Lynch obteve os melhores equipamentos: jipes turbinados com pneus à prova de furos, radiotransmissores, rádios de ondas curtas e geradores. Assim como Fawcett, Lynch tinha experiência em projetos de embarcações, e com o auxílio de um construtor de navios ele fez dois barcos de alumínio de 25 pés e baixo calado, capazes de atravessar pântanos. Montou também um kit médico com dezenas de antídotos contra veneno de cobra.

Lynch escolheu sua equipe com o mesmo cuidado. Recrutou dois mecânicos, que poderiam consertar todos os equipamentos, e dois veteranos motoristas off road. Convocou também o dr. Daniel Muñoz, um aclamado antropólogo forense que em 1985 havia ajudado a identificar os restos mortais do fugitivo nazista Josef Mengele e que poderia ser útil para confirmar as origens de qualquer objeto da expedição de Fawcett que fosse encontrado: a fivela de um cinto, um fragmento de osso, algum cartucho disparado.

Embora Fawcett tivesse alertado para o fato de que grandes expedições "têm apenas um homem e tudo termina em amargura",[13] a equipe logo aumentou e chegou a dezesseis integrantes. Mas ainda havia mais uma pessoa que desejava ir: James Jr., o filho de dezesseis anos de Lynch. Atlético e mais musculoso que o pai, com cabelos espessos e grandes olhos castanhos como os cabelos, ele já tinha se saído bem numa expedição de que participara. Por isso Lynch concordou, como Fawcett, em levar o filho junto na viagem. A equipe se reuniu em Cuiabá, no limite sul da bacia amazônica. Lynch distribuiu camisetas que mandara fazer com uma imagem de pegadas entrando na selva. Na Inglaterra, o *Daily Mail* publicou um artigo sobre a expedição com o título: "Será que estamos prestes a resolver o persistente mistério do coronel Percy Fawcett?". Durante dias o grupo percorreu estradas de terra esburacadas e cercadas de arbustos espinhosos na bacia amazônica. A floresta ficava cada vez mais densa, e James Jr. pressionava o rosto contra a janela. Enxugando o vapor do vidro, podia ver os frondosos cumes das árvores passando acima até se rarefazerem, deixando os raios de sol penetrarem a floresta para fazer com que as asas amarelas das borboletas e das araras ficassem subitamente visíveis. Em uma ocasião ele avistou uma serpente de dois metros, semienterrada na lama, com uma depressão profunda entre os olhos. "Jararaca", explicou seu pai. Era uma víbora, uma das serpentes mais venenosas das Américas. (Uma picada de jararaca faz uma pessoa sangrar pelos olhos até se tornar, como definiu um biólogo, um "cadáver pedaço por pedaço".[14]) Lynch desviou da serpente, enquanto o ronco do motor espantava outros animais no alto das árvores, até macacos guinchando; somente os mosquitos pareciam permanecer, sobrevoando os veículos como sentinelas.

Depois de diversas paradas para acampar, a expedição seguiu a trilha até uma clareira nas margens do rio Xingu, onde Lynch tentou fazer uma leitura em seu GPS.

"O que foi?", perguntou um dos colegas.

Lynch olhava para as coordenadas na tela. "Não estamos longe do local onde Fawcett foi visto pela última vez", ele respondeu.

Um emaranhado de cipós e trepadeiras cobria a trilha que saía da clareira, e Lynch decidiu que a expedição teria de prosseguir de barco. Instruiu vários membros a voltar com parte do equipamento mais pesado; assim que encontrasse um local onde um avião florestal pudesse pousar, ele mandaria as coordenadas pelo rádio para que o equipamento fosse entregue pelo ar.

Os demais integrantes, incluindo James Jr., empurraram os dois barcos para a água e começaram a jornada Xingu abaixo. As correntes transportavam as embarcações rapidamente, passando por espinhosas samambaias, palmeiras buriti, murtas e trepadeiras — um interminável emaranhado que crescia nas duas margens do rio. Pouco antes do pôr do sol, Lynch ia fazendo mais uma curva quando achou que tinha avistado alguma coisa na margem distante e ergueu a aba do chapéu. Numa brecha entre os galhos, pôde ver diversos pares de olhos voltados para ele. Recomendou aos homens que desligassem os motores; todos ficaram em silêncio. Quando os barcos deslizaram até a margem, raspando o fundo de areia, Lynch e seus homens desceram. Ao mesmo tempo, alguns índios saíram da floresta — nus, as orelhas furadas por penas de araras brilhantes. Pouco depois um homem forte, os olhos pintados com círculos pretos, deu um passo à frente. De acordo com alguns dos índios, que falavam um hesitante português e serviram como tradutores, era o chefe da tribo Kuikuro. Lynch disse aos homens que pegassem os presentes, que incluíam contas, doces e fósforos. O chefe pareceu amistoso e concedeu à expedição permissão para acampar perto da aldeia dos kiukuro e aterrissar um avião a hélice numa clareira próxima.

Naquela noite, enquanto tentava adormecer, James Jr. ficou imaginando se Jack Fawcett tinha se deitado num local semelhante e visto todas aquelas coisas maravilhosas. Foi acordado pela luz do sol ao amanhecer e enfiou a cabeça na tenda do pai. "Feliz aniversário, pai", falou. Lynch tinha se esquecido do seu aniversário. Estava fazendo 42 anos.

No final daquele dia, vários kuikuro convidaram Lynch e o filho para ir até uma lagoa próxima, onde nadaram ao lado de tartarugas de cinquenta quilos. Lynch ouviu o som de um avião pousando com o restante dos homens e dos equipamentos. A expedição afinal havia se reunido.

Momentos depois, um kuikuro chegou correndo pela trilha, gritando em sua língua nativa. Os kuikuro correram para a água. "O que foi?", perguntou Lynch em português.

"Encrenca", respondeu um deles.

Os índios começaram a correr em direção à aldeia, e Lynch e o filho seguiram atrás, galhos ricocheteando nos rostos. Quando chegaram, um membro da expedição aproximou-se. "O que está acontecendo?", perguntou Lynch.

"Estão cercando o nosso acampamento."

Lynch conseguiu ver mais de doze índios, provavelmente de tribos vizinhas, correndo em sua direção. Eles também tinham ouvido o som do avião chegando. Muitos usavam tinta preta e vermelha espalhada pelos corpos nus. Portavam arcos e flechas de dois metros, espingardas antigas e lanças. Cinco dos homens de Lynch partiram em direção ao avião. O piloto ainda estava na cabine, e os cinco pularam para dentro, embora o aparelho fosse projetado para apenas quatro passageiros. Gritaram para o piloto decolar, mas ele parecia não perceber o que estava acontecendo. Logo depois olhou pela janela e viu diversos índios correndo na direção deles, apontando seus arcos e flechas. Quando o piloto ligou o motor, os índios se agarraram nas asas, tentando manter o avião no solo. Preocupado com o perigo do excesso de peso, o piloto jogou tudo que conseguiu encontrar pela janela — roupas e papéis, que rodopiaram no empuxo das hélices. O avião arrancou pela pista improvisada, balançando, roncando e ziguezagueando entre as árvores. Pouco antes de as rodas saírem do chão, o último índio se soltou.

Lynch ficou observando o avião desaparecer, o pó vermelho levantado pelo aparelho rodopiando a seu redor. Um jovem índio, com o corpo coberto de tinta e que parecia ser o líder do ataque, aproximou-se de Lynch brandindo uma borduna, um porrete de mais de um metro que os guerreiros usavam para esmagar a cabeça dos inimigos. Ele conduziu Lynch e os onze membros restantes da equipe até uns pequenos botes. "Para onde está nos levando?", perguntou Lynch.

"Vocês são nossos prisioneiros pra toda vida", respondeu o jovem.

James Jr. burilou a cruz pendurada em seu pescoço. Lynch sempre acreditou que uma aventura só começava a existir quando, como ele dizia, "acontecesse alguma merda". Mas aquilo era algo que não tinha sido previsto. Agora ele não tinha nenhum plano B, nenhuma experiência à qual apelar. Não tinha sequer uma arma.

Lynch apertou a mão do filho. "Aconteça o que acontecer", disse em voz baixa, "não faça nada a não ser que eu mandar."

Os botes saíram do rio principal e entraram por um riacho estreito. Enquanto penetrava cada vez mais na floresta, Lynch examinou os arredores — as águas cristalinas cheias de peixes com as cores do arco-íris, a vegetação cada vez mais densa. E achou que era o lugar mais lindo que já tinha visto.

3. Começa a busca

Somos levados a acreditar que cada aventura tem uma origem romântica. Mas eu ainda não arranjei uma boa origem para a minha. Vou ser mais claro: não sou um explorador, nem um aventureiro. Não escalo montanhas nem sei caçar. Nem mesmo gosto de acampar. Tenho pouco mais de um metro e setenta e quase quarenta anos de idade, com a linha da cintura em franco crescimento e cabelos pretos já rareando. Sofro de ceratocone — uma doença degenerativa que me dificulta a visão noturna. Tenho um péssimo senso de direção e tendo a me esquecer de onde estou e a perder minha estação do Brooklyn no metrô. Gosto de jornais, comida *delivery*, eventos esportivos (gravados no TiVo) e ar-condicionado no máximo. Diante da escolha diária entre subir dois lances de escada até meu apartamento e pegar o elevador, invariavelmente escolho o elevador.

Mas quando estou trabalhando numa reportagem as coisas ficam diferentes. Desde jovem me senti atraído por histórias de mistério e aventura, as que continham o que Rider Haggard chamou de "apelo". As primeiras histórias de que me lembro que me foram contadas eram sobre meu avô Monya. Com mais de setenta anos na época, e com doença de Parkinson, ele se sentava trêmulo na nossa varanda em Westport, Connecticut, observando ociosamente o horizonte. Minha avó, enquanto isso, falava sobre as lembranças de suas aventuras. Ela me contou que meu avô era um peleteiro russo e também fotógrafo *freelance* da *National Geographic* que em 1920 era um dos poucos cinegrafistas ocidentais com entrada permitida em diversas partes da China e do Tibete. (Alguns parentes desconfiam que ele era espião, embora ninguém tenha nunca encontrado nenhuma prova que confirme essa teoria.) Minha avó recordava que, pouco antes do casamento, Monya foi à Índia para comprar algumas peles de grande valor. Passaram-se semanas sem que ninguém ouvisse dele. Afinal, um envelope amassado chegou pelo correio. Dentro não havia nada a não ser uma fotografia manchada: Monya deitado, contorcido e pálido embaixo de um mosquiteiro, abatido pela malária. Ele acabou voltando, mas por causa de sua convalescença o casamento acabou sendo realizado num hospital. "Na época eu sabia o que me esperava", dizia minha avó. Ela me contou que Monya também tinha sido corredor de motocicleta profissional e, quando percebeu meu olhar de descrença, desdobrou um lenço e mostrou-me uma de suas medalhas de ouro. Certa vez, quando estava comprando peles no Afeganistão, ele pilotava uma moto com um amigo no *sidecar* quando os freios falharam. "A motocicleta começou a rodopiar fora de controle, e seu avô disse adeus ao amigo", contou minha avó. "Então Monya avistou uns homens trabalhando na estrada, e depois deles um monte de terra. Ele apontou a moto naquela direção, e seu avô e o amigo se chocaram contra o monte de terra. Os dois quebraram alguns ossos, mas nada muito grave. Claro que isso não impediu seu avô de continuar andando de moto."

Para mim, a parte mais incrível daquelas aventuras era a figura no centro delas. Quando o conheci, meu avô já era velho, e mal conseguia andar. Quanto mais minha avó me contava sobre ele, mais ansioso eu ficava por detalhes que pudessem me ajudar a entendê-lo; mesmo assim, havia algo nele que nem minha avó conseguia entender. "Esse é o Monya", ela dizia, com um gesto de mão.

Quando me tornei repórter, eu me senti atraído por histórias que tinham "apelo". Nos anos 1990, trabalhei como correspondente no Congresso, mas continuei usando meu tempo livre para investigar histórias sobre vigaristas, mafiosos e espiões. Embora a maioria dos meus artigos pareça não ter relação uns com os outros, eles sempre têm algo em comum: a obsessão. São sobre pessoas comuns motivadas por coisas extraordinárias — coisas que a maioria de nós jamais ousaria —, que têm um germe de uma ideia na cabeça capaz de criar metástases até consumi-las.

Sempre pensei que meu interesse por essas pessoas fosse meramente profissional, pois elas resultam nas melhores matérias. Mas, às vezes, fico imaginando se não sou mais parecido com elas do que gostaria de acreditar. Fazer uma reportagem é um trabalho infindável, que implica desentocar detalhes na esperança de descobrir alguma verdade oculta. Para desgosto da minha mulher, quando estou trabalhando numa reportagem tendo a perder tudo mais de vista. Esqueço de pagar contas, de fazer a barba. Não troco de roupa com a frequência que deveria. Chego a correr riscos que jamais correria por qualquer outra razão: me arrastar dezenas de metros abaixo das ruas de Manhattan com escavadores de túneis — os *sandhogs* — ou navegar num esquife com um caçador de lulas gigantes durante uma violenta tempestade. Quando voltei dessa minha viagem de esquife, minha avó me disse: "Sabe que você me lembra seu avô?".

Em 2004, durante a pesquisa para uma reportagem sobre a misteriosa morte de um perito em Conan Doyle e Sherlock Holmes, topei com uma referência ao papel de Fawcett como o inspirador de *O mundo perdido*. Quando li mais sobre ele, fiquei intrigado com a ideia fantástica de Z: que uma sofisticada civilização, com uma arquitetura monumental, pudesse ter existido na Amazônia. Assim como outras pessoas, imagino, minha única imagem da Amazônia era a de tribos esparsas vivendo na Idade da Pedra — uma noção que derivava não somente das histórias de aventuras de Hollywood como também de estudos na escola.

Os ambientalistas em geral têm definido a Amazônia como uma "floresta virgem" que, depois das recentes incursões de madeireiros e invasores, quase foi destruída pelas mãos humanas. Além disso, muitos arqueólogos e geógrafos[1] argumentam que as condições na Amazônia, a exemplo das do Ártico, tornaram impossível o desenvolvimento das grandes populações necessárias a uma sociedade complexa, com divisões de trabalho e hierarquias políticas, com reis e chefes de Estado. Betty Meggers, da Smithsonian Institution, talvez seja a mais influente arqueóloga especializada na Amazônia da era moderna. Em 1971, numa definição que ficou famosa, ela classificou a região como um "falso paraíso",[2] um lugar que, a despeito de toda a fauna e toda a flora, é inimigo da vida humana. Chuvas e enchentes, além do sol inclemente, erodem os nutrientes do solo e tornam impossível uma agricultura em alta escala. Num ambiente tão brutal, afirmam ela e outros cientistas, somente pequenas tribos nômades conseguem sobreviver. Pelo fato de a terra fornecer tão pouca nutrição, escreveu Meggers, mesmo as tribos que conseguiram superar o confronto com a fome e as doenças ainda tiveram de criar "substitutos culturais"[3] para controlar a população — até mesmo se matando entre si. Algumas tribos cometiam infanticídio, abandonavam seus enfermos na mata ou dedicavam-se a guerras e vinganças sangrentas. Em 1970, Claudio Villas Boas, um dos maiores defensores dos índios da Amazônia, declarou a um repórter: "Isso é uma selva, e matar uma criança deformada — ou abandonar um homem sem família — pode ser essencial para a sobrevivência da tribo. Só agora que a floresta está desaparecendo, e que suas leis estão perdendo o significado, que nos sentimos chocados".[4]

Como observa Charles Mann em seu livro *1491*,[5] foi o antropólogo Allan R. Holmberg quem ajudou a cristalizar a visão popular e científica de que os índios da Amazônia são primitivos. Depois de estudar membros da tribo Sirionó na Bolívia no início dos anos 1940, Holmberg descreveu seus integrantes como um dos "povos culturalmente mais atrasados do mundo",[6] uma sociedade tão consumida pela busca de alimento que não desenvolveu nenhuma arte, religião, roupas, animais domésticos, abrigos sólidos, comércio, estradas, nem mesmo conseguem contar além de três. "Não existe registro da passagem do tempo e nenhum tipo de calendário",[7] afirmou Holmberg. Os sirionó nem ao menos têm um "conceito romântico"[8] do amor. Eles eram, segundo sua conclusão, "homens no estado puro da natureza".[9] De acordo com Meggers, uma civilização mais sofisticada dos Andes migrou para a Ilha de Marajó, na foz do Amazonas, somente para se dispersar lentamente e morrer. Em resumo, a Amazônia seria uma armadilha mortal para a civilização.

Enquanto pesquisava sobre Z, descobri que um grupo de antropólogos e arqueólogos revisionistas começava a contestar esses pontos de vista estabelecidos, acreditando que, na verdade, uma civilização avançada poderia ter surgido na Amazônia.[10] Essencialmente, eles argumentam que os tradicionalistas subestimaram o poder das culturas e das sociedades de transformar e transcender seus ambientes naturais, mais ou menos da mesma forma como os humanos estão agora criando estações espaciais ao redor da Terra e produzindo grãos no deserto israelense. Alguns afirmam que as ideias dos tradicionalistas ainda mantêm laivos da visão racista aplicada aos americanos nativos, que inspiraram as primeiras teorias redutivas acerca do determinismo ambiental. Os tradicionalistas, por sua vez, alegam que os revisionistas são um exemplo de correição política desvairada, e que perpetuam a longa história de projetar sobre a Amazônia uma paisagem imaginária, uma fantasia da mente ocidental. O que está em questão nesse debate é uma compreensão fundamental da natureza humana e do mundo antigo, e da batalha que lançou acadêmicos uns contra os outros de forma tão violenta. Quando falei com Meggers na Smithsonian Institution, ela afastou qualquer possibilidade de descoberta de uma civilização perdida na Amazônia. São muitos os arqueólogos que "ainda estão à procura de Eldorado", afirmou.

Mas há um renomado arqueólogo da Universidade da Flórida que refuta a interpretação convencional da Amazônia como um falso paraíso. Seu nome é Michael Heckenberger e ele trabalha na região do Xingu onde se acredita que Fawcett tenha desaparecido. Diversos antropólogos me disseram que Heckenberger era a pessoa com quem eu deveria falar, mas avisaram-me que ele raramente sai da floresta e evita quaisquer distrações do seu trabalho. James Petersen, que em 2005 era chefe do departamento de antropologia da Universidade de Vermont e de quem Heckenberger foi aluno, explicou-me: "Mike é absolutamente brilhante e está na vanguarda da arqueologia na Amazônia, mas temo que você esteja batendo na porta errada. Veja só, o homem foi meu padrinho de casamento, mas eu não consigo que responda a nenhuma das minhas mensagens".

Com a ajuda da Universidade da Flórida, consegui afinal entrar em contato com Heckenberger pelo seu telefone via satélite. Em meio à estática e ao que soava como ruídos da selva no fundo, ele disse que iria ficar na aldeia dos kuikuro no Xingu e, para minha surpresa, que poderia se encontrar comigo se eu chegasse até tão longe. Só mais tarde, quando comecei a reunir mais fatos sobre a história de Z, descobri que aquele era o exato local onde James Lynch e seus homens haviam sido sequestrados.

"Você vai para a Amazônia tentar encontrar alguém que desapareceu duzentos anos atrás?", perguntou Kyra, minha esposa. Era uma noite de janeiro de 2005 e ela estava na cozinha do nosso apartamento, servindo macarrão de gergelim frio do restaurante Hunan Delight.

"Foi só oitenta anos atrás."

"Então você vai procurar alguém que desapareceu *oitenta anos* atrás?"

"Basicamente, essa é a ideia."

"Como você vai saber onde procurar?"

"Eu ainda não planejei essa parte." Minha esposa, que é produtora do programa *60 Minutes* e extremamente sensata, pôs os pratos na mesa e ficou esperando que eu me explicasse. "Não é assim, eu não vou ser o primeiro", expliquei. "Centenas de outros já fizeram isso."

"E o que aconteceu com eles?"

Dei uma garfada no macarrão, hesitante. "Muitos deles desapareceram."

Ela me olhou por um longo tempo. "Espero que você saiba o que está fazendo."

Prometi a ela que não sairia correndo para o Xingu, ao menos não até saber por onde começar minha rota. A maioria das expedições recentes tinha confiado nas coordenadas do Acampamento do Cavalo Morto contidas em *A Expedição Fawcett*, mas, por causa dos habituais subterfúgios do coronel, parecia estranho que o acampamento fosse tão fácil de ser localizado. Embora Fawcett tenha feito meticulosas anotações sobre suas expedições, acredita-se que seus papéis mais sigilosos tenham sido perdidos ou mantidos em sigilo pela família. Porém parte da correspondência de Fawcett e dos diários de integrantes de suas expedições acabou guardada em arquivos britânicos. Assim, antes de mergulhar na selva, parti para a Inglaterra para ver se conseguia descobrir mais sobre a bem guardada rota de Fawcett e sobre o homem que tinha sumido da face da Terra em 1925.

4. O tesouro enterrado

Poucas vezes, ou talvez nunca, Percy Harrison Fawcett tinha se sentido tão vivo. Corria o ano de 1888 e ele era um tenente de 21 anos na Artilharia Real. Tinha acabado de tirar um mês de licença de sua guarnição na colônia britânica do Ceilão e envergava um elegante uniforme branco, com botões dourados e um capacete pontudo afivelado no queixo. Mas, apesar do fuzil e da espada, ele parecia um garoto — "o mais inexperiente"[1] dos jovens oficiais, como ele próprio se definia.

Fawcett foi até seu bangalô em Fort Frederick, de frente para a cintilante enseada de Trincomalee. Inveterado amante de cães, ele dividia seu quarto com seis fox terriers, raça que naquela época costumava seguir os oficiais nas batalhas. Remexendo nos artefatos locais que atulhavam seus aposentos, ele procurava uma carta que havia escondido. Lá estava ela, com estranhos caracteres ondulados rabiscados com tinta sépia. Fawcett tinha recebido aquele papel de um administrador colonial, que o recebera de um chefe de aldeia para quem havia feito um favor. Como Fawcett mais tarde anotou em seu diário, havia uma anotação em inglês anexada ao misterioso texto dizendo que na cidade de Badulla, no interior da ilha, havia uma planície cuja extremidade era coberta de rochas. Em cingalês, o local às vezes era chamado de Galla-pita-Galla — "Rocha sobre Rocha". O texto continuava:

> Debaixo dessas rochas há uma caverna,[2] outrora de fácil acesso, mas agora de difícil abordagem, pois a entrada foi obstruída por pedras, pela vegetação e pelo mato alto. Às vezes leopardos são encontrados ali. Nessa caverna existe um tesouro [...] de joias não lapidadas e ouro de um valor maior do que as posses de muitos reis.

Embora o Ceilão (atualmente Sri Lanka) fosse conhecido como "a caixa de joias do oceano Índico", o administrador colonial não levou muito a sério aquela história extravagante e passou os documentos a Fawcett, achando que talvez ele se interessasse. Fawcett não tinha ideia do que fazer com eles — tudo aquilo poderia ser conversa-fiada. Porém, ao contrário da maioria dos oficiais aristocratas, ele tinha pouco dinheiro. "Para um tenente da Artilharia sem recursos",[3] escreveu, "a ideia de um tesouro era atraente demais para ser abandonada." Era também uma oportunidade de escapar do quartel com sua casta branca governante, que espelhava a classe alta da sociedade inglesa — uma sociedade que, sob o verniz de respeitabilidade social, sempre tinha inspirado em Fawcett um certo horror que remetia às histórias de Dickens.

Seu pai, o capitão Edward Boyd Fawcett, era aristocrata vitoriano que frequentava o círculo interno do príncipe de Gales e um dos maiores batedores de críquete do império. Mas já na juventude tinha enveredado pelo alcoolismo — seu apelido era Bulb, por causa do nariz em forma de bulbo em consequência da bebida — e, além de namorador, havia esbanjado o dinheiro da família. Anos depois um parente, lutando para descrevê-lo de uma forma mais favorável, escreveu que o capitão Fawcett "possuía grandes habilidades que não encontraram nenhuma aplicação — um bom homem que tinha dado errado [...] Estudante do Balliol College e ótimo atleta [...] iatista, charmoso e espirituoso, cavalariço do príncipe de Gales (que depois sucederia à rainha Vitória com o nome de Edward VII), dissipou duas substanciosas fortunas na corte, negligenciou a esposa e os filhos [...] e, em consequência de seu comportamento dissoluto e de seu vício no álcool até o final da sua breve vida, morreu de definhamento aos 45 anos de idade".[4]

A mãe de Percy, Myra Elizabeth, pouco fez para melhorar aquele ambiente "perturbado". "O casamento infeliz causou nela muita frustração e amargura, levando-a a ser caprichosa e injusta, particularmente em relação aos filhos",[5] escreveu um membro da família. Tempos depois, Percy confidenciou a Conan Doyle, com quem se correspondia, que sua mãe chegava a ser "detestável".[6] Ainda assim, Percy tentou proteger sua reputação, como a de seus pais, fazendo apenas uma alusão indireta a eles em *A Expedição Fawcett*: "Talvez tenha sido melhor que a minha infância [...] tenha sido tão carente de afeição dos pais, o que me levou para dentro de mim mesmo".[7]

Com o pouco dinheiro que havia sobrado, os pais de Fawcett mandaram-no para escolas públicas da elite da Grã-Bretanha — até Westminster —, notórias por seus métodos severos. Embora insistisse em que os frequentes espancamentos sofridos "em nada alteraram a minha aparência",[8] Fawcett foi forçado a se conformar com a imagem vitoriana de um cavalheiro.[9] O traje era considerado um inconfundível indicador de caráter, e por isso ele usava sobrecasaca preta e colete e, em ocasiões formais, fraque e cartola. As luvas imaculadas, preparadas com esticadores e máquinas de aplicar polvilho, eram tão essenciais que alguns homens usavam seis pares por dia. Anos mais tarde, Fawcett queixou-se de que o "memorável horror [de tais vestuários] ainda persistia no cotidiano insípido da Westminster School".[10]

Reservado, combativo e hipersensível, Fawcett teve de aprender a conversar sobre obras de arte (embora nunca tenha exagerado seus conhecimentos), a valsar sempre no mesmo sentido e a se comportar de forma impecável na presença do sexo oposto. Temerosa de que a industrialização erodisse os valores cristãos, a sociedade vitoriana era obcecada pelo domínio dos instintos corpóreos. Havia cruzadas contra literatura obscena e a "doença masturbatória", e panfletos pregando a abstinência eram divulgados na zona rural orientando as mães a "tomarem cuidado com as pilhas de feno". Médicos recomendavam "anéis penianos com espetos" para evitar anseios incontrolados. Esse fervor contribuiu com a visão de mundo de Fawcett de considerar a vida uma interminável guerra contra as forças físicas ao redor. Em escritos posteriores, ele alertou contra "a ânsia pela excitação sexual"[11] e por "vícios e desejos" que são "escondidos" com tanta frequência.

Mas o cavalheirismo era mais que uma simples conduta apropriada. Esperava-se de Fawcett que fosse, como escreveu um historiador da época dos cavalheiros vitorianos, "um líder natural de homens [...] destemido na guerra".[12] Os esportes eram considerados um treinamento definitivo para jovens que logo provariam seu valor em campos de batalha distantes. Assim como o pai, Fawcett tornou-se um grande jogador de críquete. Relatos de jornais locais costumavam aclamar o "brilhantismo" de seu jogo. Alto e esguio, com notável coordenação entre as mãos e os olhos, era um atleta natural, mas os espectadores percebiam uma determinação quase maníaca em seu estilo de jogo. Um observador disse que Fawcett sempre mostrava aos lançadores que "era necessário algo mais que o normal para desalojá-lo de sua determinação".[13] Quando aderiu ao rúgbi e ao boxe, mostrou a mesma ferocidade teimosa: em uma partida de rúgbi, abriu caminho entre seus oponentes mesmo depois de ter perdido os dentes da frente.

Já extraordinariamente durão, Fawcett endureceu ainda mais quando foi despachado, aos dezessete anos de idade, para a Academia Militar Real de Woolwich, ou "a Loja", como era conhecida.[14] Embora Fawcett não sentisse vontade de ser soldado, parece que sua mãe o forçou porque gostava de uniformes vistosos. A frieza da Loja suplantou a frieza de seu lar. Os "*snookers*" — novos cadetes como Fawcett — passavam por horas de treinamentos, e os que violassem o código de um "cavalheiro cadete" eram açoitados. Cadetes mais velhos normalmente faziam os mais jovens "procurarem o vento", ou seja, ficar com os braços e as pernas nus expostos numa janela aberta, no inverno, durante horas. Ou ordenava-se que os *snookers* ficassem de pé em dois banquinhos empilhados e equilibrados no alto de uma mesa enquanto os outros chutavam as pernas do móvel. Ou sofriam o contato com escaldantes espetos. "A forma de tortura era em geral engenhosa, às vezes digna das raças mais selvagens",[15] afirmou um historiador da academia.

Quando se formou, quase dois anos depois, Fawcett tinha aprendido, como definiu um contemporâneo seu, "a considerar o risco de morte a mais pungente fonte da vida".[16] Mais importante, ele foi treinado para ser um apóstolo da civilização ocidental: para converter o mundo ao capitalismo e ao cristianismo, transformar pastagens em plantações e cabanas em hotéis, introduzir aos que viviam na Idade da Pedra as maravilhas da locomotiva e do motor a vapor e garantir que o sol nunca se pusesse no Império Britânico.

Agora, ao sair da base militar isolada no Ceilão com seu mapa do tesouro na mão,[17] Fawcett subitamente se viu entre montanhas e florestas verdejantes, e pessoas vestidas em cores que nunca tinha visto antes, não os lúgubres pretos e brancos de Londres, mas púrpuras e amarelos e rubis brilhando, radiando e pulsando — uma visão tão extraordinária que mesmo o arquicínico Mark Twain, que visitou a ilha mais ou menos na mesma época, observou: "Puxa vida, como é lindo!".[18]

Fawcett conseguiu contratar um passeio num apertado veleiro que, se comparado às belonaves britânicas, era apenas uma partícula de madeira e lona. Quando o barco saiu da enseada, ele pôde ver o Forte Frederick no alto do penhasco, a muralha externa marcada por balas de canhão do século XVIII, quando os britânicos tentaram tomar o promontório dos holandeses, que por sua vez o tinham tomado dos portugueses. Depois de viajar cerca de 120 quilômetros pela costa leste do país, o barco aportou em Batticaloa, onde canoas circulavam ao redor dos navios que chegavam. Mercadores cingaleses ofereciam pedras preciosas gritando acima do barulho das ondas, especialmente a um *sahib* de cartola e relógio de bolso pendurado na cinta, que, sem dúvida, tinha os bolsos cheios de libras. Ao desembarcar, Fawcett teria sido cercado por mais mercadores: alguns cingaleses, alguns tâmiles, alguns muçulmanos, todos agrupados no bazar mascateando produtos frescos. Pairava no ar o aroma de folhas secas de chá, o cheiro doce de baunilha e cacau, e algo mais pungente — peixe seco, não com o habitual odor rançoso do mar, mas carregado de *curry*. E havia outras pessoas: astrólogos, mascates, tintureiros, vendedores de açúcar mascavo e mendigos. Para chegar a Badulla, cerca de 150 quilômetros para o interior, Fawcett tomou um carro de boi, que estalava e gemia enquanto o condutor usava o chicote nos flancos do animal para subir a estrada da montanha, passando por campos de arroz e plantações de chá. Em Badulla, Fawcett perguntou ao proprietário britânico de uma plantação se ele tinha ouvido falar de um lugar chamado Galla-pita-Galla.

"Receio não poder informar nada",[19] Fawcett recorda sua resposta. "Existe uma ruína lá em cima que eles chamam de 'Banho do Rei', que pode ter sido um tanque [reservatório] ou algo assim, mas quanto às rochas — ora, maldição, são apenas rochas!" Ele recomendou que Fawcett conversasse com um chefe local chamado Jumna Das, um descendente dos reis de Kandy, que governaram o país até 1815. "Se alguém pode informar onde fica Galla-pita-Galla, é ele", disse o inglês.

Naquela mesma noite Fawcett encontrou-se com Jumna Das, que era alto e mais velho, com uma elegante barba branca. Das explicou que, segundo os boatos, o tesouro dos reis de Kandy tinha sido enterrado naquela região. Não havia dúvida, continuou Das, de que os remanescentes arqueológicos e os depósitos minerais estavam ao redor do pé das colinas a sudeste de Badulla, talvez perto de Galla-pita-Galla.

Fawcett não conseguiu localizar o tesouro, mas a perspectiva das joias ainda cintilava em sua mente. "Será que os mastins têm maior prazer na caçada ou quando matam sua presa?",[20] ele se perguntava. Mais tarde, Fawcett fez outra tentativa, dessa vez com um mapa. Com a ajuda de uma equipe de trabalhadores contratados, descobriu um local parecido com a caverna descrita no texto. Durante horas os homens cavaram acumulando montes de terra ao redor, mas só encontraram cacos de cerâmica e uma serpente branca, que fez com que os trabalhadores fugissem aterrorizados.

Apesar do fracasso, Fawcett gostou de ter se afastado de tudo que conhecia. "O Ceilão é um país muito antigo,[21] e as pessoas antigas têm mais sabedoria que nós hoje em dia", Das disse a Fawcett.

Naquela primavera, depois de seu relutante regresso a Forte Frederick, Fawcett ficou sabendo que o arquiduque Francisco Ferdinando, sobrinho do imperador austro-húngaro, planejava uma visita ao Ceilão. Uma festa de gala em honra a Ferdinando foi organizada, à qual compareceram muitos membros da elite dominante, entre eles Fawcett. Os homens usavam longas casacas pretas e gravatas de seda, e as mulheres ostentavam esvoaçantes saias com anquinhas e corpetes tão apertados que mal conseguiam respirar. Fawcett, que estaria usando seu traje mais cerimonioso, era uma presença altiva e carismática.

"Ele realmente exercia um certo fascínio nas mulheres",[22] observou um parente. Certa vez, em um evento de caridade, um repórter notou que "a forma como as damas o recebiam era de fazer inveja a um rei".[23] Fawcett não conheceu Ferdinando, mas uma figura mais atraente chamou sua atenção, uma garota que parecia não ter mais de dezessete ou dezoito anos, de pele clara e longos cabelos castanhos presos num coque no alto da cabeça, que realçava suas feições requintadas. Seu nome era Nina Agnes Paterson, e era filha de um magistrado colonial.

Embora nunca tenha admitido, Fawcett deve ter sentido alguns dos desejos que o assustavam. (Entre seus papéis ele guardou o alerta de uma vidente: "Os seus maiores perigos vêm das mulheres, que se sentem muito atraídas por você, e pelas quais você se sente muito atraído, mas elas quase sempre lhe trazem mais tristeza e problemas do que qualquer outra coisa".) Como os costumes da época não permitiam que Fawcett tirasse Nina para dançar, ele teve de encontrar alguém para apresentá-lo formalmente, o que conseguiu.

Apesar de frívola e caprichosa, Nina era muito culta. Falava alemão e francês e tinha tido aulas de geografia, de estudos religiosos e de Shakespeare. Identificava-se também com a rebeldia de Fawcett (era defensora dos direitos da mulher) e com sua curiosidade e independência (gostava de explorar a ilha e ler textos budistas).

No dia seguinte Fawcett escreveu à mãe para dizer que tinha encontrado a mulher ideal, "a única com quem quero me casar".[24]

Nina morava com a família na outra ponta da ilha, em Galle, numa casa grande e cheia de servos, e Fawcett fazia peregrinações para cortejá-la. Começou a chamá-la de "Cheeky", em parte, explicou um membro da família, porque "ela sempre tinha que dar a última palavra";[25] por sua vez, ela o chamava de "Puggy", por causa de sua tenacidade. "Eu estava muito feliz e só sentia admiração pelo caráter de Percy: um homem austero, sério e generoso",[26] declarou Nina depois a um repórter.

No dia 29 de outubro de 1890, dois anos depois de se conhecerem, Fawcett a pediu em casamento. "Minha vida não teria sentido sem você",[27] ele declarou. Nina aceitou imediatamente, e sua família organizou uma festa para comemorar. Mas, de acordo com parentes, alguns membros da família de Fawcett se opunham ao noivado e mentiram para ele, dizendo que Nina não era a dama que imaginava — em outras palavras, que não era virgem. Não está claro por que a família se opôs ao casamento e levantou tal alegação, mas parece que a mãe de Fawcett estava no centro das maquinações. Em carta escrita anos depois a Conan Doyle, Fawcett insinuou que sua mãe tinha sido "uma velhinha tola e uma velhinha feia por ser tão odiosa"[28] com Nina, e que "teria muito a explicar". Na época, porém, a fúria de Fawcett não se voltou contra a mãe, mas sim contra Nina. Ele escreveu uma carta a Nina dizendo: "Você não é a jovem pura que eu pensei ser".[29] E em seguida terminou o noivado.

Durante anos os dois não tiveram mais contato. Fawcett continuou servindo no forte. Do alto do penhasco, ele podia ver um pilar dedicado a uma donzela holandesa que, em 1687, tinha saltado para a morte depois de ser abandonada pelo noivo. Nina retornou à Grã-Bretanha. "Demorou muito tempo para me recuperar desse golpe",[30] disse ela mais tarde a um repórter, ainda escondendo a verdadeira razão da decisão de Fawcett. Algum tempo depois ela conheceu um capitão do Exército chamado Herbert

Christie Prichard, que ou desconhecia a acusação contra ela ou não quis abrir mão da jovem. No verão de 1897, os dois se casaram. Porém cinco meses depois ele morreu de embolia cerebral. Como Nina declarou: "O destino cruel me golpeou pela segunda vez".[31] Consta que momentos antes de morrer, Prichard recomendou: "Case-se com Fawcett! Ele é o homem certo para você".[32] Àquela altura, Fawcett já tinha descoberto a trama da própria família e, de acordo com um parente, ele escreveu para Nina "implorando que ela o aceitasse de volta".[33]

"Eu achei que não o amava mais",[34] confessou Nina. "Achei que ele tinha matado a paixão que eu sentia com seu comportamento brutal." Mas, quando os dois voltaram a se encontrar, ela não conseguiu rejeitá-lo: "Nós nos olhamos e, dessa vez de forma invencível, a felicidade saltou à nossa volta. Nós tínhamos nos encontrado outra vez!".

Em 31 de janeiro de 1901, nove dias depois da morte da rainha Vitória, encerrando um reinado que durou quase 64 anos, Nina Paterson e Percy Harrison Fawcett finalmente se casaram, estabelecendo-se na guarnição militar no Ceilão. Em maio de 1903 nasceu Jack, seu primeiro filho. Era parecido com o pai, só que com a pele mais clara e os traços mais delicados da mãe. "Um garoto particularmente bonito",[35] escreveu Fawcett. Jack era precoce e bem-dotado, ao menos para os pais. "Aos sete meses ele já corria por toda parte e com um ano já falava fluentemente", vangloriou-se Fawcett. "Ele era e ainda é muito evoluído, física e intelectualmente."

Embora o Ceilão tivesse se tornado "um paraíso na Terra" para seu filho e esposa, Fawcett começou a se irritar com as limitações da sociedade vitoriana. Ele era um tipo solitário, ambicioso e teimoso demais ("audacioso a ponto de ser rude", como definiu um observador), e com um intelecto muito curioso para se encaixar no corpo de oficiais. Ainda que sua esposa tenha dissipado parte desse estado de espírito, ele continuava, de acordo com sua própria definição, um "lobo solitário",[36] determinado a "buscar meus próprios caminhos e não seguir trilhas já muito percorridas".

Esses caminhos o aproximaram de uma das figuras mais anticonvencionais da Era Vitoriana: Helena Petrovna Blavatsky, ou, como era normalmente conhecida, Madame Blavatsky.[37] No fim do século XIX, Blavatsky, que afirmava ser médium, esteve no limiar de fundar um movimento religioso duradouro. Marion Meade, uma de suas biógrafas imparciais, escreveu que durante o tempo em que ela viveu as pessoas ao redor do mundo debatiam furiosamente se ela era "um gênio, uma renomada fraude ou simplesmente lunática. Naquela época, qualquer uma das três categorias poderia ser verdadeira".[38] Nascida na Rússia em 1831, Blavatsky era baixa e gorda, com olhos bulbosos e papadas caindo dos queixos múltiplos. Seu rosto era tão largo que algumas pessoas desconfiavam de que fosse homem. Ela professava ser virgem (na verdade, tinha dois maridos e um filho ilegítimo) e apóstola do ascetismo (mas fumava até duzentos cigarros por dia e praguejava como um soldado). Meade escreveu: "Ela pesava mais do que qualquer um, comia mais, fumava mais, xingava mais e tinha uma concepção do céu e da terra que tornava insignificante qualquer noção anterior".[39] O poeta William Butler Yeats, que foi seduzido por seus encantos, a descreveu como "a mais humana das pessoas vivas".[40]

Quando viajou para a América nos anos 1870 e 1880, Madame Blavatsky reuniu seguidores que se sentiam hipnotizados por seus encantos singulares e por seus apetites góticos e, mais ainda, por seus alegados poderes de levitar objetos e de se comunicar com os mortos. A ascensão da ciência no século XIX teve um efeito paradoxal: enquanto minava a fé no cristianismo e na palavra literal da Bíblia, criou também um enorme vácuo para que alguém explicasse os mistérios do universo que existiam por trás dos micróbios, da evolução e da ganância capitalista. George Bernard Shaw escreveu que talvez nunca antes tanta gente tenha sido "viciada em comunicação com os mortos, sessões de materializações, clarividência, quiromancia, bolas de cristal e coisas do gênero".[41] De certa forma, os novos poderes da ciência para lidar com forças invisíveis aumentaram essas crenças em vez de diminuir. Se fonógrafos podiam capturar vozes humanas, se telégrafos podiam enviar mensagens de um continente a outro, então por que a ciência não poderia afinal desvendar o Outro Mundo? Em 1882, alguns dos mais destacados cientistas da Inglaterra formaram a Sociedade de Pesquisa Psíquica. Seus membros logo incluíam um primeiro-ministro e laureados com o prêmio Nobel, além de Alfred Tennyson, Sigmund Freud e Alfred Russel Wallace, que, juntamente com Darwin, desenvolveu a teoria da evolução. Conan Doyle, que havia criado a personificação da mente racionalista com Sherlock Holmes, passou anos tentando confirmar a existência de fadas e duendes. "Suponho que eu seja Sherlock Holmes, se alguém o é, e digo que o caso do espiritualismo está absolutamente provado",[42] declarou certa vez Conan Doyle.

Enquanto continuava a praticar as artes da mediunidade, Madame Blavatsky gradualmente voltou sua atenção para fronteiras psíquicas mais ambiciosas. Afirmando ser um conduto para uma irmandade de mahatmas tibetanos reencarnados, ela tentou criar uma nova religião chamada teosofia, ou "sabedoria dos deuses". Inspirada em ensinamentos ocultos e religiões orientais, especialmente o budismo, para muitos ocidentais ela chegou a representar uma espécie de contracultura, adotando até o vegetarianismo. Como a historiadora Janet Oppenheim observou em *The other world*: "Para os que queriam se rebelar de forma dramática contra o etos vitoriano — se é que percebiam essa evasiva entidade —, a fragrância da heresia deve ter sido particularmente atraente quando ministrada por uma marginal tão descarada como H. P. Blavatsky".[43]

Levando sua heresia ainda mais longe, alguns teosofistas converteram-se ao budismo e se alinharam com líderes religiosos da Índia e do Ceilão que se opunham ao colonialismo. Entre esses teosofistas estava o irmão mais velho de Fawcett, Edward, que Percy sempre respeitara. Um encorpado alpinista que usava um monóculo de ouro, Edward foi uma criança-prodígio que escreveu um poema épico aos treze anos de idade e ajudou Blavatsky a pesquisar e a escrever seu grande *opus* de 1893, *A doutrina secreta*. Em 1890 Edward viajou para o Ceilão, onde Percy estava servindo, para aderir ao Pansil, ou os Cinco Preceitos do Budismo, que inclui votos de não matar, não beber álcool e não cometer adultério. Um jornal indiano fez um relato da cerimônia com o título "Conversão de um inglês ao budismo":

> A cerimônia começou aproximadamente às oito e meia da noite,[44] no *santum sanctorum* do Salão Budista, onde o Alto Sacerdote Sumangala sabatinou o candidato. Satisfeito com os pontos de vista do sr. Fawcett, o Alto Sacerdote [...] declarou ser um grande prazer introduzir o sr. Fawcett, um inglês erudito [...] o sr. Fawcett levantou-se e implorou que o Alto Sacerdote lhe ministrasse o "Pansil". O Alto Sacerdote aquiesceu, e o "Pansil" foi ministrado, com o sr. Fawcett repetindo as palavras do Alto Sacerdote. Nas últimas palavras dos "Cinco Preceitos" o budista inglês foi ruidosamente ovacionado pelos correligionários presentes.

Em outra ocasião, de acordo com membros da família, Percy Fawcett, aparentemente inspirado pelo irmão, também aderiu ao Pansil — um ato de rebeldia para um oficial militar colonial cujo dever seria eliminar o budismo e promover o cristianismo na ilha. Em *The Victorians*, o romancista e historiador britânico A. N.

Wilson observou: "Neste momento da história em que os povos brancos estão impondo o imperialismo no Egito e na Ásia, existe algo de glorioso e subversivo nesses ocidentais que cederam à Sabedoria do Oriente, ainda que de uma forma confusa e absurda".[45] Outros acadêmicos observaram que os europeus do século XIX e início do século XX — mesmo os mais bem-intencionados — viam o Oriente como algo exótico, o que apenas ajudava a legitimar o imperialismo. Ao menos na cabeça de Fawcett, o que tinham ensinado a ele a vida toda sobre a superioridade da civilização ocidental ia contra o que tinha vivenciado além de suas fronteiras. "Eu transgredi várias vezes as terríveis leis do comportamento tradicional, mas ao fazer isso aprendi muita coisa",[46] declarou. Ao longo dos anos, suas tentativas de reconciliar essas forças opostas, equilibrar seu absolutismo moral e relativismo cultural, o empurrariam para contradições bizarras e heresias cada vez maiores.

Mas, agora, essa tensão meramente alimentava seu fascínio por exploradores como Richard Francis Burton e David Livingstone, aclamados e até reverenciados pela sociedade vitoriana, e que mesmo assim tinham conseguido viver às margens dela. Fawcett devorou relatos das aventuras desses exploradores em publicações populares, agora produzidas por máquinas de impressão movidas a vapor. Em 1853, Burton, disfarçado de peregrino muçulmano, tinha conseguido entrar na Meca. Quatro anos depois, na corrida para encontrar a nascente do Nilo, John Speke ficou quase cego por causa de uma infecção e quase surdo ao espetar uma abelha que estava perfurando seu canal auditivo. No fim dos anos 1860,[47] o missionário David Livingstone, também procurando a nascente do Nilo, desapareceu no coração da África, o que fez com que Henry Morton Stanley partisse para encontrá-lo em janeiro de 1871, jurando: "Nenhum homem vivo [...] vai me deter. Somente a morte poderá me impedir". Por incrível que pareça, dez meses depois Stanley conseguiu o que queria, com sua famosa abordagem: "Doutor Livingstone, eu presumo?". Determinado a continuar sua busca, Livingstone se recusou a retornar com ele. Com um coágulo na artéria, desorientado, faminto e com hemorragia interna, Livingstone morreu no nordeste da Zâmbia em 1873; em seus últimos momentos, ajoelhou-se e rezou. Como havia pedido, seu coração foi enterrado ali mesmo, enquanto o restante do corpo atravessou o continente levado por seus seguidores, conduzido como se fosse o de um santo, e depois transportado de volta para a Inglaterra, onde uma multidão prestou-lhe homenagem na Abadia de Westminster.

Algum tempo depois Fawcett fez amizade com o romancista que retratou mais vividamente esse mundo dos experientes aventureiros vitorianos: sir Henry Rider Haggard. Em 1885, Haggard publicou *As minas do rei Salomão*, que foi anunciado como "o MAIS INCRÍVEL LIVRO JÁ ESCRITO". Como muitos outros romances de aventura, era inspirado em mitos e histórias folclóricas como a do Santo Graal. O herói é o icônico Allan Quatermain, o eficiente caçador de elefantes que sai em busca de diamantes escondidos na África seguindo um mapa desenhado em sangue. V. S. Pritchett observou que enquanto "E. M. Forster afirmou certa vez que o romancista deveria descer um balde por uma corda até o inconsciente",[48] Haggard "instalou uma bomba de sucção. Ele secou todo o reservatório dos desejos secretos do público".

Porém Fawcett não precisava ir tão longe para ver seus desejos expostos em páginas de livros. Depois de abandonar a teosofia, seu irmão mais velho, Edward, tornou-se um romancista de aventuras popular que por um tempo foi aclamado como a resposta inglesa a Julio Verne. Em 1894, ele publicou *Swallowed by an Earthquake*, que conta a história de um grupo de amigos jogado em um mundo subterrâneo onde descobrem dinossauros e uma tribo de "homens selvagens que comem homens".[49]

Mas foi o romance seguinte de Edward que refletiu com mais precisão as fantasias particulares de seu irmão mais novo — e de certa forma previu friamente o futuro de Percy. Publicado em 1895 com o título de *The secret of the desert*, o romance foi lançado com uma capa vermelho-sangue que mostrava a imagem de um aventureiro usando um capacete de explorador pendurado em uma corda na muralha de um palácio. A história é centrada em um cartógrafo e arqueólogo amador chamado Arthur Manners — a autêntica personificação da sensibilidade vitoriana. Financiado por uma instituição científica, Manners, o "mais aventureiro dos viajantes",[50] abandona a aconchegante zona rural britânica para explorar a perigosa região da Arábia central. Insistindo em viajar sozinho ("possivelmente pensando que seria melhor desfrutar sua provável celebridade futura sem dividir com ninguém"[51]), Manners perambula pelos ermos do Grande Deserto Vermelho em busca de tribos desconhecidas e ruínas arqueológicas. Depois de dois anos sem saber notícias do viajante, muitos na Inglaterra temem que ele tenha morrido de fome ou que tenha sido aprisionado por alguma tribo. Três colegas de Manners empreendem uma expedição de resgate usando um veículo blindado construído por um deles — uma engenhoca futurista que, assim como o submarino de Verne em *Vinte mil léguas submarinas*, reflete tanto o progresso como o assustador poder da civilização europeia. A expedição ouve relatos de que Manners partiu em direção ao fabuloso Oásis das Gazelas, famoso por conter "estranhas ruínas, relíquias de uma raça antiga de grande renome, mas agora totalmente esquecida".[52] Todos que tentaram chegar lá desapareceram ou foram mortos. Quando os amigos de Manners vão para o local, ficam sem água e temerosos de que "nós que viemos para o resgate estamos igualmente perdidos".[53] Mas logo avistam um local com uma lagoa cintilante — o Oásis das Gazelas — e mais adiante as ruínas de um templo cheio de tesouros. "Fiquei extasiado de admiração pela raça esquecida que criou essa construção",⁵⁴ diz o narrador. Os exploradores descobrem que Manners é mantido prisioneiro no interior do templo e o libertam a bordo de um tanque em alta velocidade. Sem tempo para trazer quaisquer artefatos para provar ao mundo sua descoberta, eles precisam confiar em Manners para convencer os "céticos". Porém um dos membros da expedição, planejando voltar para escavar as ruínas antes de qualquer outro, diz de Manners: "Espero que ele não faça questão de mencionar a exata latitude e longitude do local".⁵⁵

Certo dia Fawcett partiu de Forte Frederick e saiu caminhando em direção ao interior da ilha, atravessando um brejo de vinhas e arbustos espinhosos. "Por toda parte ao meu redor havia um som — o som da mata",⁵⁶ escreveu sobre a selva do Ceilão. Horas depois, encontrou o que estava procurando: uma muralha semienterrada com centenas de imagens de elefantes gravadas. Eram resquícios de um templo antigo, e Fawcett viu ruínas adjacentes por toda a volta: pilares de pedra, arcos e cúpulas de um palácio. Eram parte de Anuradhapura, uma cidade construída mais de 2 mil anos atrás. Como disse um contemporâneo de Fawcett, "a cidade desapareceu como um sonho [...] Onde estão as mãos que a ergueram, os homens que buscavam seu abrigo no calor tórrido do meio-dia?".⁵⁷ Mais tarde, Fawcett escreveu a um amigo dizendo que "o velho Ceilão está enterrado sob o mofo e a floresta [...] Existem tijolos e cúpulas desaparecidas e montes, fossos e inscrições inexplicáveis".⁵⁸

Fawcett já não era mais um garoto; estava com mais de trinta anos e não suportaria passar o resto da vida isolado em uma guarnição militar depois da outra, sepultado em sua imaginação. Ele queria ser o que Joseph Conrad tinha chamado de "um geógrafo militante",⁵⁹ alguém que "carregue no peito a centelha do fogo sagrado" descoberto em latitudes e longitudes da terra de mistérios da humanidade. E ele sabia que só havia um lugar onde poderia ir: a Real Sociedade Geográfica, em Londres. De lá haviam partido Livingstone, Speke e Burton, e era também a Era Vitoriana das descobertas. E Fawcett não tinha dúvida de que a RSG o ajudaria a realizar o que chamava de "meu Destino".

5. Espaços em branco no mapa

Chegamos, essa é a *Real* Sociedade Geográfica, disse o motorista do táxi que me deixou em frente à entrada, do outro lado do Hyde Park, numa manhã de fevereiro de 2005. A construção parece uma extravagante mansão, o que era realmente antes de a Sociedade tê-la adquirido em 1912, quando precisou de mais espaço. Com três andares, tinha muros de tijolo vermelho, janelas envidraçadas, pilastras holandesas e um teto de cobre que se juntava, com diversas chaminés, em vários pontos desordenados, como a visão que uma criança teria de um castelo. Ao longo da parede externa havia estátuas em tamanho natural de Livingstone, com o chapéu e o bastão para caminhar que eram suas marcas registradas, e de Ernest Shackleton, o explorador da Antártida, de botas e enrolado em cachecóis. Na entrada, perguntei a um guarda onde ficavam os arquivos, que eu esperava poderem iluminar a carreira de Fawcett como explorador e em sua última viagem.

Quando falei pela primeira vez com John Hemming, ex-diretor da Real Sociedade Geográfica e historiador especializado em índios brasileiros, para saber sobre o explorador da Amazônia, ele me perguntou: "Você não é um desses lunáticos por Fawcett, é?". Parece que a Real Sociedade Geográfica estava cautelosa com pessoas obcecadas pelo destino de Fawcett. A despeito do tempo decorrido e da redução da possibilidade de encontrá-lo, algumas pessoas pareciam ficar ainda mais fanáticas, em vez de menos. Havia décadas elas importunavam a Real Sociedade Geográfica em busca de informações para produzir suas próprias teorias bizarras, antes de entrar na mata e acabarem se suicidando. Normalmente são chamadas de "fanáticos por Fawcett". Uma dessas pessoas, que saiu em busca de Fawcett em 1995,[1] escreveu em um artigo não publicado relatando que seu fascínio tinha se transformado num "vírus" e que, quando procurou a Real Sociedade Geográfica à procura de ajuda, um "exasperado" funcionário falou sobre os caçadores de Fawcett: "Acho que eles são loucos. São pessoas obcecadas". Senti-me ligeiramente tolo procurando a Real Sociedade Geográfica para examinar toda a papelada de Fawcett, mas os arquivos da entidade, que incluem o sextante de Darwin e os mapas originais de Livingstone, haviam sido abertos ao público alguns meses antes e podiam se revelar muito valiosos.

Um guarda na recepção me deu um cartão autorizando a entrada no prédio, e atravessei um cavernoso corredor de mármore, passei por uma velha sala de fumar e por um salão de mapas forrado de painéis de nogueira, onde exploradores como Fawcett costumavam se reunir. Nos últimos anos, a Real Sociedade Geográfica tinha ganhado um moderno pavilhão de vidro, mas aquela renovação não conseguia dissipar a atmosfera anacrônica que pairava sobre a instituição.

Ainda nos tempos de Fawcett, a Real Sociedade Geográfica estava empenhada na realização de um dos mais incríveis feitos da humanidade: o mapeamento do mundo. Talvez nenhuma outra façanha humana, nem a construção da ponte do Brooklyn nem a do canal do Panamá, se iguale à grandeza desse empreendimento.

Desde a época em que os gregos estabeleceram os princípios da cartografia sofisticada, esse mapeamento levou centenas de anos, custou milhões de dólares e ceifou milhares de vidas. E, ao ser concluído, foi um trabalho tão impressionante que poucos conseguiam se lembrar de como o mundo era antes, ou como aquela façanha fora realizada.

Em um dos corredores do prédio da Real Sociedade Geográfica, vi na parede um gigantesco mapa do globo do século XVII. Nas margens, veem-se monstros e dragões. Durante muito tempo os cartógrafos não tinham como saber o que existia na maior parte do planeta.[2] E, na maioria das vezes, essas lacunas eram preenchidas com reinos e animais fantásticos, como se o faz de conta, não importa quão aterrorizante, fosse menos assustador que o verdadeiramente desconhecido.

Durante a Idade Média e a Renascença, os mapas mostravam aves na Ásia que eram capazes de desmembrar seres humanos, um pássaro na Alemanha que brilhava no escuro, pessoas na Índia com características que variavam de dezesseis dedos no pé a cabeças de cães, hienas na África cujas sombras emudeciam cachorros e uma fera chamada "basilisco", que podia matar com um simples sopro. O lugar mais assustador do mapa era a Terra de Gog e Magog, cujos exércitos, alertava o livro de Ezequiel, um dia desceriam do norte para eliminar o povo de Israel "como uma nuvem cobrindo a terra".

Ao mesmo tempo, os mapas expressavam um eterno anseio por algo mais fascinante: um paraíso terrestre. Os cartógrafos incluíam como marcos principais a Fonte da Juventude, que Ponce de León procurou na Flórida no século XVI, e o Jardim do Éden, que o enciclopedista do século XVII Isidoro de Seville relatou conter "de todas as espécies de madeira e de árvores frutíferas, que contêm também a árvore da vida".[3]

No século XII, essas visões febris foram ainda mais inflamadas com o surgimento de uma carta na corte do imperador de Bizâncio, supostamente escrita por um rei chamado Prester John. A carta dizia: "Eu, Prester John, reino supremo, me excedo em riquezas, virtude e poder sobre todas as criaturas que habitam sob o céu. Setenta e dois reinos me pagam tributo".[4] E continuava: "O mel flui da nossa terra, e o leite é abundante em toda parte. Em um de nossos territórios nenhum veneno pode fazer mal e nenhum sapo barulhento coaxa, não existem escorpiões, nenhuma serpente rasteja na grama. Nenhum réptil venenoso pode ali existir ou usar seu poder mortal". Embora provavelmente fosse apenas uma alegoria, a carta foi considerada prova de um paraíso na terra, que os desenhistas de mapas situaram nos territórios inexplorados do Oriente. Em 1177, o papa Alexandre III despachou seu médico pessoal para estender "ao muito querido filho em Cristo, o famoso e altíssimo rei dos Hindus, o santo sacerdote, suas saudações e bênçãos apostólicas".[5] O médico jamais retornou. Ainda assim, as cortes reais da Igreja continuaram enviando emissários durante séculos para localizar aquele fabuloso reino. Em 1459, o erudito cartógrafo Fra Mauro criou um dos mais exaustivos mapas do mundo, e finalmente o reino mítico de Prester John foi eliminado da Ásia. Em vez disso, Mauro escreveu na região da Etiópia: *"Qui el Presto Janni fa residential principal"* (Aqui Prester John tem sua principal residência).

Até 1740, estimava-se que menos de 250 lugares do planeta haviam sido mapeados com precisão. Como ainda não existiam relógios portáteis precisos, os navegadores não tinham meios de determinar a longitude, que é mais facilmente mensurada como função do tempo. Os navios chocavam-se contra rochas e bancos de areia, com seus capitães convencidos de que estavam a centenas de milhas mar adentro; milhares de homens e milhões de dólares em carregamentos eram perdidos. Em 1714, o Parlamento anunciou que "a Descoberta da Longitude é de extrema Consequência para a Grã-Bretanha e para a segurança da Marinha e dos Navios Mercantes, assim como para o aperfeiçoamento do Comércio",[6] e passou a oferecer um prêmio de 20 mil libras — hoje o equivalente a 20 milhões de dólares — por uma solução "Prática e Útil". Algumas das melhores cabeças científicas tentaram resolver o problema. A maioria tinha esperança de poder usar a posição da lua e das estrelas para fixar o tempo, mas, em 1773, John Harrison foi reconhecido como vencedor, com uma solução mais viável: um cronômetro de um quilo e meio carregado de rubi e diamantes.

Apesar de seu sucesso, o relógio de Harrison não pôde superar o principal problema que atormentava os desenhistas de mapa: a distância. Os europeus ainda não haviam viajado para os mais longínquos confins da Terra — o Polo Norte e o Polo Sul. Nem tinham explorado grande parte do interior da África, da Austrália ou da América do Sul. Os cartógrafos rabiscavam uma única e fantasmagórica palavra sobre essas áreas do mapa: "Inexplorado".

Finalmente, no século XIX,[7] com o Império Britânico se expandindo cada vez mais, cientistas, almirantes e mercadores ingleses acreditaram ser necessária uma instituição para criar um mapa do mundo com base em observações e não na imaginação, uma organização que detalhasse tanto os contornos da Terra como tudo que houvesse em seu interior. E assim, em 1830, nascia a Real Sociedade Geográfica de Londres. De acordo com sua missão declarada, a Real Sociedade Geográfica deveria "coletar, processar e imprimir [...] novos e interessantes fatos e descobertas";[8] construir um repositório dos "melhores livros sobre geografia" e "uma completa coleção de mapas"; reunir os mais sofisticados equipamentos de reconhecimento; e ajudar exploradores em suas viagens. Tudo isso era parte de seu mandato para mapear todos os recantos e fissuras da Terra. "Não existia um pé quadrado da superfície do planeta ao qual Membros desta Sociedade ao menos não tentassem ir",[9] proferiu um posterior presidente da instituição. "Esse é o nosso negócio. É para isso que estamos aqui." Embora a Real Sociedade Geográfica servisse como um eixo auxiliar do Império Britânico, sua atuação representava um afastamento da antiga era das descobertas, quando conquistadores como Colombo eram despachados estritamente em nome de Deus, do ouro e da glória. Em vez disso, a Real Sociedade Geográfica queria a exploração pela exploração — em nome do novo deus, a Ciência. Semanas depois de sua inauguração, a Sociedade já tinha atraído quase quinhentos membros. "Era composta quase inteiramente de homens em altos postos da sociedade",[10] observou depois um secretário da instituição, acrescentando: "Pode assim ser considerada tendo sido até certo ponto uma Instituição da Sociedade à qual se esperava que todo mundo que fosse alguém pertencesse". A lista original de membros incluía aclamados geólogos, hidrógrafos, filósofos da natureza, astrônomos e oficiais militares, além de duques, condes e cavalheiros. Darwin tornou-se membro em 1838, assim como um de seus filhos, Leonard, que em 1908 foi eleito presidente da Sociedade.

À medida que lançava cada vez mais expedições ao redor do mundo, a Sociedade passou a atrair para suas fileiras não apenas aventureiros, acadêmicos e dignitários, mas também alguns tipos excêntricos. Além de criar melhores condições para as classes baixas, a Revolução Industrial gerou riquezas sem precedentes para integrantes das classes média e alta na Grã-Bretanha, que de repente podiam se permitir atividades de lazer como transformar viagens num hobby em tempo integral. Foi o que deu origem aos diletantes na sociedade vitoriana. A Real Sociedade Geográfica tornou-se um refúgio para essas pessoas, assim como para alguns cidadãos mais pobres, como Livingstone, cujas explorações a entidade ajudou a financiar. Muitos de seus integrantes eram excêntricos mesmo para os padrões vitorianos. Richard Burton[11] aderiu ao ateísmo e defendia a poligamia com tal fervor que, enquanto ele estava fora explorando, sua esposa inseriu em um de seus manuscritos a seguinte retratação: "Protesto veementemente contra esses sentimentos morais e religiosos, que desvirtuam uma vida boa e cavalheiresca".[12] Não surpreende que essa diversidade tenha provocado reações indignadas. Burton conta que ficou tão agitado quando um oponente "disse falsidades" em uma das reuniões em que estavam presentes sua esposa e família que brandiu seu apontador de mapas para os membros da plateia, que "davam a impressão de que um tigre iria saltar no meio deles, ou de que eu iria usar minha varinha como uma lança contra meu adversário, que se postava nos bancos da frente. Para tornar a cena ainda mais intensa, os irmãos e irmãs de minha esposa lutavam num canto para conter o pai, um velho pouco acostumado a discursos públicos, que se levantou indignado e boquiaberto ao ouvir que eu era acusado de um falso relato".[13] Anos depois, outro membro reconheceu: "Provavelmente os exploradores não são os membros mais indicados para construir uma sociedade. Na verdade, pode-se dizer que os exploradores se tornam exploradores precisamente por terem um traço antissocial e precisarem se afastar em intervalos regulares para o mais longe possível de seus semelhantes".[14]

Havia debates intensos na Sociedade sobre o curso de rios e montanhas, os limites de aldeias e cidades e o tamanho dos oceanos. Não menos intensas eram as disputas sobre quem merecia reconhecimento, e as subsequentes fama e fortuna, por ter realizado uma descoberta. E as discussões com frequência envolviam as questões mais fundamentais abrangendo a moralidade e a existência humana: as tribos recém-descobertas eram selvagens ou civilizadas? Deveriam ser convertidas ao cristianismo? Toda a humanidade se ramifica de uma única civilização antiga ou de muitas? A batalha para responder a essas perguntas em geral opunha os chamados geógrafos e teóricos "de cátedra", que suavam sobre as informações coletadas, contra os exploradores desregrados que trabalhavam em campo. Um membro da Sociedade repreendeu um explorador da África por suas suposições, afirmando: "O que o senhor pode fazer é descrever com precisão o que *viu*, deixando os homens de ciência cotejar em casa as informações dos muitos viajantes a fim de enunciar uma teoria".[15] O explorador Speke, por sua vez, denunciava esses geógrafos, "que ficam de chinelos e criticam os que trabalham em campo".[16]

Talvez a discussão mais feroz tenha sido sobre a fonte do Nilo. Quando Speke afirmou em 1858 ter descoberto a origem do rio, em um lago que chamou de Vitória, muitos membros da Sociedade se recusaram a acreditar, liderados por Burton, seu antigo companheiro de viagem. Speke disse a respeito de Burton: "B é um desses homens que nunca estão enganados, e jamais reconhecerá um erro".[17] Em setembro de 1864, os dois homens, que já tinham salvado um a vida do outro durante uma expedição, iriam esclarecer a questão numa reunião em público. O *Times* de Londres definiu o acontecimento como uma "exibição de gladiadores".[18] Porém, quando o encontro estava para começar, o público foi informado de que Speke não compareceria: ele tinha saído para caçar no dia anterior e fora encontrado morto por um tiro autoinfligido. "Por Deus, ele se matou!",[19] teria exclamado Burton, cambaleando no palco; pouco depois ele foi visto em lágrimas, repetindo o nome de seu ex-companheiro vezes sem conta. Embora nunca tenha sido esclarecido ao certo se o tiro foi ou não intencional, muitos suspeitaram, como Burton, de que a prolongada disputa tinha levado o homem que havia conquistado o deserto a tirar a própria vida. Uma década depois, a descoberta da nascente do Nilo, de Speke, provou estar correta.

Durante os primeiros anos da Sociedade, nenhum membro personificava mais as excentricidades ou a audaciosa missão da organização do que sir Francis Galton. Primo de Charles Darwin,[20] fora uma criança-prodígio que sabia ler e recitar em latim com quatro anos de idade. Produziu uma miríade de invenções, que incluíam uma cartola ventilada, uma máquina chamada Restaurador da Iniciativa — que periodicamente molhava sua cabeça para mantê-lo acordado durante seus intermináveis estudos —, uma máscara de mergulho e um motor a vapor com hélice rotativa. Sofrendo periodicamente de colapsos nervosos — "torções do cérebro", como ele chamava —, era acometido pela compulsão de medir e contar virtualmente qualquer coisa. Quantificava a sensibilidade da audição animal, usando uma bengala que podia emitir um apito imperceptível, a eficácia das rezas, a média de vida de cada profissão (advogados: 66,51; médicos: 67,04), o exato comprimento necessário a uma corda para quebrar o pescoço de um criminoso sem decapitá-lo e níveis de tédio (nas reuniões da Real Sociedade Geográfica ele aferia a taxa de inquietação em cada membro da plateia). Como ficou notório, Galton, como tantos de seus colegas, era profundamente racista. Ele tentou medir os níveis de inteligência das pessoas e mais tarde ficou conhecido como o pai da eugenia.

Em uma outra época, a monomania de Galton pela quantificação poderia tê-lo transformado num excêntrico. Mas, como o biólogo evolucionário Stephen Jay Gould observou certa vez, "nenhum homem expressou melhor o fascínio de seu tempo pelos números do que o celebrado primo de Darwin".[21] E não havia lugar que mais o fascinasse que a Real Sociedade Geográfica. Nos anos 1850, Galton, que havia herdado dinheiro suficiente para não precisar seguir uma carreira convencional, tornou-se membro da Sociedade e, com o endosso e a orientação da instituição, explorou o sul da África. "Uma paixão pelas viagens se apoderou de mim",²² ele escreveu, "como se eu fosse uma ave migratória." Galton mapeou e documentou tudo o que pôde: latitudes e longitudes, topografias, animais, climas, tribos. Ao retornar, com grandes pompas, recebeu a medalha de ouro da Real Sociedade Geográfica, a honra mais prestigiada de sua atividade. Em 1854, foi eleito para o corpo dirigente da Sociedade, no qual, durante as quatro décadas seguintes, ocupou inúmeros cargos, até o de secretário honorário e vice-presidente. Juntos, Galton e seus pares — todos eram homens, até que uma disputada votação no final do século XIX admitiu 21 mulheres — começaram a atacar, como Joseph Conrad afirmou sobre tais geógrafos militantes, "de norte a sul e de leste a oeste, conquistando um pouco de verdade aqui e um pouco de verdade ali, e às vezes sendo engolidos pelo mistério que seus corações se determinaram a desvendar com tanta persistência".²³

"Que material você está procurando?", uma das arquivistas me perguntou.

Eu estava numa pequena sala de leitura no subsolo. Iluminadas por luzes fluorescentes, as estantes eram atulhadas de guias de viagem, atlas e exemplares de *Proceedings of the Royal Geographical Society* amarrados. Em anos recentes, a maior parte da coleção da Sociedade, de mais de 2 milhões de mapas, artefatos, fotografias e relatos de expedições, antes em condições que já foram chamadas de "dickensianas", foi acomodada em catacumbas climatizadas, e eu podia ver os funcionários entrando e saindo com o material por uma porta lateral.

Quando falei para a arquivista que estava procurando documentos sobre Fawcett, ela me lançou um olhar enigmático. "O que foi?", perguntei.

"Bem, vamos dizer que a maioria das pessoas interessadas em Fawcett é um pouco..." A voz dela desvaneceu e ela desapareceu na catacumba. Enquanto esperava, folheei diversos relatos de expedições apoiadas pela Sociedade. Uma delas descrevia uma expedição de 1844 chefiada por Charles Sturt e seu segundo em comando, James Poole, em busca de um lendário mar interior no deserto australiano. "O calor é tão forte que [...] nosso cabelo parou de crescer, nossas unhas ficaram quebradiças como vidro",[24] escreveu Sturt. "O escorbuto está surgindo entre nós. Somos assolados por violentas dores de cabeça, dores nos membros, gengivas inchadas e supuradas. O sr. Pole está cada vez pior: nos últimos dias a pele pretejou sobre os músculos e ele perdeu o uso das extremidades inferiores. No dia 14 ele expirou repentinamente."

O mar interior nunca existiu, e aqueles relatos me mostraram quantas descobertas do mundo foram baseadas mais em fracassos do que em sucessos — em erros táticos e sonhos vãos. A Sociedade pode ter conquistado o mundo, mas não antes de o mundo ter conquistado seus membros. Entre a longa lista dos membros da Sociedade que se sacrificaram, Fawcett entrava numa categoria distinta: nem vivo nem morto — ou, como um escritor o classificou, "o morto vivo".

Pouco depois a arquivista emergiu das prateleiras carregando meia dúzia de pastas mosqueadas. Quando foram depositadas na mesa, elas espalharam uma poeira púrpura. "Você vai ter que usar isso", ela disse, me entregando um par de luvas brancas. Vesti as luvas e abri a primeira pasta: cartas amareladas e quase desfeitas se despejaram. Em muitas páginas as letras eram impossivelmente pequenas, com palavras inclinadas que se juntavam como se tivessem sido escritas em código. Era a caligrafia de Fawcett. Peguei uma das páginas e abri à minha frente. A carta era datada de 1915 e começava com "Prezado sr. Reeves". O nome me era familiar, por isso abri um dos livros sobre a Real Sociedade Geográfica e examinei o índice. Edward Ayearst Reeves foi o curador de mapas da instituição entre 1900 e 1933.

As pastas continham mais de duas décadas de correspondência entre Fawcett e funcionários da Sociedade. Muitas cartas eram endereçadas a Reeves ou a sir John Scott Keltie, secretário da RSG entre 1892 e 1915 e depois vice-presidente. Havia também muitas cartas de Nina, de funcionários do governo, de exploradores e amigos preocupados com o desaparecimento de Fawcett. Eu sabia que seriam necessários dias, se não semanas, para ler tudo aquilo, mas ainda assim me senti deliciado. Lá estava um mapa da vida de Fawcett, e também da sua morte.

Segurei uma das cartas sob a luz. Era datada de 14 de dezembro de 1921. Dizia: "Há poucas dúvidas de que as florestas cobrem indícios de uma civilização perdida com características insuspeitadas e muito surpreendentes".[25]

Abri meu bloco de notas e comecei a fazer anotações. Uma das cartas mencionava que Fawcett havia recebido "um diploma" da RSG. Eu nunca tinha visto nenhuma referência à Sociedade conferindo diplomas e perguntei à arquivista por que Fawcett tinha recebido um.

"Ele deve ter se inscrito num dos programas de treinamento da Sociedade", ela respondeu. Depois andou até uma estante e começou a folhear alguns diários. "Sim, está aqui. Parece que ele fez um curso e se formou em 1901."

"Está dizendo que ele na verdade fez um curso para se tornar explorador?"

"Acho que pode-se dizer que sim."

6. O discípulo

Fawcett não queria chegar atrasado. Era dia 4 de fevereiro de 1900[1] e seu único desejo era chegar a seu hotel em Redhill, Surrey, no nº 1 da Savile Row, no distrito de Mayfair em Londres. Mas nada se movimentava na cidade — ou, mais precisamente, parecia que tudo estava se movimentando. Homens-sanduíche.[2] Garotos de entrega de açougues. Funcionários de escritórios. Ônibus puxados a cavalo. E aquela estranha fera que começava a invadir as ruas, assustando cavalos e pedestres, enguiçando a cada esquina: o automóvel. No início a lei exigia que o motorista não fizesse mais que três quilômetros por hora, com um criado de libré andando à frente acenando uma bandeira vermelha, mas em 1869 o limite de velocidade já tinha subido para vinte quilômetros por hora. E, para onde Fawcett olhasse, o novo e o velho pareciam estar em guerra: luzes elétricas espalhadas pelas ruas de granito mais luxuosas, e lampiões a gás, montados na maioria das ruas de paralelepípedos, brilhando na neblina; o metrô disparando no subsolo como uma das invenções de ficção científica de Edward Fawcett; e bicicletas, até poucos anos atrás a coisa mais elegante nas calçadas e agora já antiquadas. Até os cheiros pareciam às turras: o tradicional odor de excremento de cavalo com o novo bafejo de petróleo. Era como se Fawcett estivesse olhando o passado e o futuro no mesmo momento.

Desde que ele tinha partido da Inglaterra para o Ceilão, catorze anos antes, Londres parecia ter ficado mais cheia de gente, mais suja, mais moderna, mais rica, mais pobre, mais tudo. Com mais de meio milhão de habitantes, era a maior cidade do mundo, maior que Paris ou Nova York. Garotas vendendo flores gritavam "Tudo crescendo e tudo florindo!". Garotos vendendo jornais bradavam "Assassinato macabro!".

Enquanto abria caminho pela multidão, Fawcett lutava para manter sua roupa livre da fuligem dos fornos de carvão que se misturava com a neblina para formar uma sujeira típica de Londres, uma teimosa mistura negra que penetrava tudo: até as fechaduras das casas tinham de ser recobertas com placas de metal. Depois havia o esterco de cavalo — "a lama de Londres", como era gentilmente chamada —, que, apesar de varrido por garotos de rua e vendido de porta em porta como fertilizante de jardim, estava virtualmente em todo lugar em que Fawcett pisava.

Fawcett entrou numa rua elegante em Burlington Gardens, longe dos bordéis e das fábricas de graxa. Na esquina havia uma bela construção de pedra com um pórtico.[3] Era o nº 1 da Savile Row. E Fawcett leu a placa em destaque: REAL SOCIEDADE GEOGRÁFICA.

Quando entrou no edifício de três andares — a Sociedade ainda não havia se mudado para perto do Hyde Park —, Fawcett tinha a consciência de estar pisando num lugar encantado. Acima da porta da frente havia uma meia janela na forma de lanterna hemisférica: cada painel representava os paralelos e os meridianos de um globo. Fawcett teria passado pelo escritório do escriturário-chefe e seus dois assistentes, e subido uma escadaria que levava à sala do conselho, até chegar a uma câmara com teto de vidro. A luz entrava por ele, iluminando colunas empoeiradas, globos e tabelas de gráficos. Era a sala dos mapas, e sentado na outra ponta, sobre uma plataforma, estava o homem que Fawcett procurava: Edward Ayearst Reeves.

Chegando aos quarenta anos,[4] uma calva que ganhava espaço, nariz pontudo e bigode muito bem aparado, Reeves não era apenas o curador de mapas mas também instrutor-chefe de reconhecimento — e o principal encarregado de transformar Fawcett em um cavalheiro explorador. Desenhista habilidoso, Reeves começara a trabalhar na Sociedade em 1878 com dezesseis anos, como assistente do curador anterior, e parece que nunca tinha esquecido a sensação de deslumbramento que os recém-chegados sentiam ao entrar. "Como me lembro bem de tudo aquilo",[5] ele escreveu em sua autobiografia, *The recollections of a geographer*. "Com que orgulho, e mesmo assim com que temor e tremor entrei pela primeira vez no recinto desse maravilhoso local sobre o qual havia lido em livros, e de onde exploradores eram enviados para todas as partes do mundo e voltavam para contar suas maravilhosas descobertas e aventuras heroicas." Ao contrário de muitos membros belicosos e de olhar intenso da Sociedade, Reeves tinha modos delicados e afetuosos. "Ele tinha um talento nato para ensinar",[6] disse um colega. "Sabia exatamente como fazer um enunciado da forma que o mais obtuso aluno entendesse."

Fawcett e Reeves foram afinal para o terceiro andar, onde as aulas eram ministradas. Francis Galton ia logo avisando que cada recruta seria admitido na "sociedade de homens cujos nomes eram muito conhecidos, e aos quais reverenciava como heróis".[7] Fazendo o curso de reconhecimento mais ou menos na mesma época em que Fawcett estavam Charles Lindsay Temple, que podia regalar seus colegas com histórias de seu tempo no Serviço

Civil no Brasil; o tenente T. Dannreuther, obcecado por colecionar insetos e borboletas raras; e Arthur Edward Seymour Laughton, abatido por bandidos mexicanos em 1913, aos 38 anos de idade. Reeves foi direto ao assunto. Se Fawcett e os outros alunos entendessem seus ensinamentos, eles poderiam se tornar a próxima geração de grandes exploradores. Reeves os ensinaria o que a cartografia não conseguira fazer durante a maior parte de sua história: fixar uma posição em qualquer local. "Se vocês vendarem um homem e transportá-lo a qualquer ponto da superfície da Terra, digamos no meio da África, e depois remover a venda de seus olhos, ele poderia [se adequadamente treinado] mostrar num mapa, em pouco tempo, o lugar exato onde está",[8] dizia Reeves. Mais do que isso, se Fawcett e seus colegas se atrevessem a escalar os picos mais altos e a penetrar as florestas mais profundas, eles poderiam mapear as partes ainda inexploradas que restavam no mundo.

Reeves mostrou à classe uma série de objetos estranhos. Um deles parecia um telescópio ligado a uma roda de metal circular, com várias câmeras e parafusos. Reeves explicou que aquilo era um teodolito, que podia determinar o ângulo entre o horizonte e os corpos celestiais. Fez demonstrações com outros instrumentos — horizontes artificiais, aneroides e sextantes — e levou Fawcett e os demais até o teto do edifício para testar os equipamentos. Em geral a neblina dificultava a observação do sol ou das estrelas, mas, naquele momento, eles conseguiam enxergar mais ou menos bem. A latitude, explicou Reeves, podia ser determinada medindo-se o ângulo do sol do meio-dia acima do horizonte ou a altura da Estrela Polar, e cada um dos alunos tentou usar o dispositivo para fixar sua posição, uma tarefa muito difícil para um iniciante. Quando chegou a vez de Fawcett, Reeves comentou com surpresa: "Ele era extremamente rápido em aprender qualquer coisa nova",[9] relembrou Reeves. "E, embora nunca tivesse usado um sextante e um horizonte artificial numa observação estelar, lembro que na primeira noite em que fez uma tentativa, ele conseguiu trazer a estrela para o horizonte artificial, medindo sua altitude no mesmo momento sem nenhuma dificuldade. Qualquer um que tenha tentado sabe que via de regra isso só é feito depois de uma considerável experiência."

Fawcett aprendeu não somente como fazer um reconhecimento mas também como ver — registrar e classificar tudo a seu redor, o que os gregos chamavam de *autopsis*.[10] Havia dois manuais principais para ajudá-lo.[11] Um deles era *Art of travel* [Arte da viagem], escrito por Francis Galton para o público em geral. O outro era *Hints to travellers* [Dicas para viajantes], editado por Galton e que funcionava como a bíblia não oficial da Sociedade. (Fawcett levou um exemplar até mesmo em sua viagem final.) A edição de 1893 afirmava: "É um desperdício, tanto para si mesmo como para os outros, quando um viajante não observa".[12] O manual continuava: "Lembre-se de que o primeiro e o melhor instrumento são os olhos do viajante. Use-os constantemente, e registre suas observações no local, mantendo para esse propósito um caderno de anotações com as páginas numeradas e um mapa [...] Faça anotações, à medida que ocorrem, de todos os objetos importantes; riachos, seus volumes, cores; cadeias de montanhas, suas características e estruturas aparentes e glaciações, as cores e as formas da paisagem, ventos prevalecentes, clima [...] Resumindo, descreva tudo para si mesmo no momento em que estiver vendo".[13] (A necessidade de registrar cada observação era tão arraigada que Robert Falcon Scott continuou a fazer anotações em sua corrida pelo Polo Sul mesmo quando já estava morrendo, assim como seus homens. Algumas das últimas palavras rabiscadas em seu diário foram: "Se tivéssemos sobrevivido, eu teria uma história para contar sobre a audácia, a resistência e a coragem de meus companheiros que teria comovido os corações de todos os ingleses. Estas toscas anotações e os nossos cadáveres devem contar essa história".¹⁴)

Para aperfeiçoar os poderes de observação dos aspirantes a exploradores, os manuais, juntamente com seminários organizados pela Sociedade, ofereciam ensinamentos básicos em botânica, geologia e meteorologia. Os estudantes também eram iniciados no incipiente campo da antropologia, que era comumente chamada "ciência dos selvagens". Apesar dos vertiginosos contatos com culturas alienígenas, o campo ainda era composto quase inteiramente por amadores e entusiastas. (Em 1896, a Grã-Bretanha tinha somente um professor de antropologia.¹⁵) Assim como aprendera a ver os contornos da Terra, Fawcett agora aprendia como observar o Outro — o que *Hints to travellers* chamava de "selvagens, bárbaros ou outras nações pouco civilizadas".¹⁶ O manual alertava os estudantes contra "os preconceitos com que seus modos europeus tinham sido envolvidos",¹⁷ ainda que ensinasse que "está estabelecido que algumas raças são inferiores a outras no volume e na complexidade do cérebro, com australianos e africanos ficando abaixo dos europeus a esse respeito".¹⁸

Quanto ao mapeamento do mundo, havia também "instrumentos" para tomar medidas dos homens:¹⁹ fitas métricas e paquímetros para calcular as proporções corpóreas. Dinamômetros para avaliar a força muscular e balanças de molas para determinar o peso; gesso de Paris para fazer moldes; e um craniômetro para medir o tamanho do crânio. "Onde for praticável, esqueletos de nativos, especialmente os crânios, devem ser mandados para casa para um exame detalhado",²⁰ dizia o manual. Claro que isso era capcioso: "Não é muito seguro se arriscar em desagradar aos nativos com a remoção de uma cabeça".²¹ Não se sabia como "as emoções são expressas de maneira distinta por raças diferentes, de forma que vale a pena perceber especificamente se seus sorrisos, gargalhadas, expressões, choro e faces coradas etc. diferem perceptivelmente dos nossos".[22]

Fawcett e seus colegas de classe foram também instruídos nos fundamentos de montar e executar uma expedição — desde como fazer travesseiros com lama até escolher os melhores animais de carga. "A despeito de sua inveterada obstinação, o jumento é um animal sóbrio e excelente, muito desprezado por nós",[23] observou Galton, calculando, com sua obsessão habitual, que um jumento podia carregar cerca de 32 quilos, um cavalo, até cinquenta quilos, e um camelo, até 150 quilos.

Antes de embarcar, recomendava-se que o explorador fizesse cada membro de sua expedição assinar um acordo formal, como um tratado. Galton dava um exemplo:

> Nós, os signatários,[24] formando uma expedição prestes a explorar o interior de _____, sob Mr. A, concordamos em nos colocar (cavalos e equipamentos) inteiramente e sem reservas sob suas ordens para o propósito acima, a partir da data aqui assinalada até nosso retorno para _____, ou, no caso de fracasso a esse respeito, a assumir todas as consequências que possam resultar [...]
> Comprometemo-nos seriamente a empregar nossos melhores esforços para promover a harmonia da equipe e o sucesso da expedição. Diante das testemunhas aqui presentes, assinamos nossos nomes.
> (Aqui seguem as assinaturas.)

Os alunos eram alertados para o fato de que não deveriam ser autoritários com seus homens e deveriam estar sempre atentos aos pequenos grupos, dissensões e motins. "Promova alegria, cantorias, frivolidades, com todos os seus poderes",[25] aconselhava Galton. Deve-se ter cuidado também com ajudantes nativos:

"Modos francos, brincalhões, porém determinados, aliados a uma atitude que mostre mais confiança no selvagem do que você na verdade sente, é o melhor."[26]

Doenças e ferimentos podiam arruinar uma expedição, e Fawcett teve de aprender algumas noções básicas de medicina. Ele aprendeu, por exemplo, a extrair um dente comprometido "empurrando e puxando constantemente".[27] Se ingerisse veneno, aprendeu a forçar o vômito imediatamente: "Use espuma de sabão ou pólvora se não houver um emético adequado à mão".[28] No caso de picada de serpentes venenosas, Fawcett teria de acender pólvora no ferimento ou cortar fora o tecido infectado com uma faca. "Depois queime [a área ao redor da picada] com a ponta da vareta de ferro da espingarda mais em brasa que puder conseguir de imediato",[29] aconselhava Galton. "As artérias ficam bem abaixo da pele, e o máximo de tecido deve ser cortado ou queimado, sem muito perigo, à medida que os dedos conseguirem alcançar. O passo seguinte é usar o máximo de energia, e até crueldade, para evitar que o paciente descambe para a letargia e a sonolência que são as reações normais do veneno de cobra, e que geralmente acaba em morte." O tratamento para a hemorragia de um ferimento — digamos, de um flecha — era igualmente "bárbaro": "Despeje gordura fervente na ferida".[30]

Nada, porém, se comparava aos horrores da sede e da fome. Um dos truques era "excitar" a boca para produzir saliva. "Isso pode ser feito mastigando alguma coisa, como uma folha; ou mantendo na boca um projétil ou uma pedra lisa e não absorvente, como um cristal de quartzo",[31] explicava Galton. No caso de estar faminto, Fawcett foi orientado a beber sangue de um animal, se disponível. Grilos, gafanhotos e outros insetos também eram comestíveis — e podiam salvar a vida de um homem. (Para prepará-los, retire as pernas e asas e torre-os com um pouco de gordura num prato de ferro, como café.[32])

Depois havia a ameaça de "selvagens" e "canibais" hostis. Ao penetrar tais territórios, o explorador era instruído a se movimentar sob o abrigo da escuridão, com o rifle pronto e engatilhado. Para fazer um prisioneiro, "pegue sua faca, coloque-a entre os dentes, e, ficando sobre ele, tire as cápsulas de sua arma, e coloque-a a seu lado. Em seguida algeme-o, da melhor maneira que conseguir. A razão para agir dessa forma é que, enquanto você estiver mexendo com as cordas, um selvagem ágil e forte, ameaçado por uma arma carregada, pode facilmente se libertar, pegar a arma e virar o jogo contra você".[33]

Finalmente, os alunos eram instruídos sobre como proceder se um integrante da equipe perecesse. Eles deveriam relatar detalhadamente o que tinha acontecido, e levar os membros restantes da expedição a corroborar o fato. "Se um homem se perder, antes de abandoná-lo à própria sorte, reúna o grupo, pergunte se eles concordam com o fato de você ter feito todo o possível para salvá-lo, e anote suas respostas",[34] ensinava Galton. Quando um companheiro morria, seus bens podiam ser recolhidos para os familiares e seu corpo enterrado com dignidade. "Escolha um local bem demarcado, cave uma cova profunda, cubra com espinhos, e deposite pedras pesadas sobre ela, como defesa contra animais predadores."[35]

Depois de um ano de curso, Fawcett preparou-se, assim como seus colegas de classe, para o exame final. Os estudantes tinham que demonstrar que dominavam a técnica de reconhecimento, o que exigia profunda compreensão das complexidades da geometria e da astronomia. Fawcett passava horas estudando com Nina, que partilhava seu interesse pela exploração e trabalhava incansavelmente para ajudá-lo. Se fracassasse, ele sabia que voltaria à estaca zero — voltaria a ser um soldado. Por isso, preencheu com cuidado cada uma das respostas. Quando terminou, entregou sua prova a Reeves. Depois esperou. Reeves informou aos alunos os resultados, e deu a notícia a Fawcett. Ele tinha passado — e mais que isso. Reeves, em suas memórias, comentou sobre Fawcett, observando que ele tinha se formado "com notas altas".[36] Fawcett tinha conseguido tirar o certificado da Real Sociedade Geográfica — ou, como ele definiu, "A RSG me formou para ser um explorador."[37] Agora ele só precisava de uma missão.

7. Sorvete seco e meias de adrenalina

"Você não pode ir desse jeito", disse minha mulher. Olhei para a cama, onde tinha jogado alguns calções e um par de tênis Adidas. "Mas eu tenho um canivete suíço", falei. "Você não está me deixando muito confiante."

No dia seguinte, incentivado por ela, tentei encontrar um lugar onde pudesse comprar um equipamento mais adequado. Amigos me indicaram uma das muitas lojas em Manhattan que atendem ao crescente número de excursionistas, ciclistas off road, viciados em esportes radicais e guerreiros de fim de semana. A loja era praticamente do tamanho de um depósito industrial e me deixou boquiaberto. Havia tendas com as cores do arco-íris e caiaques imitando bananas, mountain bikes e snowboards cor de néon pendurados no teto e nas paredes. Corredores inteiros eram especializados em repelentes de insetos, alimentos desidratados, protetores labiais e loções para a pele. Havia uma seção separada para calçados ("Gurus propiciam um ajuste perfeito!", dizia um anúncio), além de um espaço adicional para botas de neve. Havia uma seção de "meias de adrenalina" e uma de roupas de baixo

Techwick. As prateleiras exibiam revistas como *Hooked on the outdoors* [Viciado em espaços abertos] e *Backpacker: the outodoors at your doorstep* [Mochileiro: os espaços abertos à sua porta] com artigos intitulados "Sobreviva ao ataque de um urso!" e "Os últimos lugares selvagens da América: 31 maneiras de encontrar solidão, aventura — e a si mesmo". Para onde eu me virava eu via clientes, ou "maníacos por equipamentos". Era como se, quanto menores fossem as oportunidades para uma exploração genuína, mais formas surgissem para qualquer um tentar realizá-la, e mais extravagantes os meios que as pessoas encontravam para reproduzir a mesma sensação. Mas a exploração não tinha mais como objetivo uma descoberta externa. Estava voltada para dentro, para o que os guias e os folhetos chamavam de "terapia de acampamento e vida selvagem" e de "crescimento pessoal por meio da aventura".

Perplexo, eu examinava uma vitrine repleta de geringonças em forma de relógios quando um jovem atendente, com braços longos e esguios, apareceu atrás do balcão. Ele exalava a aura de quem tinha acabado de voltar do monte Everest.

"Posso ajudar em alguma coisa?", perguntou.

"O que é aquilo ali?", indaguei.

"Ah, aquelas pedras." Ele abriu a portinhola do balcão e retirou o item. "É um pequeno computador. Está vendo? Mostra a temperatura onde quer que você esteja. E a altitude. Tem também uma bússola digital, relógio, despertador e cronômetro. É tudo de bom."

Perguntei quanto custava e ele disse que eram duzentos dólares, mas que eu não iria me arrepender.

"E o que é aquilo?", perguntei, apontando outra engenhoca.

"Mais ou menos a mesma coisa. Só que esse monitora o batimento cardíaco também. Além disso é um diário. Armazena todas as informações que você inserir sobre clima, distâncias, ritmo de ascensão — tudo isso. Aliás, que tipo de viagem você está planejando?"

Quando expliquei minhas intenções, da melhor forma possível, ele pareceu entusiasmado, e me fez lembrar de um dos exploradores que partiram em busca de Fawcett nos anos 1930, que classificava as pessoas com base nas reações delas a seus planos:

Havia os Prudentes,[1] que diziam: "É uma coisa extraordinariamente tola a fazer". Havia os Sábios, que diziam: "É uma coisa extraordinariamente tola a fazer; mas ao menos você vai saber melhor o que fazer da próxima vez". Havia os Muito Sábios, que diziam: "É uma coisa extraordinariamente tola a fazer, mas não tão tola quanto parece". Havia os Românticos, que pareciam acreditar que, se todo mundo fizesse esse tipo de coisa o tempo todo, os problemas do mundo logo estariam resolvidos. Havia os Invejosos, que agradeciam a Deus por não virem junto comigo. E havia outro tipo, que dizia com variados graus de insinceridade, que daria qualquer coisa para vir junto. Havia os Corretos, que me perguntavam se eu conhecia alguém na Embaixada. Havia os Práticos, que discorriam sobre calibres e inoculações [...] Havia os Apreensivos, que me perguntavam se eu já tinha feito meu testamento. Havia os Homens que Tinham Feito Algumas Coisas no Passado, Você Sabe, que me ensinavam elaborados estratagemas para aproveitar o máximo das formigas e me diziam que os macacos eram muito bons para comer, e aliás lagartos e papagaios também; tudo tinha gosto de galinha.

O vendedor parecia do tipo Romântico. Perguntou quanto tempo eu pretendia ficar, e eu disse que não sabia — pelo menos um mês, provavelmente mais.

"Maravilha. Maravilha. Você vai conseguir uma imersão no lugar." Ele fez uma pausa e pareceu pensar em alguma coisa. Depois me perguntou sobre um peixe do Amazonas, chamado candiru: "Você sabe se é verdade que ele...".

Ele não terminou a pergunta, mas também não precisava. Eu tinha lido sobre aquela criatura quase translúcida e de dentes afiados em *A Expedição Fawcett*. Mais temida que as piranhas,[2] é uma das poucas criaturas no mundo que sobrevivem estritamente com uma dieta de sangue. (Também é chamada de "peixe-vampiro do Brasil".) Normalmente, o candiru se infiltra nas guelras de outro peixe para sugar o sangue, mas também ataca orifícios humanos — a vagina ou o ânus. Talvez seja mais conhecido por se alojar no pênis dos homens, onde se agarra de forma irrevogável com seus espinhos. Se não for removido, o resultado é a morte, e na Amazônia consta que algumas vítimas tiveram de ser castradas para sobreviver. Fawcett, que chegou a ver um candiru que havia sido cirurgicamente retirado da uretra de um homem, declarou: "Muitas mortes são provocadas por esse peixe, e a agonia que pode causar é uma tortura".[3]

Quando respondi ao vendedor que sabia sobre o candiru, ele pareceu passar de Romântico a Prático. Apesar de haver pouco a fazer para se proteger de tal criatura, ele me falou sobre diversos aparatos que estavam revolucionando a arte de acampar: um instrumento que funcionava como termômetro digital, uma lanterna, uma lupa e um apito; sacolas que podiam ser comprimidas com quase tudo dentro; canivetes suíços com *pendrives* que podiam armazenar fotos e música; garrafas purificadoras de água que também funcionavam como lanternas; chuveiros portáteis alimentados a energia solar; caiaques que podiam ser dobrados até ficarem do tamanho de uma sacola; uma lanterna flutuante que não precisava de pilhas; anoraques que se transformavam em sacos de dormir; tendas sem estacas; um tablete que "destrói vírus e bactérias em quinze minutos".

Quanto mais ele me explicava essas coisas, mais ousado eu me sentia. Eu consigo fazer isso, pensei, empilhando na minha cesta um monte de itens que lembravam o arsenal de James Bond. Afinal o vendedor me disse: "Você nunca acampou antes, não é?".

Foi então que ele me ajudou a encontrar as coisas de que eu realmente precisava: botas confortáveis, uma mochila reforçada, roupas sintéticas, comida desidratada e uma rede contra mosquitos. Juntei também um GPS como garantia. "Você nunca mais vai se perder", ele disse.

Eu agradeci muito, e quando voltei para casa levei todo o equipamento para o elevador e apertei o botão do segundo andar. Mas, quando a porta estava para fechar, interceptei-a com a mão. Saí com minhas coisas nos braços e preferi subir pelas escadas.

Naquela noite, depois de pôr meu filho Zachary para dormir, espalhei todas as coisas que planejava levar na viagem e comecei e fazer a mala. Entre os itens constava uma pasta que eu tinha montado com cópias de todos os papéis e documentos mais importantes de Fawcett. Enquanto a folheava, parei numa carta que detalhava uma coisa tão "sigilosa",[4] nas palavras de Brian Fawcett, que seu pai "nunca falava do assunto" com ninguém. Depois de receber seu diploma da Sociedade, dizia a carta, Fawcett tinha conseguido sua primeira missão em 1901, do governo britânico. Ele deveria ir ao Marrocos — não como explorador, mas como espião.

8. Na Amazônia

Era o disfarce perfeito.[1] Entrar num país como um cartógrafo, com mapas, telescópios e binóculos poderosos. Examinar o objetivo como se examinasse a Terra. Observar tudo: pessoas, lugares, conversações.

Em seu diário, Fawcett anotou uma lista de coisas que seu operador britânico — alguém que ele chamava simplesmente de "James" — tinha pedido que ele acessasse: "natureza das trilhas [...] aldeias [...] água [...] Exército e organização [...] armamento [...] política".[2] Na verdade, um explorador não seria mesmo um infiltrado, alguém que penetrava terras estrangeiras e voltava com segredos? No século XIX,[3] o governo britânico estava recrutando cada vez mais agentes entre exploradores e cartógrafos. Não só era uma forma de inserir pessoas em territórios estrangeiros, que podiam negar seu envolvimento com espionagem de forma plausível, como também de conseguir recrutas capacitados para coletar informações geográficas e políticas sensíveis que o governo cobiçava. As autoridades britânicas transformaram o Departamento de Estudos Indianos[4] (Survey of India Department) em uma operação de inteligência em tempo integral. Cartógrafos eram treinados para usar histórias de fachada e codinomes ("Número Um", "O Douto", "O Douto Chefe") e usar elaborados disfarces ao entrar em territórios proibidos para estrangeiros. No Tibete, muitos pesquisadores se vestiam como monges budistas e usavam contas de orações, também conhecidas como "malas", para medir distâncias (com cada conta representando cem passos) e rodas de oração para esconder bússolas e pedaços de papel com anotações. Instalavam também compartimentos falsos em baús para esconder instrumentos maiores, como sextantes, e enchiam suas cuias de pedinte com mercúrio, essencial para operações em horizonte artificial. A Real Sociedade Geográfica em geral estava ciente dessas atividades, ou era até cúmplice — suas fileiras estavam impregnadas de espiões na ativa e aposentados, como Francis Younghusband, que foi presidente da Sociedade entre 1919 e 1922.

No Marrocos, Fawcett estava participando de uma versão africana do que Rudyard Kipling chamou de "o Grande Jogo", referindo-se à competição colonialista pela supremacia na Ásia. Em seus pergaminhos secretos, Fawcett escreveu que tinha "batido papo" com um funcionário marroquino "cheio de informações". Ao se aventurar além das principais rotas do deserto, onde algumas tribos raptavam ou matavam invasores forasteiros, Fawcett observou depois que "algum tipo de disfarce mouro se faz necessário, e mesmo assim a jornada é empreendida com um risco muito grande".[5] Fawcett conseguiu se insinuar na corte real para espionar o próprio sultão. "O Sultão é jovem e fraco de caráter",[6] escreveu. "Prazer pessoal é a primeira consideração, e o tempo é passado fazendo truques na bicicleta, no que ele é bem habilidoso, brincando com carros a motor, brinquedos mecânicos, fotografia, bilhar, caçando javalis de bicicleta, alimentando sua coleção de animais." Fawcett passou todas essas informações para "James" e retornou à Inglaterra em 1902. Foi a única vez que Fawcett atuou como espião oficial, mas seu grande poder de observação chamou a atenção de sir George Taubman Goldie, um administrador colonial britânico que em 1905 se tornou presidente da Real Sociedade Geográfica.

No início de 1906,[7] Goldie recrutou Fawcett, que desde sua viagem ao Marrocos estivera aquartelado em diversas guarnições militares, sendo que a mais recente na Irlanda. Goldie não era de brincadeira. Famoso por sua inteligência prodigiosa[8] e temperamento volátil, ele tinha assegurado o controle do Império Britânico sobre a Nigéria quase sozinho, nos anos 1880 e 1890. Chocou a sociedade vitoriana ao fugir para Paris com uma governante, e era um impenitente ateu que fazia campanha a favor da teoria da evolução de Darwin. "[Ele] era acometido por frenesis de impaciência diante da estupidez, ou da incompetência",[9] escreveu um de seus biógrafos. "Não havia homem que se sentisse mais infeliz diante de um tolo."

Fawcett foi chamado à RSG para se encontrar com Goldie, cujos olhos azuis pareciam "fazer furos nas pessoas",[10] como definiu certa vez um subordinado. Goldie, com quase sessenta anos, sempre levava no bolso um tubo de veneno, que planejava tomar se chegasse a sofrer algum dano físico ou de alguma doença incurável. Como Fawcett se recorda, Goldie perguntou: "Você sabe alguma coisa sobre a Bolívia?".[11]

Quando Fawcett respondeu que não, Goldie continuou: "Geralmente as pessoas pensam na Bolívia como um lugar no topo do mundo. Boa parte do país fica nas montanhas; mas, além das montanhas, no leste, há uma enorme área de planícies e floresta tropical". Goldie foi até sua mesa e pegou um grande mapa da Bolívia, que estendeu na frente de Fawcett como uma toalha de mesa. "Aqui está, major — eis o melhor mapa que eu tenho do país! Veja esta área! Está cheia de espaços em branco." Enquanto passava o dedo no mapa, Goldie explicou que aquela área era tão inexplorada que a Bolívia, o Brasil e o Peru nem conseguiam concordar quanto às suas fronteiras: eram simples linhas especulativas traçadas através de selvas e montanhas. Em 1864, disputas de fronteira entre o Paraguai e seus vizinhos haviam provocado um dos piores conflitos na história da América Latina. (Cerca da metade da população do Paraguai foi morta nessa guerra.) Devido à extraordinária demanda econômica por borracha — "ouro negro" —, que era abundante na região, os interesses na delimitação da Amazônia eram igualmente perigosos. "Uma grande conflagração pode surgir a partir dessa questão, de qual território pertence a quem", explicou Goldie.

"Tudo isso é muito interessante", interrompeu Fawcett. "Mas o que tem a ver comigo?"

Goldie disse que os países haviam estabelecido uma comissão de fronteiras e estavam querendo um observador imparcial da Real Sociedade Geográfica para mapear as divisas em questão — começando por uma área entre a Bolívia e o Brasil, que compreendia várias centenas de quilômetros de terreno praticamente intransponível. A expedição teria a duração de dois anos, e não havia garantias de que seus membros sobreviveriam. Doenças grassavam na região, e os índios, atacados impiedosamente por extratores de borracha, costumavam matar os invasores. "Você estaria interessado em levar isso adiante?", perguntou Goldie.

Fawcett contou mais tarde que sentiu o coração bater forte. Pensou na esposa, Nina, grávida outra vez, e em seu filho Jack, com quase três anos de idade. Mesmo assim, ele não hesitou: "O destino me escolheu para ir, então não poderia haver outra resposta!".[12]

O apertado e sujo compartimento de carga do *SS Panama* estava cheio de valentões, "pretensos valentões e patifes de pele curtida",[13] como Fawcett descreveu. Empertigado em seu colarinho engomado, Fawcett sentava-se ao lado de seu segundo em comando na expedição, um engenheiro e agrimensor de trinta anos chamado Arthur John Chivers,[14] que a Real Sociedade Geográfica havia recomendado. Fawcett passava o tempo estudando espanhol, enquanto outros passageiros bebericavam uísque, cuspiam tabaco, jogavam dados e dormiam com prostitutas. "Eram todos boa gente à sua maneira",[15] escreveu Fawcett, acrescentando: "Para [Chivers] e para mim serviam como uma apresentação útil de um aspecto da vida que ainda não conhecíamos, e muito da nossa reserva típica dos ingleses foi derrubada no processo".

O navio aportou no Panamá, onde a construção do canal — até então a mais audaciosa tentativa do homem de domar a natureza — estava em curso, e o projeto deu a Fawcett o primeiro vislumbre do que estava prestes a encontrar: empilhados sobre o píer havia dezenas de caixões. Desde o início da escavação do canal,[16] em 1881, mais de 20 mil trabalhadores tinham morrido de malária e febre amarela.

Na Cidade do Panamá, Fawcett tomou um navio para o Peru, depois seguiu de trem pelos Andes ensolarados e cobertos de neve. Quando o trem chegou a cerca de 4 mil metros, ele tomou um barco e atravessou o lago Titicaca ("Como é estranho ver barcos a vapor em operação aqui em cima, no teto do mundo!"[17]), antes de se espremer em outro trepidante trem que o levou pelo planalto até La Paz, a capital da Bolívia. Lá chegando, esperou por mais de um mês até que o governo providenciasse alguns milhares de dólares, uma quantia bem menor do que a desejada para provisões e despesas de viagem, e sua impaciência acabou gerando conflitos com funcionários do governo, que tiveram de ser apaziguados pelo cônsul britânico. Finalmente, no dia 4 de julho de 1906, ele e Chivers estavam prontos para partir. Carregaram suas mulas com chá, leite em conserva, sopa desidratada Edwards', sardinhas em molho de tomate, limonada efervescente em pó e biscoitos de noz de cola que, de acordo com *Hints to travellers*, causava "um maravilhoso efeito na manutenção da energia durante o esforço".[18] Compraram também instrumentos de pesquisa, espingardas, cordas de escalada, machetes, redes, mosquiteiros, recipientes, linhas de pesca, uma câmera estereoscópica, uma bateia para separar ouro e miçangas para dar de presente a tribos indígenas. Um kit médico e ataduras foram acrescentados; iodeto para picadas de insetos; permanganato de potássio para desinfetar vegetais ou ferimentos por flechas; um estilete para remover tecido envenenado por picada de cobra ou gangrena e ópio. Na mochila Fawcett enfiou um exemplar de *Hints to travellers* e um diário com seus poemas favoritos para declamar na selva. Um dos poemas que levava habitualmente era "The Explorer" de Rudyard Kipling:

> Algo escondido. Vá e encontre. Vá procurar
> atrás das Cordilheiras —
> Algo perdido atrás das Cordilheiras. Perdido e esperando
> por você. Vá!

Fawcett e Chivers atravessaram os Andes e começaram a descida até a selva. Vestindo calça de gabardine, botas de couro, chapéu Stetson e um lenço de seda no pescoço — seu uniforme de explorador habitual —, Fawcett fez seu caminho pela beira de penhascos, a centenas de metros de altura. Viajando sob nevascas, os homens não viam mais que poucos metros à frente, embora ouvissem as pedras deslizar sob os cascos dos animais de carga e cair pelos desfiladeiros. Com o vento açoitando picos de 6 mil metros de altura, era difícil acreditar que estavam a caminho de uma floresta. A altitude deixava os homens tontos e nauseados. Os animais seguiam em frente cambaleando, sem fôlego, as narinas sangrando devido à falta de oxigênio. Anos mais tarde, percorrendo as mesmas montanhas, Fawcett perderia metade de seu comboio de 24 mulas. "Com frequência a carga de uma mula se enroscava em saliências rochosas, derrubando [o animal] relinchando pelo precipício",[19] ele escreveu.

Em algumas ocasiões, Fawcett e Chivers encontravam uma pinguela — feita de tábuas de palmeira amarrada por cabos — pendendo a mais de cem metros sobre um abismo, balançando com o vento como uma bandeira esfarrapada. Com muito medo de atravessar, as mulas tinham de ser vendidas. Depois de forçá-las pela travessia, os exploradores continuavam a descida contornando rochas e penhascos, avistando afinal os primeiros sinais de vegetação — magnólias e algumas árvores mirradas. A mil metros de altitude, onde o calor já era palpável, eles viram raízes e trepadeiras subindo pela encosta da montanha. Foi então que Fawcett, banhado de suor, olhou para o vale e viu árvores em forma de aranhas e de paraquedas e nuvens de fumaça; cursos de água cruzando a paisagem por milhares de quilômetros; o dossel da floresta tão escuro que parecia quase negro — a Amazônia.

Fawcett e Chivers abandonaram os animais de carga, passaram para uma balsa feita de galhos e vinhas e navegaram pela fronteira da Amazônia, uma sequência de vilarejos com nomes divertidos, como Esperança e Vila Bela, recentemente fundados por colonizadores atraídos pelo encanto do *oro negro* — o "ouro negro". Cristóvão Colombo foi o primeiro a contar que viu índios quicando uma bola feita de uma estranha substância pegajosa que sangrava das árvores tropicais,[20] mas foi só em 1896, quando B. F. Goodrich manufaturou os primeiros pneus automotivos nos Estados Unidos, que a loucura da borracha invadiu a Amazônia, que então mantinha um monopólio virtual de látex de alta qualidade. Em 1912, só o Brasil[21] exportava mais de 30 milhões de dólares em borracha, o equivalente hoje a quase meio bilhão de dólares. Os barões da borracha tinham transformado Manaus em uma das mais pomposas cidades do mundo. "Nenhuma extravagância, por mais absurda que fosse, os detinha",[22] escreveu o historiador Robin Furneaux em *L'Amazone*. "Se um barão da borracha comprasse um iate, outro hospedaria um leão em sua mansão, e um terceiro lavaria o cavalo com champanhe." E nada era mais extravagante que o teatro de ópera, com seus mármores italianos, murais vitorianos e um domo banhado com as cores da bandeira nacional. Pré-fabricado na Europa e estimado em 10 milhões de dólares em dinheiro dos contribuintes, o teatro de ópera foi transportado em partes por milhares de quilômetros pelo rio Amazonas, com operários trabalhando 24 horas por dia para montá-lo, durante a noite sob as primeiras lâmpadas elétricas do Brasil. Não fazia diferença que quase ninguém em Manaus tivesse ouvido falar de Puccini ou que mais da metade dos membros de uma trupe operística itinerante tivessem morrido de febre amarela. Aquilo era a apoteose do auge do ciclo da borracha.

A perspectiva de fazer fortuna atraiu milhares de trabalhadores analfabetos para a mata, onde eles logo contraíam dívidas com os barões da borracha em troca de transporte, comida e equipamento a crédito. Usando uma lanterna de minerador para poder enxergar, os extratores abriam caminho pela floresta, labutando do amanhecer ao crepúsculo em busca de seringueiras. Quando voltavam, famintos e com febre, passavam horas agachados ao lado de uma fogueira, inalando fumaça tóxica para cozinhar o látex num espeto até que o produto coagulasse. Podia demorar semanas para produzir uma única bola de borracha de tamanho suficiente para ser vendida. E raramente era o bastante para saldar sua dívida. Incontáveis seringueiros morreram de fome, disenteria e outras doenças. Euclides da Cunha chamou esse sistema de "a organização de trabalho mais criminosa já criada".[23] Ele observou que o seringueiro "na verdade vem representar uma gigantesca contradição: é um homem trabalhando para se escravizar!".

A primeira cidade fronteiriça a que Fawcett e Chivers chegaram foi Rurrenabaque, no noroeste da Bolívia. Embora aparecesse em letras maiúsculas no mapa de Fawcett, o lugar era pouco mais que uma faixa de barracos feitos de barro e bambu, com abutres circulando acima. "Meu coração se entristeceu",[24] escreveu Fawcett em seus diários, "e comecei a perceber quão primitivo era na verdade aquele país ribeirinho."

A região era distante de qualquer centro de poder ou de autoridades governamentais. Em 1872, a Bolívia e o Brasil tentaram construir uma ferrovia através da floresta, mas tantos trabalhadores morreram de doenças e por ataques de índios que o projeto ficou conhecido como a Ferrovia da Morte. Dizia-se que tinha morrido um homem por dormente. Quando Fawcett chegou, mais de três décadas depois, a ferrovia estava sendo construída por uma terceira empresa, mas, ainda assim, apenas oito quilômetros de trilhos haviam sido instalados — ou, como Fawcett expressou, indo "de 'lugar nenhum' para 'lugar nenhum'".[25] Por ser tão isolada, a Amazônia era governada por suas próprias leis e, como definiu um observador, fazia o Velho Oeste americano parecer "aconchegante como uma reunião para orações".[26] Quando um viajante britânico passou pela região em 1911, contou que um dos moradores lhe disse: "Governo? O que é isso? Não sabemos de governo nenhum aqui!".[27] O local era um paraíso para bandidos, fugitivos e caçadores de fortuna com armas na cinta, laçando onças para fugir ao tédio e matando sem hesitação.

Enquanto adentravam cada vez mais fundo naquele universo, Fawcett e Chivers chegaram ao distante posto avançado de Riberalta, onde Fawcett viu um barco aportando na margem. Um trabalhador gritou: "Lá vem o gado!"[28] — e Fawcett viu guardas com chicotes tangendo uma fileira com cerca de trinta índios e índias para a terra, onde compradores começaram a examiná-los. Fawcett perguntou a um funcionário da alfândega quem eram aquelas pessoas. "Escravos", respondeu o homem.

Fawcett ficou chocado ao saber que, pelo fato de muitos trabalhadores morrerem na selva, os barões da borracha despachavam grupos armados à floresta para raptar e escravizar tribos indígenas a fim de suprir a falta de mão de obra. Em um dos casos[29] ocorridos nas margens do rio Putumayo, no Peru, os horrores infligidos aos índios ficaram tão notórios que o governo britânico abriu uma investigação quando foi descoberto que agentes tinham vendido ações da companhia na Bolsa de Valores de Londres. As provas revelaram que a Peruvian Amazon Company estava praticando genocídio na tentativa de pacificar e escravizar a população nativa: castrando e decapitando índios, despejando gasolina e ateando fogo a seus corpos, crucificando-os de cabeça para baixo, espancando, mutilando, matando de fome, afogando e alimentando os cães com os cadáveres. Os capatazes da empresa também estupravam garotas e rachavam a cabeça de crianças. "Em alguns locais é tal o odor de carne putrefata emanando das vítimas que tinham de ser temporariamente abandonados",[30] disse um engenheiro que visitou a região, chamada de "paraíso do diabo". Sir Roger Casement, o cônsul-geral britânico que conduziu a investigação, calculou que cerca de 30 mil índios haviam morrido só pelas ações de uma companhia borracheira. Um diplomata britânico concluiu: "Não é exagero afirmar que as informações a respeito dos métodos empregados na extração da borracha por agentes da companhia superam em horror qualquer coisa até aqui reportada ao mundo civilizado no último século".[31]

Muito antes de o relatório Casement se tornar público, em 1912, Fawcett denunciou as atrocidades em editoriais de jornais britânicos e em reuniões com funcionários do governo. Chegou a chamar os mercadores de escravos de "selvagens" e de "escória". Além disso, ele sabia que o *boom* da borracha tinha tornado sua própria missão muito mais difícil e perigosa. Até mesmo tribos antes amistosas agora se mostravam hostis com estrangeiros. Fawcett foi informado de uma expedição de oitenta homens em que "tantos foram mortos com flechas envenenadas que o restante abandonou a viagem e se retirou".[32] Outros viajantes eram encontrados enterrados até a cintura, abandonados para serem comidos vivos por saúvas, vermes e abelhas. No informativo da Real Sociedade Geográfica, Fawcett escreveu que "a infame política que criou um mercado de escravos, e estimulava abertamente a negligente matança de indígenas, muitos deles de raças de grande inteligência",[33] tinha imbuído nos índios um "fatal sentimento de vingança contra os estranhos" e constituía um dos "maiores perigos na exploração da América do Sul".[34]

Em 25 de setembro de 1906, Fawcett saiu de Riberalta com Chivers, acompanhado por vinte facínoras e guias nativos que havia recrutado na fronteira. Entre eles havia um garimpeiro jamaicano chamado Willis, que, apesar do gosto pela bebida, era um cozinheiro e pescador de primeira linha ("Ele conseguia sentir o cheiro de comida e bebida como um mastim fareja um coelho",[35] gracejou Fawcett), e um ex-militar boliviano que falava inglês fluentemente e servia como intérprete. Fawcett fez questão de que os homens entendessem no que estavam se envolvendo. Qualquer um que quebrasse um membro ou adoecesse no meio da selva teria poucas chances de sobreviver. Carregar uma pessoa prejudicaria o bem-estar do destacamento inteiro; a lógica da selva ditava que essa pessoa fosse abandonada — ou, como Fawcett explicou com tristeza: "A escolha era entre pílulas de ópio, inanição ou tortura, se fosse encontrado por selvagens".[36]

Usando canoas construídas com árvores, Fawcett e seus homens navegaram em direção ao oeste numa rota planejada de quase novecentos quilômetros ao longo da fronteira entre o Brasil e a Bolívia. O rio era barricado por árvores tombadas, e para passar com as canoas Chivers e Fawcett tinham de abrir caminho com o uso de machetes. Piranhas eram abundantes, e os exploradores tomavam cuidado para não tocar a superfície do rio com os dedos. Theodore Roosevelt, depois de explorar um afluente do Amazonas em 1914, chamou a piranha de "o peixe mais feroz do mundo".[37] E acrescentou: "Eles despedaçam e devoram vivo qualquer homem ou animal ferido; pois o sangue na água os excita até a loucura [...] A cabeça, com o focinho curto, olhos malignos e mandíbulas abertas e cruéis, é a personificação da ferocidade".

Sempre que tomava banho, Fawcett examinava com apreensão o corpo em busca de bolhas ou cortes. A primeira vez em que atravessou um rio a nado, ele disse que "houve uma desagradável sensação de vazio na boca do meu estômago".[38] Além das piranhas, ele tinha horror dos candirus e das enguias elétricas, ou poraquês.[39] Estas últimas — com mais ou menos dois metros de comprimento, com os olhos tão afastados na cabeça achatada que quase se situam nos lábios inferiores — eram baterias vivas: podiam descarregar até 650 volts de eletricidade no corpo de suas vítimas. Podem eletrocutar um sapo ou um peixe num tanque de água sem chegar a tocar neles. O explorador e cientista alemão Alexander von Humboldt,[40] que viajou pelo rio Orinoco na Amazônia no início do século XIX, jogou trinta cavalos e mulas num brejo cheio de enguias elétricas para ver o que acontecia, com a ajuda de índios armados com arpões. Os cavalos e mulas — crinas eretas, olhos inflamados — empinavam aterrorizados ao serem cercados pelas enguias. Alguns tentaram saltar da água, mas os índios os impediram com os arpões. Em segundos, dois cavalos tinham se afogado, enquanto os outros conseguiram romper a barreira dos índios e caíram no chão, exaustos e entorpecidos. "Um choque é suficiente para paralisar e afogar um homem[41] — mas o comportamento do poraquê implica repetir os choques para garantir a morte da vítima", escreveu Fawcett. E concluiu que uma pessoa naquelas paragens precisava fazer coisas "que não deveriam constar em um epitáfio[42] — feitas a sangue-frio e geralmente terminando em tragédia".

Certo dia Fawcett viu algo boiando no rio moroso. À primeira vista parecia uma árvore caída, mas depois começou a ondular e se mover em direção às canoas. Era maior que uma enguia elétrica, e quando viram aquilo os companheiros de Fawcett começaram a gritar. Fawcett ergueu o rifle e disparou contra o objeto até o ar ficar todo enfumaçado. Era uma jiboia. Em seus relatórios para a Real Sociedade Geográfica, Fawcett insistiu em que a cobra tinha mais de vinte metros ("Grandes Serpentes!", trombeteou uma manchete na imprensa britânica), embora boa parte da jiboia estivesse submersa e certamente não fosse tão grande: a maior jiboia já registrada oficialmente media 8,5 metros. (Com esse comprimento, uma jiboia pode chegar a pesar mais de meia tonelada e é capaz de engolir um cervo inteiro, por causa da elasticidade dos músculos da mandíbula.) Ao observar a cobra imóvel à sua frente, Fawcett pegou a faca e tentou cortar um pedaço da pele para guardar em um recipiente para espécimes. Mas, ao sentir a faca, a jiboia deu um bote em direção a Fawcett e seu grupo — e todos fugiram apavorados.

A expedição prosseguia, com os integrantes observando a mata com atenção. "Foi uma das jornadas mais tristes que já fiz, pois o rio era ameaçador em sua quietude, com sua correnteza tranquila e suas águas profundas prometendo demônios à frente",[43] escreveu Fawcett meses depois de sair de Riberalta. "Os demônios dos rios da Amazônia estavam à solta, manifestando sua presença nos céus encobertos, nas chuvas torrenciais e no emaranhado sombrio da mata."

Fawcett adotava uma disciplina estrita. De acordo com Henry Costin, um ex-cabo britânico que acompanhou Fawcett em várias expedições posteriores, o grupo acordava à primeira luz da manhã com uma pessoa que soava o toque de alvorada. Logo depois os homens corriam até o rio, se lavavam, escovavam os dentes e empacotavam os equipamentos, enquanto o encarregado do desjejum fazia uma fogueira. "Nós vivíamos com simplicidade",⁴⁴ relembra Costin. "O desjejum em geral constava de mingau, leite enlatado e bastante açúcar." Em poucos minutos os homens estavam a caminho. Coletar todas as informações necessárias aos relatórios de Fawcett para a RSG — que incluíam medições, esboços da paisagem, leituras barométricas e de temperatura e catalogação da flora e da fauna — era uma tarefa meticulosa, e Fawcett trabalhava arduamente. "Inatividade é uma coisa que não consigo suportar",⁴⁵ ele afirmou certa vez. A selva parecia agravar ainda mais sua característica fundamental: a coragem e a resistência, bem como seu temperamento irascível e sua intolerância com a fraqueza alheia. Fawcett permitia que os homens fizessem apenas uma breve parada para o almoço — um petisco e alguns biscoitos — e todos tinham de caminhar até doze horas por dia.

Pouco antes do pôr do sol, ele afinal sinalizava para que os homens montassem acampamento. Willis, o cozinheiro, era encarregado de preparar o jantar, e costumava complementar a sopa em pó com quaisquer animais que o grupo caçasse. A fome transformava qualquer coisa numa iguaria: tatus, raias, tartarugas, jiboias, ratos. "Macacos eram uma preferência, e bons de comer",⁴⁶ observou Fawcett. "A carne tem um sabor bem agradável; mas no começo a ideia me revoltou, pois, quando eram estendidos sobre a fogueira, para que os pelos fossem queimados, eles pareciam horrivelmente humanos."

Quando caminhavam pela floresta, Fawcett e seus homens ficavam mais expostos aos predadores. Numa ocasião, um bando de porcos selvagens investiu na direção de Chivers e do intérprete, que dispararam suas armas em todas as direções, obrigando Willis a se esconder atrás de uma árvore para que não fosse atingido pelos companheiros. Até mesmo sapos podiam ser mortais ao serem tocados: um *Phyllobates terribilis*, encontrado na Amazônia colombiana, tem toxinas suficientes para matar cem pessoas. Certo dia Fawcett tropeçou numa cobra coral, cujo veneno imobiliza o sistema nervoso central de sua vítima, fazendo com que a pessoa sufoque. Na Amazônia, admirou-se Fawcett, o reino animal "é contra o homem como em nenhuma outra parte do mundo".[47] Mas não eram os grandes predadores que ele e seus companheiros mais temiam. Eram as infindáveis pestilências. A formiga saúva, que podia reduzir as roupas e a mochila de um homem a farrapos numa só noite. Os carrapatos que grudavam como sanguessugas (outro flagelo) e bichos-de-pé de pelos vermelhos que se alimentavam de tecido humano. Os miriápodes que espirravam cianureto. Os vermes parasitas que causavam cegueira. As moscas-varejeiras que perfuravam a roupa para depositar larvas que se procriavam e esburacavam a pele. Os mosquitos quase invisíveis chamados piuns, que deixavam o corpo dos exploradores coberto de inchaços. Havia ainda os barbeiros, que picam as vítimas nos lábios e transferem um protozoário chamado *Trypanosoma cruzi*; vinte anos depois, ainda acreditando que tenha escapado incólume da selva, a pessoa começa a morrer de inchaço no coração ou no cérebro. No entanto, nada era tão mortífero quanto os pernilongos, que transmitiam desde a malária à dengue, de elefantíase à febre amarela. "[Os mosquitos] constituem a principal razão pela qual a Amazônia é uma fronteira ainda a ser vencida",[48] escreveu Willard Price em seu livro *The amazing Amazon*, de 1952.

Fawcett e seus homens enrolavam-se em mosquiteiros, mas nem isso era suficiente. "Os piuns nos atacavam em nuvens",[49] escreveu Fawcett. "Éramos forçados a fechar os dois lados do abrigo de folhas de palmeira [do bote] com redes contra mosquitos e usar filós na cabeça também, e ainda assim as mãos e o rosto logo se transformavam numa massa de pequenas chagas sangrentas que coçavam." Enquanto isso, os maruins, tão minúsculos que parecem pólvora, escondiam-se nos cabelos de Fawcett e de seus companheiros. De maneira geral, os homens só pensavam nos insetos. Sabiam reconhecer o diferente zumbido que cada um deles fazia ao bater as asas. ("As mutucas vinham sozinhas, mas anunciavam sua presença com uma picada semelhante a uma cutucada de agulha",[50] escreveu Fawcett.) Os insetos atormentavam os exploradores até levá-los quase à loucura, como mostra o diário de um naturalista que acompanhou uma posterior expedição de Fawcett:

> 20/10: Atacado na rede por um mosquito minúsculo não maior que um quarto de centímetro; mosquiteiros não protegem; mosquitos picam a noite toda e não deixam dormir.[51]
> 21/10: Mais uma noite sem dormir por causa de mosquitos sanguessugas.
> 22/10: Meu corpo uma massa de calombos de picadas de insetos, pulsos e mãos inchados por picadas de mosquitinhos. Duas noites quase sem dormir nada — simplesmente terrível [...] Chuva ao meio-dia, quase toda a tarde e a maior parte da noite. Meus sapatos estão ensopados desde o começo [...] Os piores carrapatos que já vi.
> 23/10: Noite horrível com os piores mosquitos até agora; nem fumaça dá resultado.
> 24/10: Mais da metade doente por causa de insetos. Pulsos e mãos inchados. Passar tintura de iodo nos membros.
> 25/10: Acordei e vi cupins cobrindo tudo que estava no chão [...] Mosquitos sanguessugas continuam conosco.
> 30/10: Abelhas, mosquitos e "maruins" (mosquitos sanguessugas) terríveis.
> 2/11: Meu olho direito muito embaçado por causa dos mosquitos.

3/11: Abelhas e mosquitos piores que nunca; realmente "não há descanso para os exaustos".

5/11: Minha primeira experiência com abelhas de carniça. Mosquitos que picam em nuvens — os piores que já encontramos — tornando nossa comida impalatável com seus corpos imundos, as barrigas vermelhas nojentas inchadas com nosso sangue.

Seis meses depois do início da expedição, a maioria dos homens, até mesmo Chivers, estava doente com febre. A sede era insaciável; as dores de cabeça, terríveis, e os tremores, incontroláveis. Os músculos palpitavam tanto que era difícil andar. Quase todos tinham contraído malária ou febre amarela. No caso da febre amarela, o que os homens mais temiam era cuspir sangue — o chamado vômito negro —, indício de que a morte estava próxima. Quando era malária — que, de acordo com uma estimativa,[52] mais de 80% das pessoas que trabalhavam na época na Amazônia contraíram —, os homens às vezes tinham alucinações e podiam entrar em coma e morrer. À certa altura, Fawcett dividiu um bote com quatro passageiros que adoeceram e morreram. Com o uso dos remos, ele ajudou a cavar os túmulos na margem. O único monumento que tiveram, observou Fawcett, foi "uma cruz feita de galhos amarrados com capim".[53]

Certa manhã Fawcett avistou uma trilha de marcas fundas num banco de lama e abaixou-se para examinar. Pegadas humanas. Fawcett vasculhou a mata ao redor e encontrou ramos quebrados e folhas pisadas. Eles estavam sendo seguidos por índios.

Fawcett fora informado de que os índios pacaraguá viviam ao longo das margens do rio Abuná e tinham a reputação de raptar invasores e desaparecer com eles na floresta. Duas outras tribos — os parintintin, mais ao norte, e os kanichana, nas planícies de Mojo, ao sul — eram descritas como canibais. Como escreveu um missionário em 1781: "Quando capturavam prisioneiros em suas guerras, [os kanichana] os mantinham⁵⁴ como escravos para sempre ou os assavam para devorá-los em seus banquetes. Usavam o crânio dos que matavam como recipiente para beber". Embora os ocidentais tivessem fixação por canibalismo (Richard Burton e alguns amigos organizaram um sarau chamado Cannibal Club) e normalmente exagerassem sua extensão para justificar suas conquistas de indígenas, sem dúvida algumas tribos da Amazônia eram adeptas dessa prática, fosse por razões ritualísticas ou por vingança. A carne humana era comumente preparada de duas formas: assada ou cozida. Os guayaki, que praticavam um canibalismo ritualístico quando membros da tribo morriam, esquartejavam o corpo com uma faca de bambu, separando a cabeça e os membros do tronco. "A cabeça e os intestinos não seguem a mesma 'receita' dos músculos ou dos órgãos internos",⁵⁵ explicou o antropólogo Pierre Clastres, que passou algum tempo estudando essas tribos no início dos anos 1960. "Primeiro a cabeça é cuidadosamente raspada [...] depois fervida, assim como os intestinos, em potes de cerâmica. Quanto à carne propriamente dita e aos órgãos internos, eles são colocados numa grande grelha de madeira sob a qual é acesa uma fogueira [...] A carne é assada lentamente e a gordura liberada pelo calor é espalhada gradualmente com um koto (pincel). Quando se julga estar 'pronta', a carne é dividida entre os presentes. O que não for comido na hora é reservado nas cestas das mulheres para servir como alimento no dia seguinte. Os ossos são quebrados e o tutano, que as índias apreciam particularmente, é sugado." A preferência dos guayaki pela carne humana é a razão de eles se autodenominarem Aché Kyravwa — "Guayaki Comedores de Gordura Humana".

Fawcett esquadrinhou a floresta ao redor, procurando guerreiros indígenas. As tribos da Amazônia são especialistas em perseguir seus inimigos. Algumas gostam de anunciar sua presença antes do ataque, outras usam a floresta para aumentar seu mimetismo. Pintam os rostos e os corpos com carvão preto e linimentos vermelhos destilados de frutas e sementes. Suas armas — arcos e zarabatanas — atacam em silêncio, antes que se tenha tempo de fugir. Algumas tribos utilizam as mesmas coisas que tornavam a floresta tão ameaçadora para Fawcett e seus homens — embebem a ponta das armas em toxinas letais de raias e sapos e usam formigas soldados para suturar os ferimentos de batalha. Mas Fawcett e seu grupo não tinham experiência na selva. Como Costin confessou durante sua primeira viagem, eles eram "novatos". A maioria estava faminta e debilitada — uma presa perfeita.

Naquela noite, Fawcett e seus homens estavam todos muito nervosos. Antes de partirem, Fawcett fez com que cada um concordasse com um édito aparentemente suicida: em nenhuma circunstância eles disparariam suas armas contra os índios. Quando a Real Sociedade Geográfica ficou sabendo das instruções de Fawcett, um associado que conhecia a região alertou para o fato que tal método era o mesmo que "cortejar um assassinato".[56] Fawcett reconheceu que essa abordagem não violenta envolvia "riscos insanos". Porém argumentou que não era apenas uma escolha moral; era também a única forma de um grupo pequeno e facilmente sobrepujado em número demonstrar suas intenções amistosas com as tribos.

Agora, quando se deitavam em suas redes ao redor de uma pequena fogueira crepitando, os homens começaram a ouvir o ruído da floresta. Eles tentavam distinguir cada som: a queda de uma noz no rio, o farfalhar dos galhos, o zumbido dos mosquitos, o rugido de uma onça. Às vezes a selva parecia ficar em silêncio, mas em seguida um grito cortava a escuridão. Embora não conseguissem ver ninguém, os homens sabiam que podiam ser vistos. "Era um desafio para os nervos, saber o tempo todo que nossos movimentos estavam sendo vigiados, sem ver quase nada dos que nos observavam",[57] escreveu Fawcett.

Certo dia, os botes encontraram uma série de corredeiras no rio, e um dos pilotos foi até a margem para ver se seria possível contorná-las. Passou-se longo tempo sem uma palavra do homem, então Fawcett partiu com vários homens para encontrá-lo. Abriram caminho na mata por oitocentos metros e subitamente toparam com o cadáver do piloto, trespassado por 42 flechas.

Os homens entraram em pânico. À certa altura, navegando o bote em direção às corredeiras, Willis gritou "Selvagens!" — e lá estavam eles nas margens. "Os corpos [estavam] pintados",[58] escreveu Fawcett, "as orelhas tinham os lobos dilatados e penas transpassavam o nariz de lado a lado." Ele queria tentar estabelecer contato, mas os outros homens a bordo gritaram e se afastaram, remando freneticamente. Os índios fizeram pontaria com arcos de dois metros e dispararam suas flechas. "Uma delas rasgou a lateral do bote com um ruído cruel — atravessando a madeira de quase quatro centímetros de espessura",[59] disse Fawcett. Pouco depois o bote desceu uma queda-d'água das corredeiras e afastou-se momentaneamente da tribo.

Mesmo antes desse confronto, Fawcett já tinha percebido que seus homens estavam desmoronando, especialmente Chivers. "Eu tinha notado a gradual decadência",[60] escreveu Fawcett, que decidiu dispensar Chivers de seus deveres e enviá-lo com outros homens do grupo de volta à fronteira. Ainda assim, dois homens morreram de febre.[61] O próprio Fawcett sentia saudade da família. Que espécie de louco era ele, ponderou, para trocar o conforto de seus trabalhos anteriores por aquelas condições? Seu segundo filho, Brian, tinha nascido durante sua ausência. "Eu me senti tentado a renunciar e a voltar para casa",[62] escreveu. Porém, ao contrário de seus homens, Fawcett gozava de boa saúde. Estava com fome e exaurido, mas sua pele não estava amarela, a temperatura estava normal e ele não vomitava sangue. Mais tarde, John Keltie, o secretário da Real Sociedade Geográfica, escreveu uma carta à esposa de Fawcett dizendo: "Não fosse sua constituição excepcional, não sei como ele poderia ter sobrevivido".[63] Fawcett notou que naquelas paragens "uma pessoa saudável era considerada uma aberração, uma exceção extraordinária".[64]

Apesar da saudade de casa, Fawcett prosseguiu com Willis e o intérprete no trabalho de levantamento da fronteira entre a Bolívia e o Brasil, abrindo caminho a machetadas por quilômetros de floresta. Em maio de 1907, Fawcett completou a rota e apresentou suas descobertas aos membros da comissão de fronteira da América do Sul e à RSG. Todos ficaram perplexos. Fawcett tinha redefinido as fronteiras da América do Sul — e conseguido isso um ano antes do previsto.

9. Os documentos secretos

Quando eu estava na Inglaterra, tentei rastrear os descendentes de Fawcett, que talvez pudessem me dizer mais sobre o explorador e sua rota até Z. A esposa e os filhos de Fawcett estavam mortos havia muito tempo, mas em Cardiff, no País de Gales, localizei uma de suas netas, Rolette de Montet-Guerin, filha de Joan, a única filha de Fawcett. Ela morava numa casa térrea, com paredes de estuque e janelas com caixilhos de madeira — um lugar despojado, que de alguma forma contrastava com toda a celeuma que havia envolvido a família. Era uma mulher pequena e energética, na casa dos cinquenta anos, de óculos e cabelos curtos e pretos, que se referia afetuosamente ao avô pelas iniciais, PHF. ("Era assim que minha mãe e todo mundo na família o chamavam.") Depois de anos sendo atormentados por repórteres, a esposa e os filhos de Fawcett tinham se afastado do público, mas Rolette me recebeu em sua cozinha. Quando contei meus planos de rastrear a rota de Fawcett, ela falou: "Você não parece muito um explorador".

"Não mesmo."

"Bem, é melhor você ir para a selva bem alimentado."

Rolette abriu os armários, começou a retirar potes e panelas e acendeu o fogão a gás. Logo a mesa da cozinha estava coberta de travessas de risoto, vegetais no vapor, pão feito em casa e um bolo de maçã quentinho. "É tudo vegetariano", explicou. "PHF acreditava que dava mais energia. Além disso, ele nunca gostou de matar animais, a não ser que fosse necessário."

Quando nos sentamos para comer, a filha de Rolette, Isabelle, de 23 anos, apareceu. Tinha o cabelo mais curto que o da mãe e os olhos revelavam parte da intensidade dos de seu bisavô. Trabalhava como piloto da British Airways. "Na verdade eu invejo meu bisavô", disse Isabelle. "Na época dele a gente ainda podia sair por aí descobrindo partes desconhecidas do mundo. Agora, pra onde a gente pode ir?"

Rolette depositou um antigo cálice de prata no centro da mesa. "Trouxe isso especialmente para você", falou. "Foi o cálice do batizado do PHF."

Segurei-o sob a luz. Num dos lados havia uma estampa de flores e botões de flores, no outro uma inscrição com o número 1867, o ano do nascimento de Fawcett.

Depois de comermos e conversarmos um pouco, fiz uma pergunta sobre algo em que havia muito eu vinha refletindo — se, ao determinar a minha rota, eu deveria confiar, como tantos outros, nas coordenadas do Acampamento do Cavalo Morto citadas em *A Expedição Fawcett*.

"Bem, é melhor tomar cuidado com isso", respondeu Rolette.

"Como assim?"

"PHF escreveu isso para confundir as pessoas. É uma pista falsa."

A informação me surpreendeu e me chocou: se verdadeira, significava que muitas pessoas tinham seguido na direção errada, e talvez morrido por isso. Quando perguntei por que Brian Fawcett, que havia editado *A Expedição Fawcett*, teria cometido esse logro, ela explicou que ele quis cumprir a vontade do pai e do irmão. Quanto mais Rolette falava, mais eu percebia: o que para muitos era um torturante mistério, para aquela família era uma tragédia. Quando terminamos o jantar, ela falou: "Quando alguém desaparece, não é como uma morte natural. Não existe um encerramento". (Mais tarde ela me disse: "Sabe, quando minha mãe estava morrendo eu disse a ela: 'Ao menos finalmente você vai saber o que aconteceu com PHF e com o Jack'".) Agora Rolette fazia uma longa pausa, como se tentando tomar uma decisão. Depois falou: "Você quer mesmo saber o que aconteceu com o meu bisavô?".

"Sim. Se for possível."

"Eu vou mostrar uma coisa a você."

Ela me conduziu até um quarto nos fundos e abriu um grande baú de madeira. Dentro havia diversos livros encadernados em couro. As capas estavam gastas e esgarçadas, as lombadas começavam a se romper. Alguns se mantinham amarrados apenas por cordões.

"O que são esses livros?", perguntei.

"Os diários e anotações de PHF." Ela me entregou um deles. "Você pode ler todos, mas tem que guardar isso com todo o cuidado."

Abri um deles, marcado 1909. A capa deixou uma mancha preta na ponta dos meus dedos — uma mistura, imaginei, de poeira vitoriana e lama da selva. As páginas quase caíram quando folheei o livro, e tive que segurá-las com muito cuidado entre o polegar e o indicador. Ao reconhecer a microscópica caligrafia de Fawcett, senti uma estranha sensação. Lá estava algo que Fawcett também tinha segurado, algo que continha seus pensamentos mais privados e que poucos haviam visto. A escritora Janet Malcolm uma vez comparou um biógrafo com um "arrombador profissional invadindo uma casa, remexendo certas gavetas que ele imagina com boas razões que devem conter joias e dinheiro e sair com seu furto de forma triunfal".[1]

Sentei-me no sofá da sala de estar. Havia um livro para quase cada ano desde 1906 (sua primeira expedição) até 1921 (sua penúltima viagem): claramente ele tinha levado um diário para cada uma de suas viagens para fazer suas anotações. Muitos eram repletos de mapas e cálculos de mensurações. Nas capas internas havia poemas que ele tinha copiado para ler na selva em momentos de desespero e solidão. Um deles parecia ser endereçado a Nina:

Oh amor, meu amor! Tudo o que você quiser —
Sou seu até o fim.

Fawcett também anotou trechos de "Solitude", de Ella Wheeler Wilcox:

Mas ninguém pode ajudá-lo a morrer
Existe um lugar nos salões do prazer
Para um longo trem suntuoso,
Mas um a um todos devemos passar
Pelos estreitos corredores da dor.

Muitos diários[2] relatavam coisas mundanas, de alguém sem grandes expectativas com a história: "9 de julho [...] Noite sem dormir [...] Muita chuva e umidade no meio do dia [...] 11 de julho [...] Chuva pesada no meio da noite. Cheguei [ao acampamento] pela trilha, pesquei [...] 17 de julho [...] nadando para chegar à balsa". Depois, de repente, uma observação casual revelava a angustiante natureza da existência de Fawcett: "Sinto-me muito mal [...] Tomei 1 [frasco] de morfina ontem à noite para aliviar a dor no pé. Causou uma violenta dor de estômago e tive de enfiar o dedo na garganta para aliviar".

Ouvi um som alto na sala ao lado e ergui os olhos. Era Isabelle jogando um videogame no computador. Peguei outro livro. O conteúdo era protegido por uma fechadura. "Esse é o 'Livro dos Tesouros' dele", disse Isabelle. A fechadura foi aberta, e dentro havia histórias que Fawcett reunira sobre tesouros enterrados, como o de Galla-pita-Galla, e mapas de suas supostas localizações: "Naquela caverna há um tesouro cuja existência é conhecida só por mim e por mais ninguém".

Nos diários subsequentes, depois de seu envolvimento com o caso de Z, as anotações de Fawcett eram mais arqueológicas. Havia desenhos de estranhos hieróglifos. Os índios botocudos, agora quase extintos, tinham contado a ele a lenda de uma cidade "muito rica em ouro — a ponto de brilhar como fogo". Fawcett acrescentou: "É concebível que seja Z". Ao sentir que estava se aproximando de seu objetivo, ele tornou-se mais sigiloso. Numa anotação de 1921, esboçou um "código" que parece ter desenvolvido com a esposa, para o envio de mensagens:

78804 Kratzbank = Descobertas apenas descritas
78806 Kratzfuss = Ricas, importantes e maravilhosas
78808 Kratzka = Cidades localizadas — futuro agora assegurado

Atento às anotações, me chamou a atenção uma palavra escrita nas margens de uma das páginas: "MORTO". Examinei mais de perto e vi outras palavras ao redor. Elas diziam "ACAMPAMENTO DO CAVALO MORTO". Havia algumas coordenadas abaixo, e rapidamente procurei no meu bloco de notas minhas anotações sobre a posição do acampamento de *A Expedição Fawcett*. Eram bem diferentes.

Fiquei examinando os diários durante horas, fazendo anotações. Quando pensei que não havia sobrado nada para ver, Rolette apareceu e disse que queria me mostrar mais um item. Ela desapareceu no quarto dos fundos e pude ouvi-la remexendo em gavetas e armários, murmurando consigo mesma. Depois de vários minutos ela saiu com uma fotografia tirada de um livro. "Não sei onde guardei", falou. "Mas ao menos eu posso mostrar uma foto."

Era uma fotografia do anel de sinete de ouro de Fawcett, gravado com o mote da família, "*Nec Aspera Terrent*" — essencialmente, "Dificuldades Sejam Banidas". Em 1979, um inglês chamado Brian Ridout, que na época fazia um filme sobre vida selvagem no Brasil, ouviu rumores de que o anel teria aparecido numa loja em Cuiabá. Quando Ridout afinal conseguiu chegar à loja, o proprietário tinha morrido. Mas sua viúva procurou nas coisas dele e encontrou o anel de Fawcett. "É o último item concreto que temos da expedição", explicou Rolette.

Ela disse que tinha ficado desesperada para saber mais a respeito e que certa vez mostrara o anel a um médium.

"E você descobriu alguma coisa?", perguntei.

Ela olhou para a foto, depois para mim. "O anel foi banhado em sangue."

10. O Inferno Verde

"Você topa?",[1] perguntou Fawcett.

Não muito tempo depois de sua expedição anterior, Fawcett estava de volta à floresta tentando persuadir seu novo segundo em comando, Frank Fisher, a explorar o rio Verde, na fronteira entre o Brasil e a Bolívia.

Fisher, um engenheiro inglês de 41 anos de idade, hesitava. A comissão de fronteiras não tinha contratado o grupo para explorar o rio Verde — o pedido era que os homens estudassem uma região no sudoeste do Brasil, perto de Corumbá —, mas Fawcett insistiu em explorar o rio também, situado num território tão pouco mapeado que ninguém sabia onde começava.

Finalmente, Fisher falou: "Tá bom, eu vou", embora tenha acrescentado em seguida: "Mas isso não está no contrato".

Essa era apenas a segunda expedição de Fawcett à América do Sul, mas ela se provaria crítica para sua compreensão da Amazônia e sua evolução como cientista. Com Fisher e vários outros recrutas, ele partiu para Corumbá, andando mais de seiscentos quilômetros em direção ao noroeste, onde afinal embarcou em duas jangadas improvisadas. As corredeiras eram intensas, alimentadas pelas chuvas e por quedas-d'água, e as jangadas desciam paredes de água para cair na espuma e nas pedras — estalando e rangendo. Os homens gritavam e se seguravam como podiam enquanto Fawcett, os olhos brilhando e o chapéu inclinado, remava com uma vara de bambu presa ao lado para não espetar seu peito. O rafting ainda não era um esporte, mas Fawcett o antecipou: "Quando [...] um viajante empreendedor tiver de construir e manejar sua própria balsa, vai sentir uma alegria tão estimulante que poucos esportes propiciam".[2] Ainda assim, uma coisa era percorrer as corredeiras de um rio conhecido, outra era descer quedas-d'água não mapeadas que poderiam a qualquer momento alcançar dezenas de metros. Se um membro do grupo caísse na água, não conseguiria voltar a bordo sem virar a jangada. A única escolha honrada era se afogar.

Os exploradores passaram pela serra de Ricardo Franco, um fantasmagórico platô de arenito que chegava a mil metros de altura. "Nem o tempo nem pés humanos jamais tocaram aqueles picos",[3] escreveu Fawcett. "Eles se erguiam como um mundo perdido, com os cumes cobertos de vegetação, e a imaginação podia visualizar os últimos vestígios de uma era há muito desaparecida." (Consta que Conan Doyle baseou ao menos parcialmente os cenários de *O mundo perdido* nesse planalto.[4])

À medida que Fawcett e sua equipe atravessavam o cânion, as corredeiras se tornaram inexpugnáveis.

"E agora, o que vamos fazer?",[5] perguntou um dos homens.

"Não há ajuda possível", respondeu Fawcett. "Precisamos deixar tudo o que não pudermos carregar nas costas e seguir o curso do rio por terra."

Fawcett mandou que os homens mantivessem somente os itens essenciais: redes, espingardas, mosquiteiros e instrumentos de medição.

E quanto ao suprimento de comida?, quis saber Fisher. Fawcett disse que eles levariam somente rações para alguns dias. Depois teriam de viver da terra, como os índios cujas fogueiras eles haviam visto a distância.

Apesar de abrir caminho arduamente da manhã até a noite, o grupo em geral não conseguia percorrer mais de oitocentos metros por dia. As pernas afundavam na lama. Os sapatos se desfaziam. Os olhos estavam embaçados por causa de uma espécie de abelha minúscula atraída por açúcar, que invadia as pupilas dos exploradores ("abelhas lambedoras"). Mesmo assim, Fawcett continuava contando os passos e subindo em morros para observar melhor as estrelas e fixar suas posições, como se reduzir a selva a números e diagramas pudesse ajudar a vencê-la. Seus homens não precisavam dessas sinalizações. Eles sabiam onde estavam: no inferno verde.

Os homens deveriam economizar as rações, mas a maioria cedeu à fome e as consumiu rapidamente. No nono dia de marcha, a expedição ficou sem comida. Foi então que Fawcett descobriu o que exploradores tinham aprendido desde Orellana, e que se tornaria a base da teoria científica do falso paraíso: era difícil encontrar o que comer na selva mais densa do mundo.

De todos os truques da Amazônia, esse talvez fosse o mais diabólico. Como enunciou Fawcett: "Morrer de inanição parece algo quase inacreditável numa floresta, mas era o mais provável de acontecer".[6] Na busca por alimentos, Fawcett e seus homens só encontravam troncos caídos e cascatas de trepadeiras. Fungos quimicamente adaptados e bilhões de cupins e formigas exauriam a maior parte do solo da floresta. Fawcett tinha aprendido a procurar animais mortos, mas não encontrava nenhum: todos os cadáveres eram instantaneamente reciclados pelos vivos. E as árvores extraíam ainda mais nutrientes de um solo já desgastado pelas chuvas e inundações. Enquanto isso, trepadeiras e árvores atropelavam-se umas as outras para chegar à copa das árvores e absorver um pouco de luz. Uma espécie de cipó chamada matador parecia cristalizar a concorrência: enrolava-se numa árvore, como que num suave abraço, mas depois começava a estrangulá-la, roubando sua vida e seu lugar na floresta.

Embora essa luta mortal pela luz criasse uma permanente noite abaixo das árvores, poucos mamíferos rondavam pelo solo, onde podiam ser atacados por outras criaturas. Mesmo os animais que Fawcett e seu grupo poderiam avistar permaneciam invisíveis aos olhos desacostumados deles. Morcegos se escondiam em tendas de folhas. Tatus enterravam-se no chão. Mariposas pareciam cascas de árvores. Jacarés transformavam-se em troncos. Uma espécie de lagarta dispunha de um recurso ainda mais assustador: seu corpo assumia a forma de uma víbora, com uma cabeça triangular que oscilava com grandes olhos brilhantes. Como a escritora Candice Millard explicou em *O rio da Dúvida:* "a mata tropical não era um jardim de abundância fácil, mas precisamente o oposto. Seus quietos e sombreados salões de frondosa opulência não eram um santuário, e sim o maior campo de batalha do planeta, abrigando uma incessante e impiedosa luta pela sobrevivência que ocupava cada um de seus habitantes todos os minutos de todos os dias".[7]

Fawcett e seus homens estavam em desvantagem naquele campo de batalha. Durante dias, Fawcett, um caçador experiente, vasculhou o terreno com seu grupo, mas só encontrou um punhado de nozes e folhas de palmeira. Os exploradores tentaram pescar. Em vista do número de piranhas, enguias e botos existentes nos rios da Amazônia, eles tinham certeza de que isso forneceria algum sustento, mas para sua surpresa ninguém conseguiu apanhar um único peixe. Fawcett imaginou que talvez algo tivesse poluído as águas, e na verdade algumas árvores e plantas produzem ácidos tânicos que podem envenenar rios da Amazônia, criando o que os biólogos Adrian Forsyth e Kenneth Miyata chamaram de "o equivalente aquático do deserto".[8]

Assim, Fawcett e seu grupo foram forçados a vagar famintos pela floresta. Os homens queriam voltar, mas Fawcett estava determinado a encontrar a nascente do Verde. Eles continuaram em frente, as bocas abertas tentando capturar cada gota de chuva. À noite seus corpos eram acometidos por arrepios. Fisher foi infectado por uma tocandira — espécie de formiga venenosa que pode provocar vômitos e febre intensa — e uma árvore tombou sobre a perna de outro integrante da expedição, fazendo com que sua carga tivesse de ser distribuída entre os outros. Quase um mês depois de terem iniciado a marcha, os homens chegaram ao que parecia ser a nascente do rio,[9] com Fawcett insistindo em fazer mensurações, embora estivesse tão esgotado que mal conseguia mover os membros. O grupo fez uma pausa para uma foto: pareciam homens mortos, rostos descarnados até os ossos, barbas emaranhadas como a vegetação da floresta, olhos semienlouquecidos.

Fisher dizia que eles iriam "deixar os ossos aqui". Outros rezavam pela salvação.

Fawcett tentou encontrar um caminho de volta mais fácil, mas cada vez que escolhia uma nova rota a expedição dava de cara com um penhasco ou era forçada a dar meia-volta. "Quanto conseguiríamos continuar era a questão vital",[10] escreveu Fawcett. "Se não encontrássemos logo comida, ficaríamos debilitados demais para retornar por qualquer caminho." O grupo estava quase sem comida havia mais de um mês, prestes a morrer de inanição; a pressão sanguínea caía, os corpos consumiam os próprios tecidos. "As vozes dos outros e os sons da floresta pareciam vir de muito longe, como se passassem por um longo tubo",[11] escreveu Fawcett. Incapazes de pensar no passado ou no futuro, ou em qualquer outra coisa além de comida, os homens iam ficando irritados, apáticos, paranoicos. Naquele estado de fraqueza, todos estavam mais suscetíveis a doenças e infecções, e a maioria foi acometida por febres graves. Fawcett temia um motim. Será que eles estavam começando a olhar um para o outro de forma diferente, não como companheiros, mas como um pedaço de carne? Fawcett havia escrito sobre o canibalismo: "A inanição embrutece os sentimentos mais nobres".[12] Ele disse a Fisher para recolher as armas dos outros homens.

Fawcett logo percebeu que um dos integrantes do grupo tinha desaparecido. Pouco depois, encontrou-o encostado a uma árvore. Fawcett ordenou que se levantasse, mas ele implorou que o deixasse morrer ali mesmo. Como ele recusasse a se mover, Fawcett tirou a faca da cinta. A lâmina brilhou diante dos olhos do homem; o estômago de Fawcett doía de fome. Brandindo a faca, Fawcett forçou-o a se erguer. Se for para morrermos, disse, vamos morrer andando.

Enquanto continuavam cambaleando pela mata, muitos homens, indiferentes ao próprio destino, não se preocupavam mais em afastar os pestilentos mosquitos ou se manter alertas contra os índios. "[Uma emboscada], apesar de ser um momento de terror e agonia, acaba rapidamente, e se levarmos em conta essa questão de uma forma razoável isso poderia ser considerado um golpe de misericórdia"[13] se comparado à morte por inanição, escreveu Fawcett.

Muitos dias depois, com o grupo já beirando o estado de desfalecimento, Fawcett avistou um veado, quase fora de alcance. Ele só tinha um tiro, pois o animal fugiria em seguida. "Pelo amor de Deus não erre, Fawcett!",[14] sussurrou um dos homens. Ele tirou o rifle do ombro; seus braços estavam atrofiados, os músculos lutavam para manter o cano estável. Respirou fundo e puxou o gatilho. O barulho ecoou pela floresta. O veado desapareceu, como se fosse uma ilusão de seu delírio. Depois, quando se aproximaram cambaleando, eles viram o animal no chão, sangrando.

Os homens cozinharam o veado numa fogueira, comendo cada pedaço de carne e sugando todos os ossos. Cinco dias depois eles encontraram um assentamento. Mesmo assim, cinco dos homens de Fawcett — mais da metade da equipe — estavam fracos demais para se recuperar e morreram. Quando Fawcett retornou a La Paz, as pessoas o apontavam na rua — ele parecia um esqueleto. Ele enviou um telegrama para a Real Sociedade Geográfica, dizendo: "Inferno Verde Conquistado".

11. O Acampamento do Cavalo Morto

"Olhe aqui", falei para minha mulher, apontando uma imagem de satélite da Amazônia na tela do meu computador. "É pra lá que eu estou indo."

A imagem mostrava os sulcos que os grandes rios e seus afluentes tinham escavado impiedosamente no solo. Mais tarde, consegui mostrar as coordenadas com mais precisão com o Google Earth, que foi lançado no verão de 2005 e permite a qualquer pessoa, em segundos, fazer um zoom até chegar a metros de praticamente qualquer lugar no globo. Primeiro eu digitei nosso endereço no Brooklyn. A visão na tela, que mostra a imagem da Terra vista por um satélite no espaço exterior, aproximou-se como um míssil teleguiado em direção a uma colcha de retalhos de prédios e ruas, até reconhecermos a sacada do nosso apartamento. A nitidez era incrível. Em seguida digitei as últimas coordenadas registradas por Fawcett e observei a tela percorrer imagens do Caribe e do oceano Atlântico e passar por um esmaecido contorno da Venezuela e da Guiana antes de focar num borrão verde: a selva. O que antes era um espaço em branco num mapa, agora era visível num instante.

Minha mulher perguntou como eu iria saber aonde ir, e eu contei a ela sobre os diários de Fawcett. Apontei no mapa o local que todo mundo acreditava ser o Acampamento do Cavalo Morto e depois as novas coordenadas, mais de 150 quilômetros para o sul, que eu tinha encontrado nas anotações dele. Mostrei também a cópia de um documento em que estava escrita a palavra "CONFIDENCIAL", que eu havia descoberto na Real Sociedade Geográfica. Diferentemente de outros documentos escritos por Fawcett, aquele era datilografado com capricho. Datado de 13 de abril de 1924, era intitulado "Case for an Expedition in the Amazon Basin" [Caso para uma expedição na bacia amazônica].

Desesperado por um financiamento, parece que Fawcett tinha afinal cedido às exigências da Sociedade de ser mais explícito em seus planos. Depois de quase duas décadas de exploração, ele dizia ter concluído que na bacia sul do Amazonas, entre os afluentes Tapajós e Xingu, encontravam-se "as mais notáveis relíquias de uma antiga civilização".[1] Fawcett tinha esboçado um mapa da região e o apresentado com uma proposta. "Essa região representa a maior área de terras inexploradas no mundo",[2] escreveu. "A exploração portuguesa, e todas as subsequentes pesquisas geográficas brasileiras e estrangeiras, invariavelmente se confinaram aos caminhos fluviais." Em vez disso, ele planejava abrir um caminho por terra entre o Tapajós, o Xingu e outros afluentes, um rota que "ninguém explorou ainda". (Reconhecendo quanto essa rota era mais perigosa, ele demandava um dinheiro extra para "trazer os sobreviventes para a Inglaterra",[3] pois "eu posso ser morto".)

Fawcett havia incluído diversas coordenadas numa das páginas da proposta. "A que elas se referem?", perguntou minha esposa.

"Acho que indicam a direção que ele seguiu depois do Acampamento do Cavalo Morto."

Na manhã seguinte enfiei meu equipamento e meus mapas na mochila e me despedi da minha esposa e do meu filho ainda novo. "Não se meta a besta", recomendou minha mulher. Saí de casa, fui até o aeroporto e entrei num avião para o Brasil.

12. Nas mãos dos deuses

Oh, a "gloriosa perspectiva do lar",[1] Fawcett escreveu em seu diário. Ruas pavimentadas e alinhadas com precisão, chalés com teto de palha recoberto de hera, pastagens cheias de carneiros, sinos de igreja soando na chuva, lojas atulhadas de geleias e sopas e limonadas e tortas e vinhos e sorvetes napolitanos, pedestres disputando as ruas com ônibus e bondes e táxis. Fawcett só conseguia pensar em sua casa na viagem de barco de volta à Inglaterra, no final de 1907. E agora ele estava de volta a Devon, com Nina, o filho Jack já bem mais crescido, correndo e falando com seus quatro anos de idade, e o pequeno Brian, que fitava o homem na soleira da porta como se fosse um estranho, o que ele realmente era. "Eu queria esquecer as atrocidades, deixar para trás a escravidão, as mortes e as doenças horríveis, e olhar novamente para respeitáveis senhoras cujos conceitos de maus hábitos se resumiam a indiscrições sobre o diz que diz da empregada",[2] escreveu Fawcett em *A Expedição Fawcett*. "Eu queria ouvir a tagarelice do pároco da aldeia, discutir as incertezas do clima com os camponeses, encontrar o jornal diário na bandeja do meu café da manhã. Eu queria, em suma, ser 'normal'." Ele tomou um banho quente com sabonete e aparou a barba. Cuidava do jardim, punha os filhos na cama, lia perto da lareira, e passou o Natal com a família — "como se a América do Sul nunca tivesse existido".

Mas não demorou muito tempo para começar a se sentir inquieto. "No fundo de mim uma voz me chamava",[3] disse Fawcett. "No princípio mal podia ser ouvida, mas persistiu até eu não conseguir mais ignorá-la. Era a voz dos lugares selvagens, e eu sabia que aquilo agora fazia parte de mim para sempre." E acrescentou: "De uma forma inexplicável — e espantosa — eu sabia que amava aquele inferno. Aquela atração maligna tinha me capturado, e eu queria ver aquilo de novo".

Assim, poucos meses depois, Fawcett fez as malas outra vez para escapar do que chamou de "portões da prisão que estava me trancando de forma lenta porém inexorável".[4] Durante a década e meia seguinte, ele conduziu sucessivas expedições que exploraram milhares de quilômetros quadrados da Amazônia e ajudaram a redesenhar o mapa da América do Sul. Durante esse período, mostrou-se tão negligente com a esposa e os filhos quanto seus pais haviam sido com ele. Nina comparava sua vida com a da esposa de um marinheiro: uma existência "muito incerta e solitária, sem meios próprios de sustento, miseravelmente pobre, principalmente com os filhos".[5] Em carta enviada à Real Sociedade Geográfica em 1911, Fawcett declarou que não iria mais "sujeitar minha esposa à ansiedade perpétua dessas arriscadas viagens".[6] (Uma vez mostrou a Nina as linhas da palma da sua mão e disse: "Grave bem isso!" — pois algum dia ela poderia ter de "identificar o meu cadáver".[7]) Apesar de tudo, ele continuou a sujeitar a esposa às suas perigosas compulsões. De certa forma, a família pôde se sentir mais confortável durante as suas ausências, pois quanto mais ele ficava em casa, mais seu estado de espírito azedava. Brian confessou depois em seu diário: "Eu me sentia aliviado quando ele estava viajando".[8]

Nina, por sua vez, resumiu suas ambições às do marido. O salário anual de cerca de seiscentas libras que Fawcett recebia da comissão de fronteiras era pouco para ela e os filhos, e Nina foi forçada a mudar a família de uma casa de aluguel para outra, vivendo numa refinada pobreza. Mesmo assim ela fazia questão de que Fawcett não se preocupasse com isso, realizando trabalhos — como cozinhar, limpar e lavar — com os quais não estava acostumada e criando os filhos de uma forma que Brian chamou de "democracia tumultuada".[9] Nina era também a principal defensora do marido, fazendo tudo que estivesse a seu alcance para enaltecer a reputação dele. Quando soube que um membro da expedição de Fawcett de 1919 estava tentando noticiar um relato não autorizado, logo alertou o marido para que ele pudesse impedir a publicação. E, quando Fawcett mandava cartas descrevendo suas explorações, ela imediatamente tentava publicar o texto, remetendo as informações para a Real Sociedade Geográfica, em particular para Keltie, que foi por muito tempo o secretário da instituição e era um dos maiores incentivadores de Fawcett. (Keltie concordou em ser o padrinho da filha de Fawcett, Joan, nascida em 1910.) Num de seus típicos comunicados, Nina escreveu sobre Fawcett e seus homens: "Eles escaparam milagrosamente da morte — já chegaram a naufragar uma vez — e por duas vezes foram atacados por cobras enormes".[10] Fawcett dedicou *A Expedição Fawcett* à sua querida "Cheeky" — "porque, como minha parceira, ela partilhou comigo toda a carga do meu trabalho".

Mas às vezes Nina ansiava por não ser apenas uma dona de casa e poder estar na natureza. "Eu, pessoalmente, estou pronta para acompanhar PHF numa viagem ao Brasil",[11] disse certa vez a uma amiga. Ela aprendeu a[12] ler as estrelas como um geógrafo, e se mantinha em "esplêndida forma". Em 1910, ao visitar Fawcett na América do Sul, ela escreveu um despacho não publicado para a RSG sobre sua viagem de trem de Buenos Aires, na Argentina, a

Valparaíso, no Chile, definindo-a como "interessante para os que gostam de viajar".[13] Durante o trajeto ela viu "os picos cobertos de neve da Cordilheira, banhados pela luz rosada do sol nascente" — uma visão "tão linda e grandiosa que merece ser gravada na memória para sempre".

Fawcett nunca concordou em levá-la junto com ele para a floresta. Mas Nina confidenciou a uma amiga que acreditava firmemente na "igualdade [...] entre homens e mulheres".[14] Estimulava Joan a cuidar do físico e a assumir riscos, até mesmo nadando quilômetros em mares agitados. Escrevendo a Keltie sobre sua afilhada, Nina disse: "Talvez algum dia ela possa ganhar os lauréis da Real Sociedade Geográfica como uma mulher geógrafa, e assim realizar a ambição pela qual a mãe dela lutou em vão — até agora!".[15] (Fawcett também incentivava Joan, assim como seus outros filhos, a correr riscos extremos. "Papai deixava a gente se divertir muito, pois não percebia os perigos",[16] recordou-se depois Joan. "Mas ele devia ter percebido. Estava sempre nos estimulando a subir em árvores e em telhados [...] Uma vez caí sobre a vértebra cervical do pescoço e aquilo me custou duas semanas na cama, alternando entre o delírio e a inconsciência. Desde aquele acidente, meu pescoço ficou meio torto para sempre.")

Era Jack, porém, o que mais queria ser igual ao pai. "Ao que parece, meu filhinho Jack vai passar pela mesma fase que eu quando chegar à idade adulta",[17] observou Fawcett certa vez com orgulho. "Ele já se sente fascinado pelas histórias que contamos sobre Galla-pita-Galla." Fawcett escrevia e ilustrava histórias para Jack, retratando-o como um jovem aventureiro, e quando ele estava em casa os dois faziam tudo juntos — caminhavam, jogavam críquete, velejavam. Jack era "a menina dos olhos dele",[18] como lembrou um parente.

Em 1910, quando Jack frequentava o mesmo colégio interno que Raleigh Rimell, Fawcett mandou por carta um poema escrito "bem longe na selva". Chamava-se "Jack Going to School" [Jack indo à escola], e parte dele dizia:

> *Nunca nos esqueça pequeno corajoso*
> *Mãe e pai confiam em você*
> *Seja corajoso como um leão, mas retorne delicado*
> *Pronto para lutar e se opor ao errado...*
> *Nunca se esqueça de ser cavalheiro*
> *E nunca temerá nada.*
>
> *A vida é curta e o mundo é grande*
> *Somos apenas uma onda no grande lago da vida*
> *Desfrute a vida o melhor que puder*
> *Tudo vai ajudar a preencher o ciclo*
> *Mas nunca se esqueça de ser cavalheiro*
> *E chegará o tempo em que orgulhosamente*
> *Lembraremos seus dias na escola.*[19]

Numa carta em separado para Nina, Fawcett falou sobre o caráter e o futuro de seu filho mais velho: "Um líder de homens, creio — possivelmente um orador — sempre uma personalidade independente, amável, errática, que pode ir longe [...] uma pilha de nervos — energia ativa e inexaurível — um rapaz de destaque — capaz de gestos extremos — sensível e orgulhoso — o filho que sempre quisemos e, creio, nascido por algum propósito ainda obscuro".[20]

Enquanto isso, as façanhas de Fawcett como explorador começavam a se espalhar. Embora faltasse alguma proeza digna de destaque, como chegar ao Polo Norte ou ao cume do monte Everest — a Amazônia não permitia tais triunfos: nenhum indivíduo poderia jamais conquistá-la —, ao progredir aos poucos pela selva, seguindo rios e montanhas, catalogando espécies exóticas e pesquisando os habitantes nativos, Fawcett tinha explorado a região tanto quanto qualquer outro. Como observou um repórter: "Provavelmente ele era o maior especialista em América do Sul".[21] William S. Barclay, um dos membros da RSG, disse sobre Fawcett: "Durante anos eu o considerei um dos melhores de todos os tempos em sua categoria".[22]

As façanhas de Fawcett aconteceram numa época em que a Grã-Bretanha, com a morte da rainha Vitória e a ascensão da Alemanha, estava preocupada com seu império. Essas dúvidas foram exacerbadas pela afirmação de um general inglês de que 60% dos jovens do país não estavam aptos a preencher as exigências do serviço militar,[23] e por uma série de romances apocalípticos — que incluíam *Hartmann the anarchist; or, The doom of the great city* [Hartmann, o anarquista, ou a ruína da cidade grande], escrito por Edward, irmão mais velho de Fawcett. Publicado em 1893, o cultuado romance de ficção científica detalhava como uma célula clandestina de anarquistas ("uma *doença* provocada por uma forma de civilização efeminada"[24]) inventava um protótipo de aeroplano batizado de *Atila* e, numa cena que pressagiava a blitz da Segunda Guerra Mundial, utilizava-o para bombardear Londres. ("Os pináculos das Casas do Parlamento desmoronavam e as muralhas eram demolidas pelas bombas que caíam sobre elas."[25]) O público ficou tão agitado em relação à masculinidade vitoriana que o governo criou um corpo investigativo chamado Inter-Departmental Committee on Physical Deterioration [Comitê Interdepartamental sobre Deterioração Física].

A imprensa divulgava as realizações de Fawcett, retratando-o como um dos heróis de sua infância e apontando-o como o perfeito contraponto da crise nacional de confiança. Um jornal declarou: "'A atração pelo desconhecido'[26] não perdeu seu poder sobre homens do tipo destemido e de iniciativa representado pelo major Fawcett". Outro jornal instava as crianças a imitá-lo: "Aí está um verdadeiro escocês para ser seguido! Abre mão de qualquer preocupação com sua própria segurança ou conforto para cumprir o dever que lhe foi conferido".

No início de 1911, numa palestra em que apresentou suas descobertas diante da Real Sociedade Geográfica, dezenas de cientistas e exploradores de toda a Europa lotaram o salão para ouvir o "Livingstone da Amazônia". Chamando-o para o salão frontal, o filho de Charles Darwin, Leonard, na época presidente da Sociedade, contou como Fawcett tinha mapeado "regiões que nunca foram visitadas por europeus"[27] e viajado por rios que "nunca antes foram navegados". Darwin acrescentou que Fawcett havia demonstrado que ainda existia um lugar "onde o explorador pode seguir em frente e mostrar perseverança, energia, coragem, disposição e todas as qualidades necessárias para forjar a capacidade de um desbravador de tempos passados".

Embora gostasse de afirmar não ser "alguém muito interessado em publicidade",[28] Fawcett nitidamente gostava de atenção. (Um de seus passatempos era colar artigos de jornais sobre si mesmo num álbum.) Mostrando *slides* de fotos da selva e esboços de seus mapas, ele disse à plateia:

> Espero que a publicidade dessas explorações atraia outros espíritos aventureiros para aquela esquecida parte do mundo.[29] Mas devemos lembrar que são grandes as dificuldades e é longa a história de desastres, pois os poucos recantos desconhecidos do mundo cobram um alto preço por seus segredos. Sem nenhum desejo de me vangloriar, posso assegurar que é necessário um grande entusiasmo para preencher com sucesso, ano após ano, a enorme lacuna que existe entre os confortos da civilização e os riscos reais e penalidades que espreitam cada passo nas florestas inexploradas desse continente ainda pouco conhecido.

Um emissário da Bolívia presente falou a respeito do recém-criado mapa da América do Sul: "Devo dizer aos senhores que foi graças à bravura do major Fawcett que isso foi conseguido [...] Se tivéssemos outros homens como ele, estou certo de que não haveria mais um único recanto de regiões inexploradas".[30]

A lenda de Fawcett chamava atenção não só pelo fato de ele ter feito viagens que ninguém mais se atrevia, mas também por ter feito isso a um ritmo que parecia inumano. Ele conseguia em meses o que outros levavam anos para realizar — ou, como disse Fawcett certa vez em tom casual: "Eu trabalho rápido e não tenho dias ociosos".[31] O mais incrível é que ele raramente ficava doente, se é que ficava. "Ele era à prova de febre",[32] disse Thomas Charles Bridges, um popular escritor de aventuras que conhecia Fawcett. Essa característica despertava exaltadas especulações sobre sua fisiologia. Bridges atribuía sua resistência a "uma pulsação abaixo da normal". Um historiador observou que Fawcett tinha uma "virtual imunidade a doenças tropicais.[33] Talvez essa última característica seja a mais excepcional. Havia outros exploradores, embora não muitos, que se igualavam a ele em dedicação, coragem e força, mas sua resistência a doenças era única". Até mesmo Fawcett começou a se admirar com o que chamou de "constituição perfeita".[34]

Além disso, ele sobressaía por sua habilidade para enganar predadores. Certa vez, depois de ter pulado por cima de uma víbora venenosa, ele escreveu em seu diário: "O que me surpreendeu mais do que tudo foi o alerta da minha mente subconsciente, e minha resposta muscular instantânea [...] Eu não a tinha visto até ela passar entre minhas pernas, mas o 'homem interno' — se posso chamar assim — não apenas a viu a tempo como julgou exatamente o alcance do salto e a distância, e emitiu comandos adequados para o corpo!".[35] William Barclay, seu colega da RSG que trabalhava na Bolívia e conhecia muito bem os métodos de exploração de Fawcett, disse que, com o passar dos anos, o explorador tinha desenvolvido "a convicção de que nenhum perigo poderia atingi-lo"[36] e que, como um herói mítico, "suas ações e acontecimentos eram predeterminados. Ou, como Fawcett gostava de dizer: "Estou nas mãos dos deuses".[37]

Mas os mesmos fatores que faziam de Fawcett um grande explorador — sua fúria demoníaca, sua determinação e uma sensação quase divina de imortalidade — tornavam-no uma figura assustadora para quem estivesse em sua presença. Nada podia impedir o caminho para o seu objetivo — ou destino. Ele estava "preparado para viajar mais leve e a seguir com uma intensidade que ninguém consideraria apropriada ou nem sequer possível",[38] relatava o jornal da Real Sociedade Geográfica. Em carta à Sociedade, Nina disse: "A propósito, vocês vão ficar surpresos em saber que o major Fawcett conseguiu completar 150 quilômetros de floresta... em um mês! Os outros ficaram embasbacados com essa ideia!!!".[39]

Aos que conseguiam acompanhá-lo, ele mostrava uma tremenda lealdade. Aos que não conseguiam — bem, Fawcett acabou acreditando que a fraqueza dessas pessoas, ou até a própria morte, apenas confirmava uma covardia subjacente. "Essas jornadas não podem ser empreendidas de forma morosa",[40] escreveu Fawcett a Keltie. "Se acreditasse nisso eu não teria chegado a parte alguma. Para os que conseguem [empreendê-las] eu só tenho elogios e gratidão. Pelos que não conseguem eu não sinto muita simpatia, pois eles aceitaram o trabalho de olhos abertos — mas os preguiçosos e os incompetentes não me têm utilidade alguma." Em suas anotações particulares, Fawcett denunciou um ex-assistente como um "irremediável patife! Um típico esbanjador!"[41] — palavras escritas abaixo do obituário do homem. (Ele morreu afogado num rio no Peru.) Vários homens foram expulsos de suas expedições ou o abandonaram, magoados e amargurados. "Ele não parava para nos deixar comer ou dormir",[42] queixou-se um ex-integrante de sua equipe para outro explorador da América do Sul. "Trabalhávamos vinte e quatro horas por dia e éramos conduzidos como bois debaixo de chicote."

"A pressão sempre foi grande para os membros das minhas equipes",[43] informou Fawcett a Keltie, acrescentando: "Não sinto piedade pela incompetência".[44]

Keltie admoestava o amigo com delicadeza: "Fico muito contente em saber que está em tão boa forma. Você deve ter uma constituição maravilhosa para enfrentar tudo que tem enfrentado sem ter problemas. Mas temo que isso talvez o torne um pouco intolerante com homens que não dispõem da mesma forma física".[45]

De certo Keltie tinha em mente um homem em particular, um explorador cuja colaboração com Fawcett, em 1911, terminou em catástrofe.

Parecia ser a dupla perfeita: James Murray, o grande cientista polar, e Fawcett, o grande explorador da Amazônia. Juntos, os dois percorreriam centenas de quilômetros de selva inexplorada nas imediações do rio Heath, ao longo da fronteira noroeste da Bolívia com o Peru, para mapear a região e estudar seus habitantes e a vida selvagem. A Real Sociedade Geográfica encorajou a excursão, e por que não?

Nascido em Glasgow, em 1865, Murray era o filho brilhante e andarilho de um merceeiro.[46] Ainda jovem, deixou-se fascinar pela recente descoberta de criaturas microscópicas e, equipado com pouco mais que um microscópio e um recipiente de coleta, transformou-se num especialista autodidata de renome mundial nesse ramo. Em 1902, Murray ajudou a pesquisar as profundezas lamacentas dos lagos escoceses. Cinco anos depois, Ernest Shackleton alistou-o em sua expedição à Antártida, onde ele fez descobertas inovadoras em biologia marítima, física, ótica e meteorologia. Mais tarde, foi coautor de um livro intitulado *Antarctic days*, que descrevia como conduzir um trenó pela neve: "Em movimento, você sente um calor desconfortável; descansando, um frio desconfortável. Você está sempre com fome. À frente, a superfície deserta estende-se até o horizonte".[47] Dotado de uma curiosidade voraz, presunçoso, rebelde, excêntrico, ousado, autodidata, Murray parecia um duplo de Fawcett. Era até mesmo artista. E em setembro de 1911, quando Murray chegou a San Carlos, um posto avançado na fronteira entre a Bolívia e o Peru, Fawcett proclamou numa carta à Real Sociedade Geográfica: "Ele é um homem admirável para o trabalho".[48]

Mas quem examinasse com atenção a personalidade dos dois perceberia sinais de perigo. Embora fosse apenas dois anos mais velho que Fawcett, Murray, aos 46 anos, parecia enrugado e abatido; seu rosto, com um bigode bem aparado e cabelos cinzentos, era cheio de sulcos, o corpo não estava em boa forma. Durante a expedição aos lagos da Escócia ele tinha sofrido um colapso físico. "Eu tive reumatismo, olhos inflamados, e Deus sabe mais o quê",[49] declarou. Na expedição de Shackleton, Murray foi encarregado do acampamento de base e tinha conseguido resistir às mais brutais condições.

À parte esses fatores, as qualificações de um grande explorador polar e de um explorador da Amazônia não eram necessariamente as mesmas. Na verdade, as duas formas de exploração são, por diversas razões, antíteses uma da outra. Um explorador polar tem de suportar temperaturas de quase quarenta graus negativos e enfrentar sempre os mesmos terrores: enregelamento, fendas no gelo e escorbuto. Ele olha ao redor e vê neve e gelo, neve e gelo — uma inexorável desolação. O horror psicológico está em saber que aquela paisagem nunca vai mudar, e o desafio é resistir à privação sensorial, como um prisioneiro em confinamento solitário. Em contraste, um explorador da Amazônia, imerso em um caldeirão de calor, tem os sentidos constantemente assaltados. Em lugar de gelo existe a chuva, e onde quer que o explorador pise existe um novo perigo à espreita: o mosquito da malária, uma lança, uma cobra, uma aranha, uma piranha. A mente tem de lidar com o terror de estar constantemente sitiada.

Fawcett havia muito estava convencido de que a Amazônia era mais exaustiva e de maior importância científica — em termos botânicos, zoológicos, geográficos e antropológicos — do que o que ele classificava como a exploração de "regiões desertas de gelo eterno".[50] E se ressentia do fato de exploradores polares cativarem a imaginação do público e dos extraordinários financiamentos que recebiam. Murray, por sua vez, parecia certo de que sua jornada com Shackleton — uma jornada mais divulgada que qualquer outra que Fawcett tinha empreendido — o colocava acima do homem encarregado da última expedição.

Enquanto mediam um ao outro, os dois exploradores receberam a adesão de Henry Costin, o cabo britânico que em 1910, entediado com a vida militar, respondeu a um anúncio de jornal em que Fawcett procurava um companheiro de aventuras. Baixo e atarracado, com um bigode atrevido ao estilo do de Kipling e olhar enigmático, Costin tinha se provado o mais resistente e capaz assistente de Fawcett. Tendo sido instrutor de ginástica no exército, tinha excelente forma física e era um atirador de nível mundial. Um de seus filhos resumiu-o da seguinte forma: "Um cara durão que detestava conversa-fiada".[51]

Completavam o grupo Henry Manley, um inglês de 26 anos que anunciava sua profissão como "explorador", embora não conhecesse muitos lugares, e um punhado de carregadores nativos.

No dia 4 de outubro de 1911, a expedição preparou-se para partir de San Carlos e iniciar a marcha para o norte, ao longo das margens do rio Heath. Um funcionário boliviano recomendou que Fawcett não viajasse naquela direção. "É impossível",[52] falou.

"Os guarayo [índios] são ruins, e são tantos que têm coragem até de atacar nossos soldados armados lá mesmo! [...] Aventurar-se no meio deles é pura loucura."

Fawcett permaneceu irredutível. Assim como Murray — afinal, quanto uma selva poderia ser difícil quando comparada à Antártida? No início, os homens contavam com a ajuda de animais de carga, que Murray usava para transportar seu microscópio e seus recipientes de coleta. Certa noite Murray ficou perplexo ao ver morcegos-vampiros mergulhando do céu para atacar os animais. "Diversas mulas com ferimentos feios, com sangue escorrendo",[53] ele escreveu em seu diário. Os morcegos tinham presas dianteiras afiadas como navalhas, que perfuravam a pele tão rápida e cirurgicamente que a vítima adormecida em geral nem acordava. Os morcegos tinham línguas estriadas para sugar o sangue por até quarenta minutos, segregando uma substância que impedia que o ferimento coagulasse. Podiam também transmitir um protozoário letal.

Os homens limpavam e cobriam os ferimentos das mulas para garantir que não fossem infectados, mas aquela não era a única preocupação: morcegos-vampiros também se alimentavam de sangue humano, como Costin e Fawcett tinham descoberto na primeira viagem. "Todos nós fomos mordidos por morcegos-vampiros",[54] relembrou Costin mais tarde em uma carta. "O major foi mordido na cabeça, enquanto minhas quatro mordidas foram nas juntas da mão direita [...] É surpreendente a quantidade de sangue que se perde em cada um desses pequenos ferimentos."

"Acordamos e vimos nossas redes saturadas de sangue",[55] disse Fawcett. "Qualquer parte das pessoas que se encostasse nos mosquiteiros ou que ficasse do lado de fora era atacada por esses odiosos animais."

Na selva, os animais de carga cambaleavam a cada passo, tropeçando em troncos de árvore cobertos de lama ou afundando em algum buraco, e os homens tinham de empurrar, aguilhoar e bater nas infelizes criaturas para que avançassem. "Com certeza é preciso ter estômago de ferro para seguir e conduzir esses animais",[56] escreveu um companheiro de Fawcett em seu diário. "Estou quase sempre manchado e com as roupas molhadas do sangue podre e de outras substâncias pútridas que saem da cabeça delas, que são constantemente atacadas por insetos. Ontem retirei os vermes delas com um galho e enchi os ferimentos de parafina quente misturada com enxofre, mas duvido que isso se prove de alguma eficácia." Em geral os animais não sobreviviam mais que um mês naquelas condições. Outro explorador da Amazônia escreveu: "Os animais são uma visão de dar dó: sangrando de ferimentos por causa das esfoladuras [...] espumando pela boca, esforçando-se para avançar nesse verdadeiro inferno na Terra. Tanto para os homens como para os animais é uma existência miserável, embora uma morte piedosa possa encerrar a carreira dos últimos".[57] Fawcett finalmente anunciou que eles iriam abandonar os animais de carga e seguir a pé apenas com dois cães, que ele considerava a melhor companhia: hábeis na caça, não se queixavam e eram leais até o fim.

Ao longo dos anos, Fawcett foi aperfeiçoando o número de itens que sua equipe carregava nas costas, de forma que cada mochila pesava cerca de trinta quilos. Quando os homens distribuíram os equipamentos, Fawcett pediu que Murray levasse mais uma coisa: sua bateia para peneirar ouro. Murray assustou-se com o peso quando começou a carregar sua mochila pela densa floresta, com lama até os tornozelos. "Minhas forças se exauriam e eu prosseguia lentamente, descansando de vez em quando",[58] ele escreveu em seu diário. Fawcett foi forçado a mandar um carregador ajudá-lo com a mochila. No dia seguinte, Murray parecia ainda mais exausto, e ficou para trás quando o grupo subia um monte atulhado de árvores caídas. "Eu subi a encosta durante uma hora, um trabalho de matar carregando a pesada mochila, e não cheguei a percorrer nem cem metros", escreveu Murray. "Não havia mais sinais de um caminho, eu não podia prosseguir, não conseguia subir o monte, e não podia voltar."

Esquadrinhando a floresta em busca de Fawcett e dos outros, Murray ouviu o som de um rio mais abaixo. Na esperança que o rio levasse a uma trilha mais fácil, pegou o machete e tentou chegar até lá, cortando vinhas emaranhadas e enormes raízes de árvores. "Sem um machete", ele entendeu, "é morte certa se perder numa floresta como esta." As botas esfolavam seus pés e ele jogou a mochila na frente, pegou-a e a jogou mais uma vez. O rugido do rio aumentava e ele se apressou naquela direção, mas chegou rápido demais à água corrente e perdeu o equilíbrio, deixando algo cair da mochila... *Um retrato da esposa e cartas dela.* Ao ver a água tragar aquelas coisas, foi assolado por "uma supersticiosa depressão do espírito".

Murray continuou em frente, desesperado para encontrar os outros antes que a noite apagasse a pouca luz filtrada pela floresta. Notou pegadas no banco de lama. Seriam dos guarayo de que tanto havia ouvido falar, cujo nome tribal significava "guerreiro"? Pouco depois avistou uma tenda a distância e cambaleou naquela direção, só para chegar lá e perceber que era um rochedo. Sua mente o estava enganando. Estava marchando desde o nascer do sol, mas mal tinha percorrido algumas centenas de metros. Estava escurecendo, e num acesso de pânico ele disparou o rifle para o alto. Não houve resposta. Seus pés doíam e ele se sentou para tirar as botas e as meias; a pele tinha sido arrancada dos tornozelos. A única coisa que havia para comer era meio quilo de caramelos que Nina Fawcett tinha preparado para a expedição. A caixa deveria ser dividida pelo grupo todo, mas Murray devorou metade do conteúdo, ajudado pela água leitosa do rio. Deitado sozinho na escuridão, ele fumou três cigarros turcos para tentar aplacar a fome. Depois desmaiou.

O grupo o encontrou de manhã, e Fawcett repreendeu Murray por ter atrasado o progresso da equipe. Mas a cada dia que passava Murray ficava cada vez mais para trás. Ele não estava acostumado à fome intensa — aquela corrosão incessante e opressiva que devorava o corpo e a mente. Mais tarde, ao receber uma porção de fubá, jogou um bocado na boca com uma folha e deixou que derretesse sobre a língua. "Eu só quero a segurança de ter essa comida garantida pelo resto do meu tempo", falou. As anotações em seu diário tornaram-se mais entrecortadas, mais frenéticas:

> Trabalho muito quente, bastante exausto; sugiro pequeno descanso, Fawcett recusa; fico para trás sozinho, quando sou capaz de seguir adiante, arbustos assustadoramente densos, não consigo atravessar, corto caminho pela margem do rio, muito difícil chegar até lá [...] vejo outra playa [praia] na curva seguinte do rio, tento vadear até lá, fica fundo demais, volto à playa de lama, agora noite; recolho alguns galhos mortos e taquara e cipós e faço fogo para secar roupas; sem comida, algumas pastilhas de sacarina, fumo três cigarros, chupo umas frutas frescas, os mosquitos bem malvados, não consigo dormir por causa das picadas, frio e cansaço, tento sedativo de ópio, não adianta; estranhos ruídos no rio e na floresta, [papa-formigas] descem para beber na margem oposta, fazendo grande algazarra. Penso ouvir vozes do outro lado do rio, imagino possam ser os guarayo. Toda roupa cheia de areia, entra na boca, noite desgraçada.

Murray tentou fazer alguns experimentos científicos, mas logo desistiu. Como declarou outro biólogo que viajou com Fawcett posteriormente: "Achei que conseguiria muitas anotações de história natural valiosas, mas minha experiência é que quando se está fazendo um trabalho físico pesado a mente não fica ativa. A gente pensa num problema específico à frente, ou talvez a mente simplesmente fique vagando sem desempenhar pensamento coerente. Quanto a sentir falta dos vários aspectos da vida civilizada, só se tem tempo para sentir falta de comida e sono e descanso. Em resumo, a gente se transforma em pouco mais que um animal racional".[59]

Uma noite, quando Fawcett, Murray e os outros pararam para acampar, todos estavam tão fracos que a maioria caiu no chão sem pendurar as redes. Mais tarde, talvez sentindo o clima de desespero e lembrando do que tinha aprendido na escola de exploração, Fawcett tentou estimular um pouco de alegria. Tirou um pífaro da sacola e tocou "The Calabar", uma canção folclórica irlandesa de humor negro sobre um naufrágio. Ele cantou:

No dia seguinte acabou o leitelho — tudo culpa do capitão —
Então a tripulação caiu de escorbuto, pois o arenque era terrivelmente salgado.
Nosso cozinheiro negro disse que a carne acabou, nenhum pãozinho na despensa;
"Então vamos comer o sabão", gritou o capitão, "e que nenhum homem se lave."

Fazia trinta anos que Murray não ouvia aquela canção, e ele começou a cantar junto com Costin, que pegou seu próprio pífaro. Manley ficou ouvindo o som das vozes e dos instrumentos, que abafavam os gritos dos macacos e o zumbido dos mosquitos. Por um momento eles pareciam, se não felizes, pelo menos capazes de zombar da perspectiva da própria morte.

"Você não tem o direito de estar cansado!", gritou Fawcett para Murray.

Eles estavam em uma das duas balsas que tinham construído para subir o rio Heath. Murray dizia que queria esperar pelo barco que estava atrás deles, mas Fawcett achava que ele estava arranjando outra desculpa para descansar. Como alertou Costin,[60] discórdias internas eram comuns em condições extremas, e talvez fossem a maior ameaça à sobrevivência de uma expedição. Durante a primeira expedição europeia ao Amazonas, no início dos anos 1540, alguns membros foram acusados de abandonar seu comandante com a "maior crueldade que homens de fé já haviam demonstrado".[61] Em 1561, integrantes de uma outra expedição à América do Sul mataram o chefe a facadas enquanto ele dormia; não muito tempo depois, eles assassinaram o homem que tinham escolhido para substituí-lo. Fawcett tinha seu próprio ponto de vista a respeito de motins, seguindo o alerta de um amigo: "Todo grupo tem o seu Judas".[62]

A cada dia que passava, aumentava a tensão entre Fawcett e Murray. Havia alguma coisa no homem que Costin reverentemente chamava de "chefe" que assustava Murray. Fawcett esperava que "todos os homens fizessem tanto quanto ele" e "desprezava" qualquer um que sucumbisse ao medo. (Fawcett certa vez definiu o medo como "o poder motivador de todo o mal que excluíra a humanidade do Jardim do Éden".[63]) Cada ano passado na selva parecia torná-lo mais rude e mais fanático, como um soldado que tivesse combatido demais. Raramente abria uma simples picada na floresta, preferindo usar o machete em todas as direções, como se estivesse sendo picado por abelhas. Pintava o rosto com frutas vermelhas de cores berrantes, como um guerreiro indígena, e falava abertamente em se tornar um nativo. "Não há mal nenhum nisso",[64] afirmou em *A Expedição Fawcett*. "Pelo contrário, na minha opinião isso mostra um digno respeito pelas verdadeiras coisas da vida em detrimento do artificial." Em suas anotações particulares, ele escrevia máximas sob o título "Renegados da Civilização": "A civilização tem uma influência precária sobre nós e existe uma indubitável atração em uma vida de liberdade absoluta quando a experimentamos. O 'chamado da natureza' está no sangue de muitos de nós e encontra uma válvula de escape na aventura".[65]

Fawcett, que parecia encarar cada jornada como um rito budista de purificação, acreditava que a expedição não chegaria a parte alguma com Murray. Não só o biólogo era mal adaptado à Amazônia como também arruinava o moral de todos com suas incessantes reclamações. Por ter servido sob Shackleton, Murray talvez pensasse que poderia questionar a autoridade de Fawcett. Certa vez, quando empurrava uma balsa carregada de equipamentos na travessia de um rio, a correnteza fez com que Murray perdesse o equilíbrio. Ignorando as instruções de Fawcett, ele se agarrou na balsa, ameaçando virá-la. Fawcett mandou que se soltasse e nadasse até a margem, mas ele se recusou, o que confirmou, no linguajar de Fawcett, que se tratava de um "fracote de olhinhos pequenos".

Logo Fawcett viria a suspeitar do cientista por algo mais grave que covardia: furto. Além dos caramelos, outras provisões comunitárias tinham sido surrupiadas. Poucos crimes podiam ser mais graves. "Nessas expedições o furto de comida é um crime que vem logo abaixo de assassinato e deve ser punido como tal com todo o direito",[66] disse Theodore Roosevelt em sua viagem pela Amazônia de 1914. Quando Fawcett confrontou Murray a respeito dos furtos, o biólogo ficou indignado. "Disse a todos o que eu tinha comido", escreveu Murray com amargura, acrescentando: "Parece que a atitude honrada da minha parte teria sido morrer de fome". Não muito tempo depois, Costin pegou Murray com um pouco de milho que parecia ser parte das reservas futuras da viagem. Onde você conseguiu isso?, perguntou Costin. Murray disse que eram sobras de seu estoque particular.

Fawcett determinou que Murray não poderia comer o pão feito do milho, por ter se apossado de um punhado. Murray alegou que Manley também tinha comido milho de seu estoque particular. Fawcett não se convenceu. Era uma questão de princípio, sentenciou.

"Se era isso", contestou Murray, "era o princípio de um tolo." O clima continuou a deteriorar. Como Murray registrou certa noite: "Hoje não há cantoria no acampamento".

Manley foi o primeiro a adoecer. Sua temperatura subiu para quarenta graus e ele tremia de forma incontrolável — malária. "Isso é demais para mim", ele comentou com Murray. "Eu não aguento." Incapaz de ficar em pé, Manley deitou-se num banco de lama, tentando fazer com que o sol cozinhasse sua febre, sem sucesso.

Pouco depois Costin contraiu leishmaniose, que tem sintomas ainda mais assustadores. Causada por um parasita transmitido pela mosca da areia, a doença destrói o tecido ao redor da boca, do nariz e dos membros, como se a pessoa estivesse se dissolvendo lentamente. "Os sintomas são [...] uma massa de corrupção leprosa",[67] disse Fawcett. Em raros casos, leva a infecções secundárias fatais. No caso de Costin, a doença acabou se agravando tanto que Nina Fawcett informou depois à Real Sociedade Geográfica que ele tinha "perdido o juízo".

Enquanto isso, Murray estava literalmente desmoronando. Um de seus dedos inflamou depois de ter roçado em uma planta venenosa. Depois a unha caiu, como se alguém a tivesse removido com um alicate. Em seguida surgiu em sua mão um "ferimento muito feio, profundo e com supuração", como ele definiu, que transformava o ato de pendurar a rede numa "agonia". Depois foi acometido por diarreia. Depois acordou e encontrou o que pareciam vermes no joelho e no braço. Examinou mais de perto. Sim, eram vermes crescendo dentro dele. Contou cinquenta só em volta do cotovelo. "Muito dolorosos agora e também quando se mexem", escreveu.

Enojado, ele tentou envená-los, apesar das recomendações de Fawcett. Usou de tudo nos ferimentos — nicotina, mercuriocromo, permanganato de potássio — e depois tentou retirar os vermes com uma agulha e espremendo a pele ao redor. Alguns vermes morreram envenenados e começaram a apodrecer dentro dele. Outros chegaram a 2,5 centímetros, e às vezes punham a cabeça de fora, como o periscópio de um submarino. Era como se seu corpo estivesse sendo tomado pelas minúsculas criaturas que ele estudava. A pele tinha um cheiro pútrido. Os pés cheiravam mal. Será que estava sofrendo de elefantíase também? "Meus pés estão maiores que as botas", ele escreveu. "A pele parece uma polpa."

Só Fawcett parecia incólume. Ele descobriu um ou dois vermes debaixo da pele — causados por uma espécie de mosca que deposita seus ovos num mosquito, que por sua vez transmite as larvas para os humanos —, mas não os envenenou, e os ferimentos causados pelas ulcerações não infeccionaram. Apesar do estado debilitado da equipe, Fawcett e seus homens continuavam em frente. A certa altura eles ouviram um grito horrível. De acordo com Costin, uma onça tinha pegado um dos cães e o arrastado para a floresta. "Armado apenas com um machete, era inútil segui-lo",[68] escreveu Costin. Pouco depois, o outro cachorro se afogou.

Com todos famintos, molhados, febris e cheios de pústulas de picadas de inseto, o grupo começou a se devorar de dentro para fora, assim como os vermes no corpo de Murray. Numa das noites, Murray e Manley discutiram amargamente sobre quem dormiria de que lado da fogueira. Àquela altura, Fawcett já acreditava que Murray era um covarde, um fingido, ladrão e, pior que tudo, um câncer que se espalhava pela expedição.[69] A questão não era mais a lentidão de Murray que provocava o fracasso da expedição, segundo Fawcett; o problema maior era se ele permitiria que a equipe saísse da mata.

Murray via Fawcett como alguém destituído de empatia — "sem dó de um homem cansado ou doente". Fawcett poderia reduzir o ritmo da marcha para "dar a um homem incapacitado a chance de sobreviver", mas se recusava. À medida que a jornada prosseguia, Murray ficou obcecado pela bateia para lavar ouro de Fawcett, que transportava, até que não conseguiu aguentar mais. Ele abriu a mochila e descartou a bateia, junto com a maior parte de suas posses, até a rede e as roupas. Fawcett avisou que ele iria precisar daquelas coisas, mas Murray insistiu em que estava tentando salvar a própria vida, uma vez que Fawcett se recusava a esperar por ele.

A mochila mais leve melhorou a velocidade de Murray, mas sem a rede ele foi forçado a dormir no chão, sob a chuva torrencial e com bichos andando em cima dele. "Àquela altura o biólogo [...] estava sofrendo muito com os ferimentos e a falta de uma muda de roupa, pois as que ele vestia estavam fedendo", escreveu Fawcett. "Ele estava começando a perceber quanto tinha sido tolo ao jogar fora as necessidades imediatas da mochila, e foi ficando cada vez mais moroso e assustado." E acrescentou: "Como tínhamos trovões e chuvas torrenciais todos os dias, ele piorou em vez de melhorar. Eu estava realmente preocupado com ele. Se o veneno chegasse a seu sangue, ele seria um homem morto, pois não haveria nada que pudéssemos fazer a respeito".

"A perspectiva de sair daqui diminui; a comida está quase no fim", escreveu Murray em seu diário.

O corpo de Murray estava inchado de pus, vermes e gangrena; moscas voavam à sua volta como se ele já fosse um cadáver. Com menos da metade do percurso vencido, chegara o momento que Fawcett lembrava a todos os integrantes da expedição: se ficassem muito doentes e não conseguissem prosseguir, teriam de ser abandonados. Ainda que tivesse se preparado para essa contingência, na verdade Fawcett nunca a tinha exercido, e por isso consultou Costin e Manley a respeito, sob o olhar desconfiado de Murray. "Houve uma discussão curiosa no acampamento esta noite, sobre a possibilidade de eu ser abandonado", escreveu Murray. "Ao viajar por uma floresta inabitada, sem outros recursos a não ser os que transporta consigo, todo homem sabe que terá de aceitar as consequências se cair doente e não conseguir acompanhar os outros. Os outros não podem ficar esperando para morrer com ele." Mesmo assim, Murray achava que eles deveriam estar perto de algum posto avançado de fronteira onde ele poderia ficar. "A fria admissão de me abandonar [...] era algo estranho de ouvir de um inglês, mas não me surpreendeu, pois eu já tinha aferido o caráter dele há tempos."

No final, com seu ímpeto habitual, Fawcett tomou uma atitude quase tão radical quanto abandonar um homem para morrer: ele alterou sua missão, ao menos até conseguir tirar Murray dali. Com amargura e relutância, ele partiu em busca do assentamento mais próximo. Fawcett ordenou que Costin permanecesse com Murray e garantisse sua evacuação. De acordo com Costin, Murray já mostrava sinais de delírio. "Não vou detalhar os métodos de força física que tive de adotar com ele",[70] contou mais tarde. "Basta dizer que tirei o seu revólver, para que ele não atirasse em mim [...] Mas foi a única alternativa para não deixá-lo morrer."

Finalmente, o grupo encontrou um fronteiriço com uma mula, que prometeu tentar levar o biólogo de volta à civilização. Fawcett ofereceu algum dinheiro para Murray pagar pela comida, embora a inimizade entre os dois ainda fosse intensa. Costin disse a Murray que esperava que quaisquer palavras ásperas trocadas entre os dois na selva fossem esquecidas. Depois olhou para o joelho infeccionado de Murray: "Esse seu joelho está muito pior do que você imagina",⁷¹ falou.

Murray deduziu dessas palavras que Costin e os outros achavam que ele iria morrer — que nunca mais os veria. Os homens colocaram-no na mula. Os membros de Murray, assim como o joelho, tinham começado a excretar uma substância pútrida. "É surpreendente a quantidade que sai do braço e do joelho", escreveu o biólogo. "A substância do braço é muito inflamatória, e o antebraço está vermelho e muito dolorido. A secreção do joelho é mais copiosa; escorre em fluxos de meia dúzia de furos e encharca minhas meias." Ele mal conseguia montar na mula. "Sinto-me mais doente que nunca, joelho muito ruim, calcanhar muito ruim, rins afetados pela comida ou por veneno e preciso passar água com frequência." Murray se preparou para morrer: "Fiquei acordado a noite toda pensando em como será o fim, e se é justificável tornar isso mais fácil, com drogas ou alguma outra coisa" — uma aparente alusão ao suicídio. E continuou: "Não posso dizer que estou com medo do fim em si, mas fico imaginando se será muito difícil".

Enquanto isso, Fawcett, Manley e Costin continuavam a marcha, tentando completar ao menos parte da missão. Um mês depois, quando saíram da selva em Cojata, no Peru, não souberam notícias de Murray. Ele tinha desaparecido. Mais tarde, em La Paz, Fawcett mandou uma carta à Real Sociedade Geográfica:

> Murray, lamento dizer, desaparecido⁷² [...] O governo do Peru está formando equipes de busca, mas temo que ele tenha sofrido algum acidente nos perigosos caminhos da Cordilheira, ou morrido de gangrena no caminho. O cônsul britânico está com o caso em mãos e a família dele não será informada a não ser que haja alguma notícia a respeito ou que todas as esperanças sejam abandonadas.

Observando que Manley também quase tinha morrido, Fawcett concluiu: "Eu estou bem e em boa forma, mas quero descansar".

Então, miraculosamente, Murray saiu da floresta. Aconteceu que, mais de uma semana depois da separação do grupo, ele chegou de mula ao assentamento de Tambopata, um posto de fronteira na divisa entre a Bolívia e o Peru que consistia de uma única casa, onde um homem chamado Sardon e sua família cuidaram dele durante semanas. Aos poucos eles extraíram "um bom número de vermes mortos, uns sujeitos grandes e gordos", limparam o pus de seus ferimentos e o alimentaram. Quando se sentiu forte o suficiente, eles o puseram numa mula e o mandaram a La Paz. No caminho, Murray soube sobre investigações sobre o "Señor Murray, supostamente morto nesta região". Ele chegou a La Paz no início de 1912. Sua chegada surpreendeu as autoridades, que perceberam que não somente ele estava vivo como também furioso.

Só faltou Murray acusar Fawcett de tentar matá-lo. Murray também estava indignado por Fawcett ter insinuado que ele era um covarde. Keltie informou Fawcett: "Entendo que existe a possibilidade de a questão ser posta nas mãos de um advogado bem conhecido. James Murray tem o apoio de amigos ricos e poderosos".[73] Fawcett se defendeu: "Tudo o que era humanamente possível foi feito por ele [...] Estritamente falando, o estado dele foi decorrente de hábitos anti-higiênicos, de seu apetite insaciável e de uma excessiva tendência a bebidas fortes — coisas suicidas nesses lugares".[74] Fawcett acrescentou: "Sou pouco solidário com ele. Murray sabia detalhadamente o que teria de enfrentar e que nessas jornadas pioneiras não se pode permitir que fraquezas de caráter e acidentes prejudiquem a segurança do grupo. Todos os que viajam comigo compreendem isso com muita clareza, antes de qualquer outra coisa. Foi só o fato de ele e o sr. Manley estarem doentes que me fez abandonar a jornada planejada. Que ele tenha sido apressado um tanto impiedosamente [...] era uma questão de suprimentos e da necessidade de salvar a vida dele, em relação à qual ele próprio tendia ao pessimismo". Costin estava disposto a testemunhar em favor de Fawcett, assim como Manley. Ao analisar as primeiras evidências, a Real Sociedade Geográfica achou que Fawcett "não abandonou Murray, mas sim fez o melhor possível para ele sob as circunstâncias".[75] Mesmo assim, a Sociedade pediu a Fawcett que esquecesse o assunto e mantivesse silêncio antes que aquilo se tornasse um escândalo nacional. "Tenho certeza de que você não quer fazer nenhum mal a Murray, e agora que estão em um clima temperado acho que os dois poderiam dar alguns passos em busca de um entendimento",[76] disse Keltie.

Não fica claro se Fawcett desculpou-se com Murray ou vice-versa, mas os detalhes desagradáveis do conflito nunca vieram a público, nem mesmo quanto Fawcett chegou perto de abandonar seu conterrâneo na selva. Entrementes, Costin agora estava à beira da morte. A leishmaniose piorava cada vez mais, somando-se a outras possíveis infecções. "Até agora eles não conseguiram curá-lo",[77] informou Fawcett a Keltie. "Mas ele está passando por um novo e especialmente doloroso tratamento na Escola de Medicina Tropical [em Londres]. Sinceramente, espero que ele se recupere." Depois de uma visita a Costin, um funcionário da RSG disse a Fawcett em uma carta: "A aparência do pobre homem é horrível".[78] Mas sua saúde voltou gradualmente, e quando Fawcett anunciou que planejava retornar à Amazônia, Costin decidiu acompanhá-lo. Como ele próprio definiu: "É um inferno mesmo, mas tem gente que gosta".[79] Também Manley, apesar de seu embate com a morte, se ofereceu para ir com Fawcett. "Ele e Costin são os únicos assistentes que eu poderia chamar de confiáveis e totalmente adaptáveis, e não poderia desejar companhia melhor",[80] declarou Fawcett.

Murray, por sua vez, havia tido a sua dose dos trópicos. Ansioso pela conhecida desolação do gelo e da neve, em junho de 1913[81] ele juntou-se a uma expedição científica canadense ao Ártico. Seis semanas depois, o navio em que viajava, o *Karluk*, encalhou no gelo e teve de ser abandonado. Desta vez Murray ajudou a liderar um motim contra o capitão e fugiu de trenó com parte dos homens pelo descampado de neve. O capitão conseguiu resgatar seu grupo. Murray e seu grupo, porém, nunca mais foram vistos.

Percy Harrison Fawcett era considerado "o último dos exploradores individualistas" — os que se aventuravam por espaços em branco nos mapas com pouco mais que um machete, uma bússola e um sentido de propósito quase divino. A foto é de 1911, ano em que realizou sua quarta grande expedição à Amazônia.
(Copyright © R. de Montet-Guerin)

Fawcett mapeando a fronteira entre o Brasil e a Bolívia em 1908.
(Cortesia da Real Sociedade Geográfica)

Aos dezoito anos de idade, Fawcett se formou pela Real Academia Militar da Grã-Bretanha, onde aprendeu a ser um "um líder natural [...] destemido". (Sandhurst Collection, Real Academia Militar de Sandhurst)

Nina, que Fawcett conheceu no Ceilão e com quem se casou em 1901. Sua situação chegou a ser comparada com a de uma esposa de marinheiro: "muito incerta e solitária" e "miseravelmente pobre". (Copyright © R. de Montet-Guerin)

E. A. Reeves, o curador de mapas da Real Sociedade Geográfica, foi o responsável por transformar Fawcett em um cavalheiro explorador. (Cortesia da Real Sociedade Geográfica)

Durante séculos os europeus viram a Amazônia como uma terra mítica onde os índios poderiam ter a cabeça no meio do peito, como ilustra esse desenho do século XVI. (Cortesia da Sociedade Hispânica da América, Nova York)

O lendário reino de Eldorado retratado numa ilustração do século XVI impressa na Alemanha. (Cortesia da Sociedade Hispânica da América, Nova York)

Dr. Alexander Hamilton Rice, o maior rival de Fawcett, era um multimilionário que se sentia "tão à vontade em casa, no elegante agito da sociedade de Newport, quanto nas escaldantes selvas do Brasil". (Cortesia da Real Sociedade Geográfica)

"Quanto conseguiríamos continuar era a questão vital": Fawcett (na frente à direita) e seus homens enfrentando a inanição em busca da nascente do rio Verde em 1908. (Cortesia da Biblioteca do Congresso)

Acima, integrante da expedição do dr. Rice de 1919-20 monta um telégrafo sem fio — um rádio primitivo — que permitia ao grupo receber notícias do mundo exterior. (Cortesia da Real Sociedade Geográfica)

A expedição de Rice de 1924-5 incluía uma máquina que revolucionaria as explorações: o aeroplano. (Cortesia da Real Sociedade Geográfica)

Brian, o filho mais novo de Fawcett, estudou os diários do pai e fez ilustrações retratando sua aventura (acima). Desenhos como este foram publicados no livro Exploration Fawcett, *em 1953, e alimentaram ainda mais a lenda de Percy Fawcett. (Copyright © R. de Montet-Guerin)*

Assistente de Fawcett por muito tempo, Henry Costin posa em 1914 com uma tribo amazônica que até então nunca havia visto um homem branco. (Cortesia de Michael Costin)

O famoso biólogo James Murray foi integrante da expedição britânica de Shackleton à Antártida e depois participou com Fawcett de uma horrível jornada pela Amazônia. (Instituto de Pesquisa Scott Polar, Universidade de Cambridge)

Índio do Xingu pesca com arco e flecha em 1937. Muitos cientistas acreditavam que a Amazônia não poderia suprir alimento suficiente para abrigar uma civilização grande e complexa. (Cortesia da Real Sociedade Geográfica)

O filho mais velho de Fawcett, Jack, que sonhava em ser astro de cinema, acompanhou o pai em sua busca fatal por Z. (Copyright © R. de Montet-Guerin)

"Fortes como cavalos e cheios de entusiasmo": Jack Fawcett e seu melhor amigo, Raleigh Rimell, na expedição de 1925. (Cortesia da Real Sociedade Geográfica)

Percy Fawcett com Raleigh Rimell e um de seus guias pouco antes de a expedição desaparecer. (Cortesia da Real Sociedade Geográfica)

"Nunca me senti tão bem", escreveu Jack Fawcett para a mãe durante a fatídica expedição. (Cortesia da Real Sociedade Geográfica)

Em 1928 o comandante George M. Dyott organizou a primeira grande expedição para resgatar Fawcett. (Cortesia da Real Sociedade Geográfica)

Artigo de jornal sobre Albert de Winton, que em 1923 jurou encontrar Fawcett vivo ou morto. O título dizia: "Nas profundezas da temível selva amazônica, selvagens aprisionam ator de cinema em sua tentativa de resgatar Fawcett". (*Washington Post*, 30 de setembro de 1934)

Abaixo, Brian Fawcett, que ficou em casa na expedição de 1925, acabou também sendo atraído pela floresta. (Bettmann/ Corbis)

Acima, o jornalista brasileiro Edmar Morel com Dulipé — o "Deus Branco do Xingu" —, que nos anos 1940 se tornou a figura central do mistério de Fawcett. (Extraída de "The strange case of Colonel Fawcett", publicado na revista *Life* em 30 de abril de 1931)

Em 1951, o prestigiado pioneiro brasileiro Orlando Villas Boas pensou ter encontrado provas do destino de Fawcett. (Foto de Edward A. Gourley, reproduzida com a permissão de Douglas Gourley)

Acreditava-se que os índios kalapalo — inclusive estes, fotografados por um missionário em 1937 — sabiam o que realmente tinha acontecido com Fawcett e seu grupo. (Cortesia da Real Sociedade Geográfica)

Abaixo, James Lynch e seu filho de dezesseis anos, James Jr., partem para a selva em 1996 na esperança de finalmente resolver o mistério de Fawcett. (Cortesia de James Lynch)

Paulo Pinage (esquerda), *que conduziu o autor pela Amazônia, descansa na casa de um índio bakairi durante a nossa viagem.* (Cortesia de Paulo Pinage)

O autor (à frente) *caminha com índios pela selva trilhando o mesmo caminho seguido por Fawcett oitenta anos antes.* (Cortesia de Paulo Pinage)

Dois índios kuiruro dançam em celebração ao espírito do rodamoinho. (Cortesia de Michael Heckenberger)

Índios kuikuro participam de um de seus rituais mais sagrados, o Kuarup, em homenagem aos mortos. (Cortesia de Michael Heckenberger)

O arqueólogo Michael Heckenberger conversa com Afukaká, o cacique dos índios kuikuro. (Cortesia de Michael Heckenberger)

Foto aérea da aldeia kuikuro com sua praça circular e casas com teto em forma de domo ao redor do perímetro. (Cortesia de Michael Heckenberger)

13. O resgate

Quando aterrissei em São Paulo, fui falar com uma pessoa que eu tinha certeza de que poderia me ajudar na expedição: James Lynch. Era o explorador brasileiro que, em 1966, chefiou a última grande expedição para descobrir evidências do grupo desaparecido de Fawcett e quem, juntamente com seu filho de dezesseis anos e outros dez exploradores, tinha sido sequestrado por índios. Fiquei sabendo que, depois de ter escapado do cativeiro e voltado para São Paulo, Lynch havia se demitido do emprego e aberto uma empresa de consultoria. (Parte do nome da empresa era Fênix, por boas razões.) Quando entrei em contato por telefone, ele concordou em me encontrar no seu escritório, situado num arranha-céu no centro da cidade. Ele me pareceu mais velho e mais delicado do que eu tinha imaginado. Usava um terno elegante e o cabelo loiro estava cuidadosamente penteado. Conduziu-me até seu escritório, no nono andar, e olhou pela janela. "São Paulo quase faz Nova York ficar pequena, não é?", perguntou, comentando que a área metropolitana tinha 8 milhões de habitantes. Balançou a cabeça com uma expressão pensativa e sentou-se à sua mesa. "Então, em que posso ajudar?"

Contei sobre os meus planos de encontrar a trilha de Fawcett.

"Então a cisma em relação a Fawcett te pegou, hein?", ele disse.

Àquela altura, eu estava mais cismado do que gostaria de admitir, e respondi simplesmente: "Me parece uma história interessante".

"Ah, isso é mesmo. É mesmo."

Quando perguntei como ele tinha escapado do cativeiro, ele se enrijeceu um pouco na cadeira. Explicou que, depois de ter sido transportado com o grupo rio acima, os índios os forçaram a sair do bote num aterro de barro. No alto, os índios dispuseram guardas e armaram um acampamento improvisado. Lynch contou que tentou fazer anotações sobre tudo e sobre todos — para encontrar um ponto fraco —, mas logo caiu a noite e só conseguia distinguir seus raptores pela voz. Sons estranhos emanavam da floresta. "Alguma vez você ouviu o som da floresta?", perguntou Lynch. Fiz que não com a cabeça. "Não é o que você imagina", ele continuou. "Não chega a ser muito alto ou coisa assim. Mas a selva está sempre falando."

Relembrou que tinha dito ao filho, James Jr., para tentar dormir, e que também acabou adormecendo de cansaço. Não sabia ao certo quanto tempo tinha dormido, mas, quando abriu os olhos viu, na luz da manhã, a ponta de uma lança brilhando na mata.

Virou-se e viu outra ponta brilhante, à medida que cada vez mais índios saíam da floresta, todos armados. Eram mais de cem. James Jr., que também tinha acordado com o barulho, sussurrou: "Eles estão em toda parte".

"Eu disse a ele que ia dar tudo certo, mesmo sabendo que não ia", contou Lynch.

Quando os membros da tribo fizeram um círculo ao redor de Lynch e do filho, cinco índios mais velhos, que pareciam ser os caciques, sentaram-se em tocos de madeira em frente ao grupo.

"Naquele momento o nosso destino estava prestes a ser determinado", disse Lynch.

O jovem índio que havia liderado o ataque original deu um passo à frente e argumentou intensamente diante do que parecia ser um conselho. De vez em quando, depois de algum ponto de vista ter sido exposto, vários índios brandiam seus porretes de madeira em sinal de assentimento. Outros dirigiam-se aos caciques e ocasionalmente um índio, que falava um português vacilante, fazia a tradução para Lynch e o grupo, explicando que eles estavam sendo acusados de invasão. As negociações prosseguiram por dois dias. "Eram intermináveis horas de debate, nós não sabíamos o que estava acontecendo", recordou Lynch, "e depois o tradutor resumia tudo numa só frase. Era mais ou menos assim, *bam*: 'Eles vão amarrar vocês no rio e deixar as piranhas comerem'. Ou, *bam*: 'Vão cobrir vocês de mel e deixar as formigas matar todo mundo.'"

Naquele momento a porta do escritório de Lynch se abriu e um jovem entrou. Tinha um rosto arredondado e atraente. "Esse é o meu filho James Jr.", disse Lynch.

Agora com 25 anos de idade, o rapaz estava noivo, prestes a se casar. Quando soube que estávamos falando sobre a expedição de Fawcett, James Jr. disse: "Sabe que eu tinha um bocado de ideias românticas sobre a selva, mas aquilo meio que acabou com tudo".

Lynch disse que a tribo começou a se concentrar no seu filho, tocando nele e insultando-o, e chegou a pensar em mandar que saísse correndo pela floresta, embora mesmo assim fosse um caso de morte certa. Depois percebeu que quatro dos caciques pareciam obedecer a um quinto, que dava a impressão de ser o menos inclinado a exortações à violência. Quando vários índios demonstraram que pretendiam amarrar o filho dele e matá-lo, Lynch levantou-se rapidamente e aproximou-se do quinto cacique. Confiando no tradutor indígena, Lynch explicou que sentia muito se seus homens tinham ofendido seu povo de alguma forma. Assumindo o papel de chefe, Lynch começou a negociar diretamente com ele e concordou em entregar os botes e os equipamentos do grupo em troca da libertação de todos. O chefe mais velho virou-se e falou ao conselho por vários minutos, e enquanto isso os índios ficavam mais irritados. Em seguida o conselho ficou em silêncio, e o cacique no comando disse algo a Lynch sem nenhuma hesitação na voz. Lynch esperou pelo tradutor, que pareceu lutar para encontrar as palavras. Finalmente ele disse: "Nós aceitamos os seus presentes".

Antes que o conselho mudasse de ideia, Lynch conseguiu o rádio de volta, que havia sido confiscado pela tribo, mandou um sos com suas coordenadas e um avião florestal foi despachado para buscá-los. O valor do resgate chegou a 30 mil dólares.

Lynch contou que foi o último membro da comitiva a ser libertado e que só voltou a pensar no coronel Fawcett depois de entrar no avião e decolar em segurança. Ficou imaginando se Fawcett e o filho também tinham sido feitos reféns, e se tinham falhado ao tentar negociar um resgate. Lynch recordou que ao olhar pela janela do avião ele pôde ver o aterro onde ele e seu grupo haviam sido mantidos por três dias. Os índios estavam recolhendo suas coisas, e Lynch viu quando todos desapareceram na floresta.

"Acho que ninguém jamais vai resolver o mistério do desaparecimento de Fawcett", disse Lynch. "É impossível."

No computador sobre a mesa, notei uma imagem de satélite mostrando montanhas escarpadas. Para minha surpresa, era da próxima expedição de Lynch. "Estou partindo em dois dias. Vamos para o topo dos Andes."

"Eu não vou", disse James Jr. "Tenho que organizar um casamento."

James Jr. despediu-se de mim e saiu da sala, e Lynch falou sobre sua próxima aventura. "Vamos procurar um avião que caiu nos Andes em 1937", falou. "Ninguém nunca conseguiu encontrar os destroços." Ele parecia animado, mas interrompeu a explicação para dizer: "Não conte a meu filho, mas eu gostaria de ir com você. Se descobrir alguma coisa sobre Z, me informe. Por favor".

Eu disse que faria isso. Antes de sair, Lynch me deu outro conselho: "Em primeiro lugar, você precisa de um bom guia, alguém com ligações com as tribos da área", recomendou. "Em segundo, você precisa ser o menos notado possível. Fawcett tinha razão: um grupo grande demais só chama atenção." E me alertou para tomar cuidado. "Lembre-se: eu e meu filho tivemos sorte. A maior parte das expedições Fawcett nunca voltou."

14. O caso de Z

Não houve nenhuma epifania, nenhum raio de luz. Em vez disso, a teoria se desenvolveu com o tempo, com uma pista aqui e outra ali, com encaixes e indícios em idas e voltas inesperadas, e a trilha de evidências regredia até os tempos do Ceilão. Em Forte Fredericks, Fawcett percebeu pela primeira vez que era possível um grande reino existir isolado numa floresta, que depois o tempo exerceria seu inexorável efeito, que os palácios e as vias públicas desapareceriam sob raízes e cipós emaranhados. Mas a ideia de Z — de uma civilização perdida escondida na Amazônia — começou realmente a se firmar quando Fawcett encontrou os índios hostis sobre os quais fora alertado para evitar a qualquer custo.

Em 1910,[1] ele estava navegando em canoas com Costin e vários outros companheiros, explorando uma parte desconhecida do rio Heath, na Bolívia, quando flechas venenosas de dois metros de comprimento começaram a chover sobre eles, perfurando a lateral da canoa. Um frade espanhol descreveu certa vez ter presenciado um companheiro ser ferido por um projétil daquele tipo: "No momento em que foi atingido ele sentiu muita dor [...] pois o pé ferido ficou muito preto, e o veneno gradualmente subiu pela perna, como uma coisa viva, sem ter como ser detido, embora ele tenha feito muitas cauterizações com fogo [...] e, quando chegou a seu coração, ele morreu, tendo sentido muita dor até o terceiro dia, quando encomendou a alma a Deus, que o havia criado".² Um membro da equipe de Fawcett mergulhou na água gritando "Retirar! Retirar!".³ Mas Fawcett insistiu em levar os botes até a margem oposta sob a chuva de flechas que caíam do céu. "Uma delas passou a trinta centímetros da minha cabeça, e cheguei a ver o rosto do selvagem que a tinha disparado",⁴ contou Costin mais tarde. Fawcett ordenou que seus homens largassem os rifles, mas a barragem de flechas continuou. Por isso ele mandou um deles pegar o acordeão e tocar, como mais uma demonstração de suas intenções pacíficas. O resto do grupo, sob ordens de ficar parado e encarar a morte sem protestar, cantou junto com Costin — primeiro com as vozes trêmulas, depois com mais entusiasmo — a letra de "Os soldados da Rainha": "Na luta pela glória da Inglaterra, rapazes/ Da grande glória de seu mundo vamos cantar".

Em seguida Fawcett fez algo que deixou Costin tão surpreso que ele guardaria aquela lembrança vívida até a velhice: o major tirou o lenço do pescoço e, acenando-o acima da cabeça, vadeou o rio na direção da fuzilaria de flechas. Ao longo dos anos,⁵ Fawcett tinha aprendido fragmentos de alguns dialetos indígenas, escrevendo as palavras em seus cadernos de anotação e estudando-as à noite, e agora ele gritava os poucos fragmentos do vocabulário que conhecia, repetindo amigo, amigo, amigo, sem nem saber ao certo se a palavra estava correta, com a água do rio chegando às suas axilas. Então as flechas pararam, e por um momento ninguém se mexeu. Fawcett continuava no rio com as mãos acima da cabeça, como um penitente sendo batizado. De acordo com Costin, um índio surgiu de trás de uma árvore e chegou até a margem do rio. Remando numa balsa em direção a Fawcett, ele pegou o lenço de suas mãos. "O major fez sinal para ser levado até o outro lado",[6] relatou Costin depois numa carta à sua filha, "e os índios remaram de volta para a margem com Fawcett ajoelhado na precária canoa."

"Ao chegar à margem oposta",[7] contou Fawcett, "tive o desagradável pressentimento de que iria tomar um tiro no rosto ou uma flechada no estômago."

Os índios o levaram para longe. "[Fawcett] desapareceu na floresta e ficamos lá pensando sobre o que fazer!",[8] disse Costin. O grupo temia que seu chefe tivesse sido morto até que, uma hora depois, ele saiu da selva com um índio todo contente usando seu chapéu Stetson.

Foi dessa forma que Fawcett fez amizade com um grupo de guarayo. "[Eles] nos ajudaram a montar acampamento, permanecendo nele a noite toda e nos dando mandioca, bananas, peixes, colares, papagaios, na verdade tudo o que tinham",[9] escreveu Fawcett em seus despachos.

Fawcett não dispunha de um craniômetro, por isso confiou nos olhos para fazer observações sobre os índios. Ele já havia encontrado outras tribos, conquistadas pelos brancos e aculturadas à força, com seus integrantes enfraquecidos por doenças e pela brutalidade. Em contraste, aqueles cerca de 150 índios da floresta pareciam robustos. "Os homens eram bem desenvolvidos, de cor acastanhada, cabelos pretos, boa aparência e bem vestidos em camisas de algodão tingidas, muitas delas manufaturadas em suas cabanas",[10] escreveu Fawcett. Ficou surpreso ao constatar que, ao contrário dos macilentos exploradores, eles dispunham de substanciais recursos alimentícios. Um dos guarayo esmagou uma planta com uma pedra e deixou o sumo cair num riacho, onde formou uma mancha leitosa. "Em alguns minutos um peixe chegou à superfície, nadando em círculos, boca aberta, depois virou de barriga para cima, aparentemente morto",[11] recordou Costin. "Em pouco tempo havia uma dúzia de peixes boiando de barriga para cima." Tinham sido envenenados. Um garoto guarayo vadeou o rio e pegou os mais gordos para comer. A quantidade de veneno apenas os deixava atordoados, sem nenhum perigo para os humanos depois que o peixe era cozido; igualmente impressionante, os peixes que o garoto tinha deixado na água logo voltaram à vida e saíram nadando, incólumes. O mesmo veneno era usado normalmente para dores de dente. Fawcett estava descobrindo que os índios eram mestres em farmacologia, que sabiam manipular o ambiente de forma a suprir suas necessidades, e concluiu que os guarayo eram "uma raça de pessoas muito inteligentes".[12]

Depois de sua expedição de 1910, desconfiado de que os índios da Amazônia tinham segredos havia muito negligenciados por historiadores e etnólogos, Fawcett passou a procurar várias outras tribos, não importava quanto suas reputações fossem de ferocidade. "Existem problemas a serem resolvidos lá [...] que clamam por alguém que os aborde",[13] informou à RSG. "Mas experiência é essencial. É loucura entrar nessas partes inexploradas sem experiência — e, nos dias de hoje, seria suicídio." Em 1911, ele se demitiu da comissão de fronteiras para ingressar no florescente novo campo da antropologia. Certa vez, não longe do rio Heath, Fawcett estava comendo com Costin e o resto do grupo quando um bando de índios cercou-os, com os arcos retesados. "Sem nenhuma hesitação",[14] escreveu Costin, "Fawcett soltou o cinto e o machete, para mostrar que estava desarmado, e avançou na direção deles, mãos acima da cabeça. Houve uma pequena pausa duvidosa e depois um de 'los barbaros' [os selvagens] largou suas flechas e andou para encontrá-lo. Fizemos amizade com os echoja!"

Com o tempo, essa se tornou a assinatura da abordagem de Fawcett. "Sempre que encontrávamos selvagens",[15] contou Costin, "ele andava lentamente em direção a eles [...] com as mãos erguidas." Com seu método de viajar em grupos muito pequenos, sem proteção de soldados armados, essa forma de estabelecer relações com as tribos, sendo que algumas delas jamais haviam visto um homem branco, impressionou muita gente como uma atitude ao mesmo tempo heroica e suicida. "Fiquei sabendo, por pessoas que me informaram, que ele atravessou o rio na frente de uma tribo inteira de selvagens hostis, e com sua bravura os induziu a cessar fogo e acompanhou-os até a aldeia",[16] relatou um funcionário boliviano à Real Sociedade Geográfica sobre o encontro de Fawcett com os guarayo. "Devo dizer que eles são realmente muito hostis, porque eu mesmo estive entre eles, e em 1893 o general Pando não apenas perdeu alguns de seus homens como também o sobrinho e um engenheiro, o sr. Muller, que, cansados da jornada, decidiram atravessar de um dos rios até Modeidi, e até hoje não soubemos mais nada sobre eles."

A capacidade de Fawcett de se sair bem em situações em que outros fracassavam contribuiu para aumentar o mito de sua invencibilidade, no qual ele próprio começou a acreditar. Como explicar, ele refletiu, "ter ficado deliberadamente em frente a selvagens com quem era vital fazer amizade, com flechas zunindo perto da cabeça, entre as pernas, até entre o braço e o corpo, por vários minutos, e mesmo assim não ser atingido"?[17] Nina também o considerava indestrutível. Certa vez, depois de uma de suas abordagens a uma tribo de índios hostis com seu *modus operandi*, ela informou à RSG: "O encontro dele com os selvagens e a forma como lidou com isso foi um dos episódios mais corajosos de que já ouvi falar — e fico contente por ele ter agido desse modo —, pessoalmente, tenho poucos temores por qualquer coisa relativa à sua segurança, pois estou certa de que em ocasiões como essa ele vai fazer a coisa certa".[18]

Costin escreveu que em suas cinco expedições Fawcett fez amizade com as tribos que encontrava. Mas houve uma exceção.[19] Em 1914, Fawcett procurou um grupo de maricoxi na Bolívia, com os quais outros índios na região tinham recomendado que tomasse cuidado. Quando fez sua apresentação habitual, os índios reagiram com violência. Quando atacaram, os homens de Fawcett suplicaram para usar suas armas. Nós *precisamos* atirar, gritou Costin. Fawcett hesitou. "Ele não queria fazer aquilo, pois nunca tínhamos disparado antes",[20] relembrou Costin. Mas finalmente Fawcett concordou. Mais tarde, Fawcett contou que tinha mandado seus homens atirarem somente para o chão e para o alto. Mas, de acordo com Costin, "pudemos ver que pelo menos um [índio] foi atingido na barriga".[21]

Se o relato de Costin for verdadeiro, e há poucas razões para duvidar disso, teria sido a única vez em que Fawcett violou seu próprio édito, e parece que ficou tão mortificado que adulterou seu relatório oficial para a RSG e escondeu essa verdade pelo resto da vida.

Um dia, enquanto estava com a tribo dos echoja na parte boliviana da Amazônia, Fawcett encontrou outras evidências que pareciam contradizer a noção corrente de que a selva era uma armadilha mortal em que pequenos bandos de caçadores e coletores levavam uma existência miserável, abandonando e matando seus semelhantes para sobreviver. Fawcett já havia contestado essa ideia com os relatos de seus perigosos encontros, e ficou espantado ao descobrir que, assim como os guarayo, os echoja também estocavam grandes quantidades de alimento. Em geral usavam as zonas alagadas da Amazônia, mais férteis que a terra firme, para plantar grãos, e tinham desenvolvido métodos elaborados de caça e pesca. "Eles nunca tiveram problemas com comida",[22] disse Fawcett. "Quando sentiam fome, um deles ia para a floresta para atrair a caça; às vezes eu ia junto para observar como ele fazia isso. Eu não conseguia ver nenhum sinal de nenhum animal na mata, mas o índio claramente sabia mais do que eu. Emitia gritos lancinantes e me fazia sinal para ficar quieto. Em poucos minutos um pequeno veado saía timidamente da mata [...] e o índio atirava nele de arco e flecha. Eu os vi atraírem macacos e pássaros das árvores usando apenas esses gritos peculiares." Costin, um atirador premiado, ficou igualmente surpreso ao ver os índios se darem bem onde ele, com seu rifle, sempre fracassava.

E não foi só a capacidade dos índios de gerar um abundante suprimento de comida — indicador de uma civilização populosa e sofisticada — que intrigou Fawcett. Embora não parecessem dispor de nenhuma defesa contra doenças importadas da Europa como o sarampo, que era uma das razões pelas quais Fawcett deduzia que a população ainda era pequena, os echoja tinham desenvolvido uma série de ervas medicinais e tratamentos heterodoxos para se proteger contra os ataques diários da floresta. Eles sabiam até como remover os vermes que haviam torturado Murray. "[Os echoja] emitiam um pitoresco assobio com a língua, e logo a cabeça da larva saía do buraco",[23] escreveu Fawcett. "Então os índios davam um rápido aperto na ferida e o invasor era expelido." E acrescentou: "Eu chupava, assobiava, protestava, até tocava flauta para meu verme, sem absolutamente nenhum efeito".[24]

Um médico ocidental que viajava com Fawcett via aqueles métodos como bruxaria, mas Fawcett os considerava, assim como o repertório de curas por meio de ervas, uma maravilha. "Com tantas doenças e moléstias, não surpreende o uso de remédios feitos com ervas",[25] afirmou. "Parece que cada disfunção tem sua cura natural apropriada." E acrescentou: "É claro que a profissão médica não estimula as pessoas a usarem esses meios. Mas as curas que eles conseguem são em geral notáveis, e falo como alguém que usou diversas delas com sucesso total". Ao adotar ervas medicinais e métodos de caça nativos, Fawcett tornou-se mais apto a sobreviver da terra. "Em 99 de cada cem casos não há necessidade de passar fome",[26] concluiu.

Mas ainda que a Amazônia pudesse sustentar uma grande civilização, como ele imaginava, será que os índios tinham, de fato, construído alguma? Ainda não havia nenhuma evidência arqueológica. Não existia sequer evidência de populações densas na Amazônia. E a ideia de uma civilização complexa contradizia os dois principais paradigmas que prevaleciam havia séculos e que originaram o primeiro encontro entre os nativos e os europeus, mais de quatrocentos anos antes. Embora alguns dos primeiros[27] conquistadores tivessem se maravilhado com as civilizações desenvolvidas pelos americanos nativos, muitos teólogos debatiam se aquele povo de pele escura e tão pouco vestido era de fato humano; pois como poderiam os descendentes de Adão e Eva ter se distanciado tanto, e como os profetas da Bíblia puderam ignorá-los? Em meados do século xvi, Juan Ginés de Sepúlveda, um dos capelães do Santo Império Romano, argumentava que os índios eram "meio homens" que deveriam ser tratados como escravos naturais. "Os espanhóis têm todo o direito de governar esses bárbaros do Novo Mundo",[28] declarou Sepúlveda, acrescentando: "Pois existe entre nós uma diferença tão grande quanto [...] macacos e homens".

Naquela época, o crítico mais ferrenho desse paradigma genocida era Bartolomé de Las Casas, um frade dominicano que tinha viajado pelas Américas. Num famoso debate com Sepúlveda e numa série de tratados, Las Casas tentou provar, de uma vez por todas, que os índios também eram humanos ("Eles não são homens? Não têm almas racionais?"[29]), e condenar aqueles que "fingiam ser cristãos"[30] e que "os varriam da face da Terra". Nesse processo, porém, ele contribuiu para um conceito sobre os índios que se tornou uma classificação na etnologia europeia: a do "bom selvagem". De acordo com Las Casas, os índios eram "o povo mais simples do mundo",[31] "sem logro ou malícia", "nunca briguentos, beligerantes ou impetuosos", que "não são nem gananciosos nem ambiciosos, e são totalmente desinteressados pelo poder material". Embora na época de Fawcett as duas concepções ainda prevalecessem na literatura popular e acadêmica, essas visões eram agora filtradas por uma nova e radical teoria científica: a evolução. A teoria de Darwin, lançada em *A origem das espécies* em 1859, sugeria que homens e macacos partilhavam um ancestral em comum e, apoiada por descobertas recentes de fósseis que demonstram que os humanos habitavam a Terra por muito mais tempo que a Bíblia afirmava, ajudou a estabelecer uma separação irrevogável entre a antropologia e a teologia. Os vitorianos agora tentavam compreender a diversidade humana não em termos ideológicos mas sim em termos biológicos. O manual *Notes and queries on Anthropology*, de leitura recomendada na escola de exploração de Fawcett, incluía capítulos intitulados "Anatomia e Fisiologia", "Cabelo", "Cor", "Odor", "Movimentos", "Fisionomia", "Patologia", "Anormalidades", "Reprodução", "Poderes Físicos", "Sentidos" e "Hereditariedade". Entre as perguntas que Fawcett e outros exploradores tinham de responder estavam:

> Existe alguma peculiaridade[32] notável de odor ligada às pessoas da tribo ou povo descrito? Qual é a postura habitual durante o sono? O corpo é bem equilibrado ao caminhar? O corpo é ereto e as pernas ficam estendidas? Ou eles ficam em pé e se movimentam com o joelho levemente dobrado? Eles mexem os braços quando andam? Sobem bem em árvores? Expressam surpresa abrindo os olhos e a boca e erguendo as sobrancelhas? Ficam corados quando se envergonham?

Os vitorianos queriam saber, na verdade, por que alguns macacos haviam evoluído até o estágio de cavalheiros ingleses e outros não.

Enquanto Sepúlveda argumentava que os índios eram inferiores com base em termos religiosos, muitos vitorianos agora[33] afirmavam que eles eram inferiores em termos biológicos — que possivelmente até fossem um "elo perdido" na corrente evolucionária entre macacos e homens. Em 1863, foi criada a Sociedade Antropológica de Londres para investigar essas teorias. Richard Burton, um dos fundadores da Sociedade, postulava que os índios, assim como os negros, "quase gorilas",[34] pertenciam a uma "subespécie".[35] (O próprio Darwin, que nunca correspondeu ao extremo radicalismo surgido com o seu nome, assim descreveu os habitantes da Terra do Fogo que viu na América do Sul — "esses pobres-diabos[36] [...] retardados em seu desenvolvimento, os rostos medonhos corrompidos com tinta branca, a pele imunda e gordurosa, os cabelos emaranhados, a voz dissonante e os gestos violentos e sem dignidade" — como se fosse difícil "acreditar que sejam criaturas semelhantes e habitantes do mesmo mundo".)

Muitos antropólogos, inclusive Burton, eram adeptos da frenologia — o estudo de protuberância nos crânios humanos que se pensava indicar inteligência e traços de caráter. Comparando dois crânios indígenas com crânios europeus, um frenologista declarou que os primeiros eram marcados pela "firmeza"[37] e pela "discrição", e que sua forma explicava "a magnanimidade mostrada pelos índios em sua resistência à tortura". Francis Galton, em sua teoria da eugenia, que contava[38] com John Maynard e Winston Churchill entre seus seguidores, argumentava que a inteligência humana era hereditária e imutável e que os povos nativos do Novo Mundo eram intrinsecamente "crianças na mente".[39] Até mesmo muitos vitorianos que acreditavam numa "unidade psíquica da humanidade" achavam que as sociedades indígenas estavam em um estágio diferente de desenvolvimento evolucionário. No início do século XX, a então popular escola difusionista de antropologia defendia que, se uma antiga e sofisticada civilização tivesse existido na América do Sul, suas origens vinham do Ocidente ou do Oriente próximo — das tribos perdidas de Israel,[40] por exemplo, ou dos navegadores fenícios. "Existem diversas teorias entre os antropólogos quanto à distribuição da raça humana",[41] observou Keltie, da Real Sociedade Geográfica, acrescentando que os antropólogos difusionistas "afirmavam que os fenícios navegaram por todo o oceano Pacífico, e que muitos deles chegaram à América do Sul".

Fawcett foi profundamente influenciado por essas ideias — seus escritos são marcados por imagens de índios como "crianças alegres"[42] e de selvagens "semelhantes a macacos". Quando viu um índio gritar pela primeira vez, ele expressou seu espanto, certo de que os índios deveriam ser fisiologicamente estoicos. Fawcett lutou para conciliar o que observava com tudo que tinha aprendido, e suas conclusões eram cheias de contradições e circunvoluções. Ele acreditava, por exemplo, que a selva abrigava "selvagens da espécie mais bárbara,[43] homens-macacos que viviam em tocas no chão e saíam apenas à noite"; no entanto quase sempre descrevia os índios que encontrava como "civilizados", às vezes até mais do que os europeus. ("Minha experiência é de que poucos desses selvagens são naturalmente 'ruins', a não ser que o contato com os 'selvagens' do mundo exterior os tenha transformado nisso."[44]) Opunha-se vigorosamente à destruição de culturas indígenas pela colonização. Na selva, o absolutista tornou-se um relativista. Depois de testemunhar uma tribo canibalizar um de seus mortos como parte de uma cerimônia religiosa — o corpo "assado numa grande fogueira"[45] e "cortado e dividido entre as várias famílias" —, Fawcett implorou para que os europeus não deplorassem o "elaborado ritual".[46] Detestava classificar os índios não aculturados como "selvagens" — a terminologia comum na época — e afirmava que os gentis e decentes echoja eram "uma prova clara do quanto era injustificada a condenação geral de todos os povos selvagens da floresta".[47] Além de adotar costumes indígenas, Fawcett aprendeu a falar inúmeras línguas nativas. "Ele conhecia os índios como poucos brancos, e tinha talento para idiomas",[48] observou Thomas Charles Bridges, o escritor de histórias de aventuras e associado de Fawcett. "Poucos homens possuíram esse dom em grau tão marcante." Resumindo o relacionamento de Fawcett com os nativos, Costin declarou simplesmente: "Ele os compreendia melhor do que qualquer outro".[49]

Mas Fawcett nunca conseguiu se desvencilhar do que o historiador Dane Kennedy chamou de "labirinto mental de raça".[50] Quando detectava uma tribo altamente sofisticada, ele com frequência tentava encontrar indicadores raciais — mais "brancura" ou "vermelhidão" — que pudessem conciliar a noção de uma avançada sociedade indígena com suas convicções e atitudes vitorianas. "Existem três tipos de índio",[51] ele escreveu certa vez. "O primeiro é de um povo dócil e infeliz [...] O segundo, de canibais perigosos e repulsivos vistos muito raramente; o terceiro, de um povo forte e justo, que deve ter uma origem civilizada."

A ideia de que as Américas abrigavam uma tribo de povos "justos", ou "índios brancos", resistia desde que Colombo afirmou ter visto diversos nativos tão "brancos como nós".[52] Posteriormente, alguns conquistadores disseram ter encontrado uma sala asteca cheia de "homens, mulheres e crianças, brancas de nascimento no rosto, corpo, cabelo e cílios". A lenda dos "índios brancos" ganhou corpo da forma mais veemente no Amazonas, onde os primeiros exploradores espanhóis a descer o rio descreveram mulheres guerreiras como "muito brancas e altas".[53] Muitas dessas lendas sem dúvida tiveram origem na existência de tribos de pele mais clara. Um grupo de índios raros, altos e pálidos, do leste da

Bolívia, era chamado yurucar, que significava literalmente "homens brancos". Os yanomami da Amazônia também são conhecidos como "índios brancos" devido à sua tez clara, assim como os wai-wai da Guiana.

Na época de Fawcett, a questão dos "índios brancos", como era chamada, validava a teoria dos difusionistas de que os fenícios ou outros povos ocidentais, como os atlantes ou os israelitas, haviam migrado para a floresta milhares de anos atrás. A princípio Fawcett se mostrou cético quanto à existência de "índios brancos", afirmando que a prova era "fraca", mas com o tempo parece que eles lhe propiciaram uma saída para seu labirinto mental de raça: se os índios descendiam da civilização ocidental, não poderia haver dúvida de que seriam capazes de construir uma sociedade complexa. Fawcett nunca conseguiu dar o derradeiro passo de um antropólogo moderno e aceitar que civilizações complexas poderiam florescer de forma independente umas das outras. Como resultado, enquanto alguns antropólogos e historiadores de hoje veem Fawcett como um tipo esclarecido para sua época, outros, como John Hemming, o veem como um "explorador nietzscheano"[54] que enunciava "bobagens eugênicas". Na verdade, ele era as duas coisas. Por mais que se revoltasse contra as tradições vitorianas — tornando-se um budista e vivendo como um guerreiro indígena —, Fawcett nunca conseguiu transcendê-las. Conseguiu evitar quase todas espécies de patologias na selva, mas nunca conseguiu se livrar da perniciosa doença da sua raça.

Era coerente com seus escritos a crescente convicção de que a Amazônia e o povo que a habitava não eram o que todos pensavam ser. Mas faltava alguma coisa. Em suas *autopses,* Fawcett percebeu que muitas tribos não se encaixavam na etnologia genérica europeia.

* * *

Em 1914, Fawcett estava viajando com Costin e Manley numa região remota da Amazônia brasileira, longe dos grandes rios, quando a selva de repente se abriu numa imensa clareira. Com a súbita iluminação, Fawcett pôde ver uma série de lindas casas em forma de domo feitas de sapé; a alguns metros dali havia plantações de milho, mandioca, banana e batata-doce. Parecia não haver ninguém nos arredores, e Fawcett fez sinal para que Costin examinasse uma das casas. Quando chegou perto da entrada, Costin viu uma senhora solitária inclinada sobre uma fogueira preparando uma refeição. O aroma de mandioca e batata-doce emanou em sua direção e, vencido pela fome, ele entrou quase sem querer, apesar do perigo. Fawcett e Manley também sentiram o cheiro, e foram atrás dele. Os homens apontaram para o próprio estômago, e a assustada anciã serviu-lhes cuias com comida. "Provavelmente nenhum de nós jamais tinha comido algo tão bom",[55] recordou depois Fawcett. Enquanto os exploradores comiam, guerreiros com o corpo pintado começaram a aparecer de toda parte ao redor deles. "Eles surgiram de diversas entradas não percebidas previamente, e pela porta a nosso lado pudemos ver sombras de mais homens do lado de fora",[56] escreveu Fawcett. As bocas e narinas eram trespassadas por hastes de madeira; eles empunhavam arcos e zarabatanas.

Fawcett sussurrou para Costin e Manley: "Não se mexam!".[57]

De acordo com Costin, Fawcett desamarrou lentamente o lenço do pescoço e colocou-o no chão, como um presente, diante de um homem que parecia ser o cacique. O homem pegou o lenço e examinou-o num silêncio sisudo. Fawcett disse a Costin: *Você precisa dar alguma coisa a eles*.

"Foi então que fiz uma bobagem",[58] relembrou Costin mais tarde. "Não apenas tirei um palito de fósforo como também o acendi."

Houve um princípio de pânico, e Fawcett rapidamente procurou outro presente no bolso — um cintilante colar. Em troca, um dos membros da tribo entregou aos visitantes cabaças cheias de nozes. "Nossa amizade tinha sido aceita",[59] escreveu Fawcett, "e o próprio chefe sentou-se num banco curvo e comeu amendoins conosco." Eles tinham feito amizade[60] com um grupo de índios desconhecido até então, que Fawcett classificou como os maxubi. E, enquanto ficaram por lá, Fawcett entrou em contato com algo que nunca havia visto: uma grande população que chegava a milhares de pessoas. Além do mais, a aldeia era rodeada por assentamentos indígenas com milhares de outros habitantes. (A descoberta de tantos índios até então desconhecidos levou um dos presidentes da Real Sociedade Geográfica a proclamar: "Não sabemos de nada tão surpreendente na história da exploração recente".[61]) Fawcett deduziu que nas regiões mais distantes dos principais rios, onde a maioria dos viajantes europeus e traficantes de escravos não costumavam ir, as tribos eram mais saudáveis e populosas. Fisicamente, eram menos dizimadas por doenças e pelo alcoolismo, e permaneciam culturalmente vibrantes. "Talvez por essa razão a etnologia do continente tenha sido elaborada a partir de uma falsa concepção",[62] enunciou Fawcett.

Os maxubi em particular mostravam evidências de uma cultura sofisticada, pensou Fawcett. Produziam uma cerâmica requintada e davam nomes aos planetas. "A tribo é também extraordinariamente musical",[63] observou Fawcett. Ao descrever suas canções, ele acrescentou: "No profundo silêncio da floresta, quando as primeiras luzes do dia silenciavam o burburinho noturno dos insetos, aqueles hinos nos impressionavam muito por sua beleza". Era verdade, ele escreveu, que tinha encontrado algumas tribos na selva que eram "intratáveis, brutais além de qualquer esperança",[64] porém outros índios, como os maxubi, eram "corajosos e inteligentes",[65] "refutando totalmente as conclusões tiradas por etnólogos, que só exploraram os rios e não sabem nada de lugares menos acessíveis". Ademais, muitas dessas tribos contavam lendas a respeito de ancestrais que viviam em assentamentos ainda maiores e mais bonitos.

Havia ainda outros indícios. Por toda a floresta, Fawcett observou nas pedras o que pareciam ser antigas pinturas e entalhes de figuras humanas e de animais. Numa ocasião, ao escalar um desolado monte de terra nos planaltos chuvosos da Amazônia boliviana, ele avistou algo se destacando do solo. Quando pegou o objeto com a mão em concha, viu que era um caco de cerâmica. Depois disso ele começou a escavar a terra. Praticamente em todo lugar que arranhava, informou depois à RSG, ele encontrava pedaços de cerâmica antiga e quebradiça. Considerou o artesanato tão refinado quanto qualquer coisa da Grécia Antiga, de Roma ou da China. Só que não havia habitantes por centenas de quilômetros ao redor. De onde tinha vindo aquela cerâmica? A quem havia pertencido?

À medida que o mistério aumentava, alguns padrões começaram a emergir: "Onde existem planaltos, ou terras altas acima das planícies"[66] na bacia amazônica, disse Fawcett a Keltie, "existem também artefatos". E isso não era tudo: estendendo-se além daqueles planaltos havia o que pareciam ser trilhas alinhadas. Semelhantes, ele quase podia jurar, há "estradas" e "vias elevadas".[67]

Enquanto desenvolvia sua teoria a respeito de uma antiga civilização amazônica, Fawcett inteirava-se da crescente competição entre os exploradores que acorriam para o interior da América do Sul para desbravar uma das últimas regiões não mapeadas do planeta. Tratava-se de um grupo eclético, irascível e monomaníaco, cada um com suas próprias teorias e obsessões de estimação. Um deles, por exemplo,[68] era Henry Savage Landor, que ganhara renome mundial por suas narrativas de viagens em que contava quase ter sido executado no Tibete, ter escalado o Himalaia sem cordas nem grampos e ter atravessado os desertos da Pérsia e do Balustão a camelo. Agora Landor vagava pela Amazônia vestido como se estivesse saindo para um almoço em Picadilly Circus ("eu não me disfarço por aí em trajes fantasiosos como os que se imagina serem usados pelos exploradores"[69]), com seus homens se amotinando e quase o matando a tiros. Outro era o coronel Cândido Maria da Silva Rondon, meio índio, que tinha ajudado a estender linhas telegráficas pela floresta, perdido um dedo do pé para as piranhas e fundado o Serviço de Proteção aos Índios. (O lema da instituição, assim como o de Rondon, era "Morrer se necessário for! Matar nunca!".) Outro ainda era Theodore Roosevelt, que, depois da derrota na eleição presidencial de 1912, buscou refúgio na Amazônia e explorou com Rondon o rio da Dúvida. (Ao final da jornada, o ex-presidente, que costumava apregoar "uma vida de esforços", estava quase morto de fome e febre e repetia os versos de abertura do poema "Kubla Khan", de Samuel Taylor Coleridge: "Em Xanadu Kubla Khan um majestoso palácio do prazer mandou construir".[70])

Mas talvez o rival que Fawcett mais temia fosse Alexander Hamilton Rice, um médico alto e cortês que, como Fawcett, tinha sido aluno de Edward Ayearst Reeves na Real Sociedade Geográfica. Já próximo dos quarenta anos, com peito em barril e um bigode eriçado, Rice se formou na Escola de Medicina Harvard em 1904. Seu interesse por doenças tropicais o levou à Amazônia, onde estudou parasitas letais dissecando macacos e onças e logo se tornou obcecado pela geografia e pela etnologia da região. Em 1907, enquanto Fawcett conduzia sua primeira expedição exploratória, o dr. Rice estava andando pelos Andes com o então desconhecido arqueólogo amador chamado Hiram Bingham. Pouco depois, Rice desceu para o norte da bacia amazônica, em busca da nascente de diversos rios e estudando os habitantes nativos. Em carta a um amigo, Rice escreveu: "Estou indo bem devagar, estudo tudo com muito cuidado, só chegando a uma conclusão depois de muita reflexão. Se fico em dúvida quanto a qualquer coisa, volto a trabalhar nela outra vez".[71]

Depois dessa expedição, ao perceber que lhe faltava o treinamento necessário, Rice matriculou-se na Escola de Astronomia e Pesquisa da Real Sociedade Geográfica. Depois de se formar, em 1910 ("Nós o vemos, de uma forma muito especial, como um filho da nossa Sociedade",[72] observou depois um dos presidentes da RSG), ele voltou à América do Sul para explorar a bacia amazônica. Enquanto Fawcett era ousado e impetuoso, o dr. Rice abordava sua missão com a calma e a precisão de um cirurgião. Ele não queria tanto transcender aquelas condições brutais, mas sim transformá-las. Chegou a reunir equipes de até cem homens, e tinha fixação por equipamentos — novos botes, novas botas, novos geradores — e fazia questão de utilizar os mais recentes métodos da ciência moderna na natureza. Em uma de suas expedições, ele parou para realizar uma cirurgia de emergência no carbúnculo de um nativo em uma índia com abscessos perto do fígado. A RSG comentou que o último procedimento fora "provavelmente a primeira operação cirúrgica com clorofórmio realizada naquela selva primeva".[73] Embora o dr. Rice não forçasse seus homens da mesma forma que Fawcett, pelo menos em uma ocasião eles se amotinaram,[74] abandonando-o na floresta. Durante essa mesma expedição, a perna do médico ficou tão infeccionada que ele pegou seu bisturi e cortou a própria carne para remover parte do tecido, operando a si mesmo ainda consciente. Como Keltie disse a Fawcett: "Ele é médico, e muito bom em tudo o que faz".[75]

É possível que Fawcett achasse que ninguém poderia superá-lo em sua competência como explorador, mas sabia que seu grande rival tinha uma vantagem que ele jamais poderia superar: dinheiro. Neto abastado de um ex-prefeito de Boston e governador de Massachusetts, Rice era casado com Eleanor Widener, a viúva de um magnata da Filadélfia que tinha sido um dos homens mais ricos da América. (O filho e primeiro marido de Widener estavam no *Titanic* quando o navio afundou.) Com uma fortuna de milhões de dólares, Rice e a esposa — que doou a Biblioteca Widener da Universidade Harvard em memória de seu falecido filho — ajudaram a financiar o novo salão de conferências da Real Sociedade Geográfica. Nos Estados Unidos, Rice costumava comparecer a seus compromissos a bordo de um Rolls-Royce azul com motorista, vestindo um casaco de peles até o pé. Um jornalista escreveu que ele estava "tão à vontade em casa, no elegante agito da sociedade de Newport, quanto nas escaldantes selvas do Brasil".[76] Sem limites de dinheiro para bancar suas expedições, ele podia comprar os equipamentos mais avançados e contratar os homens mais bem preparados. Fawcett, por sua vez, estava sempre implorando o apoio financeiro de fundações e de capitalistas. "Exploradores não são esses felizes e irresponsáveis viandantes que a fantasia retrata",[77] ele se queixou certa vez em carta à RSG. "Ao contrário, são nascidos longe dos proverbiais berços de ouro."

Apesar da sua vastidão, a Amazônia parecia incapaz de acomodar os egos e todas as ambições daqueles exploradores. Os homens tendiam a olhar uns para os outros com desconfiança, mantendo segredo de suas rotas por medo de serem ultrapassados numa descoberta. Faziam até mesmo trabalhos de reconhecimento das atividades dos outros. "Fique atento a qualquer informação sobre os movimentos de Landor",[78] aconselhou a RSG num comunicado em 1911. Fawcett não precisava ser lembrado: ele nutria a paranoia de um espião.

Ao mesmo tempo, os exploradores não hesitavam em lançar dúvidas ou até mesmo denegrir as realizações de um rival. Depois que Roosevelt e Rondon anunciaram ter explorado pela primeira vez um rio de quase 1500 quilômetros — rebatizado de rio Roosevelt em honra ao presidente —, Landor declarou a repórteres que era impossível a existência de tal afluente. Definindo Roosevelt como um "charlatão", ele acusou o ex-presidente de plagiar elementos da narrativa de sua própria viagem. "Vejo que ele teve até a mesma doença que eu, e, o que é mais extraordinário, na mesma perna. Essas coisas acontecem com muita frequência a grandes exploradores que leem minuciosamente os livros de alguns dos humildes viajantes que os precederam."[79] Roosevelt revidou dizendo que Landor era "uma farsa total na qual não se deveria prestar a mínima atenção".[80] (Não era a primeira vez que Landor era chamado de impostor: após ter escalado o Himalaia, Douglas Freshfield, um dos mais destacados alpinistas de sua época e futuro presidente da RSG, disse que "nenhum montanhista pode acreditar nas maravilhosas façanhas de velocidade e resistência que o sr. Landor pensa ter realizado",[81] e que sua "história muito sensacional" afeta "a credibilidade, tanto em casa como no continente, de viajantes ingleses, críticos e sociedades científicas".) Rice, por sua vez, a princípio considerou o relato de Roosevelt "ininteligível",[82] mas se desculpou quando Roosevelt lhe forneceu mais detalhes. Mesmo não tendo jamais duvidado da descoberta de Roosevelt, Fawcett reduziu-a de forma mordaz como uma boa jornada "para um homem mais velho".[83]

"Não é meu desejo depreciar outros trabalhos de exploração na América do Sul",[84] disse Fawcett à RSG, "apenas apontar a enorme diferença entre jornadas por rio, livres do grande problema das inundações, de jornadas a pé pela selva — quando é necessário superar todas as circunstâncias para chegar a santuários indígenas." Fawcett tampouco ficou impressionado com Landor, que ele considerava "um impostor desde o começo".⁸⁵ Fawcett disse a Keltie que não tinha nenhum desejo de ser "incluído com Savage Landor e Roosevelt na chamada fraternidade dos exploradores".⁸⁶ Diversas vezes Fawcett expressou sua admiração por Rondon, mas acabou suspeitando dele também. Argumentou que Rondon sacrificava vidas demais trabalhando com grandes grupos. (Em 1900, Rondon⁸⁷ embarcou em uma expedição com 81 homens e retornou com apenas trinta — o restante tinha morrido, estava hospitalizado ou havia desertado.) Homem orgulhoso e ferrenhamente patriota, Rondon não entendia por que Fawcett — que dizia que a RSG preferia em suas equipes "cavalheiros ingleses, devido a seu maior poder de resistência e entusiasmo pela aventura"⁸⁸ — sempre resistia a levar soldados brasileiros em suas expedições. Um colega de Rondon disse que o coronel não gostava da "ideia de um estrangeiro vir aqui para fazer o que os brasileiros deveriam fazer por si mesmos".⁸⁹

Apesar de sua resistência às mais brutais condições na selva, Fawcett era hipersensível à menor crítica pessoal. Um funcionário da RSG o alertou: "Acho que você se preocupa demais com o que as pessoas dizem a seu respeito. Eu não me preocuparia com isso se fosse você. Nada tem mais sucesso do que o próprio sucesso".⁹⁰

Mesmo assim, enquanto reunia provas de uma civilização perdida na Amazônia, Fawcett preocupava-se com que alguém, como Rice, pudesse estar na mesma trilha. Quando Fawcett sugeriu à RSG a nova direção de suas investigações antropológicas, Keltie respondeu à carta dizendo que Rice "certamente vai tentar outra vez",⁹¹ e que poderia estar "disposto a assumir a tarefa que você sugeriu".

Em 1911, a legião de exploradores da América do Sul, assim como o restante do mundo, surpreendeu-se com o anúncio de que Hiram Bingham, um velho companheiro de viagem de Rice, havia descoberto as ruínas incas de Machu Picchu com a ajuda de um guia peruano, a mais de 2 mil metros acima do nível do mar, nos Andes. Embora não tivesse descoberto uma civilização desconhecida — o Império Inca e seus monumentais trabalhos de arquitetura já estavam bem documentados —, Bingham tinha ajudado a iluminar aquele mundo antigo de uma forma notável. A revista *National Geographic*, que dedicou uma edição inteira à descoberta de Bingham, observou que os templos de pedra de Machu Picchu, suas fontes e seus palácios — muito provavelmente um retiro para a nobreza inca no século XV — poderiam "se provar o mais importante grupo de ruínas descoberto na América do Sul".[92] O explorador Hugh Thomson definiu depois a descoberta como "a estrela da arqueologia do século XX".[93] Bingham foi lançado à estratosfera da fama, chegando mesmo a ser eleito para o Senado dos Estados Unidos.

A descoberta incendiou a imaginação de Fawcett. Mas também doeu, sem dúvida. Porém Fawcett acreditava que as provas que havia reunido sugeriam alguma coisa potencialmente mais momentosa: restos de uma civilização ainda não conhecida no coração da Amazônia, onde durante séculos os conquistadores tinham procurado um reino ancestral — um lugar que eles chamavam de Eldorado.

# 15. Eldorado

As crônicas estavam enterradas em porões empoeirados de velhas igrejas e em bibliotecas, e foram espalhadas pelo mundo. Trocando seu uniforme de explorador por trajes mais formais, Fawcett procurou os pergaminhos que narravam as viagens dos primeiros conquistadores na Amazônia por todo lugar. Boa parte dos documentos foi negligenciada e esquecida; alguns, como temia Fawcett, estavam irremediavelmente perdidos. Sempre que descobria um desses documentos, ele copiava as passagens importantes em seu caderno de anotações. O processo levava tempo, mas aos poucos Fawcett foi juntando as peças da lenda de Eldorado.

"O grande lorde[1] [...] está sempre coberto por um pó de ouro fino como o sal. Ele acredita que não seria tão belo usar qualquer outro ornamento. Seria rude e comum vestir armaduras de ouro batido ou estampado, pois outros ricos senhores usam isso sempre que desejarem. Mas cobrir-se de ouro é algo exótico, incomum, inédito e mais dispendioso — pois ele lava à noite o que aplica em cada manhã, de forma que tudo é perdido e descartado, e ele faz isso todos os dias do ano."

De acordo com o cronista do século XVI Gonzalo Fernández de Oviedo,[2] assim começava a história de Eldorado. O nome significa "o homem dourado". Indígenas contaram aos espanhóis sobre esse governante e seu glorioso reino, e esse reino tornou-se sinônimo do homem. Outro cronista relatou que o rei cobria-se de ouro e flutuava num lago, "brilhando como um raio de sol",[3] enquanto seus súditos faziam "oferendas de joias de ouro, lindas esmeraldas e outras peças de seus ornamentos". Se esses relatos não fossem suficientes para sensibilizar o coração dos gananciosos conquistadores, acreditava-se que o reino abrigava também imensas fileiras de árvores de canela — uma especiaria quase tão preciosa quanto o ouro.

Por mais fantasiosas[4] que parecessem essas histórias, havia um precedente na descoberta de cidades magníficas no Novo Mundo. Em 1519, Hernán Cortés entrou na capital asteca de Tenochtitlán, que flutuava no meio de um lago e cintilava com pirâmides, palácios e ornamentos. "Alguns dos nossos soldados chegaram a perguntar se as coisas que víamos não eram um sonho",[5] escreveu o cronista Bernal Díaz del Castillo. Catorze anos depois, Francisco Pizarro conquistou Cuzco, a capital dos incas, cujo império chegara a abranger quase 2 milhões de quilômetros quadrados e incluía mais de 10 milhões de pessoas. Ecoando Díaz, Gaspar de Espinosa, o governador do Panamá, disse que as riquezas da civilização inca eram "algo saído de um sonho".[6]

Em fevereiro de 1541, a primeira expedição em busca de Eldorado foi organizada por Gonzalo Pizarro, meio-irmão mais novo de Francisco e governador de Quito. Ele escreveu ao rei da Espanha: "Por causa dos muitos relatos que recebi em Quito e fora daquela cidade, de chefes proeminentes e muito idosos e também de espanhóis cujos cálculos concordam uns com os outros, de que a província de La Canela e o Lago El Dorado eram uma terra muito rica e muito populosa, resolvi partir para conquistá-la e explorá-la".[7] Corajoso e bonitão, sádico e ambicioso — o protótipo do conquistador —, Gonzalo Pizarro estava tão confiante de que seria bem-sucedido que enterrou quase toda a sua fortuna para reunir uma tropa que superava até mesmo a que havia capturado o imperador inca.

Mais de duzentos soldados marcharam em procissão, montados e trajados como cavaleiros, com chapéus de ferro, espadas e escudos; e 4 mil índios escravizados, vestidos com peles de animais, que Pizarro manteve acorrentados até o dia da partida. Na esteira do cortejo seguiram carroças de madeira puxadas por lhamas e carregadas com 2 mil porcos guinchando, seguidos por quase 2 mil cães de caça. Para os nativos, a cena deve ter sido tão espantosa quanto uma visão de Eldorado. A expedição partiu de Quito pelos Andes em direção ao leste, onde cem índios morreram de frio para chegar à bacia amazônica. Abrindo caminho pela selva com espadas, suando em suas armaduras, sedentos, famintos, molhados e infelizes, Pizarro e seus homens passaram por diversas árvores de canela. Sim, as histórias eram verdadeiras: "Canela da mais perfeita espécie".[8] Mas as árvores estavam espalhadas por um território tão vasto que seria infrutífero tentar cultivá-las. Era mais uma das impiedosas ironias da Amazônia.

Pouco tempo depois, Pizarro encontrou vários índios na floresta e quis saber onde ficava o reino de Eldorado. Quando os índios o olharam sem saber do que estava falando, Pizarro mandou que fossem amarrados e torturados. "O açougueiro Gonzalo Pizarro, não contente em queimar índios que não haviam cometido nenhum mal, ordenou que outros índios fossem atirados aos cães, que os despedaçaram com os dentes e os devoraram",[9] escreveu o historiador do século XVI Pedro de Cieza de León.

Enquanto isso, menos de um ano após a partida, a expedição já estava em frangalhos. As lhamas pereceram devido ao calor, e em pouco tempo os porcos, cavalos e até a maior parte dos cães foram comidos pelos exploradores famintos. Além disso, quase todos os 4 mil índios que Pizarro havia forçado a entrar na selva morreram de fome ou doenças.

Perto de um imenso rio sinuoso, Pizarro decidiu dividir os membros sobreviventes da expedição em dois grupos. Enquanto a maioria continuaria a explorar a margem com ele, seu segundo em comando, Francisco de Orellana, levou 57 espanhóis e dois escravos rio abaixo num bote que haviam construído, na esperança de encontrar comida. O frade dominicano Gaspar de Carvajal, que estava com Orellana, escreveu em seu diário que alguns integrantes do grupo estavam tão fracos que andavam de quatro pela floresta. Muitos, contou Carvajal, eram "como homens loucos e não tinham compreensão".[10] Em vez de retornar para encontrar Pizarro e o restante da expedição, Orellana e seus homens decidiram continuar pelo grande rio até, como explicou Carvajal, que "morressem ou vissem o que existia ali".[11] Carvajal relatou ter passado por aldeias e ter sido atacado por milhares de índios, até mesmo guerreiras amazonas. Durante um dos ataques, uma flecha atingiu o olho de Carvajal e "chegou a penetrar a órbita".[12] No dia 26 de agosto de 1542, o bote dos homens finalmente desembocou no oceano Atlântico, tornando-os os primeiros europeus a percorrer o rio Amazonas.

Foi ao mesmo tempo uma incrível proeza exploratória e um fiasco. Quando soube que Orellana o abandonara, um ato que ele considerou um motim, Pizarro foi forçado a voltar e tentar se retirar com suas tropas famintas pelos Andes. Ao chegar a Quito, em junho de 1542, apenas oitenta homens de seu outrora galante exército estavam entre os sobreviventes, e todos quase nus. Consta que alguém ofereceu algumas roupas a Pizarro, mas o conquistador recusou-se a olhar para ele ou para qualquer outro, preferindo entrar em sua casa e se isolar.

Embora Orellana tenha retornado à Espanha, Eldorado continuou cintilando em sua mente, e em 1545 foi sua vez de despejar todo seu dinheiro em uma expedição. Autoridades espanholas afirmaram que sua frota, com uma tripulação de algumas centenas de homens — até sua esposa —, não estava capacitada para cruzar o mar e negou permissão para que zarpasse, mas Orellana esgueirou-se do porto assim mesmo. Pouco depois uma praga disseminou-se pela tripulação, matando cerca de cem pessoas. Em seguida, um dos navios perdeu-se no mar com mais 77 almas. Quando chegaram à foz do Amazonas e depois de navegar umas poucas léguas, outros 57 membros da tripulação pereceram de fome e doenças. Indígenas atacaram o barco, matando outros dezessete. Finalmente, Orellana desabou de febre no convés e sussurrou uma ordem de retirada. Logo depois seu coração parou, como se não conseguisse mais aguentar tanta decepção. Sua esposa enrolou-o numa bandeira da Espanha e enterrou-o nas margens do Amazonas e ficou observando, nas palavras de um escritor, "enquanto as águas marrons que por tanto tempo possuíram sua mente agora se apossavam de seu corpo".[13]

Mesmo assim, a atração desse paraíso extraterrestre era grande demais para resistir. Em 1617, o explorador e poeta Walter Raleigh, convencido de que não havia apenas um homem dourado mas sim milhares deles, partiu num navio chamado *Destiny* com o filho de 23 anos para localizar o que chamou de "as cidades mais ricas e lindas, mais templos adornados com Imagens douradas, mais sepulcros cheios de tesouro, que Cortez encontrou no México e Pizarro no Peru".[14] Seu filho — "mais desejoso de honra que de segurança",[15] segundo Raleigh — logo foi morto em um conflito com os espanhóis no rio Orinoco. Em carta à esposa, Raleigh escreveu: "Deus sabe que nunca soube o que é tristeza até este momento [...] Meu cérebro está dilacerado".[16] Raleigh voltou à Inglaterra sem provas da existência de seu reino, e acabou sendo decapitado pelo rei James em 1618. Seu crânio foi[17] embalsamado pela esposa e era ocasionalmente mostrado a visitantes — uma cruel lembrança de que Eldorado era, se nada mais, letal.

Outras expedições que saíram em busca desse reino cederam ao canibalismo. O sobrevivente de um grupo em que 240 homens foram mortos confessou: "Alguns, indo contra a natureza, comeram carne humana: um cristão foi encontrado cozinhando um quarto de uma criança, junto com algumas folhas verdes".[18] Ao saber que três exploradores haviam assado uma índia, Oviedo exclamou: "Oh, que plano diabólico! Mas eles pagaram por seu pecado, pois esses três homens nunca reapareceram: Deus queira que tenham também sido comidos por índios".[19]

Ruína financeira, privação, fome, canibalismo, assassinato, morte — essas pareciam ser as únicas manifestações de Eldorado. Como observou um cronista que escreveu sobre vários exploradores: "Eles marchavam como loucos de um lugar para outro, até serem vencidos pela exaustão e pela fraqueza e até não poderem mais se mover de um lado para o outro, e ali eles permaneciam, onde aquela triste sirene os havia chamado, presunçosos, e mortos".[20]

O que Fawcett pode ter aprendido dessa loucura?

No início do século XX, a maioria dos historiadores e antropólogos não somente já tinha descartado a existência de Eldorado como também quase tudo que os conquistadores alegaram ter testemunhado durante suas jornadas. Os acadêmicos acreditavam que aquelas crônicas eram produto de imaginações ardentes, maquiadas para se desculpar pela natureza desastrosa das expedições diante de seus monarcas — por isso as mitológicas mulheres guerreiras.

Fawcett concordava que Eldorado, com sua pletora de ouro, era um "romance exagerado",[21] mas não se sentia pronto para descartar totalmente aquelas crônicas, nem a possibilidade de uma antiga civilização na Amazônia. Carvajal, por exemplo, era um padre respeitado, e outros na expedição haviam confirmado seu relato. Até mesmo as guerreiras amazonas tinham alguma base na realidade, pensava Fawcett, pois ele havia encontrado caciques mulheres ao longo do rio Tapajós. E, mesmo se alguns detalhes daqueles relatos tivessem sido exagerados, isso não significava que o mesmo se aplicava a todos eles. Na verdade, Fawcett considerava aquelas crônicas um retrato mais ou menos exato da Amazônia de antes do assalto dos europeus. E o que os conquistadores descreveram, na sua opinião, era uma revelação.

Na época de Fawcett, as margens do rio Amazonas e seus principais afluentes abrigavam poucas tribos dispersas. No entanto, todos os conquistadores reportaram grupamentos indígenas grandes e densamente povoados. Carvajal informou que alguns lugares eram tão "densamente povoados" que era perigoso dormir em terra firme. ("Aquela noite inteira continuamos a passar por muitas e grandes aldeias, até o dia chegar, quando tínhamos percorrido mais de vinte léguas, pois para se afastar das terras habitadas nossos companheiros não fizeram mais que remar e, quanto mais avançávamos, mais densamente populosa a região se mostrava."[22]) Quando desceram em terra firme, Orellana e seus homens viram "muitos caminhos" e "ótimas estradas"[23] levando para o interior, alguns dos quais "como estradas reais e mais largas".

Os relatos pareciam descrever o que Fawcett havia visto, só que em escala maior. Quando os espanhóis invadiram uma aldeia, contou Carvajal, eles descobriram uma "grande quantidade de milho (e também uma grande quantidade de aveia), com que os índios faziam pão, e um vinho muito bom, parecido com cerveja, para ser tomado em grandes quantidades. Foi encontrado também na aldeia um lugar para armazenar esse vinho, [algo tão incomum] que nossos companheiros ficaram maravilhados, e foram encontradas também peças de algodão de boa qualidade".[24] As aldeias eram abundantes em mandioca, inhame, feijão e peixe, e milhares de tartarugas eram criadas em cercados. A Amazônia parecia capaz de suprir grandes civilizações, e também altamente complexas. Os conquistadores viram "cidades que brilhavam em branco",[25] com templos, praças públicas, paliçadas e artefatos sofisticados. Em um dos assentamentos, escreveu Carvajal, "havia uma vila com numerosos [...] pratos e cuias e candelabros da melhor porcelana já vista no mundo".[26] Ele acrescentou que os objetos eram "todos esmaltados e adornados com todas as cores, e tão brilhantes que surpreendiam, e, mais ainda, os desenhos e pinturas trabalhados neles são feitos de forma tão acurada que [é de se imaginar] com que habilidades naturais eles manufaturaram e decoraram todas aquelas coisas [fazendo-as parecer] artigos romanos".

O fracasso dos exploradores e etnógrafos vitorianos em encontrar qualquer assentamento daquele tipo reforçou a crença de que os relatos dos conquistadores eram "cheios de mentiras",[27] como um historiador mais tarde classificou o relato de Carvajal. Mas então por que tantos cronistas apresentaram testemunhos tão semelhantes? Descrevendo uma expedição alemã, por exemplo, um historiador do século XVI escreveu:

Tanto o general[28] como todo o resto viram uma cidade de tamanho desproporcional, bem próxima [...] Era compacta e bem organizada e no centro havia uma casa que em muito superava as outras em tamanho e altura. Eles perguntaram ao chefe que tinham como guia: "De quem é aquela casa, tão notável e eminente entre as outras?". Ele respondeu que era a casa do chefe, chamado Qvarica. Ele tinha algumas efígies ou ídolos dourados do tamanho de garotos, e uma mulher toda feita de ouro que era a deusa deles. Ele e seus súditos possuíam outras riquezas. Mas a pouca distância de lá viviam outros chefes que superavam aquele em número de súditos e quantidade de riquezas.

Um soldado de outra expedição contou mais tarde que "eles tinham visto grandes cidades, de dimensões espantosas".[29] Fawcett se perguntava que lugares aquelas pessoas tinham visitado. Imaginou que a "introdução da varíola e de outras doenças europeias dizimou milhões de indígenas".[30] Ainda assim, os povoados da Amazônia pareciam ter desaparecido de forma tão rápida e radical que ele considerou se não havia ocorrido algo mais dramático, talvez até um desastre natural. A Amazônia, Fawcett começou a acreditar, continha "os maiores segredos do passado ainda preservados em nosso mundo de hoje".[31]

16. A caixa trancada

"Sinto muito, mas não há como ver o documento. Está trancado num cofre."

Eu tinha chegado ao Rio de Janeiro e estava falando ao telefone com um estudante universitário que tinha me ajudado a rastrear outro manuscrito, que Fawcett considerava a peça final da prova que apoiava sua teoria de uma civilização perdida na Amazônia. O manuscrito estava na Biblioteca Nacional do Rio de Janeiro, e era tão antigo e estava em condições tão ruins que era mantido em segurança. Eu tinha preenchido uma requisição formal e fiz apelos por e-mail. Nada funcionou. Finalmente, num último esforço, fui até o Rio para apresentar meu caso pessoalmente.

Situada no centro da cidade, num lindo edifício neoclássico com colunas e pilares coríntios, a biblioteca contém mais de 9 milhões de documentos — é o maior arquivo da América Latina. Fui conduzido para o andar de cima até a divisão de manuscritos, uma câmara forrada de livros que subiam vários andares até um teto de vidro colorido, por onde uma luz difusa se infiltrava, revelando, em meio à grandeza do recinto, um toque de desespero

— mesas de madeira dilapidadas e luminárias empoeiradas. O local era silencioso, e eu podia ouvir as solas dos meus sapatos no assoalho.

Eu tinha marcado um encontro com a chefe da divisão de manuscritos, Vera Faillace, uma mulher culta de óculos e cabelos até os ombros. Ela me recebeu no portão de segurança, e quando perguntei sobre o documento ela respondeu: "Sem dúvida é o item mais famoso e procurado de toda a nossa divisão de manuscritos".

"Quantos manuscritos vocês têm?", perguntei, surpreso.

"Cerca de 800 mil."

Ela explicou que cientistas e caçadores de tesouro do mundo inteiro queriam estudar esse documento específico. Depois que se tornou conhecido que Fawcett tinha desenhado o manuscrito baseado em sua teoria, ela contou, os interessados o tratavam quase como um ícone religioso. Aparentemente, era o Santo Graal dos maníacos por Fawcett.

Eu tinha ensaiado tudo o que planejava dizer para persuadi-la a me deixar ver o documento original, até quanto me era importante ter acesso à sua autenticidade e que prometia não tocar nele — um discurso que começou de forma sóbria mas se tornou, para meu desespero, cada vez mais abstrato e grandioso. Mas, antes de eu começar, Faillace fez um gesto e me conduziu pelo portão de segurança. "Isso deve ser muito importante, para você ter vindo de tão longe sem saber se poderia ver o documento", falou. "Eu o pus em cima da mesa para você."

E ali, a poucos metros de distância, aberto como uma Torá, estava o manuscrito de cerca de quarenta por quarenta centímetros. As páginas tinham assumido uma tonalidade quase dourada; as bordas haviam se esgarçado. "Esse papel não é pergaminho", explicou Faillace. "É anterior ao acréscimo de polpa de madeira ao papel. É uma espécie de tecido."

Espalhada pelas páginas, em tinta preta, a caligrafia era linda, mas muitas partes tinham esmaecido ou sido comidas por vermes e insetos. Olhei para o título no alto da primeira página. Dizia, em português: "Relato histórico de uma cidade grande, escondida e muito antiga [...] descoberta no ano de 1753".

"Você consegue ler a sentença seguinte?", perguntei a Faillace. Ela negou com a cabeça, porém mais abaixo as palavras ficavam legíveis, e uma bibliotecária fluente em inglês me ajudou a traduzi-las devagar. O texto tinha sido escrito por um bandeirante, ou "soldado da fortuna", português. (O nome não era mais decifrável.) Descrevia como ele e seus homens, "incitados pela insaciável ambição pelo ouro",[1] se embrenharam pelo interior do Brasil em busca de tesouros: "Depois de uma longa e problemática peregrinação [...] e quase perdidos por muitos anos [...] descobrimos uma cadeia de montanhas tão alta que parecia atingir as regiões etéreas e servir de trono para o Vento e as Estrelas". Afinal, dizia o bandeirante, ele e seu grupo encontraram um caminho entre as montanhas, que parecia ter sido "aberto por arte e não pela natureza". Quando chegaram ao alto do caminho, olharam para baixo e tiveram uma visão mágica: a seus pés jaziam as ruínas de uma cidade antiga. Quando o sol nasceu, os homens carregaram suas armas e desceram. Entre enxames de morcegos, descobriram arcadas de pedra, uma estátua, estradas e um templo. "As ruínas bem mostravam o tamanho e a grandeza que deve ter existido aqui, e quão populoso e opulento o lugar tinha sido em sua época", escreveu o bandeirante.

Quando a expedição retornou à civilização, o bandeirante enviou o documento com sua "análise" para o vice-rei, "numa demonstração de quanto lhe devo". Ele instava sua "Excelência" a despachar uma expedição para encontrar e "utilizar essas riquezas".

Não se sabe o que o vice-rei fez com o relatório, nem se o bandeirante tentou chegar à cidade outra vez. Fawcett descobriu esse manuscrito enquanto explorava documentos na Biblioteca Nacional, no Rio de Janeiro. Desde que tinha sido escrito, havia mais de um século, o manuscrito estivera "engavetado" em arquivos burocráticos, relatou Fawcett. "Era difícil para uma administração saturada pela intolerância de uma Igreja todo-poderosa dar muito crédito a algo como uma antiga civilização",[2] escreveu Fawcett.

A bibliotecária apontou para a margem inferior do manuscrito. "Veja isso aqui", falou.

Eram diversos diagramas estranhos que lembravam hieróglifos. O bandeirante disse que tinha visto aquelas imagens gravadas em algumas das ruínas. Pareciam familiares, e percebi que eram idênticas aos desenhos que eu havia visto nos diários de Fawcett — que ele deve ter copiado depois de ver o documento.

Como a biblioteca estava fechando, Faillace veio buscar o antigo documento. Enquanto a observava transportar o documento com todo cuidado de volta ao cofre, entendi por que Fawcett, ao ver aquele papel anos depois que seu pai e irmão desapareceram, tinha proclamado: "Parece autêntico! *Deve* ser autêntico!".[3]

17. O mundo inteiro está louco

Fawcett tinha reduzido a localização. Tinha certeza de ter encontrado provas de ruínas arqueológicas, como passarelas e cerâmica, espalhadas pela Amazônia. Acreditava até que havia mais de uma cidade antiga — a que o bandeirante tinha encontrado deveria ser perto da Bahia, dada a natureza do terreno. Mas Fawcett, consultando registros de arquivos e entrevistando índios de algumas tribos, calculou que uma cidade monumental, possivelmente ainda com o restante da população, encontrava-se na selva nas imediações do rio Xingu, em Mato Grosso. Mantendo sua natureza sigilosa, ele deu à cidade um nome fascinante e enigmático, um nome que nunca chegou a explicar em nenhum de seus escritos e entrevistas. Ele chamou a cidade de Z.

Em setembro de 1914, depois de um ano de viagens de reconhecimento com Manley e Costin, Fawcett estava pronto para lançar uma expedição em busca da cidade perdida. Mas, quando saiu da mata, ele recebeu a notícia de que, dois meses antes, o arquiduque Francisco Ferdinando da Áustria — o improvável catalisador do primeiro encontro entre Fawcett e Nina no Ceilão

— havia sido assassinado. Era o começo da Primeira Guerra Mundial.

Fawcett e seus dois companheiros britânicos zarparam imediatamente para a Inglaterra. "É claro que homens experientes como você são muito procurados: existe uma grande deficiência de oficiais bem treinados",[1] disse Keltie a Fawcett numa carta naquele dezembro. "Sofremos perdas tremendas no front, como você vê, muito mais em proporção, imagino, do que já aconteceu antes entre oficiais." Embora estivesse com 47 anos e fosse um "renegado" da vida europeia, Fawcett sentiu-se impelido a se apresentar como voluntário. Informou a Keltie que estava envolvido em uma "importante descoberta"[2] na Amazônia, mas que era obrigado pelo "desejo patriótico de qualquer homem apto a esmagar os teutônicos".

A maior parte da Europa foi tomada por esse mesmo zelo. Conan Doyle, que despejava propagandas que retratavam a guerra como um conflito entre nobres cavaleiros, escreveu: "Não temam, pois nossa espada não se quebrará, nem cairá de nossas mãos".[3]

Depois de uma breve visita à família, Fawcett foi encaminhado à frente ocidental onde, como contou a Keltie, logo estaria "no meio de tudo".[4]

Como major na Real Artilharia de Campo, Fawcett foi designado para o comando de uma bateria de mais de cem homens. Cecil Eric Lewis Lyne, um segundo-tenente de 22 anos de idade, relembra quando o explorador chegou em seu uniforme cáqui escuro, revólver na cintura. Lyne escreveu em um diário que ele era "um dos mais coloridos personagens que já conheci"[5] — um homem com um "físico magnífico e grande habilidade técnica".

Como sempre, Fawcett mostrou-se uma figura elétrica e magnética, e seus homens dividiram-se em dois campos: os Costin e os Murray. Os Costin gravitavam em torno dele, apreciavam a sua ousadia e o seu élan, enquanto os Murray desprezavam sua ferocidade e seu temperamento implacável. Um oficial entre os Murray disse que Fawcett era "provavelmente o homem mais desagradável que já encontrei neste mundo, e sua ojeriza por mim só é ultrapassada pela ojeriza que sinto por ele".[6] Mas Lyne era um Costin. "Fawcett e eu, apesar da diferença de idade, nos tornamos grandes amigos."[7]

Junto com seus homens, Fawcett e Lyne cavaram trincheiras — às vezes a poucas centenas de metros dos alemães — na área ao redor de Ploegsteert, uma aldeia no oeste da Bélgica, perto da fronteira com a França. Certo dia Fawcett[8] avistou na aldeia uma figura suspeita vestindo um longo[9] casaco de pele, um capacete de aço francês três vezes maior que a cabeça e um avental de pastor — "equipamentos esquisitos",[10] como definiu o explorador. Fawcett ouviu o homem dizer, numa voz gutural, que aquela área seria ideal para um posto de observação, ainda que Fawcett considerasse "um lugar terrível". Dizia-se que espiões alemães estavam se infiltrando nas linhas britânicas vestidos como civis belgas, e Fawcett, que sabia o que significava ser um agente secreto, correu de volta ao quartel-general e relatou: "Temos um espião no nosso setor!".

Antes que um destacamento fosse enviado para fazer a prisão, novas investigações revelaram que o homem não era ninguém menos que Winston Churchill, que se apresentara como voluntário na frente ocidental depois de ser forçado a renunciar como primeiro lorde do Almirantado após a desastrosa invasão de Gallipoli. Quando visitou as trincheiras ao sul da posição de Fawcett, Churchill escreveu: "Imundície & lixo em toda parte, covas construídas nas defesas & espalhadas de forma promíscua, marcas de pés & roupas espalhados pelo chão, água & sujeira por todos os lados; & pairando sobre a cena na ofuscante luz da lua enxames de enormes morcegos rastejam & planam, ao incessante acompanhamento de fuzis & metralhadoras & dos zumbidos & chiados malignos das balas passando por cima".[11]

Habituado a suportar condições inumanas, Fawcett sabia bem como manter sua posição, e em janeiro de 1916 foi promovido a tenente-coronel e posto no comando de uma brigada de mais de setecentos homens. Nina mantinha Keltie e a Real Sociedade Geográfica a par de suas atividades. Em carta datada de 2 de março de 1916, ela escreveu: "Ele está muito bem, apesar dos três meses sob constantes bombardeios".[12] Algumas semanas depois, ela disse que Fawcett estava supervisionando nove baterias, bem mais do que constituía uma típica brigada. "Então você pode imaginar como ele está trabalhando duro",[13] falou, acrescentando: "Claro que estou contente por ele ter uma oportunidade de usar seus poderes de organização e liderança, pois tudo isso ajuda na luta pela vitória". Nina não era a única a enaltecer suas habilidades. Fawcett era constantemente citado em despachos pela "galanteria" e "distinção" em suas ações sob fogo.

Mesmo nas trincheiras, Fawcett tentava se manter informado sobre os eventos na Amazônia. Soube de expedições lideradas por antropólogos e exploradores da América, que ainda não estava envolvida na guerra, e esses relatos apenas intensificavam seu temor de que alguém descobrisse Z antes dele. Numa carta a seu ex-professor Reeves, ele confidenciou: "Se você soubesse quanto essas expedições custam em termos de esforço físico, tenho certeza de que reconheceria quanto significa para mim levar meu trabalho a uma conclusão".[14]

Ele tinha razões para temer, em particular por causa do dr. Rice. Para surpresa de Fawcett, em 1914 a RSG tinha conferido a Rice uma medalha de ouro por seu "meritório trabalho no alto Orinoco e nos afluentes do norte do Amazonas". Fawcett ficou indignado com o fato de seus trabalhos não terem merecido igual reconhecimento. Depois, no início de 1916, ficou sabendo que o médico estava se preparando para uma outra expedição. Um boletim[15] da *Geographical Journal* anunciava que "nosso medalhista", o dr. Rice, iria subir o Amazonas e o rio Negro "com vista a ampliar mais nosso conhecimento da região previamente explorada por ele". Por que o médico estava retornando para a mesma região? O boletim só dizia que Rice estava construindo um barco a motor de quarenta pés que podia navegar pelos pântanos e levar setecentos galões de gasolina. Deveria custar uma fortuna, mas o que era aquilo para um milionário?

Naquela primavera, em meio a intensas batalhas, Fawcett recebeu uma carta da Real Sociedade Geográfica. A carta dizia que, como tributo a seu histórico mapeamento da América do Sul, ele também receberia uma medalha de ouro. (A Sociedade conferia duas medalhas de ouro, ambas com o mesmo prestígio: a de Fawcett era a Medalha de Fundador e a do dr. Rice era a Medalha de Patrono.) O prêmio era a mesma honraria que fora prestada a tipos como Livingstone e Burton — "o sonho da vida dele",[16] como definiu Nina. Nem mesmo a perspectiva da expedição de Rice ou a continuação da guerra poderiam diminuir o prazer de Fawcett. Nina, que disse a Keltie que uma ocasião como aquela acontecia "só uma vez na vida", logo começou a programar a entrega do prêmio para o dia 22 de março. Fawcett obteve uma licença para comparecer. "Consegui a medalha e estou contente",[17] declarou.

Fawcett retornou ao front pouco depois da cerimônia: ele tinha sido informado de que o comando britânico estava lançando um ataque sem precedentes, cujo objetivo era terminar a guerra. No início de julho de 1916, Fawcett e seus homens tomaram posição ao longo de um plácido rio no norte da França, dando cobertura a dezenas de milhares de soldados britânicos que subiam escadas apoiadas em enlameadas trincheiras e marchavam para o campo de batalha, baionetas brilhando e braços em movimento de marcha, como em uma parada. De seu posto, Fawcett avistava os artilheiros alemães, que deveriam ter sido destruídos depois de semanas de bombardeios. Eles saíam de cavernas escavadas disparando fogo de metralhadora. Os soldados britânicos caíam, um por um. Fawcett tentava dar cobertura, mas não havia como proteger homens andando em meio a uma saraivada de balas e projéteis de 36 quilos e rajadas líquidas de lança-chamas. Nenhuma força da natureza da selva o havia preparado para aquela matança feita pelo homem. Pedaços de cartas e fotos que os homens levavam à luta flutuavam sobre seus cadáveres como flocos de neve. Os feridos rastejavam para se esconder em crateras de bombas, gritando. Fawcett chamou aquilo de "Armagedom".

Era a Batalha do Somme[18] — ou o que os alemães, que também sofreram grandes baixas, se referiam em cartas como "o banho de sangue". No primeiro dia da ofensiva, cerca de 20 mil soldados britânicos morreram e quase 40 mil foram feridos. Foi a maior perda de vidas da história do exército britânico, e muita gente no Ocidente começou a considerar os europeus mais "selvagens" do que os nativos das selvas. Citando um companheiro, Fawcett escreveu que canibalismo "ao menos é um motivo razoável para matar um homem, que é mais do que se pode dizer da guerra civilizada".[19]

Quando Ernest Shackleton, que andava pela Antártida havia quase um ano e meio, reapareceu em 1916 na ilha da Geórgia do Sul, ele imediatamente perguntou a alguém: "E, então, quando a guerra acabou?".[20] E a pessoa respondeu: "A guerra não acabou [...] a Europa enlouqueceu. O mundo inteiro está louco".

Fawcett permaneceu na linha de frente enquanto o conflito se arrastava, vivendo entre cadáveres. O ar cheirava a sangue e a fumaça. As trincheiras se transformaram num atoleiro de urina e excremento, ossos e piolhos, vermes e ratos. As paredes desabavam com a chuva, e às vezes homens se afogavam na lama. Um soldado afundou lentamente durante dias num buraco na lama, sem ninguém conseguir alcançá-lo. Fawcett, que sempre buscara refúgio no mundo natural, não reconhecia mais aquele deserto de aldeias bombardeadas, de árvores desnudas, de crateras e esqueletos ressecados ao sol. Lyne escreveu em seu diário: "Dante jamais teria condenado almas penadas a vagar por um purgatório tão terrível".[21]

De tempos em tempos, Fawcett ouvia um som semelhante ao de um gongo, que significava um ataque com gases. Bombas liberavam fosgênio, cloro ou gás mostarda. Uma enfermeira descreveu pacientes "queimados e com bolhas no corpo todo, com grandes bolhas cor de mostarda supurando, com olhos cegos [...] fechados e grudados, e sempre lutando por ar, com vozes um mero sussurro, dizendo que suas gargantas estão fechando e que sabem que vão sufocar".[22] Em março de 1917, Nina mandou uma carta à RSG dizendo que o marido tinha sido "gaseado" depois do Natal. Dessa vez Fawcett fora ferido. "Por algum tempo ele ficou preocupado com os efeitos do veneno",[23] disse Nina a Keltie. Alguns dias eram piores que os outros: "Ele se sente melhor, mas ainda não está bem".

Por toda parte ao redor de Fawcett, pessoas que ele conhecia ou com quem estivera associado estavam morrendo. A guerra tinha custado[24] a vida de mais de 130 membros da RSG. O filho mais velho de Conan Doyle, Kingsley, morreu de ferimentos e influenza. Um pesquisador com quem Fawcett havia trabalhado na comissão de fronteiras da América do Sul foi morto. ("Era um bom sujeito — todos concordávamos com isso",[25] comentou Fawcett com Keltie. "Eu sinto muito.") Um amigo de sua brigada explodiu quando correu para ajudar alguém — um ato, escreveu Fawcett em seu relatório oficial, "de puro sacrifício altruísta".[26]

Com a aproximação do fim da guerra, Fawcett descreveu algumas das carnificinas que havia presenciado numa missiva publicada num jornal inglês sob o título "Coronel Britânico em Carta Fala Aqui de Grande Matança". "Se vocês conseguirem imaginar noventa quilômetros de front, com uma largura de um a 45 quilômetros, literalmente atapetado de mortos, geralmente em pequenas colinas",[27] escreveu Fawcett. "É uma medida do preço pago. Hordas de homens avançando para a matança em ondas intermináveis, fazendo pontes sobre os arames e enchendo as trincheiras com os mortos e os moribundos. Uma força irresistível de um exército de formigas, com a pressão das ondas sucessivas empurrando as legiões para a frente, quisessem elas ou não, para o matadouro. Nenhuma linha de frente poderia resistir àquela maré humana, nem continuar matando para sempre. Trata-se, creio, do mais terrível testemunho do impiedoso efeito de um militarismo desenfreado." E concluía: "'Civilização!' Ó deuses! Para quem viu tudo isso essa palavra é um absurdo. Foi uma explosão insana de emoções humanas".

Em meio aos ataques, Fawcett continuou sendo elogiado por sua bravura em despachos, e a *London Gazette* anunciou em 4 de janeiro de 1917 que ele tinha recebido a medalha Distinguished Service Order. Mas, se seu corpo continuava intacto, sua mente às vezes parecia divagar. Quando voltou para casa durante uma licença, ficava sentado por horas sem falar, segurando a cabeça entre as mãos. Buscou refúgio no espiritualismo e em rituais ocultistas que pudessem oferecer alguma forma de comunicação com amigos perdidos — um refúgio que muitos europeus procuraram em sua dor. Conan Doyle descreveu ter comparecido a uma sessão espírita em que ouviu uma voz:

Eu perguntei: "É você, rapaz?".[28]
    Ele respondeu num murmúrio muito intenso e num tom próprio dele: "Pai!". E depois de uma pausa: "Perdoe-me!".
    Eu falei: "Nunca houve nada para perdoar. Você foi o melhor filho que um homem já teve". Uma forte mão apoiou-se em minha

cabeça, que foi lentamente empurrada para baixo, e senti um beijo acima da testa.

"Você está feliz?", gritei.

Houve uma pausa e depois, com muita delicadeza: "Estou muito feliz".

Fawcett escreveu a Conan Doyle sobre suas próprias experiências com médiuns. Contou que sua mãe terrível havia falado com ele em uma sessão espírita. A médium, que entrou em contato com o espírito dela, falou: "Ela amava você quando era pequeno e sente remorsos por tê-lo tratado tão mal".[29] E: "Ela gostaria de expressar todo o seu amor, mas tem medo de não ser aceita".

No passado, o interesse de Fawcett pelo oculto tinha sido uma expressão de sua rebeldia juvenil e sua curiosidade científica, que contribuíram para sua tendência a contestar as ortodoxias predominantes em sua sociedade e a respeitar lendas e religiões tribais. Agora, porém, sua abordagem estava ligada ao rigoroso treinamento na RSG e a seu acurado poder de observação. Ele absorveu os ensinamentos mais extravagantes de Madame Blavatsky sobre corpos astrais e hiperbóreos e Espíritos da Face e chaves para decifrar o universo — com o Outro Mundo parecendo ainda mais torturante que o real. (Em *A terra da neblina*, sua continuação de *O mundo perdido*, de 1926, John Roxton, o personagem, aparentemente baseado em Fawcett, adere ao espiritualismo e investiga a existência de fantasmas.) Corriam boatos entre alguns oficiais de que Fawcett usava um Tabuleiro Ouija, instrumento popular entre os médiuns, para tomar decisões críticas no campo de batalha. "Ele e seu oficial de inteligência[30] [...] se retiravam para um quarto escuro e colocavam as quatro mãos, mas sem os cotovelos, no tabuleiro", escreveu Henry Harold Hemming, na época capitão na unidade de Fawcett, numa biografia não publicada. "Fawcett perguntava então para o Tabuleiro Ouija em voz alta se era uma localização confirmada [da posição do inimigo], e se o tabuleiro escorregasse na direção certa, não somente ele incluía aquilo na lista de localizações confirmadas como em geral ordenava vinte disparos de morteiros de 9.2 no local." Mais que por qualquer outra coisa, Fawcett era consumido por visões de Z, que em meio aos horrores da guerra ganhava ainda mais esplendor — um lugar cintilante e imune à podridão da civilização ocidental. Ou, como disse a Conan Doyle,[31] alguma coisa de "O Mundo Perdido" que realmente existia. Segundo todos os relatos, Fawcett pensava em Z enquanto disparava morteiros, sob fogo nas trincheiras ou quando enterrava os mortos.

Em artigo publicado no *Washington Post* em 1934, um soldado da unidade de Fawcett relembrou que "muitas vezes na França,[32] quando o comandante estava 'marcando o tempo' entre reides e ataques, ele falava de suas explorações e aventuras nas selvas da América do Sul — das fortes chuvas, do denso emaranhado da vegetação e da folhagem acima dos galhos e das vinhas — e da profunda e ininterrupta tranquilidade interior". Um oficial de sua brigada escreveu numa carta que Fawcett estava "cheio de cidades ocultas e tesouros [...] que pretendia procurar".[33]

Fawcett bombardeava Costin e Manley, que também lutavam na frente ocidental, com cartas tentando garantir seus serviços no futuro. E ainda fazia petições de financiamentos para a RSG.

"É um pouco constrangedor para nós, como pode entender, no presente momento, fazer uma promessa quanto ao que poderá ser feito depois da guerra",[34] respondeu Keltie a um de seus pedidos. "Se ao menos você pudesse esperar."

"Estou ficando mais velho e, ouso dizer, impaciente com os anos e meses perdidos",[35] queixou-se Fawcett a Keltie no início de 1918. Mais tarde naquele ano, ele falou à revista *Travel*: "Sabendo o que essas jornadas nas agruras da floresta fazem com homens muito mais jovens, eu não quero atrasar minha ação".[36]

No dia 28 de junho de 1919, quase cinco anos depois da volta de Fawcett da Amazônia e pouco antes de completar 52 anos, a Alemanha finalmente rendeu-se e assinou um tratado de paz. Cerca de 20 milhões de pessoas tinham morrido e pelo menos 20 milhões foram feridas. Fawcett definiu "tudo aquilo"[37] como um "suicídio" para a civilização ocidental, refletindo: "Milhares de pessoas devem ter saído desses quatro anos de lama e sangue com a mesma desilusão".[38]

Ao regressar a sua casa na Inglaterra, Fawcett voltou a conviver com a mulher e os filhos de forma regular pela primeira vez em anos. Ficou surpreso com quanto Jack havia crescido, como tinha fortalecido os ombros e os braços. Jack acabava de comemorar seu aniversário de dezesseis anos e estava "agora quase três centímetros,[39] se não até mais, mais alto que o pai!", escreveu Nina numa carta a Harold Large, um amigo da família que morava na Nova Zelândia. Jack estava se tornando um atleta, já preparando o corpo para o dia em que tivesse idade para se aventurar com o pai na selva. "Todos fomos às competições no sábado e vimos quando ele ganhou o segundo prêmio em salto em altura e levantamento de peso",[40] contou Nina.

Fawcett e Jack costumavam praticar esportes juntos, só que agora o filho geralmente superava o pai. Jack escreveu para Large, orgulhoso: "Tive uma formidável temporada de críquete, pois fui o vice-capitão da equipe [da escola], venci na média de lançamentos e fiquei em segundo na média de rebatidas. Também não perdi nenhum *catch* em toda a temporada".[41] Suas cartas eram uma mistura de petulância juvenil com inocência. Contava que estava fotografando e que havia tirado "algumas fotos formidáveis". Às vezes incluía em suas cartas uma caricatura a bico de pena do irmão ou da irmã.

Apesar de sua impetuosidade e valores atléticos, de alguma forma Jack continuava a ser um adolescente mediano que, sem saber como interagir com garotas e desesperado para manter os éditos monásticos do pai, se sentia mais à vontade na companhia do amigo de infância Raleigh Rimell. Brian Fawcett dizia que Raleigh era o "tenente solidário e capaz"⁴² de Jack. Durante a guerra, os dois amigos atiravam em passarinhos no teto das casas próximas, provocando conflitos com os vizinhos e com a polícia local. Certa vez Raleigh destruiu uma caixa de correio e foi convocado pela polícia a pagar dez xelins para substituí-la. Sempre que passava pela caixa de correio, Raleigh a limpava com o lenço e proclamava: "Essa é minha, você sabe!".⁴³

Nas raras ocasiões em que Raleigh não estava presente, era Brian Fawcett que acompanhava Jack pelos lugares. Brian era diferente do irmão mais velho — na verdade diferente da maioria dos homens da família Fawcett. Não tinha talentos atléticos e costumava sofrer provocações de outros garotos até se sentir em um "estado de estupor", como ele próprio admitiu. Sofrendo à sombra do irmão, Brian recordou: "Na escola era sempre Jack que se destacava em jogos, em brigas e por enfrentar as severas punições do diretor".⁴⁴

Ainda que Nina achasse que os filhos não tinham nenhum "sentimento oculto de medo ou desconfiança"⁴⁵ em relação aos pais, Brian parecia incomodado com as atitudes do pai. Fawcett estava sempre brincando com Jack e o elogiava como um futuro explorador, chegando a dar a Jack seu mapa do tesouro do Ceilão. Em uma ocasião, Brian observou em carta à mãe que ao menos quando o pai estava viajando não havia "favoritos"⁴⁶ na casa.

Certo dia Brian foi com Jack ao quarto onde o pai guardava sua coleção de artefatos, que incluíam uma espada, machados de pedra, uma lança com ponta de osso, arcos e flechas e cascas de tartarugas. Depois de ter devorado com o irmão um saco de nozes que o cacique dos maxubi dera de presente a Fawcett, Jack pegou um mosquete lindamente trabalhado, também chamado jezail, que Fawcett encontrara no Marrocos. Curioso em saber se ainda funcionava, Jack levou o jezail para fora e carregou-o com pólvora. Em vista do tempo e da ferrugem acumulada, a arma provavelmente explodiria, com consequências fatais, e Jack contou que ele e Brian tiraram cara ou coroa para ver quem puxaria o gatilho. Brian perdeu. "Meu irmão mais velho se afastou bastante, e insistiu para que eu cumprisse a honorável obrigação de me arriscar ao suicídio",[47] relembrou Brian. "Eu puxei o gatilho, a espoleta faiscou e chiou — e parecia que nada mais iria acontecer. Mas alguma coisa *estava* acontecendo. Algum tempo depois de o gatilho ser puxado houve uma espécie de tosse alta e asmática, e uma imensa nuvem de pó vermelho foi expelida do cano!" A arma não disparou, mas Brian tinha demonstrado, ao menos por um instante, que era tão corajoso quanto o irmão mais velho.

Enquanto isso, Fawcett tentava freneticamente organizar o que chamava de "caminho para Z". Seus dois companheiros mais confiáveis não se encontravam mais disponíveis: Manley e Costin haviam se casado e pretendiam se acomodar. A perda desses homens foi um golpe que talvez somente Costin tenha entendido em todo seu significado. Ele disse à sua família que o único calcanhar de aquiles de Fawcett como explorador era sua relutância em reduzir sua marcha, e que precisava de alguém de confiança para obedecer quando a pessoa dissesse "Chega!". Costin receava que sem ele ou Manley não haveria como deter Fawcett.

Pouco depois Fawcett sofreu um revés ainda mais grave: a RSG e várias outras instituições recusaram seus pedidos de financiamento. A guerra tinha tornado difícil a captação de dinheiro para explorações científicas, mas essa não era a única razão. Agora, antropólogos e arqueólogos formados em universidades estavam substituindo os amadores de "Hints to Travellers"; a especialização tornava obsoletos homens ou mulheres que se atrevessem a tentar uma *autopsis* de todo o planeta. Um explorador da América do Sul contemporâneo de Fawcett queixou-se amargamente de que "o praticante leigo está sendo expelido do dia a dia deste nosso mundo".[48] E, embora Fawcett continuasse sendo uma lenda, a maioria dos especialistas contestava sua teoria de Z. "Não consigo induzir os homens de ciência a sequer aceitar a suposição de que haja traços de uma civilização antiga"[49] na Amazônia, escreveu Fawcett em seus diários.

Colegas já tinham duvidado de sua teoria de Z, principalmente por motivos biológicos: os indígenas seriam fisicamente incapazes de construir uma civilização complexa. Agora muitos cientistas da nova geração duvidavam dele por motivos ambientais: a geografia física da Amazônia era inóspita demais para permitir que tribos primitivas construíssem uma sociedade sofisticada. O determinismo biológico cedia cada vez mais espaço para o determinismo ambiental. E a Amazônia — o grande "falso paraíso" — era a prova mais vívida dos limites malthusianos que o ambiente impunha a uma civilização.

As crônicas dos primeiros caçadores de Eldorado citadas por Fawcett apenas confirmavam a muitos da comunidade científica que ele era um "amador". Um artigo publicado na *Geographical Review* concluía que a bacia amazônica era algo tão desolador para a humanidade que era como "um dos grandes desertos do mundo [...] comparável ao Saara".[50] O renomado antropólogo sueco Erland Nordenskiöld, que conheceu Fawcett na Bolívia, admitia que o explorador inglês era "um homem extremamente original, absolutamente destemido",[51] mas dotado de uma "imaginação sem limites". Um funcionário da RSG disse de Fawcett: "Ele é um homem visionário que às vezes diz coisas absurdas".[52] E acrescentou: "Não acredito que sua adesão ao espiritualismo tenha melhorado seu discernimento".[53]

Fawcett protestou junto a Keltie: "Lembre-se de que sou um entusiasta saudável e não um excêntrico caçador de turpente — uma referência à criatura de faz de conta do poema 'A Caça ao Turpente'",[54] de Lewis Carroll. (Segundo o poema, caçadores de turpentes geralmente "desaparecem de repente,/ Para nunca mais serem vistos".*)

No âmbito da RSG, Fawcett mantinha uma leal facção de colegas que o apoiavam, até mesmo Reeves e Keltie, que em 1921 se tornou vice-presidente da Sociedade. "Não importa o que as pessoas digam sobre você ou sobre suas 'histórias fantasiosas'",[55] disse Keltie a Fawcett. "Isso não tem importância. Existem muitos que acreditam em você."

Fawcett poderia ter persuadido seus detratores com tato e delicadeza, mas depois de tantos anos na selva ele tinha se transformado numa criatura da selva. Não se vestia de acordo com a moda, e quando estava em casa preferia dormir numa rede. Seus olhos eram fundos nas órbitas, como os de um profeta do apocalipse, e mesmo entre os excêntricos da RSG havia algo vagamente assustador em seus modos, que um funcionário definiu como "muito estranhos".[56] Quando circularam relatos na Sociedade de que ele seria exaltado demais, incontrolável demais, Fawcett grunhiu para membros do conselho: "Eu não perco a calma. Não sou tempestuoso por natureza"[57] — ainda que esse protesto já indicasse um certo descontrole.

Em 1920, depois do Ano-Novo, Fawcett usou todas as suas economias para mudar com a família para a Jamaica, alegando que queria que os filhos tivessem "uma oportunidade de crescerem num ambiente viril do Novo Mundo".[58] Embora tivesse que sair da escola, Jack, então com dezesseis anos, ficou satisfeitíssimo, porque Raleigh Rimell também tinha ido morar lá com a fa-

---

* Tradução de Álvaro Antunes, Interior Edições, 1984.

mília depois da morte do pai. Enquanto Jack trabalhava como auxiliar em uma fazenda, Raleigh dava duro numa plantação da companhia United Fruit. À noite, os dois se encontravam e planejavam seus incandescentes futuros: como escavariam o tesouro de Galla-pita-Galla no Ceilão e atravessariam a Amazônia em busca de Z.

Naquele mês de fevereiro, Fawcett partiu mais uma vez para a América do Sul, com a esperança de conseguir financiamento do governo brasileiro. O dr. Rice, cuja expedição de 1916 terminara antes do tempo devido à entrada dos Estados Unidos na guerra, estava já de volta à floresta, perto do Orinoco — uma região ao norte da que Fawcett tinha como objetivo, que por séculos havia sido considerada uma possível localização de Eldorado. Como de hábito, Rice partiu com um grupo grande e bem armado, que raramente se afastava dos principais rios. Sempre obcecado por equipamentos, tinha projetado um barco de 45 pés para superar, como ele caracterizava, "as dificuldades das correntezas intensas, fortes correntes, rochas submersas e águas rasas".[59] O barco foi enviado em partes para Manaus, como o teatro de ópera da cidade, e foi montado por trabalhadores nas imediações das docas. Rice batizou o barco de *Eleanor II* em homenagem à esposa, que o acompanhou no trecho menos perigoso da jornada. Levava também uma misteriosa caixa preta de vinte quilos, cheia de fios e botões de comando. Afirmando que aquilo iria revolucionar as explorações, ele instalou a geringonça no barco e partiu para a floresta.

Certa noite, no acampamento, ele pegou a caixa com todo cuidado e colocou-a sobre uma mesa improvisada. Usando um par de fones de ouvido e manipulando os botões de comando enquanto formigas passeavam pelas pontas dos seus dedos, ele conseguiu ouvir sons e estalidos vagos, como se alguém estivesse murmurando por trás das árvores — só que os sinais vinham dos distantes Estados Unidos. Rice os havia captado usando um aparelho de telégrafo sem fio — um dos primeiros rádios — especialmente adaptado para a expedição. O dispositivo custou cerca de 6 mil dólares, o equivalente hoje a 67 mil dólares.

Todas as noites, quando a chuva pingava das árvores e os macacos penduravam-se sobre sua cabeça, Rice montava a máquina para ouvir as notícias: que o presidente Woodrow Wilson havia sofrido um derrame, ou que os Yankees tinham comprado Babe Ruth dos Red Sox por 125 mil dólares. Embora não enviasse mensagens, o aparelho recebia sinais indicando a hora certa em diferentes meridianos ao redor do globo, de forma que Rice podia determinar as longitudes com mais precisão. "Os resultados [...] foram bem além das expectativas",[60] observou John W. Swanson, um membro da expedição que ajudava a operar o rádio. "Sabia-se a hora certa em qualquer localidade desejada e um jornal diário, com notícias recebidas de estações de rádio dos Estados Unidos, Panamá e Europa, mantinha os membros da expedição informados dos eventos correntes."

A expedição seguiu para Casiquiare, um canal natural de trezentos quilômetros que ligava os sistemas dos rios Orinoco e Amazonas. A certa altura, Rice e seus homens abandonaram os barcos e seguiram a pé para explorar uma região da selva em que se dizia existirem artefatos indígenas. Depois de abrirem uma picada de quase um quilômetro na floresta, chegaram a algumas rochas altas com estranhos sinais. Os homens logo limparam o musgo e as vinhas. Na superfície das rochas havia figuras pintadas semelhantes a corpos humanos e de animais. Sem uma tecnologia mais moderna (a datação por carbono só se tornaria disponível depois de 1949), era impossível determinar sua idade, mas eram parecidas com as antigas pinturas rupestres que Fawcett havia visto e desenhado em diagramas em seus cadernos de anotações.

Entusiasmada, a expedição voltou ao barco e continuou a subir o rio. Em 22 de janeiro de 1920, dois membros da equipe de Rice faziam uma incursão pela margem do rio quando pensaram ter visto alguém os observando. Eles correram de volta ao acampamento e soaram o alarme. Num instante, indígenas se espalharam pela margem oposta do rio. "Um indivíduo grande, forte, sombrio e medonho gesticulava violentamente e continuou gritando com raiva",[61] escreveu depois Rice em seu relato à RSG. "Um chumaço de cabelo grosso curto enfeitava seu lábio superior, e um grande dente pendia do inferior. Era o chefe de cerca de sessenta índios vistos no primeiro momento, mas a cada minuto surgiam mais deles, até que a margem ficou tomada por uma fila que se estendia até onde a vista alcançava."

Eles portavam longos arcos, flechas, porretes e zarabatanas. O mais chocante, porém, era a pele deles. Era quase "de cor branca", observou Rice. Eram integrantes da tribo Yanomami, um dos grupos chamados de índios brancos.

Em sua expedição anterior, Rice havia adotado uma abordagem cautelosa e paternalista no contato com algumas tribos. Enquanto Fawcett acreditava que os índios deviam, na maioria das situações, permanecer "descontaminados" pelos ocidentais, Rice achava que eles deveriam ser "civilizados", e ele e a esposa estabeleceram uma escola em São Gabriel, nas margens do rio Negro, e diversas clínicas geridas por missionários cristãos. Após uma visita à escola, Rice disse à RSG que a mudança na forma de "vestir, nas maneiras e na aparência geral"[62] das crianças e a "atmosfera de ordem e indústria" estavam em "chocante contraste com as esquálidas aldeias de pequenos selvagens nus" que até então existiam.

Agora, quando os yanomami se aproximavam, os homens de Rice mantinham-se em estado de alerta, empunhando armas que incluíam um rifle, uma escopeta, um revólver e uma arma de fogo de carregar pela boca. Rice espalhou facas e espelhos como presentes no chão, onde a luz podia refleti-los. Talvez por avistarem armas apontadas contra eles, os índios se recusaram a pegar os presentes; em vez disso, alguns se aproximaram dos exploradores apontando os arcos. Rice ordenou que disparassem uma rajada de alerta sobre a cabeça deles, mas aquele gesto apenas provocou os índios, que começaram a lançar flechas, uma delas quase acertando o pé do médico. Rice deu então o comando de abrir fogo — atirar para matar. Não se sabe quantos índios morreram naquele conflito. Em uma missiva à RSG, Rice escreveu: "Não havia alternativa, eles sendo os agressores, recusando todas as tentativas de diálogo ou de trégua, e provocando uma reação que resultou desastrosa para eles e decepcionante para mim".[63]

Quando os índios se retiraram sob a fuzilaria, Rice e seus homens voltaram aos barcos e fugiram. "Podíamos ouvir seus gritos tenebrosos enquanto eles nos perseguiam",[64] disse Rice. Quando a expedição afinal saiu da floresta, os exploradores foram saudados por sua coragem. Fawcett, no entanto, ficou chocado, e disse à RSG que atirar indiscriminadamente em índios era um ato repreensível. Também não pôde deixar de comentar que Rice tinha "dado no pé"[65] no momento em que encontrou perigo e que ele era "muito fraco para esse tipo de jogo".[66]

Mesmo assim, relatos de que o médico havia descoberto pinturas indígenas e que pretendia voltar à floresta com mais equipamentos provocaram um frenesi em Fawcett, que tentava levantar fundos no Brasil. No Rio de Janeiro, ele se hospedou com o embaixador britânico, sir Ralph Paget, um amigo íntimo que pressionava o governo brasileiro a seu favor. Mesmo se recusando a gastar seus poucos recursos com a expedição, a RSG recomendou seu famoso discípulo ao governo brasileiro num telegrama que dizia que "é verdade que ele tem a reputação de ser difícil de se relacionar [...] mas, assim mesmo, ele tem uma extraordinária capacidade de superar dificuldades que impediriam qualquer outro".[67]

No dia 26 de fevereiro,[68] foi marcada uma reunião com o presidente do Brasil, Epitácio Pessoa, juntamente com o famoso explorador e chefe do Serviço de Proteção aos Índios, Cândido Rondon. Fawcett apresentou-se como coronel, embora depois da guerra tivesse se aposentado como tenente-coronel. Recentemente ele havia feito uma petição para o Gabinete da Guerra britânico para aprovar sua mudança de patente, já que estava voltando à América do Sul para levantar dinheiro e aquilo fosse "uma questão de alguma importância".[69] Numa requisição posterior, Fawcett foi mais explícito: "Uma patente mais alta tem uma certa importância ao lidar com oficiais locais, pois 'tenente-coronel' não apenas é o equivalente local de 'comandante', um grau abaixo de coronel, como a patente perdeu muito de prestígio aqui devido ao grande número de oficiais temporários que a obtiveram".[70] O Gabinete da Guerra recusou seu pedido nas duas ocasiões, mas, mesmo assim, ele inflou sua patente — um subterfúgio que manteve com tanta firmeza que quase todo mundo, até amigos e familiares, acabou conhecendo-o apenas como "coronel Fawcett".

No palácio presidencial, Fawcett e Rondon cumprimentaram-se cordialmente. Rondon, que havia sido promovido a general, estava de uniforme e usava um quepe com filigranas douradas. Os cabelos embranquecidos lhe conferiam uma aparência distinta, e sua postura mantinha-se ereta como a de um poste. Conforme observou outro viajante inglês, ele impunha uma "atenção imediata — uma aura de poder e dignidade consciente que imediatamente o destacava".[71] Além do presidente, não havia mais ninguém na sala.

De acordo com Rondon, Fawcett apresentou seu caso de Z, enfatizando a importância de sua pesquisa arqueológica para o Brasil. O presidente pareceu simpático, e perguntou a Rondon o que ele achava daquele "valioso projeto". Rondon desconfiou de que seu rival, que insistia em manter sua rota em sigilo, poderia ter outros motivos — talvez de exploração de riquezas minerais da floresta para a Inglaterra. Também havia rumores, depois espalhados pelos russos na Rádio Moscou, de que Fawcett ainda era espião, embora não houvesse provas disso. Rondon insistiu em que não havia necessidade de "estrangeiros conduzirem expedições no Brasil, pois temos civis e militares muito capacitados para fazer esse trabalho".

O presidente afirmou que tinha prometido ao embaixador britânico que ajudaria. Rondon disse que era fundamental, então, que a busca por Z envolvesse uma expedição conjunta Brasil-Inglaterra.

Fawcett estava convencido de que Rondon tentava sabotá-lo, e começou a ficar irritado. "Eu pretendo ir sozinho", declarou.

Os dois exploradores se encararam. Inicialmente o presidente tomou o lado de seu conterrâneo e disse que a expedição deveria incluir homens de Rondon. Mas dificuldades econômicas forçaram o governo brasileiro a abrir mão da expedição, ainda que provendo dinheiro suficiente para Fawcett organizar uma operação básica. Antes de Fawcett se retirar da última reunião, Rondon lhe disse: "Rezo para que o coronel tenha boa sorte".

Fawcett tinha alistado para a expedição um oficial do exército britânico e um membro da RSG recomendado por Reeves, mas na última hora o oficial desistiu. Imperturbável, Fawcett[72] publicou um anúncio nos jornais e recrutou um pugilista australiano de um metro e noventa de altura chamado Lewis Brown e um ornitólogo americano de 31 anos de idade, Ernest Holt. Brown era do tipo rude atraído pela fronteira, e antes de partir com a expedição ele se entregou a prazeres sexuais. "Eu sou de carne e osso como qualquer um!",[73] disse a Fawcett. Holt, ao contrário, era um jovem sensível que em sua infância no Alabama costumava coletar cobras e lagartos e havia muito aspirava ser um explorador naturalista nos moldes de Darwin. Assim como Fawcett, ele escrevia poemas em seu diário para recitar na selva, até palavras de Kipling: "O Sonhador cujo sonho se torna realidade!". Holt escreveu também na capa de seu diário, com letras em negrito, o endereço de um parente e a frase "NO CASO DE UM ACIDENTE FATAL". Os três se encontraram em Cuiabá. Durante os seis anos em que Fawcett estivera longe da Amazônia, o ciclo da borracha tinha acabado, e um ex-presidente da Real Sociedade Geográfica, sir Clements Markham, tivera um papel central no processo. Nos anos 1870,[74] Markham conseguiu contrabandear sementes de seringueiras da Amazônia para a Europa, que foram então distribuídas em plantações nas colônias britânicas na Ásia. Comparada com a brutal, ineficiente e custosa extração de borracha silvestre na floresta, extrair borracha das plantações na Ásia era mais fácil e barato, e a produção, abundante. "Acabou a luz elétrica em Manaus",[75] escreveu o historiador Robin Furneaux. "O teatro de ópera ficou em silêncio e as joias que o preenchiam se foram [...] Morcegos-vampiros revoavam nos candelabros de palácios em ruínas e aranhas passeavam pelo chão."

Fawcett descreveu Cuiabá como "empobrecida e retrógrada",[76] um lugar que havia decaído para "pouco mais que uma cidade fantasma". As ruas estavam cobertas de lama e capim, e apenas a rua principal era iluminada por lâmpadas elétricas. Enquanto comprava provisões para sua expedição, Fawcett temia estar sendo espionado. Na verdade, o general Rondon tinha jurado que não perderia o inglês de vista até descobrir suas verdadeiras intenções. Em sua correspondência, Fawcett passou a usar cifras para não revelar sua rota. Como Nina explicou a um amigo de confiança: "Lat x + 4 para x + 5, e Long y + 2, onde 'x' é duas vezes o número de letras no nome da cidade onde ele ficou conosco, e 'y' é o número de prédios em Londres onde eu costumava visitá-lo".[77] E acrescentou: "Mantenha a chave desse código em segredo".

Fawcett recebeu uma carta de despedida de seu filho Jack, que escreveu dizendo que tivera um "sonho" em que entrava em um templo antigo numa cidade como Z. Que a "proteção" esteja "com você em todos os estágios de sua jornada",[78] disse Jack ao pai desejando-lhe boa viagem. Fawcett pediu a um intermediário local que, se sua família ou amigos "ficarem alarmados pela falta de notícias, por favor acalme-os com uma confiante declaração de que nada de mau vai acontecer e que daremos notícia assim que pudermos".[79] E em carta a Keltie ele prometeu: "Vou chegar até aquele local e voltar".[80] Seguido por seus dois companheiros, mais dois cavalos, dois bois e dois cães, Fawcett partiu então para o rio Xingu, empunhando seu machete como um cavaleiro seguraria a espada.

Logo depois, muitas coisas começaram a acontecer. Chuvas inundaram o caminho e destruíram os equipamentos do grupo. Apesar de sua aparência feroz, Brown sofreu um colapso nervoso e Fawcett, temendo outro desastre como o de Murray, despachou-o de volta a Cuiabá. Holt também teve febre, alegou ser impossível realizar qualquer trabalho de campo por causa das condições horríveis e passou a catalogar de forma obsessiva os insetos que o atacavam, até que seu diário só contivesse detalhes a respeito desse assunto. "Mais da metade doente por causa dos insetos",[81] ele escreveu, acrescentando: "Dias de trabalho pesado, noites de tortura — a vida de um explorador! Onde está agora o lado romântico?".

Fawcett estava furioso. Como chegar a qualquer lugar com "esse aleijado"?, escreveu em seus diários. Mas Fawcett, aos 53 anos de idade, também não era mais imune às forças da natureza. Sua perna começou a inchar e infeccionar, "me causando tanta dor à noite que era difícil dormir",[82] confessou em seu diário. Numa dessas noites ele tomou pílulas de ópio e se sentiu muito mal. "Era muito raro eu me sentir abatido dessa forma, e fiquei muito envergonhado de mim mesmo",[83] escreveu.

Um mês depois do início da jornada os animais começaram a morrer. "É terrível para os nervos ver os animais morrendo lentamente",⁸⁴ escreveu Holt. Um boi foi tomado por vermes, deitou-se e não mais se levantou. Um dos cães estava morrendo de fome e Holt matou-o a tiros. Um cavalo se afogou. Depois o outro cavalo caiu na trilha e Fawcett terminou sua agonia com uma bala — no local que ficou conhecido como Acampamento do Cavalo Morto. Finalmente, Holt prostrou-se diante dele e falou: "Não se preocupe comigo, coronel. Vá em frente... mas me deixe aqui".⁸⁵

Fawcett sabia que aquela expedição poderia ser sua última oportunidade para provar a teoria de Z, e amaldiçoou os deuses por conspirarem contra ele — invectivou-os por causa do clima, por seus companheiros e pela guerra que o havia deixado para trás. Fawcett percebeu que se abandonasse Holt ali ele iria morrer. "Não era nada de mais",⁸⁶ escreveu Fawcett depois, "mas levá-lo de volta e aceitar o fracasso dessa viagem — um fracasso repugnante, de pesar no coração!"

O que ele não admitia era que sua perna infeccionada tornava o progresso quase impossível. Enquanto a expedição lutava para retornar ao posto fronteiriço mais próximo, aguentando 36 horas sem água, Fawcett disse a Holt: "A saída do Inferno é sempre difícil".⁸⁷

Quando eles chegaram a Cuiabá, em janeiro de 1921, o embaixador Paget mandou um telegrama para Nina dizendo apenas: "Seu marido voltou". Nina perguntou a Harold Large: "O que você acha que isso significa? Não um fracasso, eu diria! É possível que não tenha encontrado as 'cidades perdidas', mas acho que encontrou alguma coisa importante, senão certamente não teria retornado".⁸⁸ Mas Fawcett tinha realmente retornado sem nada. O general Rondon fez uma maldosa declaração à imprensa, dizendo: "A expedição do coronel Fawcett foi encerrada⁸⁹ [...] apesar de todo seu orgulho de explorador [...] Ele voltou magro, naturalmente desapontado por ter sido forçado a se retirar antes de entrar na parte mais difícil do Xingu". Arrasado, Fawcett fazia planos de voltar à selva com Holt, que ainda estava sob contrato e cujos serviços eram tudo que ele podia conseguir. A esposa do vice-cônsul americano no Rio de Janeiro, amiga do ornitólogo, enviou uma carta a Holt implorando que ele não fosse:

> Você é um jovem forte[90] e apto, então *por que* [...] jogar sua vida fora deliberadamente como vai fazer se voltar a Mato Grosso? [...] Todos sabemos que você está profundamente interessado e tem amor à ciência, mas o que poderá fazer de bom a você e ao mundo entrar sem rumo nas profundezas do nada? [...] E quanto à sua mãe e sua irmã? Elas não merecem consideração? [...] Algum dia uma delas ou até as duas podem precisar de você, e onde você vai estar? Você não tem o direito de sacrificar sua vida pelo desejo de um homem que você não conhece. Muitas vidas são perdidas para a melhoria da humanidade, é verdade, mas em que essa viagem maluca vai ajudar ou dar qualquer coisa ao mundo?

Mesmo assim, Holt estava comprometido com o sucesso da expedição, e foi até o Rio de Janeiro para comprar suprimentos. Enquanto isso, Fawcett refletia sobre todos os aspectos do desempenho de Holt: cada reclamação, cada passo em falso, cada erro. Apesar de não ter provas, chegou a desconfiar de que Holt fosse um Judas, que mandava informações para Rice ou para algum outro rival. Fawcett mandou uma mensagem a Holt dizendo: "Infelizmente nós vivemos e pensamos em mundo diferentes e não conseguimos nos misturar, como água e óleo [...] E, como o objetivo dessa jornada vem antes de considerações pessoais, prefiro terminá-la sozinho a arriscar os resultados sem necessidade".[91]

Aturdido, Holt escreveu em seu diário: "Depois de uma associação íntima com o coronel Fawcett pelo período de um ano, eu

[...] acho que a lição mais claramente impressa na minha mente é: Nunca mais, sob nenhuma circunstância, estabelecer qualquer relação com um inglês, de jeito nenhum".[92] Holt lamentava que, em vez de ganhar fama, ele continuava sendo um "ornitólogo errante — ou talvez 'esfolador de pássaros' vagabundo seria um título mais adequado". E concluía: "Até onde vão minhas observações parciais, [Fawcett] possui três qualidades que admiro: coragem, bondade com os animais e a capacidade de esquecer conflitos rapidamente".

Fawcett contou a um amigo sobre a dispensa de mais um companheiro de expedição, que estava "convencido de que sou um lunático, tenho certeza".[93]

Agora, pela primeira vez, uma ideia começou a se firmar: *Se ao menos meu filho viesse*. Jack era forte e dedicado. Não se queixaria como um fracote chorão. Não exigiria um grande salário, nem se amotinaria. E, mais importante, acreditava em Z. "Eu ansiava pelo dia em que meu filho tivesse idade para trabalhar comigo",[94] escreveu Fawcett.

Mas naquele momento, Jack, ainda com dezoito anos, não estava pronto, e Fawcett não podia contar com mais ninguém. A escolha lógica seria adiar a jornada, mas, em vez disso, ele vendeu metade de sua pensão como militar para comprar provisões — arriscando as poucas economias de que dispunha — e elaborou um novo plano. Dessa vez ele tentaria chegar a Z pelo outro lado, indo do leste para o oeste. Começando na Bahia e passando por onde o bandeirante tinha descoberto a cidade em 1753, ele caminharia centenas de quilômetros por terra em direção à selva de Mato Grosso. Parecia um plano maluco. Até mesmo Fawcett admitiu a Keltie que, se ele fosse sozinho, "as perspectivas de retorno são diminutas".[95] Mesmo assim, em agosto de 1921 ele partiu, desacompanhado. "A solidão não é algo intolerável quando o entusiasmo por uma busca preenche a mente",[96] escreveu. Sedento e com fome, demente e delirante, ele continuou sua jornada. A certa altura avistou penhascos no horizonte distante e pensou ter visto a silhueta de uma cidade... ou sua mente estaria delirando? Seus suprimentos estavam exauridos, as pernas cansadas. Depois de três meses na floresta enfrentando a morte, ele não tinha escolha senão recuar.

"Eu preciso voltar",[97] ele jurou. "Eu *vou* voltar!"

18. Uma obsessão científica

"Você decide, Jack",[1] disse Fawcett. Os dois estavam conversando depois da volta de Fawcett de sua expedição de 1921. Enquanto ele esteve ausente, Nina tinha se mudado com a família da Jamaica para Los Angeles, onde os Rimell também estavam morando e onde Jack e Raleigh foram tomados pelo romantismo de Hollywood, emplastrando os cabelos, cultivando bigodes como o de Clarke Gable e vagando pelos cenários de Hollywood na esperança de conseguir algum papel secundário. (Jack tinha conhecido Mary Pickford e emprestado a ela seu taco de críquete para ser usado na produção de *O pequeno Lord*.) Fawcett tinha uma proposta para o filho. O coronel T. E. Lawrence — o celebrado espião e explorador do deserto mais conhecido como Lawrence da Arábia — tinha se oferecido para acompanhar o coronel em sua próxima viagem em busca de Z, mas Fawcett hesitava em aceitar um companheiro com um ego tão forte e desacostumado com a Amazônia. Como ele escreveu a um amigo: "[Lawrence] pode ser útil numa exploração da A. do Sul, mas em primeiro lugar ele provavelmente vai exigir um salário que eu não posso pagar, e em segundo lugar o excelente trabalho feito no Oriente Próximo não implica a capacidade ou vontade de carregar nas costas uma mochila de trinta quilos, viver um ano na floresta, sofrer com legiões de insetos e aceitar as condições que eu iria impor".[2] Fawcett disse a Jack que, em vez de Lawrence, ele poderia fazer parte da expedição. Seria uma das expedições mais difíceis e perigosas da história das expedições — o maior teste, nas palavras de Fawcett, "de fé, coragem e determinação".[3]

Jack não hesitou: "Eu quero ir com você".[4]

Nina, sempre presente durante essas discussões, não fez objeções. Em parte, por confiar em que os poderes aparentemente super-humanos de Fawcett protegeriam o filho, e em parte por acreditar que Jack, como herdeiro natural do pai, possuiria também habilidades semelhantes. Mas suas motivações eram ainda mais profundas: depois de tantos anos de sacrifício, duvidar do marido era o mesmo que desacreditar o trabalho de sua própria vida. Na verdade, ela precisava de Z tanto ou mais que ele. E, embora Jack não tivesse experiência em explorações e a expedição envolvesse perigos extraordinários, ela nunca considerou a possibilidade, como disse depois a um repórter, de tentar "segurar" seu filho em casa.

Claro que Raleigh também teria de ir. Jack disse que não poderia fazer a coisa mais importante de sua vida sem ele.

A mãe de Raleigh, Elsie, relutou em permitir que seu filho mais novo — seu "garoto" como ela o chamava — participasse de uma aventura tão perigosa. Mas Raleigh era insistente. Suas aspirações a uma carreira no cinema tinham dado em nada, e ele estava dando duro em pequenos trabalhos na indústria de extração de madeira. Como contou a Roger, seu irmão mais velho, ele se sentia "inquieto e insatisfeito".[5] Aquela era uma oportunidade não só de ganhar "um monte de grana", mas também de fazer algo de bom com sua vida.

Fawcett informou à RSG e a outros que agora ele tinha dois companheiros ideais ("ambos fortes como cavalos e cheios de entusiasmo"⁶) e começou mais uma vez a tentar angariar fundos. "Só posso dizer que sou um medalhista da fundação [...] e portanto merecedor de confiança",⁷ afirmou. Porém o fracasso de sua expedição anterior — embora fosse o primeiro em sua ilustre carreira — tinha dado mais munição a seus críticos. E agora sem apoio, e depois de ter gastado suas poucas economias na expedição anterior, ele se encontrava falido, como o pai. Em setembro de 1921, incapaz de sustentar o custo de vida na Califórnia, Fawcett foi forçado a desenraizar a família outra vez e retornar a Stoke Canon, na Inglaterra, onde alugou uma velha casa caindo aos pedaços, sem eletricidade nem água corrente. "Toda a água tem de ser bombeada e grandes troncos tiveram de ser serrados em blocos — tudo isso é um trabalho adicional",⁸ escreveu Nina a Large. O trabalho era massacrante. "Eu desmoronei mais ou menos cinco semanas atrás e fiquei gravemente doente", disse Nina. Parte dela queria fugir de toda aquela carga e dos sacrifícios — mas, ela declarou, "a família precisa de mim".

"A situação está difícil",⁹ admitiu Fawcett a Large. "Não se aprende muito de uma vida fácil, mas não quero envolver outras pessoas nas dificuldades que tão persistentemente me perseguem [...] Não que eu queira uma vida de luxos. Eu não ligo para essas coisas — mas odeio a inatividade."

Fawcett não tinha dinheiro para mandar Jack à universidade, e Brian e Joan deixaram de ir à escola para ajudar nos trabalhos da casa e em serviços ocasionais para ganhar dinheiro. Os dois vendiam pinturas e fotos pelas ruas, enquanto Fawcett vendia bens e objetos da família. "Meu homem na verdade sugeriu alguns dias atrás que achava melhor vender aquelas velhas cadeiras espanholas [...] se conseguirem um bom preço",¹⁰ escreveu Nina para Large. Em 1923, Fawcett estava tão pobre que não podia mais pagar sua anuidade de três libras como membro da RSG. "Gostaria do benefício do seu conselho quanto à possibilidade de eu renunciar [...] sem nenhum tipo de escândalo para um Medalhista da Fundação",[11] escreveu Fawcett a Keltie. "O fato é que essa inércia forçada e a família [...] se mudando para a Califórnia me deixaram na lona. Eu tinha esperanças de superar isso, mas essas esperanças estão se esgotando, e acho que não consigo aguentar mais." E acrescentou: "É uma queda e tanto dos meus sonhos".

Mesmo depois de Fawcett ter conseguido algum dinheiro para pagar mais um ano de dívidas, Nina estava preocupada com o marido. "PHF está profundamente desesperado",[12] confidenciou a Large.

"A impaciência do meu pai para começar sua última viagem o perturbava com uma intensidade cada vez maior",[13] relembrou mais tarde Brian. "De reticente ele se tornou quase grosseiro."

Fawcett começou a atacar a comunidade científica, por achar que todos o tinham abandonado. Ele disse a um amigo: "A ciência arqueológica e etnológica é fundada nas areias da especulação, e nós sabemos o que pode acontecer com casas assim construídas".[14] Apontava seus inimigos na RSG e detectava "traições" em toda parte. Reclamava do "dinheiro desperdiçado nessas inúteis expedições à Antártida",[15] dos "homens de ciência"[16] que tinham "à sua época ignorado a existência das Américas — e, posteriormente, da existência de Herculaneum, de Pompeia e de Troia". Dizia que "nem todo o ceticismo da cristandade vai me fazer recuar uma polegada"[17] na sua crença em Z, que conseguiria "concluir o trabalho de um jeito ou de outro, mesmo se tiver de esperar mais uma década".

Cada vez mais Fawcett se cercava de espiritualistas, que não somente confirmavam como também enfeitavam sua visão de Z. Um vidente disse a ele: "O vale e a cidade estão cheios de joias, joias espirituais, mas também com uma grande fortuna em joias verdadeiras".[18] Fawcett publicava ensaios em revistas como a *Oc-*

cult Review, em que escreveu sobre sua busca espiritual e dos "tesouros do Mundo invisível".[19] Outro explorador da América do Sul e membro da RSG disse que muita gente achava que Fawcett estava "um pouco desequilibrado".[20] Alguns o chamavam de "maníaco científico".[21] Fawcett contribuiu com um ensaio para a revista espiritualista *Light*, intitulado "Obsessão". Sem mencionar sua própria ideia fixa, ele descreveu a forma como "tempestades mentais"[22] podiam consumir uma pessoa como uma "temível tortura". "Sem dúvida a obsessão é o diagnóstico para muitos casos de loucura", concluiu.

Em suas preocupações diárias, Fawcett concebeu vários esquemas exóticos para levantar dinheiro para sua expedição — extrair nitrato no Brasil, prospectar óleo na Califórnia. "O Sindicato dos Mineiros deu em nada"[23] porque era "um ninho de cobras", escreveu Fawcett a Large em outubro de 1923.

Jack contou a outro membro da família: "Parecia que um gênio maligno estava tentando erguer todos os obstáculos possíveis no caminho dele".[24]

Ainda assim, Jack continuou treinando para o caso de aparecer dinheiro de repente. Sem a influência da cabeça fresca de Raleigh, ele adotou o ascetismo do pai e deixou de consumir carne e álcool. "Há algum tempo eu adotei a ideia de que devo me impor um desafio com imensas dificuldades, que exija um tremendo esforço espiritual",[25] escreveu a Esther Windust, uma teosofista amiga da família. "Com grandes esforços, estou conseguindo me dar bem e já senti os benefícios." E acrescentou: "Aprecio imensamente a vida e os ensinamentos de Buda [que] me surpreenderam com sua concordância absoluta com minhas próprias ideias. Dá para perceber que ele não concordava com credos e dogmas".

Um frequentador da casa ficou impressionado com a figura de Jack: "A capacidade de amar[26] — e sua restrições um tanto ascéticas — faz lembrar os cavaleiros do Graal".

Enquanto isso, Fawcett tentava manter a fé de que cedo ou tarde "os deuses me aceitarão para o trabalho".[27] A certa altura, seu amigo Rider Haggard disse que tinha algo importante para dar de presente ao explorador. Era um ídolo de pedra de mais ou menos 15 centímetros de altura, com olhos amendoados e hieróglifos gravados no peito. Haggard o havia mantido em sua mesa enquanto escrevia seu livro *When the world shook* [Quando o mundo tremeu], e disse que o tinha ganhado de alguém do Brasil que acreditava que a estatueta tinha sua origem nos índios do interior. Fawcett ficou com o ídolo e fez com que fosse examinado por vários especialistas de museus. A maioria achou que fosse falso, mas o desesperado Fawcett mostrou-o também a uma médium e concluiu que poderia ser uma relíquia de Z.

Na primavera de 1924, Fawcett ficou sabendo que o dr. Rice, com os fundos de sua conta bancária sem limite, estava montando uma das mais extraordinárias expedições já organizadas, com um time que refletia a nova demanda por especialistas. Incluía peritos em botânica, zoologia, topografia, astronomia, geografia e medicina, além de um dos mais destacados antropólogos do mundo, o dr. Theodor Koch-Grünberg, e Silvino Santos, considerado o primeiro cinegrafista da Amazônia. Mais espantoso ainda era o arsenal de equipamentos da expedição. Havia o *Eleanor II* e mais um barco elegante, e um novo sistema de rádio sem fio, capaz não apenas de receber como também de enviar sinais. No entanto, não foram esses objetos que criaram a maior sensação. Como relatou o *New York Times*, o médico estava levando também um hidroplano de três lugares com 160 cavalos de força, seis cilindros e hélice de carvalho, com um conjunto completo de câmeras aéreas.

Fawcett acreditava que o equipamento de Rice teria limitações na Amazônia: os rádios da época eram tão volumosos que confinariam a expedição aos barcos, e as observações e fotografias aéreas dificilmente conseguiriam penetrar a cobertura das árvores. Havia ainda o risco de aterrissar o avião em áreas hostis. O *Times* relatou que o hidroplano do médico era carregado com "um suprimento de bombas"[28] que seriam usadas para "assustar os índios canibais" — uma tática que horrorizou Fawcett. De qualquer forma, Fawcett sabia que um aeroplano poderia levar até o mais inepto explorador a lugares extremos. Rice proclamava que "todo o método de exploração e mapeamento geográfico será revolucionado".[29] A expedição — ou pelo menos o filme que Santos planejava produzir — foi chamada de *No rastro de Eldorado*. Embora ainda acreditasse que seu rival continuava procurando Z muito ao norte, Fawcett ficou petrificado.

Naquele mês de setembro, enquanto Rice e sua equipe se encaminhavam para a Amazônia, Fawcett conheceu um audacioso correspondente de guerra britânico e ex-membro da RSG chamado George Lynch. Com boas relações tanto nos Estados Unidos como na Europa, ele frequentava o Savage Club de Londres, onde artistas e escritores se reuniam para conversar em torno de drinques e charutos. Fawcett considerou Lynch, que estava com 56 anos de idade, um "homem altamente respeitável, de caráter impecável e excelente reputação".[30] Ademais, Lynch ficou encantado com a ideia de encontrar Z.

Em troca de uma percentagem nos lucros oriundos da expedição, Lynch, que era um vendedor bem mais competente que Fawcett, se ofereceu para ajudar a levantar o dinheiro. Fawcett tinha concentrado a maior parte de seus esforços para a obtenção de fundos na RSG, com suas limitações financeiras. Agora, com a ajuda de Lynch, ele iria buscar apoio nos Estados Unidos, aquele novo e ágil império que expandia suas fronteiras e dispunha de capital. Em 28 de outubro, Jack escreveu a Esther Windust e disse que Lynch havia partido para a América "para entrar em contato com milionários".[31] Percebendo o poder da lenda de Fawcett e o valor comercial de sua história — "a mais bela história de exploração que já deve ter sido escrita na nossa época",[32] como definia Fawcett —, Lynch inicialmente procurou seus contatos na mídia.

Em poucos dias ele já tinha garantido milhares de dólares vendendo os direitos de sua reportagem sobre a expedição de Fawcett para a North American Newspaper Alliance, ou NANA — um consórcio de publicações com presença nas maiores cidades dos Estados Unidos e do Canadá. O consórcio — que incluía o *New York World*, *Los Angeles Times*, *Houston Chronicle*, *Times-Picayune* e *Toronto Star* — era conhecido por conceder credenciais a repórteres não profissionais que pudessem enviar despachos chamativos de locais exóticos e perigosos. (Mais tarde o consórcio contratou Ernest Hemingway como correspondente estrangeiro durante a Guerra Civil da Espanha e financiou expedições como a de Thor Heyerdahl, que em 1947 atravessou o Pacífico numa jangada.) Enquanto os exploradores escreviam em geral suas aventuras depois do fato ocorrido, Fawcett deveria enviar mensageiros indígenas com despachos *durante* a sua jornada — até, se possível, da "própria cidade proibida", como noticiou um jornal.

Lynch também vendeu os direitos da expedição de Fawcett a jornais do mundo todo, de forma que dezenas de milhares de pessoas em praticamente todos os continentes leriam sobre a sua jornada. Embora precavido contra a banalização de seus esforços científicos traduzidos em "jornalês", como ele chamava, Fawcett não estava recusando nenhum financiamento, isso sem mencionar a garantia de sua glória. O que o deixou mais feliz, no entanto, foi um telegrama de Lynch informando que sua proposta estava gerando entusiasmo equivalente entre prestigiosas instituições científicas americanas. Não apenas aquelas fundações tinham mais dinheiro que muitas de suas contrapartes na Europa como também eram mais abertas às teorias de Fawcett. O diretor da Sociedade Geográfica Americana, o dr. Isaiah Bowman, tinha participado da expedição de Hiram Bingham que descobriu Machu Picchu, cidade que os cientistas da época não esperavam encontrar. Bowman disse a um repórter: "Conhecemos o coronel Fawcett há muitos anos e o consideramos um homem de caráter sólido e da mais alta integridade. Temos a maior confiança, tanto em sua capacidade quanto em sua competência e credibilidade como cientista".[33] A Sociedade Geográfica Americana fez uma doação de mil dólares; o Museu do Índio Americano doou mais mil.

No dia 4 de novembro de 1924, Fawcett escreveu a Keltie dizendo: "Pelos telegramas e cartas de Lynch, creio que todo esse caso [...] está incendiando a fantasia dos americanos. Suponho que seja o traço romântico que tem formado e sem dúvida continuará formando os impérios".[34] Alertando sobre o que poderia se transformar em "um Colombo moderno surgido na Inglaterra",[35] Fawcett ofereceu à Sociedade uma última chance de apoiar a missão. "A RSG fez de mim um explorador, e não gostaria que ficasse fora"[36] de uma expedição que por certo fará história, declarou. Finalmente, com Keltie e outros trabalhando a seu favor, e com cientistas ao redor do mundo gravitando em torno da possibilidade de Z, a Sociedade votou por apoiar a expedição e ajudar com o fornecimento de equipamentos.

O total levantado chegou a quase 5 mil dólares — menos que o custo de um dos rádios do dr. Rice. Não era suficiente para pagar salários a Fawcett, Jack ou Raleigh, e boa parte do financiamento dos jornais só seria paga após a conclusão da viagem. "Se eles não voltarem, não haverá nada"[37] para sustentar a família, escreveu depois Nina a Large.

"Não é uma quantia capaz de inspirar muitos exploradores",[38] disse Fawcett a Keltie. Mas acrescentou, em outra carta: "De certa forma estou muito contente pelo fato de nenhum de nós três ganharmos um centavo se a viagem não for bem-sucedida, pois ninguém pode dizer que estamos atrás de dinheiro nessa perigosa jornada. Trata-se de uma pesquisa honesta e científica que vale por seu interesse e por seu valor excepcional".[39]

Fawcett e Jack fizeram uma visita à RSG, onde todo o mal-estar e todas as frustrações pareciam ter evaporado. Todos lhes desejaram boa sorte. Reeves, o curador de mapas da Sociedade, relembrou depois que Jack era "um jovem muito simpático: um bom físico, alto e forte, muito parecido com o pai".[40] Fawcett expressou sua gratidão a Reeves e a Keltie, que nunca deixaram de apoiá-lo. "Vou gostar muito de contar a história a vocês daqui a três anos",[41] declarou.

Em Stoke Canon, Fawcett, Jack e o restante da família estavam envolvidos em planos e bagagens. Ficou decidido que Nina e Joan, então com catorze anos, se mudariam para a Ilha da Madeira, em Portugal, onde a vida era mais barata. Desolado por não ter sido escolhido pelo pai para a expedição, Brian tinha começado a se dedicar à engenharia ferroviária. Com a ajuda de Fawcett, arranjou emprego numa companhia ferroviária no Peru e foi o primeiro a partir para a América do Sul. A família acompanhou Brian, com apenas dezessete anos, até a estação do trem.

Fawcett disse a Brian que ele seria o responsável por Nina e pela irmã durante a expedição, e que qualquer ajuda financeira que pudesse suprir os ajudaria a sobreviver. A família fazia planos para o regresso de Fawcett e Jack como heróis. "Em dois anos eles estariam de volta, e por ocasião da minha primeira licença nós todos nos encontraríamos novamente na Inglaterra",[42] lembrou Brian mais tarde. "Depois disso, poderíamos estabelecer o lar da família no Brasil, onde sem dúvida estará o trabalho dos anos futuros." Brian despediu-se da família e subiu no trem. Quando a locomotiva partiu, ele olhou pela janela e ficou observando seu pai e seu irmão desaparecerem de vista.

Em 3 de dezembro de 1924, Fawcett e Jack despediram-se de Joan e Nina e embarcaram no *Aquitania* com destino a Nova

York, onde se encontrariam com Raleigh. O caminho até Z parecia seguro. No entanto, quando aportaram em Nova York uma semana depois, Fawcett ficou sabendo que Lynch, seu sócio de "caráter inimputável" nos negócios, tinha se isolado no hotel Waldorf-Astoria, bêbado e rodeado por prostitutas. "[Ele] sucumbiu à atração das onipresentes garrafas nesta Cidade da Proibição",[43] escreveu Fawcett à RSG, dizendo que Lynch "deve ter sofrido de aberração alcoólica. Pode ser mais do que isso, pois ele estava sexualmente perturbado".[44] A aberração custou mais de mil dólares dos fundos da expedição, e Fawcett temia que a missão pudesse terminar antes de ter começado. Mas aquela aventura já havia se transformado numa sensação internacional, fazendo com que John D. Rockefeller Jr., filho do bilionário fundador da Standard Oil e aliado do dr. Bowman, desse um passo à frente com um cheque de 4500 dólares, para que "o plano possa ser iniciado imediatamente".[45]

Com o caminho para Z aberto outra vez, Fawcett nem conseguiu mais descarregar sua notória fúria sobre Lynch, que havia retornado a Londres em desgraça. "Ele deu início a esta exploração, e por isso merece créditos, e às vezes Os Deuses escolhem curiosos agentes para seus propósitos",[46] escreveu Fawcett à RSG. E disse ainda: "Acredito muito na Lei da Compensação".[47] Ele tinha certeza de ter sacrificado tudo que tinha a dar para chegar a Z. Agora esperava receber o que chamava de "a honra da imortalidade".[48]

19. Uma pista inesperada

"Sim, eu já ouvi falar do Fawcett", disse um guia brasileiro que oferecia excursões na Amazônia. "Não é aquele que desapareceu em busca de Eldorado ou coisa parecida?" Quando mencionei que estava procurando um guia que me ajudasse a rastrear a rota de Fawcett em busca de Z, ele respondeu que estava "muito ocupado", o que me pareceu uma forma educada de dizer "Você está completamente louco".

Era difícil encontrar alguém que, além de estar disposto a fazer a viagem na selva, também tivesse ligações com as comunidades indígenas do Brasil, que funcionam quase como países autônomos, com suas próprias leis e conselhos governamentais. A história da interação entre brancos e índios na Amazônia pode ser vista como um extenso epitáfio: tribos foram dizimadas por doenças e massacres; idiomas e canções foram obliterados. Uma das tribos passou a enterrar suas crianças vivas para poupá-las da vergonha de serem subjugadas. Mas algumas tribos, incluindo as dezenas que permanecem sem contato, conseguiram se isolar na floresta. Nas décadas recentes, em que muitos povos indígenas se organizaram politicamente, o governo brasileiro deixou de tentar "modernizá-los" e tem trabalhado de forma mais eficiente para protegê-los. Como resultado, algumas tribos amazônicas têm prosperado, especialmente as da região de Mato Grosso, onde Fawcett desapareceu. A população, depois de ter sido dizimada, está crescendo outra vez, e as linguagens e os costumes têm resistido.

A pessoa que afinal consegui convencer a me acompanhar foi Paulo Pinage, um ex-dançarino profissional de samba e diretor de teatro de 52 anos. Embora não tivesse descendência indígena, Paulo já tinha trabalhado na Funai, a agência que sucedeu ao Serviço de Proteção aos Índios de Rondon. Paulo partilhava de seu édito "Morrer se necessário for! Matar nunca!". Durante a nossa conversa inicial pelo telefone, perguntei se poderíamos entrar na mesma região em que Fawcett estivera, inclusive na parte que agora pertence ao Parque Nacional do Xingu, a primeira reserva indígena do Brasil, criada em 1961. (O parque, juntamente com as reservas adjacentes, é do tamanho da Bélgica e um dos maiores espaços florestais sob controle de índios no mundo.) Paulo respondeu: "Eu posso levar você até lá, mas não é fácil".

Ele explicou que para entrar em território indígena era necessário negociar com líderes tribais. Pediu que enviasse atestados médicos para provar que eu não tinha nenhuma doença contagiosa. Depois começou a entrar em contato com vários caciques em meu nome. Muitas tribos da floresta agora têm rádios de ondas curtas, uma versão mais moderna do que a que Rice usou, e durante semanas nossas mensagens iam e voltavam, com Paulo garantindo que eu era um repórter, não um garimpeiro. Em 2004,[1] 29 mineradores de diamantes invadiram uma reserva no oeste do Brasil, e membros da tribo Cinta Larga os mataram a tiros e a bordunadas.

Paulo pediu que eu me encontrasse com ele no aeroporto de Cuiabá. Embora nenhuma tribo tivesse concordado com minha visita, ele parecia otimista quando me cumprimentou. Carregava diversas sacolas de plástico, em vez de mala ou mochila, e tinha um cigarro pendurado nos lábios. Usava um colete de camuflagem com uma miríade de bolsos cheios de utensílios: um canivete suíço, remédio japonês contra coceira, uma lanterna, um saco de amendoins, e mais cigarros. Parecia alguém voltando de uma expedição, não partindo para uma. O colete estava roto, o rosto era ossudo e coberto por uma barba mesclada de cinza, e a cabeça raspada estava queimada de sol. A pronúncia era titubeante, mas ele falava com a mesma velocidade com que fumava. "Vem, vem, vamos embora", falou. "Paulo vai cuidar de tudo."

Pegamos um táxi até o centro de Cuiabá, que não era mais a "cidade-fantasma" que Fawcett havia descrito, mostrando agora um ar de modernidade, com ruas pavimentadas e uns poucos e modestos arranha-céus. Os colonizadores brasileiros foram inicialmente atraídos para o interior pelo ouro e pela borracha. Agora a principal tentação era o alto preço dos produtos agrícolas e pecuários, e a cidade servia de ponto de partida para esses novos pioneiros.

Nós nos hospedamos num hotel chamado El Dorado ("Estranha coincidência, não?", comentou Paulo) e começamos os preparativos. Nosso primeiro desafio era fazer uma adivinhação correta da rota de Fawcett. Informei a Paulo sobre minha viagem à Inglaterra e tudo que Fawcett tinha feito — inclusive as falsas pistas e o uso de códigos — para esconder seu curso.

"Esse coronel teve muito trabalho para esconder algo que ninguém nunca encontrou", observou Paulo.

Abri os documentos que tinha obtido dos arquivos britânicos sobre uma mesa de madeira. Entre eles havia cópias de diversos mapas originais de Fawcett. Eram minuciosos, lembrando pinturas pontilhistas. Paulo pegou um deles e o examinou por vários minutos sob a luz. Fawcett tinha escrito "INEXPLORADO" em letras grandes acima de um desenho mostrando florestas entre o rio Xingu e dois outros grandes afluentes do Amazonas. Em outro mapa ele acrescentou várias anotações: "pequenas tribos [...] consta que são amistosas"; "tribos de índios muito maus — nomes desconhecidos"; "índios provavelmente perigosos".

Um dos mapas parecia ter sido mal desenhado por alguma razão, e Paulo perguntou se Fawcett tinha feito aquele também. Expliquei que uma das anotações indicava que aquele mapa — que eu tinha encontrado entre vários documentos antigos da North American Newspaper Alliance — era de Raleigh Rimell, que o tinha dado à mãe com a rota da expedição. Embora Raleigh[2] tivesse feito a mãe prometer destruí-lo após a partida, ela tinha ficado com o mapa.

Paulo e eu concordamos em que os documentos confirmavam que Fawcett e sua equipe, depois de saírem de Cuiabá, tinham seguido para o norte, em direção ao território dos índios bakairi. De lá prosseguiram até o Acampamento do Cavalo Morto para depois, segundo as indicações, penetrarem fundo no que é hoje o Parque Nacional do Xingu. Na rota que havia fornecido em confiança à Real Sociedade Geográfica, Fawcett escreveu que seu grupo viraria para o leste por volta do paralelo 11 ao sul do equador e continuaria pelo Araguaia, passando pelo rio da Morte, até chegar ao oceano Atlântico. Fawcett observou em sua proposta que era preferível manter uma trajetória para o leste, em direção às regiões costeiras do Brasil, já que aquilo "preservaria um nível mais alto de entusiasmo do que entrar cada vez mais na selva".[3]

Mas um dos segmentos da rota desenhada por Raleigh parecia contradizer isso. No rio Araguaia, indicava Raleigh, a expedição faria uma volta brusca para o norte, em vez de continuar para o leste, e passaria de Mato Grosso do Sul para o estado do Pará, antes de sair perto da foz do rio Amazonas.

"Talvez Raleigh tenha se enganado", disse Paulo.

"Foi o que eu também pensei", respondi. "Mas depois eu li isso aqui."

Mostrei a ele a última carta que Jack tinha mandado para a mãe. Paulo leu a linha que eu tinha destacado: "A próxima vez que eu escrever provavelmente vai ser do Pará".

"Acho que Fawcett manteve essa última parte da rota em segredo até da RSG", falei.

Paulo parecia cada vez mais intrigado com Fawcett, e com uma caneta preta começou a traçar a rota de Fawcett num papel em branco, ticando com entusiasmo cada uma de nossas destinações pretendidas. Finalmente ele tirou o cigarro da boca e disse: "Vamos a Z, certo?".

20. Não tenha medo

O trem rangia em direção à fronteira. No dia 11 de fevereiro de 1925, Jack, Fawcett e Raleigh partiram do Rio de Janeiro para uma jornada de mais de 1500 quilômetros até o interior do Brasil. No Rio, eles ficaram hospedados no hotel Internacional, onde testaram seus equipamentos no jardim, e de onde virtualmente tudo que fizeram foi narrado em jornais do mundo inteiro. "Pelo menos 40 milhões de pessoas já [estão] sabendo do nosso objetivo",[1] escreveu Fawcett a seu filho Brian, extasiado com a "tremenda" publicidade. Havia fotografias dos exploradores com títulos como "Três homens enfrentam canibais em busca de relíquia". Um dos artigos dizia: "Nenhum competidor das Olimpíadas treinou tanto para se preparar como esses três ingleses prosaicos e reservados, cujo caminho para um mundo esquecido é ameaçado por flechas, pestilência e animais selvagens".[2]

"Não são engraçadas essas notícias da expedição nos jornais ingleses e americanos?",[3] escreveu Jack ao irmão.

Temerosas pelo desaparecimento daquele grupo tão ilustre em seu território, autoridades brasileiras[4] exigiram que Fawcett assinasse uma declaração isentando-as de responsabilidade, o que ele fez sem hesitar. "Eles não querem sofrer pressões [...] se não retornarmos",[5] contou Fawcett a Keltie. "Mas todos nós vamos retornar — apesar da minha resistência aos 58 anos de idade." A despeito dessas preocupações, o governo e os cidadãos do Brasil receberam os exploradores calorosamente: o grupo teve acesso a transporte gratuito até a fronteira, em trens reservados a dignitários — com vagões luxuosos, com bar e banheiros privados. "Fomos recebidos com muita simpatia e boa vontade",[6] informou Fawcett à RSG.

Mas Raleigh parecia estar um tanto desanimado. Durante a viagem de navio ele tinha se apaixonado, supostamente pela filha de um duque britânico.[7] "Fiquei conhecendo uma garota a bordo, e com o passar do tempo nossa amizade aumentou até eu admitir que aquilo estava ameaçando se transformar em algo sério",[8] ele confessou numa carta a Brian Fawcett. Raleigh quis conversar com Jack sobre aquelas turbulentas emoções, mas seu melhor amigo, que tinha se tornado ainda mais sacerdotal com o treinamento para a expedição, reclamou que ele estava "se fazendo de bobo". Em vez de estar concentrado em sua aventura com Jack, agora Raleigh só conseguia pensar naquela... *mulher.*

"[O coronel] e Jack estão ficando muito ansiosos, com medo de que eu fuja para casar ou coisa do gênero!",[9] escreveu Raleigh. Na verdade ele pensou em se casar no Rio, mas Fawcett e Jack o dissuadiram. "Recuperei o juízo e percebi que sou integrante de uma expedição, que não poderia levar uma esposa comigo", contou Raleigh. "Eu tinha de me afastar dela com delicadeza e cuidar das coisas."

"[Raleigh] está muito melhor agora",[10] escreveu Jack. Mesmo assim ele perguntou a Raleigh, preocupado: "Imagino que quando voltarmos você se casa um ano depois?".[11]

Raleigh respondeu que não iria fazer promessas, mas depois esclareceu: "Eu não pretendo ficar solteiro a vida inteira, mesmo que Jack queira isso!".[12]

Os três exploradores pararam por uns dias em São Paulo e visitaram o Instituto Butantan, um dos maiores criadouros de cobras do mundo. Os funcionários fizeram uma série de demonstrações para os exploradores, mostrando as formas de ataque de diversos predadores. A certa altura, um atendente enfiou um gancho comprido numa gaiola e retirou uma surucucu letal para que Jack e Raleigh examinassem suas presas. "Esguichou um bocado de veneno",[13] escreveu depois Jack ao irmão. Fawcett conhecia bem as cobras da Amazônia, mas ainda assim achou a apresentação instrutiva, anexando suas anotações em um dos despachos para a North American Newspaper Alliance. ("Uma picada de cobra que sangra não é venenosa. Dois furos, mais uma mancha azulada e sem sangue, é sinal de veneno."[14])

Antes de ir embora, Fawcett ganhou o que mais desejava: soros antiofídicos com cinco anos de validade, armazenados em frascos marcados como "cascavéis", "víboras" e espécies "desconhecidas". Ganhou de presente também uma seringa hipodérmica para injetar os medicamentos.

Depois que funcionários do governo em São Paulo ofereceram aos exploradores o que Jack descreveu como um "ótimo bota-fora", os três ingleses tomaram outro trem para o oeste, em direção ao rio Paraguai, na fronteira entre o Brasil e a Bolívia. Fawcett tinha feito a mesma viagem em 1920, com Holt e Brown, e aquela paisagem familiar intensificou ainda mais sua impaciência crônica. Enquanto faíscas rascavam os trilhos, Jack e Raleigh olhavam pela janela, observando os pântanos e as florestas passarem, imaginando o que iriam encontrar mais adiante. "Vi umas coisas bem interessantes",[15] escreveu Jack. "Nas pastagens havia muitos papagaios, e vimos dois bandos [...] de jovens emas (pássaros parecidos com avestruzes) que variavam de um a dois metros de altura. Avistamos rapidamente uma teia de aranha numa árvore, com uma aranha mais ou menos do tamanho de um pardal no meio." Ao avistar jacarés nas margens, ele e Raleigh pegaram os rifles e tentaram atirar nos animais do trem em movimento.

A imensidão da paisagem deixou Jack espantado, e ele às vezes desenhava o que via como se isso pudesse ajudá-lo a entender melhor, um hábito incutido nele pelo pai. Uma semana depois os homens chegaram a Corumbá, uma cidade fronteiriça perto da divisa com a Bolívia, não longe de onde Fawcett tinha conduzido boa parte de sua primeira exploração. Aquilo marcou o fim da ferrovia e das luxuosas acomodações dos exploradores, e naquela noite eles se hospedaram num hotel ordinário. "A organização dos lavatórios aqui é bem primitiva",[16] escreveu Jack à mãe. "A combinação de [privada] com chuveiro é tão imunda que a gente tem de olhar bem onde pisa; mas papai diz que devemos esperar coisa muito pior em Cuiabá."

Quando Jack e Raleigh ouviram uma comoção fora do hotel, eles viram, sob a luz do luar, figuras seguindo em cortejo para baixo e para cima na única rua viável da cidade, cantando e dançando. Era a última noite do Carnaval. Raleigh, que gostava de ficar fora bebendo "vários coquetéis excelentes", entrou na folia. "A propósito, estou dançando muito bem",[17] ele informou ao irmão. "Você provavelmente vai me achar um cabeça fresca, hein, mas imagino que vou ter muito pouca chance de me distrair nos próximos vinte meses ou coisa assim."

No dia 23 de fevereiro, Fawcett pediu a Jack e a Raleigh que passassem o equipamento para o *Iguatemi*, um barco sujo e pequeno ancorado no rio Paraguai que seguiria com destino a Cuiabá. Raleigh apelidou o barco de "banheirinha". Sua capacidade era de vinte passageiros, porém mais do dobro já se apinhava a bordo. O ar recendia a suor e madeira queimada da caldeira. Não havia aposentos particulares, e os homens tinham de disputar espaço no convés para pendurar as redes.

Enquanto o barco navegava em direção ao norte, Jack praticava seu português com outros passageiros, mas Raleigh não tinha nem ouvido nem paciência para aprender mais do que "por favor" e "obrigado". "Raleigh é um sujeito engraçado",[18] escreveu Jack. "Chama o português de 'essa maldita língua tagarelada' e nem tenta entender nada. E ainda fica bravo porque eles não falam inglês."

Quando anoitecia, a temperatura caía abruptamente, e os exploradores dormiam com camisas extras, calças e meias. Eles decidiram não mais se barbear, e logo seus rostos estavam cobertos de pelos. Jack achava que Raleigh parecia "um fora da lei, como se vê nos filmes do Velho Oeste no cinema".[19]

Quando o barco entrou no rio São Lourenço e depois no rio Cuiabá, os jovens foram apresentados ao espectro dos insetos da Amazônia. "Na noite de quarta-feira eles invadiram o barco em nuvens",[20] escreveu Jack. "O teto do lugar onde comemos e dormimos ficou preto — literalmente preto — de mosquitos! Tivemos que dormir com a camisa cobrindo a cabeça, sem um furo para respirar, os pés enrolados em outra camisa e uma capa sobre o corpo. Cupins e formigas também são umas pestes. Eles nos invadiram horas atrás, esvoaçando perto das lâmpadas até perderem as asas, para depois rastejarem no chão e na mesa aos milhões." Raleigh insistia em que os mosquitos eram "quase grandes o suficiente para nos subjugar".[21]

O *Iguatemi* navegava lentamente pelo rio, tão lentamente que a certa altura até uma canoa o ultrapassou. Os rapazes queriam fazer exercícios, mas não havia espaço a bordo, e tudo que podiam fazer era ficar olhando para os intermináveis pântanos. "Cuiabá vai ser um paraíso depois disso",[22] escreveu Jack para a mãe. Dois dias depois ele acrescentou: "Papai diz que essa é a viagem de rio mais tediosa e aborrecida que já fez na vida".[23]

Em 3 de março, oito dias depois de partir de Corumbá, o *Iguatemi* chegou a Cuiabá, que Raleigh definiu como "um buraco esquecido por Deus [...] que é melhor ser visto com os olhos fechados!".[24]

Fawcett escreveu que eles haviam chegado ao "ponto de partida" para a selva e esperariam várias semanas até o término da estação das chuvas para "a realização do grande propósito". Embora detestasse esperar, Fawcett não se atrevia a partir antes da estação seca, como tinha feito de forma desastrosa em 1920 com Holt. E ainda havia coisas a fazer — provisões a ser compradas e mapas a ser estudados. Jack e Raleigh tentaram estrear suas novas botas em caminhadas pela mata ao redor. "Os pés de Raleigh estão cobertos de esparadrapos da Johnson, mas ele está mais animado que nunca agora [que] nos aproximamos do dia da partida", disse Jack. Os dois levavam os rifles e praticavam tiro ao alvo, disparando em objetos como se eles fossem onças ou macacos. Fawcett recomendou que economizassem munição, mas eles estavam tão entusiasmados que gastaram vinte cartuchos na primeira incursão. "[Que] algazarra infernal!",[25] exclamou Jack falando do barulho.

Raleigh vangloriava-se[26] de ser um bom atirador — "mesmo que seja eu a dizer isso".

Nas refeições, os dois jovens comiam porções extras. Jack chegou até a interromper sua dieta vegetariana, comendo frango e carne vermelha. "Estamos nos alimentando bem agora",[27] ele contou à mãe, "e espero ganhar uns cinco quilos antes de partir, pois precisamos desse peso a mais para nos sustentar nos períodos de fome durante expedição."

Um missionário americano que estava passando algum tempo em Cuiabá possuía vários exemplares da *Cosmopolitan*, a revista popular de propriedade de William Randolph Hearst. Raleigh e Jack trocaram alguns livros por elas, que mostravam um mundo que os jovens sabiam que não veriam por pelo menos dois anos. As edições daquela época mostravam anúncios de latas de sopa de tomate Campbell's de doze centavos de dólar e da American Telephone & Telegraph Company ("Em vez de falar por uma partição, pode-se falar através de um continente"), e aquelas lembranças de casa pareciam deixar Raleigh "sentimental", como ele definiu. As revistas traziam também envolventes histórias de aventuras, até mesmo "The thrill of facing eternity", na qual o narrador perguntava: "O que sei eu do medo? O que sei eu da coragem? [...] Até finalmente enfrentar uma crise na qual nenhum homem sabe como vai se comportar".

Em vez de confrontar suas próprias reservas de coragem, Jack e Raleigh preferiam pensar no que fariam quando voltassem da expedição. Os dois tinham certeza de que a jornada os deixaria ricos e famosos, mas suas fantasias eram mais de rapazes do que de homens. "Pretendemos comprar motocicletas e passar umas boas férias em Devon, reencontrando nossos amigos e visitando locais mal-assombrados",[28] explicou Jack.

Certa manhã eles acompanharam Fawcett para comprar animais de carga de um fazendeiro local. Apesar de reclamar que estava sempre sendo "enganado", Fawcett comprou quatro cavalos e oito jumentos. "Os cavalos são razoáveis, mas as mulas são muito *fracas*",[29] disse Jack em carta à sua casa, mostrando a palavra em português que acabara de aprender. Jack e Raleigh logo deram nomes aos animais: uma obstinada mula era Gertrude; outra, com a cabeça em forma de bala, era Dumdum; e uma terceira, com um ar de animal desamparado, era Sorehead. Fawcett comprou também dois cães de caça que, segundo ele, "tinham os nomes ridículos de Pastor e Chulim".

Àquela altura, quase todo mundo na remota capital já sabia dos famosos ingleses. Alguns moradores entretinham Fawcett com lendas sobre cidades ocultas. Um homem contou que trouxera recentemente um índio da selva que, ao ver as igrejas de Cuiabá, tinha observado: "Isso não é nada, na minha floresta existem prédios muito maiores e mais grandiosos que esses. Eles têm portas e janelas de pedra. O interior é iluminado por um grande quadrado de cristal num pilar. O brilho é tão intenso que ofusca a vista".[30] Fawcett sentia-se grato a qualquer visão que pudesse confirmar a sua, por mais absurda que fosse. "Não vi nenhuma razão para me afastar nem um fio de cabelo da teoria de Z",[31] escreveu a Nina.

Mais ou menos nesse período Fawcett ficou sabendo das primeiras notícias da expedição do dr. Rice. Durante várias semanas não houvera relatos a respeito do grupo, que estava explorando um afluente do rio Branco, cerca de trezentos quilômetros ao norte de Cuiabá. Muitos temiam que os homens tivessem desaparecido. Mas um operador de radioamador de Caterham, na Inglaterra, captou sinais vindos dos confins da Amazônia em seu receptor Morse sem fio. O operador garatujou uma mensagem:

> Progresso lento,[32] devido a condições físicas extremamente difíceis. Pessoal da expedição chega a mais de cinquenta. Impossibilitado de usar hidroplano nas águas rasas no momento, objetivos da expedição sendo alcançados. Tudo bem. Mensagem enviada pelo sem fio da expedição. Rice.

Outra mensagem relatava que o dr. Theodor Koch-Grünberg, o famoso antropólogo do grupo, tinha morrido de malária. Rice anunciou pelo rádio sem fio que estava para lançar o hidroplano, embora o aparelho tivesse de ser limpo de formigas, cupins e teias de aranha que cobriam o painel de controle e a cabina como cinza vulcânica.

Os homens preocupavam-se com o que poderia acontecer se tivessem de aterrissar numa emergência. Albert William Stevens, famoso balonista e fotógrafo aéreo da expedição, disse à RSG: "Se não estiver sobre a água, saltar de paraquedas seria aconselhável antes de o avião cair no maciço de árvores da floresta; a única esperança da tripulação seria então encontrar os destroços da aeronave e garantir a alimentação. Com machete e bússola, talvez eles conseguissem abrir caminho até o rio mais próximo, construir uma balsa e escapar. Quebrar um braço ou uma perna pode significar morte certa, é claro".[33]

Finalmente os homens encheram o tanque de combustível — suficiente para cerca de quatro horas — e três membros da expedição embarcaram no avião. O piloto deu a partida e a máquina rugiu rio abaixo, ganhando os ares. Stevens descreveu a primeira visão dos exploradores da selva a 1600 metros de altura:

> As palmeiras abaixo,[34] espalhadas pela floresta, pareciam centenas de estrelas-do-mar no fundo de um oceano [...] Com exceção de espirais, mantas e nuvens de emanações como a neblina subindo de várias fontes de água ocultas, não havia nada à vista, a não ser a floresta sombria, aparentemente interminável, premonitória em seu silêncio e em sua vastidão.

Normalmente, o piloto e algum outro membro do grupo voavam por cerca de três horas a cada manhã, antes que a elevação da temperatura pudesse causar um superaquecimento do motor. Durante várias semanas, Rice e sua equipe sobrevoaram milhares de quilômetros quadrados da Amazônia — uma extensão inconcebível a pé ou mesmo de barco. Entre outras coisas, os homens descobriram que os rios Parima e Orinoco não tinham a mesma nascente, como se acreditava.

Numa das vezes, o piloto pensou ter visto algo se movendo entre as árvores e mergulhou em direção ao dossel. Era um bando de índios "brancos" yanomami. Quando o avião aterrissou, Rice tentou estabelecer contato, oferecendo aos índios miçangas e lenços; ao contrário do que acontecera em sua última expedição, os indígenas aceitaram os presentes. Depois de passar várias horas com a tribo, Rice e a equipe começaram a sair da selva. A RSG pediu ao operador de Caterham para enviar "congratulações e desejos de boa sorte da Sociedade".[35]

Apesar da infeliz morte de Koch-Grünberg, a expedição foi um acontecimento histórico. Além das descobertas cartográficas, o ponto de vista da Amazônia tinha mudado de baixo da copa das árvores para acima delas, alterando o equilíbrio de poder que sempre favoreceu a selva contra os invasores. "As regiões onde os nativos são muito hostis ou os obstáculos físicos tão grandes que nos barram o caminho numa jornada a pé",[36] declarou Rice, "podem ser sobrevoadas pelo aeroplano rápida e facilmente." Além disso, o rádio sem fio tinha possibilitado o contato com o mundo exterior. ("A selva brasileira deixou de ser solitária",[37] proclamou o *New York Times*.) A RSG alardeou em um boletim a primeira "comunicação por rádio de uma expedição no campo com a Sociedade".[38] A RSG reconheceu ainda, de uma forma esperançosa, que um Rubicão havia sido atravessado: "Se é ou não uma vantagem trocar o glamour de uma expedição no desconhecido por relatos diários é uma questão sobre a qual as opiniões vão divergir."[39] Devido ao enorme custo dos equipamentos, do tamanho dos rádios e da falta de segurança dos locais de pouso na maior parte das regiões da Amazônia, os métodos de Rice só seriam amplamente adotados uma década depois, mas ele tinha mostrado o caminho.

Para Fawcett, porém, só havia uma notícia que importava: seu rival não tinha encontrado Z.

* * *

Ao sair do hotel em uma manhã de abril, Fawcett sentiu o sol escaldante no rosto. A estação da seca tinha chegado. Na noite de 19 de abril, ele saiu andando com Raleigh e Jack pela cidade, onde os fora da lei com rifles Winchester .44 costumavam ficar nas portas de cantinas mal-iluminadas. Recentemente, bandidos tinham atacado um grupo de prospectores de diamantes hospedado no mesmo hotel de Fawcett e sua equipe. "[Um prospector] e um dos bandidos morreram, e outros dois foram gravemente feridos",[40] Jack contou à sua mãe. "A polícia começou a trabalhar no caso alguns dias depois, tomou um café com os assassinos e perguntou por que eles tinham feito aquilo. Nada mais aconteceu."

Os exploradores fizeram uma parada na casa de John Ahrens, um diplomata alemão da área com quem tinham feito amizade. Ahrens ofereceu chá e biscoitos aos convidados. Fawcett perguntou ao diplomata se ele poderia transmitir a Nina e ao restante do mundo cartas ou notícias da expedição que chegassem da selva. Ahrens disse que seria um prazer, e depois escreveu a Nina para contar que as conversas com seu marido sobre Z eram tão originais e interessantes que ele nunca se sentira tão feliz.

Na manhã seguinte, sob o olhar vigilante de Fawcett, Jack e Raleigh vestiram seus trajes de exploradores, com calça leve à prova de rasgos e chapéu Stetson. Pegaram seus rifles calibre 30 e se equiparam com machetes de 45 centímetros que Fawcett havia encomendado ao melhor ferreiro da Inglaterra. Um relato enviado do pela NANA teve como título: "Equipamento Diferenciado para Exploradores [...] Produto de Anos de Experiência em Pesquisa na Selva. Peso de Utensílio Reduzido até a Última Onça".

Fawcett contratou dois carregadores e guias nativos para acompanhar a expedição até onde iniciava a região mais perigosa, cerca de trezentos quilômetros ao norte. Em 20 de abril, uma multidão se reuniu para ver o grupo partir. Sob o estalar de chicotes, a caravana iniciou a jornada, com Jack e Raleigh sentindo-se tão orgulhosos quanto possível. Ahrens acompanhou os exploradores por mais ou menos uma hora em seu cavalo. Depois, como contou a Nina, ficou observando o grupo marchar para o norte, "entrando num mundo até agora incivilizado e desconhecido das pessoas".[41]

A expedição atravessou o cerrado, que era a parte menos difícil da viagem — um terreno formado basicamente por árvores pequenas e retorcidas e capim como o da savana, onde alguns fazendeiros e garimpeiros tinham construído assentamentos. Ainda assim, como Fawcett contou à esposa numa carta, "foi uma excelente iniciação"[42] para Jack e Raleigh, que percorreram o caminho lentamente, desacostumados com o solo pedregoso e com o calor. Estava tão quente, escreveu Fawcett num despacho especialmente fervoroso, que no rio Cuiabá "os peixes eram literalmente cozidos vivos".[43]

Por volta do cair da noite eles tinham marchado onze quilômetros, e Fawcett fez sinal para que montassem acampamento. Jack e Raleigh aprenderam que aquilo era uma corrida, a ser completada antes que a escuridão os envolvesse e os mosquitos devorassem suas carnes — pendurar as redes, limpar os cortes para evitar infecções, apanhar lenha e abrigar os animais de carga. O jantar foi de sardinhas, arroz e biscoitos — um banquete, comparado ao que iriam comer quando tivessem de sobreviver da natureza.

Naquela noite, dormindo em sua rede, Raleigh sentiu algo roçando nele. Acordou em pânico, como se estivesse sendo atacado por uma onça, mas era apenas uma das mulas que tinha se soltado. Depois de amarrar o animal ele tentou adormecer outra vez, mas o dia raiou e Fawcett começou a gritar ordenando a todo mundo que se mexesse, cada um engolindo uma cuia de mingau e meia xícara de leite condensado, a ração até o jantar. Em seguida os homens partiram novamente, correndo para acompanhar o passo do chefe.

Fawcett aumentou o ritmo de onze quilômetros por dia para quinze quilômetros, depois para 23. Numa tarde, quando os exploradores se aproximavam do rio Manso, cerca de sessenta quilômetros ao norte de Cuiabá, Fawcett separou-se do restante da expedição. Como Jack escreveu à mãe: "Papai andou na frente com tal velocidade que nós o perdemos de vista".[44] Era exatamente o que Costin temia: não havia ninguém para deter Fawcett. A trilha se bifurcou, e os guias brasileiros não sabiam para que lado Fawcett tinha ido. Afinal Jack notou marcas de cascos em uma das trilhas e deu ordem para segui-las. A noite estava caindo, e os homens tiveram de prestar atenção para não se perder uns dos outros também. Podiam ouvir um constante rumor a distância. A cada passo o ruído ficava mais forte, e de repente os homens distinguiram barulho de água. Eles tinham chegado ao rio Manso. Mesmo assim Fawcett não estava à vista. Assumindo o comando do grupo, Jack ordenou que Raleigh e um dos guias disparassem para o alto. Não houve resposta. "Papai", gritou Jack, mas só conseguiu ouvir os ruídos da floresta.

Jack e Raleigh penduraram as redes e fizeram uma fogueira, temendo que Fawcett tivesse sido capturado pelos índios kaiapó, que inseriam grandes discos nos lábios inferiores e atacavam os inimigos com porretes de madeira. Os guias, que se lembravam de outros ataques de índios, não fizeram nada para acalmar os nervos de Jack e Raleigh. Os dois homens permaneceram acordados, ouvindo a floresta. Quando o sol nasceu, Jack mandou todos dispararem mais tiros e dar uma busca nas imediações. Pouco depois, quando os exploradores faziam o desjejum, Fawcett apareceu em seu cavalo. Ele havia se perdido do grupo enquanto procurava pinturas rupestres e tinha dormido no chão usando a cela como travesseiro. Quando Nina ficou sabendo do que havia acontecido, ficou apreensiva com quanto todos deviam ter ficado "ansiosos". Ela havia recebido uma fotografia de Jack com uma expressão preocupada, o que não era normal, e a tinha mostrado a Large. "[Jack] sem dúvida está pensando no grande trabalho à sua frente",[45] observou Large. Mais tarde ela entendeu que o orgulho de Jack faria com que continuasse indo em frente, pois ele diria a si mesmo: "Meu pai me escolheu para isso".[46]

Fawcett permitiu que a expedição ficasse mais um dia no acampamento para se recuperar da noite anterior. Aconchegado sob seu mosquiteiro, ele formulava seus despachos, que doravante seriam "enviados para a civilização por mensageiros indígenas por uma longa e perigosa rota", como as notas editoriais explicaram depois.

Fawcett descreveu aquela região como "o lugar mais cheio de carrapatos do mundo";[47] os insetos enxameavam por cima de tudo, como uma chuva negra. Vários deles picaram o pé de Raleigh, irritando e infeccionando a pele — "envenenou", nas palavras de Jack. No dia seguinte, enquanto eles prosseguiam, Raleigh ia ficando mais melancólico. "Existe um provérbio que diz que só se conhece bem um homem quando se está na natureza com ele",[48] disse Fawcett a Nina. "Em vez de estar alegre e energético, Raleigh está sonolento e em silêncio."

Jack, por sua vez, estava cada vez mais entusiasmado. Nina tinha razão: ele parecia ter herdado a rara compleição física de Fawcett. Jack escreveu dizendo que estava ganhando alguns quilos de músculos, "apesar de comer bem menos. Raleigh perdeu mais peso que eu ganhei, e parece ser quem mais sente os efeitos da jornada".

Quando soube notícias de Jack pelo marido, Nina disse a Large: "Acho que você vai gostar de saber que Jack está se provando muito capaz, e se mantendo forte também. Posso ver que o pai dele está muito contente, e nem preciso dizer *que eu também!*".[49]

Em razão do estado de Raleigh e da fraqueza dos animais, Fawcett, cuidadoso para não se precipitar mais uma vez, parou por vários dias numa fazenda de gado de propriedade de Hermenegildo Galvão, um dos fazendeiros mais implacáveis de Mato Grosso. Galvão tinha avançado[50] mais que a maioria dos brasileiros em direção à fronteira, e dizia-se que comandava uma turma de bugreiros, ou caçadores de selvagens, encarregada de matar os índios que ameaçassem seu império feudal. Galvão não estava habituado a receber visitas, mas acolheu os exploradores em sua grande casa de tijolos vermelhos. "Ficou evidente pelos seus modos que o coronel Fawcett era um cavalheiro e um homem de personalidade cativante",[51] declarou mais tarde Galvão a um repórter.

Os exploradores permaneceram ali por vários dias, comendo e descansando. Galvão ficou curioso quanto ao que havia atraído o inglês até aquelas paragens. Quando descreveu sua visão de Z, Fawcett tirou um estranho objeto de seus pertences, envolvido em um pano. Desembrulhou-o com cuidado e revelou o ídolo de pedra que recebera de presente de Haggard. Ele o levava na viagem, como um talismã.

Os três ingleses logo se puseram a caminho outra vez, rumo ao leste, em direção ao Posto Indígena Bakairi, onde o governo brasileiro estabelecera uma guarnição em 1920 — "o último entreposto da civilização", como os colonizadores o chamavam. Às vezes a floresta se abria e exploradores conseguiam ver o sol ofuscante e as montanhas tingidas de azul a distância. A trilha tornou-se mais difícil, e os homens desciam por gargantas íngremes e escorregadias, atravessando correntezas por cima de rochas. Um dos rios era perigoso demais para os animais atravessarem a nado transportando a carga. Fawcett avistou uma canoa abandonada na outra margem e disse que a expedição poderia usá-la para transportar o equipamento, mas que alguém teria de nadar até o lugar e trazê-la de volta — uma tarefa que envolvia, segundo Fawcett, "um perigo considerável, ainda agravado por uma súbita e violenta tempestade".[52]

Jack ofereceu-se como voluntário e começou a tirar a roupa. Embora tenha admitido depois que estava "morrendo de medo", ele examinou o corpo em busca de cortes ou machucados que pudessem atrair as piranhas e depois mergulhou, lutando com os braços e as pernas contra a correnteza. Quando chegou à margem oposta, subiu na canoa e voltou remando — com o pai cumprimentando-o muito orgulhoso.

Um mês depois de terem partido de Cuiabá, e após o que Fawcett descreveu como "um teste de paciência e resistência para os grandes desafios" à frente, os exploradores chegaram ao Posto Bakairi. O assentamento consistia de aproximadamente vinte deploráveis barracos cercados de arame farpado para protegê-los contra tribos agressivas. (Três anos mais tarde, outro explorador descreveu aquele posto avançado como "um alfinete no mapa: isolado, desolado, primitivo e esquecido por Deus".[53]) A tribo dos bakairi foi uma das primeiras na região que o governo tentou "aculturar", e Fawcett ficou chocado diante do que denominou "métodos brasileiros para civilizar tribos indígenas".[54] Em carta a um de seus patrocinadores nos Estados Unidos, ele escreveu: "Os bakairi estão morrendo desde que se tornaram civilizados. Só restaram cerca de 150 deles".[55] E prosseguiu: "Em parte eles foram enviados para cá para plantar arroz, mandioca [...] que são mandados a Cuiabá, onde atualmente são vendidos por altos preços. Os bakairi não recebem nada, se vestem de farrapos, em geral com uniformes cáquis do governo, e vivem em uma miséria e falta de higiene que causam doenças a todos".[56]

Fawcett foi informado de que uma garota bakairi estava doente e se ofereceu para tratar os nativos com seu kit médico. Mas, em comparação ao dr. Rice, seus conhecimentos eram limitados, e não houve nada que ele pudesse fazer para salvá-la. "Eles dizem que os bakairi estão morrendo por causa de feitiçaria, pois existe um feiticeiro na aldeia que os odeia",[57] escreveu Jack. "Só ontem a garotinha morreu — de feitiço, eles dizem!" O brasileiro encarregado do posto, Valdemira, alojou os exploradores na escola recém-construída. Os homens ficaram de molho no rio, livrando-se da sujeira e do suor. "Todos fizemos a barba, e nos sentimos melhor sem ela",[58] disse Jack.

Integrantes de tribos remotas ocasionalmente visitavam a aldeia para adquirir produtos, e Jack e Raleigh logo viram algo que os deixou perplexos: "cerca de oito índios selvagens, absolutamente nus em pelo",[59] como escreveu Jack à mãe. Os índios portavam arcos de mais de dois metros e flechas de quase dois metros de comprimento. "Para o deleite de Jack, vimos os primeiros índios selvagens por aqui — nativos nus do Xingu",[60] escreveu Fawcett a Nina.

Jack e Raleigh correram para se encontrar com os índios. "Demos a eles um pouco de pasta de goiaba",[61] escreveu Jack, "e eles gostaram muito."

Jack tentou conduzir uma *autopsis* rudimentar. "Eles são um povo pequeno, de aproximadamente um metro e sessenta de altura e muito bem formado fisicamente",[62] escreveu sobre os índios. "Só comem peixe e vegetais — jamais carne vermelha. Uma mulher usava um lindo colar com minúsculos discos cortados de conchas de caracol, que deve ter exigido uma paciência tremenda para ser feito."

Designado por Fawcett para ser o fotógrafo da expedição, Raleigh ajustou a câmera e tirou retratos dos índios. Numa das fotos, Jack ficou ao lado deles para mostrar "a diferença de tamanho": os índios batiam no seu ombro.

À noite, os três exploradores foram até a cabana de barro que os índios habitavam. A única luz no interior provinha de uma fogueira, e o ar estava cheio de fumaça. Fawcett desembalou um uquelele e Jack pegou um flautim que tinha trazido da Inglaterra. (Fawcett disse a Nina que "música era um grande consolo 'na mata', que poderia até salvar um homem solitário da insanidade".[63]) Quando os índios se reuniram em volta deles, Jack e Fawcett fizeram um concerto até tarde da noite, os sons percorrendo o vilarejo.

Em 19 de maio, um dia ameno e refrescante, Jack acordou muito animado — era o dia de seu aniversário de 22 anos. "Nunca me senti tão bem",[64] escreveu para a mãe. Para comemorar a data, Fawcett suspendeu sua proibição a bebidas alcoólicas e os três exploradores celebraram com uma garrafa de destilado feito no Brasil. Na manhã seguinte, prepararam o equipamento e os animais de carga. Ao norte da aldeia, os homens podiam ver várias imponentes montanhas e a floresta. Como Jack escreveu, era "uma região totalmente inexplorada".[65]

A expedição rumou diretamente para uma terra incógnita. Não havia trilhas abertas à frente, e pouca luz atravessava a copa das árvores. Eles não lutavam apenas para ver o que havia à frente, mas também o que havia acima, onde os predadores espreitavam. Os pés dos homens afundavam em buracos de lama. As mãos ardiam de brandir os machetes. A pele sangrava de picadas de mosquitos. Até mesmo Fawcett confessou a Nina: "Os anos pesam, apesar do espírito do entusiasmo".[66]

Embora o pé de Raleigh estivesse curado, o outro havia infeccionado, e, quando ele tirou a meia, um pedaço grande de pele saiu junto. Parecia que ele estava desmilinguindo: tinha contraído icterícia, o braço estava inchado e ele se sentia, em suas palavras, "bilioso".

Assim como o pai, Jack tendia a sentir desprezo pela fragilidade alheia, e queixou-se à sua mãe de que o amigo não conseguia fazer sua parte do trabalho — que viajava a cavalo, sem as botas — e que estava sempre assustado e taciturno.

A selva expandia as fissuras que ficaram evidentes desde o romance de Raleigh no navio. Massacrado por insetos, pelo calor e pelas dores no pé, Raleigh perdeu o interesse pela "Busca". Não pensava mais em retornar como um herói: tudo o que queria, murmurava, era abrir um pequeno negócio e se estabelecer com uma família. ("Os Fawcett podem ficar com toda a minha parcela de notoriedade e que façam bom proveito!",[67] escreveu ao irmão.) Quando Jack falava sobre a importância arqueológica de Z, Raleigh dava de ombros e respondia: "Isso é profundo demais para mim".[68]

"Eu gostaria que [Raleigh] tivesse mais cabeça, pois não consigo discutir nada com ele, porque ele não sabe nada de nada",[69] escreveu Jack. "Só conseguimos conversar sobre Los Angeles ou Seaton. Não sei o que ele vai fazer durante um ano em 'Z'."

"Gostaria *muito* que você estivesse aqui",[70] disse Raleigh ao irmão, acrescentando: "Sabe que existe um ditado que eu acredito ser verdade: 'Dois é bom — três é demais'. Isso está acontecendo comigo agora!". Jack e Fawcett, dizia Raleigh, tinham um "ar de superioridade com os outros. Em consequência, às vezes eu me sinto 'por fora de tudo'. Claro que eu não mostro isso de forma explícita... mas ainda assim, como disse antes, sinto 'muita falta' de uma verdadeira amizade".[71]

Depois de nove dias os exploradores abriram o caminho para o Acampamento do Cavalo Morto, onde encontraram os "ossos esbranquiçados" do velho animal de carga de Fawcett. Os homens estavam se aproximando do território dos belicosos suyá e kayapó. Certa vez um índio descreveu a um repórter um ataque kayapó à sua tribo. Ele e uns poucos outros índios, contou ao repórter, atravessaram o rio correndo e "ficaram a noite toda vendo a dança macabra dos inimigos ao redor de seus irmãos massacrados".[72] Os invasores permaneceram lá por três dias, tocando flautas de madeira e dançando entre os cadáveres. Quando os kayapó finalmente partiram, os poucos índios que haviam fugido pelo rio voltaram logo para o assentamento: não havia ninguém vivo. "As mulheres, que eles pensavam que seriam poupadas, jaziam de costas, os corpos sem vida em adiantado estado de putrefação, as pernas abertas à força por estacas de madeira à altura dos joelhos." Em um despacho, Fawcett descreveu os kayapó como um agressivo "bando de lançadores de porretes que atacam e matam indivíduos que encontram pela selva [...] A única arma deles é um porrete curto como o cassetete de um policial"[73] — que, acrescentou, eles lançam com muita habilidade.

Depois de passar pelo território dos suyá e dos kayapó, a expedição rumaria ao norte para encontrar os xavantes, que talvez fossem menos formidáveis. No final do século XVIII,[74] muitos integrantes da tribo tinham sido contatados pelos portugueses e se mudado para aldeias, onde foram batizados em massa. Assolados por epidemias e brutalizados por soldados brasileiros, acabaram fugindo para a selva perto do rio da Morte. Um viajante alemão do século XIX escreveu que "desde aquela época [os xavantes] nunca mais confiaram em nenhum homem branco [...] Esse povo sofrido deixou portanto de ser compatriota para se tornar um inimigo determinado e perigoso. Em geral matam qualquer um que conseguirem capturar".[75] Muitos anos antes da viagem de Fawcett, integrantes do Serviço de Proteção aos Índios tentaram fazer contato com os xavantes, só para voltarem ao acampamento base e encontrarem os corpos nus de quatro colegas. Um deles ainda tinha nas mãos alguns presentes para os índios.

A despeito dos riscos, Fawcett sentia-se confiante — afinal, ele sempre se saíra bem onde outros haviam falhado. "Claro que é perigoso encontrar grandes hordas de índios tradicionalmente hostis",[76] escreveu, "mas acredito na minha missão e no meu propósito. O resto não me preocupa, pois já encontrei muitos índios e sei o que fazer e o que não fazer." E acrescentou: "Acredito que nosso pequeno grupo de três homens brancos vai fazer amizade com todos eles".[77]

Os guias, que já estavam febris, relutavam em continuar a viagem. Fawcett decidiu que era tempo de mandá-los de volta, e escolheu meia dúzia dos animais mais fortes para ficar com eles por mais alguns dias. Depois disso, os exploradores prosseguiriam com suas poucas provisões nas costas.

Fawcett chamou Raleigh à parte e tentou convencê-lo a voltar com os guias. Como Fawcett escreveu a Nina: "Desconfio de uma fraqueza constitucional, e temo que ele vá nos atrapalhar".[78] A partir daquele ponto, explicou Fawcett, não haveria mais como carregá-lo. Raleigh insistiu em continuar. Talvez ele permanecesse leal a Jack, apesar de tudo. Talvez não quisesse ser visto como um covarde. Ou talvez simplesmente tivesse medo de voltar sem eles.

Fawcett concluiu suas últimas cartas e despachos. Escreveu que tentaria enviar outros comunicados no ano seguinte, mas acrescentou que era pouco provável. Como observou em um de seus últimos artigos: "Quando este despacho estiver impresso, há muito já teremos desaparecido no desconhecido".[79]

Fawcett dobrou suas missivas e entregou-as aos guias. Raleigh já tinha escrito para sua "querida mãe" e família. "Estou ansioso para ver vocês de novo na Califórnia quando voltar."[80] E disse ao irmão, corajosamente: "Mantenha-se animado porque as coisas vão dar certo, como sempre deram para mim".

Os exploradores fizeram um último aceno aos brasileiros antes de se virar e penetrar mais fundo na selva. Em suas últimas palavras à esposa, Fawcett escreveu: "Você não precisa ter medo nenhum de um fracasso".[81]

21. A última testemunha

"Você sabe operar um GPS?", perguntou Paulo.
Eu estava no banco traseiro de uma picape Mitsubishi 4×4, manipulando um Global Positioning System e tentando obter leituras das nossas coordenadas. Estávamos indo para o norte — até aí eu sabia — com um motorista que contratamos quando alugamos a picape. Paulo tinha dito que precisaríamos de um veículo poderoso e de um motorista profissional se quiséssemos ter alguma chance de completar nossa jornada, especialmente na estação das chuvas. "Esta é a pior época do ano", falou. "As estradas estão — como se diz em inglês — *shit*."

Quando expliquei minha missão a nosso motorista, ele me perguntou quando o coronel inglês tinha desaparecido.

"Em 1925", respondi.

"E você quer encontrar ele na selva?"

"Não exatamente."

"Você é um dos descendentes?"

"Não."

Ele ficou pensativo por um bom tempo e depois falou: "Tudo bem", e começou a carregar nosso equipamento com a maior animação, que incluía redes, corda, mosquiteiros, tabletes purificadores de água, um telefone via satélite, antibióticos e pílulas contra malária. Quando saímos de Cuiabá, trouxemos também um amigo de Paulo, descendente de um cacique bakairi chamado Taukane Bakairi. (Em geral, o sobrenome dos índios é o mesmo da tribo.) Taukane devia ter uns 45 anos, tinha um rosto redondo e bonito e usava jeans e boné de beisebol. Tinha estudado com missionários e, embora agora morasse mais em Cuiabá, continuava a representar os interesses políticos de sua tribo. "Eu sou o que você poderia chamar de embaixador", explicou. Em troca de um "presente" de dois pneus para um trator comunitário, ele tinha concordado em nos levar até sua aldeia, o último lugar em que Fawcett havia sido visto, sem controvérsias. ("Se fosse só por mim, eu levaria vocês de graça", explicou Taukane. "Mas agora todos os índios precisam ser capitalistas. Nós não temos escolha.")

Quando saímos da cidade, entramos nos planaltos centrais do Brasil, que marcam a transição do agreste para a floresta tropical. Depois de um tempo, um platô surgiu à nossa frente: a cor era vermelha como a de Marte, e estendia-se por mais de 5 mil quilômetros quadrados, um imenso planalto que chegava até as nuvens. Quando paramos na base, Paulo falou: "Vem, vou te mostrar uma coisa".

Saímos da picape e subimos uma encosta íngreme e rochosa. O solo estava úmido por causa de uma tempestade recente, e usamos as mãos e os joelhos para subir, rastejando sobre buracos onde cobras e tatus se entocavam.

"Para onde estamos indo?", perguntei a Paulo, que já levava outro cigarro entre os dentes.

"Vocês americanos são sempre impacientes", ele respondeu.

Um relâmpago cortou o céu e uma neblina fina desceu, tornando o solo ainda mais escorregadio. As pedras rolavam sob nossos pés, fazendo barulho quando chegavam ao solo, cinquenta metros abaixo.

"Quase lá", disse Paulo.

Ele me ajudou a subir num beiral, e quando me levantei, coberto de lama, Paulo apontou outra saliência, a poucos metros de distância, e falou: "Agora você pode ver!".

Uma coluna de pedra projetava-se em direção ao céu. Pisquei os olhos sob a chuva — na verdade, não era apenas uma, mas várias colunas enfileiradas, como numa ruína grega. Havia também uma enorme arcada, os dois lados ainda intactos, e mais além uma torre espantosamente grande. Parecia com o que o bandeirante havia descrito em 1753.

"O que é isso?", perguntei.

"Cidade de pedra."

"Quem construiu?"

"É — como se diz? — uma ilusão."

"*Isso?*", falei, apontando para uma das colunas.

"Foi feito pela natureza, pela erosão. Mas muita gente que vê pensa que é uma cidade perdida, como Z."

Em 1925, Rice havia visto penhascos erodidos semelhantes em Roraima e achou que pareciam "arquitetura em ruínas".[1]

Quando voltamos ao carro e seguimos para o norte, em direção à floresta, Paulo disse que logo saberíamos se Z era uma miragem. Pouco depois entramos na BR-163, uma das estradas mais traiçoeiras da América do Sul. Construída em 1970 pelo governo brasileiro para expandir o país para o interior, estende-se por mais de 1500 quilômetros, de Cuiabá até o rio Amazonas. Nossos mapas a mostravam como uma grande rodovia, mas quase todo o asfalto das duas pistas tinha se desgastado durante a estação das chuvas, restando somente uma combinação de valetas e poças d'água. Às vezes nosso motorista preferia ignorar totalmente a estrada e dirigir pelas margens rochosas e pelos campos, onde manadas de gado ocasionalmente abriam-se à nossa passagem.

Quando passamos pelo rio Manso, onde Fawcett se separou do restante do grupo e onde Raleigh fora atacado por carrapatos, fiquei olhando pela janela, esperando ver os primeiros sinais de uma temível floresta. Em vez disso, a região parecia o Nebraska — planícies perpétuas que se perdiam de vista no horizonte. Quando perguntei a Taukane onde estava a floresta, ele respondeu simplesmente: "Sumiu".

Instantes depois ele apontou para um comboio de caminhões a diesel resfolegando na direção oposta, carregado de troncos de vinte metros de comprimento.

"Só os índios respeitam a floresta", disse Paulo. "Os brancos derrubam tudo." Mato Grosso, continuou, estava se transformando em terras agrárias domesticadas, principalmente para o plantio de soja. Só no Brasil, a Amazônia perdeu 700 mil quilômetros quadrados de sua cobertura florestal original nas últimas quatro décadas — uma área maior que a França. Apesar dos esforços do governo para reduzir o desmatamento, em apenas cinco meses de 2007 foram destruídos 7 mil quilômetros quadrados, uma área maior que o estado do Delaware. Incontáveis animais e plantas, muitas delas com propósitos medicinais em potencial, desapareceram. Como a Amazônia gera metade de suas chuvas tropicais com a umidade que sobe para a atmosfera, a devastação começou a alterar a ecologia da região, provocando secas que destroem a capacidade da selva de se autossustentar. E poucos lugares foram tão devastados como Mato Grosso, onde o governador do estado, Blairo Maggi, é um dos maiores produtores de soja do mundo. "Eu não sinto a menor culpa pelo que estamos fazendo aqui",[2] declarou Maggi ao *New York Times* em 2003. "Estamos falando de uma área maior que a Europa e que mal foi tocada, portanto não existe absolutamente nada com que se preocupar."

Enquanto isso, o último ciclo de desenvolvimento econômico provocou mais uma irrupção de violência na Amazônia. O ministro dos Transportes declarou que os madeireiros ao longo da BR-163 empregam "a mais alta concentração de trabalho escravo do mundo".³ Com frequência, indígenas são expulsos de suas terras, escravizados ou assassinados. Em 12 de fevereiro de 2005,⁴ enquanto eu e Paulo fazíamos nossa viagem pela selva, vários pistoleiros, supostamente contratados por um fazendeiro no estado do Pará, abordaram uma freira americana de 73 anos que defendia os direitos dos índios. Quando os homens sacaram as armas, ela pegou a Bíblia e começou a ler o Evangelho de São Mateus: "Abençoados sejam os famintos e os sedentos por justiça, pois eles serão contemplados". Os pistoleiros descarregaram seis balas nela, deixando-a com o rosto na lama.

James Petersen, o renomado cientista da Universidade de Vermont que foi professor do arqueólogo Michael Heckenberger e se mostrou extremamente útil no planejamento da minha viagem, me contou quando conversamos pela última vez, alguns meses antes, que se sentia entusiasmado por estar indo à Amazônia para fazer pesquisas perto de Manaus. "Talvez você possa me visitar quando voltar do Xingu", ele disse. Seria maravilhoso, respondi. Mas logo descobri⁵ que em agosto, quando ele estava com o arqueólogo brasileiro Eduardo Neves no restaurante de um vilarejo às margens do rio Amazonas, dois bandidos, supostamente trabalhando para um ex-oficial da polícia, entraram para assaltar o local. Um dos ladrões abriu fogo, acertando Petersen na barriga. Ele caiu no chão e disse: "Não consigo respirar". Neves disse que ele iria ficar bem, mas, quando os dois chegaram ao hospital, Petersen estava morto. Aos 51 anos de idade.

Saímos da BR-163 e pegamos uma estrada de terra menor, que ia para o leste, em direção ao Posto Bakairi. Passamos perto de onde Fawcett havia ficado com o criador de gado Galvão, e resolvemos ver se conseguíamos localizar sua mansão. Em suas cartas, Fawcett havia dito que a fazenda era conhecida como Rio Novo, e aquele nome estava marcado em vários mapas atuais. Depois de quase quatro horas chacoalhando os ossos nos buracos, topamos com um sinal rústico numa bifurcação na estrada — "Rio Novo" — com uma seta apontando para a esquerda.

"Olha lá", disse Paulo.

Atravessamos um rio por uma instável ponte de ripas de madeira que rangeu sob o peso da picape, observando a torrente de água a uns vinte metros abaixo de nós.

"Quantos cavalos e mulas o coronel tinha?", perguntou Paulo, tentando imaginar a travessia de Fawcett.

"Mais ou menos uma dúzia", respondi. "Segundo as cartas, Galvão substituiu alguns animais mais enfraquecidos e lhe deu um cão de presente... que parece ter voltado à fazenda muitos meses depois de Fawcett ter desaparecido."

"Ele voltou sozinho?", perguntou Paulo.

"Foi o que Galvão disse. Também falou sobre andorinhas que viu revoando pela floresta ao leste, que ele pensou ter sido uma espécie de sinal de Fawcett."

Pela primeira vez, entramos numa região de floresta densa. Embora não houvesse nenhuma fazenda à vista, encontramos uma cabana de barro com teto de palha. Dentro, vimos um índio sentado num tronco de árvore com uma bengala de madeira na mão. Estava descalço e usava calças empoeiradas e camisa. Atrás dele, pendurados na parede, viam-se a pele de uma onça e um retrato da Virgem Maria. Taukane perguntou, no idioma bakairi, se existia alguma fazenda de gado chamada Rio Novo. O homem cuspiu ao ouvir o nome e acenou com a bengala em direção à porta. "Por ali", respondeu.

Logo depois um índio mais jovem apareceu e disse que nos mostraria o caminho. Voltamos para o carro e descemos uma trilha coberta de mato, os galhos açoitando nosso para-brisa. Quando não conseguimos mais ir em frente, nosso guia desceu e o seguimos pela floresta enquanto ele abria uma picada com o machete entre vinhas e trepadeiras. Ele parou diversas vezes, observando a copa das árvores, dando alguns passos para leste ou para o oeste. Finalmente parou.

Olhamos ao redor — não havia nada a não ser um casulo de árvores. "Onde é Rio Novo?", perguntou Paulo.

Nosso guia ergueu o machete acima da cabeça e golpeou o chão. Bateu em alguma coisa dura. "Bem aqui", respondeu.

Olhamos para baixo, e para nossa surpresa vimos uma fileira de tijolos quebrados.

"Aqui era a entrada da mansão", continuou o guia, acrescentando: "Era muito grande".

Começamos a nos espalhar pela floresta enquanto a chuva voltava a cair, procurando sinais da grande fazenda de Galvão.

"Olhe aqui!", gritou Paulo. Ele estava a cem metros de distância, ao lado de uma parede de tijolos recoberta de vinhas. Em poucas décadas a fazenda tinha sido consumida pela selva, e fiquei me perguntando quanto tempo verdadeiras ruínas poderiam sobreviver num ambiente tão hostil. Pela primeira vez, tive a impressão do quanto seria possível que os remanescentes de uma civilização simplesmente desaparecessem.

Quando voltamos para a estrada o sol começou a se pôr. No nosso entusiasmo, perdemos a noção do tempo. Não comíamos desde as cinco e meia da manhã e não tínhamos nada na picape, a não ser uma garrafa de água morna e algumas bolachas. (No começo da viagem tínhamos devorado meus pacotes de comida congelada e desidratada, com Paulo perguntando: "Os astronautas comem mesmo isso?".) Enquanto dirigíamos durante a noite, relâmpagos coruscavam a distância, iluminando o vazio à nossa volta. Taukane acabou cochilando, e Paulo e eu nos envolvemos no que se tornara nossa diversão favorita — tentar imaginar o que havia acontecido com Fawcett e seu grupo depois de terem saído do Acampamento do Cavalo Morto.

"Eu acho que eles morreram de fome", opinou Paulo, que parecia concentrado na fome que sentia. "Muito lenta e dolorosamente."

Paulo e eu não estávamos sozinhos na nossa tentativa de imaginar um desenlace para a saga de Fawcett. Dezenas de escritores e artistas tinham imaginado um final onde não existia nenhum, como os primeiros cartógrafos que conceberam uma boa parte do mundo sem jamais terem visto o local. Peças radiofônicas e teatrais foram escritas sobre o mistério. Também um roteiro cinematográfico, "Find Colonel Fawcett", que depois serviu de base para o filme *A tentação de Zanzibar*, de 1941, com Bing Crosby e Bob Hope. Houve histórias em quadrinhos, até na série *Aventuras de Tintim*: na história, um explorador desaparecido inspirado em Fawcett resgata Tintim de uma serpente venenosa na selva. ("Todo mundo pensa que você está morto", diz Tintim ao explorador, que responde: "Eu resolvi nunca mais voltar para a civilização. Estou feliz aqui".)

Fawcett inspirou também romancistas de aventuras. Em 1956, o popular autor belga de romances de aventura Charles-Henri Dewisme, que usava o pseudônimo de Henry Verne, escreveu o livro *Bob Moran and the Fawcett mistery*. No romance, o herói Moran investiga o desaparecimento do explorador da Amazônia e, apesar de não revelar o que aconteceu, ele descobre a perdida Cidade de Z, tornando o "sonho de Fawcett realidade".[6]

Fawcett é citado até mesmo no romance de 1991 *Indiana Jones e os sete véus*, de uma série de livros escritos para capitalizar o sucesso do blockbuster *Caçadores da Arca Perdida*. No intrincado enredo do romance, Indiana Jones — apesar de insistir que "Eu sou arqueólogo, não detetive particular"[7] — parte para encontrar

Fawcett. Ele descobre fragmentos do diário de sua última expedição, que dizem: "Meu filho, mancando por causa de um tornozelo ferido e febril de malária, retornou algumas semanas atrás, e mandei nosso último guia com ele. Que Deus os proteja. Eu segui rio acima [...] Fiquei sem água, e durante os dois ou três dias seguintes minha única fonte de líquido foi o orvalho que lambi nas folhas. Quanto questiono minha decisão de vir sozinho! Já me chamei de tolo, de idiota, de louco".[8] Jones localiza Fawcett e descobre que o explorador da Amazônia encontrou sua cidade mágica. Depois que dois arqueólogos amadores são aprisionados por uma tribo hostil, Jones, chicote em punho, foge com Fawcett mergulhando no rio da Morte.

Eu e Paulo passamos por diversas hipóteses ainda mais fantásticas — Fawcett e seu grupo invadidos por vermes como os de Murray, contraindo elefantíase, envenenados por sapos letais — antes de adormecermos no carro. Na manhã seguinte, fomos até a encosta de uma pequena montanha para seguir até o Posto Bakairi. Fawcett demorou um mês para chegar até ali vindo de Cuiabá. Para nós, foram dois dias.

O Posto Bakairi tinha crescido, e mais de oitocentos índios viviam agora na área. Fomos até a maior aldeia, onde dezenas de casas térreas eram organizadas em fileiras ao redor de uma praça empoeirada. A maioria das habitações era feita de barro e bambu com teto de sapé, embora algumas das novas tivessem paredes de concreto e teto de zinco que tilintavam com a chuva. Ainda que continuasse pobre, a aldeia agora tinha um poço, um trator, antenas parabólicas e eletricidade.

Quando chegamos, quase todos os homens, jovens e velhos, estavam caçando, preparando-se para um ritual de celebração da colheita de milho. Mas Taukane disse que havia alguém que tínhamos de conhecer, e nos levou a uma casa perto da praça, próxima a uma fileira de perfumadas mangueiras. Entramos numa pequena sala com uma única lâmpada elétrica pendurada no teto e diversos bancos de madeira encostados nas paredes. Pouco tempo depois uma mulher arqueada entrou por uma porta dos fundos. Apoiava-se na mão de uma criança e andou lentamente em nossa direção, como se enfrentasse um vento forte. Usava um vestido estampado de algodão e tinha os cabelos compridos e cinzentos, que emolduravam um rosto tão enrugado que os olhos eram quase invisíveis. O sorriso era largo, revelando uma majestosa fileira de dentes brancos. Taukane explicou que ela era a pessoa mais velha da aldeia e que tinha visto Fawcett e sua expedição chegarem. "Provavelmente é a última pessoa viva a ter se encontrado com eles", explicou.

A anciã sentou-se numa cadeira, os pés descalços mal tocando o chão. Usando Taukane e Paulo para traduzir do inglês para o português e depois para o bakairi, perguntei quantos anos ela tinha. "Não sei minha idade exatamente", respondeu. "Mas nasci por volta de 1910." E continuou: "Eu era menina quando os três forasteiros vieram ficar na nossa aldeia. Lembro deles porque eu nunca tinha visto pessoas tão brancas e com barbas tão longas. Minha mãe disse: 'Olha, os cristãos estão aqui!'".

Ela contou que os três exploradores acamparam na escola da aldeia, que não existia mais. "Era a casa mais bonita", explicou. "Não sabíamos quem eles eram, mas sabíamos que deviam ser importantes porque dormiam na escola." Numa de suas cartas, relembrei, Jack Fawcett mencionou o fato de eles terem dormido numa escola. Ela acrescentou: "Lembro de eles serem altos, muito altos. E um deles carregava uma mochila engraçada. Ele parecia uma anta".

Perguntei como era a Posto naquele tempo. Ela disse que na época em que Fawcett e seus homens tinham chegado, tudo estava mudando. Os militares brasileiros, lembrou, "disseram que tínhamos que usar roupas, e deram um nome pra cada um de nós".

E acrescentou: "Meu verdadeiro nome era Comaeda Bakairi, mas eles disseram que agora eu era Laurinda. Então eu me tornei Laurinda". Ela se lembrou das doenças descritas por Fawcett em suas cartas. "O povo bakairi acordava com tosse e ia até o rio pra se lavar, mas não ajudava", ela contou. Algum tempo depois, Laurinda levantou-se e saiu. Fui atrás dela e pude ver a distância as montanhas que Jack havia contemplado com tanta admiração. "Os três foram naquela direção", ela disse. "Para aqueles picos. As pessoas disseram que não havia brancos naquelas montanhas, mas eles disseram que iam pra lá. Esperamos que eles voltassem, mas eles nunca voltaram."

Perguntei se ela tinha ouvido falar de alguma cidade do outro lado das montanhas, que os índios poderiam ter construído séculos atrás. Ela disse que não sabia, mas apontou para as paredes de sua casa e disse que seus ancestrais tinham falado de casas bakairi muito maiores e mais espetaculares. "Eram feitas de folhas de palmeira de árvores de buriti e duas vezes mais altas e muito bonitas", explicou.

Alguns caçadores voltaram, trazendo carcaças de veado, tamanduás e porcos-do-mato. Na praça, um funcionário do governo estava montando um grande cartaz de um filme de cinema. Fui informado de que seria exibido um documentário ensinando aos bakairi o significado do ritual de colheita do milho que estavam prestes a celebrar, que era parte de seu mito de criação. Embora no passado o governo tivesse tentado afastar os bakairi de suas tradições, agora estava querendo preservá-las. A anciã observava os preparativos dos degraus da sua casa. "A nova geração interpreta algumas cerimônias antigas, mas elas não são tão ricas nem tão bonitas", explicou. "Eles não ligam para as artes ou para as danças. Eu tento contar histórias antigas pra eles, mas eles não se interessam. Não entendem que isso é o que nós somos."

Antes de nos despedirmos, ela se lembrou de algo mais sobre Fawcett. Durante anos, falou, outras pessoas tinham vindo de longe para perguntar sobre os exploradores desaparecidos. Ela olhou para mim, abrindo um pouco os olhos estreitos. "O que esses homens brancos fizeram?", perguntou. "Por que é tão importante para a tribo deles encontrar esses homens?"

22. Vivo ou morto

O mundo aguardava notícias. "Qualquer dia destes vou receber um telegrama anunciando que ele está a salvo e retornando com Jack e Raleigh",[1] declarou Nina Fawcett a um repórter em 1927, dois anos depois da última notícia sobre o grupo. Elsie Rimell, que se correspondia frequentemente com Nina, ecoava seus sentimentos: "Acredito firmemente que meu filho e os que estão com ele vão voltar daquela floresta".[2]

Nina, então morando com a filha Joan, de dezesseis anos, rogava para que a Real Sociedade Geográfica não perdesse a confiança em seu marido e circulava com orgulho uma das últimas cartas de Jack descrevendo sua jornada na selva. "Acho muito interessante, como a primeira experiência desse tipo a partir da visão de um rapaz de 22 anos",[3] explicava. Certa vez, quando participava de uma competição de natação de longa distância no mar, Joan disse a Nina: "Mãe! Eu sinto que preciso vencer, porque se eu vencer hoje o papai vai conseguir encontrar o que está procurando, e se eu fracassar — eles também vão fracassar".[4] Para surpresa de todos, ela venceu. Brian, que tinha então vinte anos e trabalhava na ferrovia no Peru, garantiu à mãe que não havia razão para se preocupar. "O pai alcançou o objetivo",⁵ dizia, "e está ficando lá o maior tempo possível." No entanto, na primavera de 1927 a angústia da espera se disseminou. Um boletim da North American Newspaper Alliance declarava: "Aumenta o temor pelo destino de Fawcett". Havia inúmeras teorias sobre o que poderia ter acontecido com os exploradores. "Terão sido mortos por selvagens belicosos, alguns dos quais canibais?",⁶ perguntou um jornal. "Terão perecido nas correntezas [...] ou morreram de fome numa região onde é impossível encontrar alimento?" Uma das teorias populares era que os exploradores estavam sendo mantidos como reféns por alguma tribo — uma prática relativamente comum. (Várias décadas depois,⁷ ao entrar em contato pela primeira vez com a tribo Txukahamei, autoridades brasileiras encontraram meia dúzia de prisioneiros brancos.)

Em setembro de 1927, Roger Courteville, um engenheiro francês, anunciou que durante uma viagem perto da nascente do rio Paraguai, em Mato Grosso, tinha encontrado Fawcett e seus companheiros vivendo como ermitões, não como reféns. "Explorador Enganado pela Feitiçaria da Selva: Fawcett Esquecendo o Mundo em Paraíso dos Pássaros, Gado Selvagem e Caça",⁸ relatou o *Washington Post*. Embora algumas pessoas simpatizassem com o aparente desejo de Fawcett de "fugir de uma era mecânica e [...] de úmidas plataformas subterrâneas e moradias sem sol",⁹ como definiu o editorial de um jornal americano, outros afirmavam que o explorador havia caído em um dos maiores logros da história.

Correndo para se encontrar com Courteville, Brian Fawcett achou que ele fazia uma "descrição exata do papai".¹⁰ Porém, a cada nova narrativa, Courteville mudava tanto sua história quanto a grafia do próprio nome. De seu lado, Nina defendeu a reputação de Fawcett com ferocidade. "Eu estava fervendo de indignação por causa dessa mácula na honra do meu marido",[11] escreveu para a RSG, e denunciou Courteville: "Quando a história aumentou e mudou, surgiu um elemento de maldade e malícia. Mas, graças a Deus, eu, esposa [de Fawcett], percebi as discrepâncias das afirmações publicadas".[12] Quando Nina encerrou sua campanha contra o francês, quase ninguém mais acreditava nele ou em sua história.

Mas a pergunta permanecia: Onde estavam Fawcett e seus jovens companheiros? Nina estava confiante de que seu marido ainda estava vivo, tendo sobrevivido durante anos na selva. Porém, assim como Elsie Rimell, percebia agora que algo terrível deveria ter acontecido com a expedição — sendo que o mais provável era que os homens tivessem sido sequestrados por indígenas. "Não dá para imaginar a aflição e o desespero por que estão passando aqueles rapazes",[13] declarou Nina.

Enquanto suas preocupações aumentavam, um homem alto e impecavelmente vestido apareceu na porta de sua casa na Ilha da Madeira. Era o dr. Alexander Hamilton Rice, antigo rival de Fawcett. Ele tinha vindo para consolar a esposa, e garantiu que, mesmo se a expedição tivesse sido tomada como refém, Fawcett encontraria um jeito de escapar. A última pessoa com quem seria necessário se preocupar na floresta é o coronel, afirmou Rice.

Até então Nina vinha resistindo a enviar uma equipe de resgate, insistindo em que Fawcett e o filho prefeririam morrer a levar os outros a perderem a vida, mas agora, em seu desespero crescente, ela perguntou se o médico iria até lá. "Não poderíamos escolher ninguém melhor para liderar tal expedição",[14] declarou depois. Para surpresa de muitos de seus colegas, porém, Rice tinha decidido se aposentar das explorações. Talvez se sentisse velho demais aos cinquenta anos de idade, especialmente depois de ter visto o que acontecera com seu rival, que parecia invulnerável. Talvez a esposa de Rice, que perdera o primeiro marido e o filho num trágico acidente, tenha exercido influência para que ele não voltasse mais. Ou talvez ele simplesmente achasse que já tinha conseguido tudo como explorador.

Enquanto isso, a Real Sociedade Geográfica declarou em 1927 que "estamos de prontidão para ajudar qualquer pessoa competente e bem reconhecida"[15] numa expedição de resgate. Embora alertasse para o fato de que, se Fawcett "não conseguiu penetrar e ir adiante, ninguém mais conseguiria", a Sociedade foi inundada por centenas de cartas de voluntários. Um deles escreveu: "Tenho 36 anos de idade. Praticamente à prova de malária. Tenho um metro e oitenta de altura sem sapatos e sou duro de queda".[16] Outro dizia: "Estou preparado para sacrificar tudo, até a minha vida".[17]

Alguns voluntários queriam fugir de uma vida doméstica conturbada. ("Eu e minha esposa [...] decidimos que uma separação por alguns anos nos fará muito bem."[18]) Outros esperavam conseguir fama e fortuna conferidas a Henry Morton Stanley, que havia encontrado Livingstone cinco décadas antes. Outros simplesmente eram atraídos pela natureza heroica da busca — para averiguar, como definiu um deles, "se existe um homem em mim, ou só barro".[19] Um jovem galês, oferecendo-se com amigos, escreveu: "Consideramos que existe uma medida bem maior de heroísmo nessa simples aventura do que, por exemplo, no espetacular triunfo de Lindbergh".[20]

Em fevereiro de 1928, George Miller Dyott, um antigo membro da Real Sociedade Geográfica de 45 anos de idade, organizou a primeira grande tentativa de resgate. Nascido em Nova York — filho de pai britânico e mãe americana —, tinha trabalhado como piloto de teste de aeroplanos pouco depois da invenção dos irmãos Wright e estava entre os primeiros a voarem à noite. Depois de servir como comandante de esquadrão durante a Primeira Guerra Mundial, Dyott desistiu de voar para se tornar um explorador. Mesmo que não correspondesse à imagem de um aventureiro durão — com 1,68 metro de altura e pesando setenta quilos —, ele havia explorado os Andes a pé mais de seis vezes e se embrenhado em algumas regiões da Amazônia. (Dyott navegou o rio da Dúvida para confirmar as afirmações outrora contestadas de Roosevelt.) Também fora mantido prisioneiro por várias semanas de uma tribo amazônica que encolhia a cabeça de seus inimigos.

Para a mídia, o desaparecimento de Fawcett era apenas uma contribuição para o que um escritor definiu como uma "história romântica capaz de construir impérios de comunicações"[21] — e poucos se mostrariam tão adequados quanto Dyott para manter aquela história viva. Como ex-diretor superintendente de uma empresa chamada Travel Films, ele foi um dos primeiros exploradores a usar câmeras de cinema em suas viagens, e sabia instintivamente como fazer uma pose e falar como personagem de um filme B.

A North American Newspaper Alliance patrocinou sua tentativa de resgate, anunciando-a como "uma aventura que faz o sangue fluir mais forte [...] Romance, mistério — e perigo!". Apesar dos protestos da RSG de que a publicidade poderia pôr em risco o objetivo da expedição, Dyott pretendia enviar despachos diários por um rádio de micro-ondas e filmar sua jornada. Dyott, que conhecera Fawcett, dizia que, para se sair bem,[22] ele iria precisar da "intuição de Sherlock Holmes" e da "perícia de um grande caçador". Visualizava Fawcett e seus companheiros "acampados em alguma região remota da floresta primeva, incapaz de ir ou de vir. A reserva de comida do grupo deve ter se exaurido há muito tempo; as roupas estavam em tiras ou apodrecidas em pedaços".[23] Nesse prolongado combate "corpo a corpo" com a selva, acrescentou Dyott, só a "suprema coragem de Fawcett teria mantido o grupo unido e instilado em todos o desejo de viver".[24]

Assim como Fawcett, Dyott tinha desenvolvido seus próprios métodos idiossincráticos de exploração. Ele acreditava, por exemplo, que homens menores — quer dizer, homens com o físico semelhante ao dele — eram mais aptos a resistir na selva. "Um homem grande precisa usar tanta energia para carregar seu próprio corpo que não tem *superavit*",[25] declarou Dyott aos repórteres, e que seria "difícil se acomodar numa canoa".

Dyott postou anúncios em diversos jornais americanos em busca de um voluntário que fosse "pequeno, frugal, esguio e musculoso". O *Los Angeles Time* publicou seu apelo sob o título "Dyott Precisa Jovem Solteiro para Perigosa Viagem na Selva em Busca de Cientista: Candidato deve ser solteiro, reservado e jovial". Em poucos dias ele recebeu respostas de 20 mil pessoas. "Elas vieram de todas as partes do mundo", disse Dyott aos repórteres. "Inglaterra, Irlanda, França, Alemanha, Holanda, Bélgica, Suécia, Noruega, Dinamarca, Peru, México — todos os países estão representados. Houve cartas do Alasca também." E observou: "Existem candidatos de todas as camadas da sociedade [...] São cartas de advogados, médicos, agentes imobiliários, telhadores [...] De Chicago chegaram cartas de um acrobata e de um lutador".[26] Dyott contratou três secretárias para fazer uma triagem dos candidatos. O jornal semanal americano *Independent* admirou-se: "Se existisse um número suficiente de florestas disponíveis e mais expedições a serem lançadas, talvez presenciássemos o espetáculo de nossa população inteira partindo em busca de exploradores perdidos, civilizações antigas ou qualquer coisa de que sentissem falta em suas vidas".[27] Nina disse à RSG que aquele resultado era uma "grande homenagem" à duradoura reputação do coronel Fawcett.

Um dos que se candidataram a participar da expedição foi Roger Rimell, o irmão de Raleigh, agora com trinta anos de idade. "Estou *muito* desejoso, naturalmente",[28] ele informou a Dyott, "e me considero com tanto direito a ir como qualquer um." Elsie Rimell estava tão desesperada para encontrar Raleigh que consentiu, afirmando: "Não sei que maior serviço poderia prestar a eles do que oferecer o único filho que me resta".[29] Dyott, porém, não querendo levar alguém com tão pouca experiência, declinou. Diversas damas aventurosas também se candidataram, mas Dyott afirmou: "Eu não posso levar uma mulher".[30] No final, ele escolheu quatro homens rijos que trabalhavam ao ar livre e que sabiam operar um rádio sem fio e uma câmera de cinema na selva.

Dyott tinha sido rigoroso em vetar homens casados, insistindo em que eles estavam acostumados a "consolos de criaturas"[31] e estavam "sempre pensando na esposa". Porém, na véspera da partida do grupo de Nova York, ele violou seu próprio édito e casou-se com Persis Stevens Wright, uma mulher com quase a metade de sua idade que os jornais retrataram como uma "garota da sociedade de Long Island". O casal iria passar a lua de mel na viagem da expedição até o Rio. O prefeito de Nova York, Jimmy Walker, que veio desejar boa viagem à expedição, disse a Dyott que o consentimento de sua noiva para que ele arriscasse a vida para salvar vidas alheias era "uma demonstração de coragem e altruísmo de que toda a nação deveria se orgulhar".[32]

No dia 18 de fevereiro de 1928, em meio a uma nevasca, Dyott e seu grupo dirigiram-se ao mesmo píer em Hoboken, Nova Jersey, de onde Fawcett havia partido com Jack e Raleigh três anos antes. O grupo de Dyott se preparava para embarcar no *SS Voltaire* quando surgiu uma mulher de meia-idade aflita em meio à tempestade. Era Elsie Rimell, que tinha vindo de avião da Califórnia para encontrar Dyott, cuja expedição, ela afirmou, "me enche de coragem e novas esperanças".[33] Elsie entregou a Dyott um pequeno pacote — um presente para seu filho Raleigh.

Durante a viagem ao Brasil, a tripulação do navio apelidou os exploradores como "Cavaleiros da Távola Redonda". Foi organizado um banquete em homenagem a eles, e foram impressos menus especiais listando cada um dos exploradores por seus apelidos, como "Rei Artur" e "sir Galahad". O intendente do navio declarou: "Em homenagem ao seu nobre bando de cavaleiros, permita-me desejar uma boa estadia, boa sorte e boa viagem".[34]

Quando o *Voltaire* chegou ao Rio, Dyott despediu-se da esposa e partiu para a fronteira com seus homens. Lá ele recrutou um exército de auxiliares brasileiros e guias indígenas, e logo o grupo aumentou para 26 integrantes, demandando 74 bois e mulas para transportar mais de três toneladas de comida e equipamento. Um repórter descreveu o grupo como um "safári de Cecil B. DeMille".[35] Os brasileiros começaram a se referir a eles como o "clube dos suicidas".

Em junho, a expedição chegou ao Posto Bakairi, onde um grupo de kayapó fizera recentemente um ataque, matando vários habitantes. (Dyott descreveu o posto avançado como "a borra da civilização se misturando com a escória da selva".[36]) Enquanto acampavam ali, Dyott conseguiu o que considerou um achado: conheceu um índio chamado Bernardino, que afirmou ter trabalhado como guia para Fawcett no rio Kurisevo, um dos afluentes do Xingu. Em troca de presentes, Bernardino concordou em levar Dyott até onde havia levado o grupo de Fawcett. Assim que partiram, Dyott detectou marcas em forma de Y em troncos de árvores — um possível sinal da presença de Fawcett no passado. "A trilha de Fawcett pairava visível diante de nós e, como uma matilha de mastins seguindo uma pista, estávamos avançando com toda a disposição",[37] escreveu Dyott.

À noite, Dyott enviava seus despachos pelo rádio, que em geral eram passados à NANA pela Radio Relay League, uma rede de radioamadores nos Estados Unidos. Cada novo item era trombeteado em boletins internacionais: "Dyott mais próximo da aventura na floresta"; "Dyott encontra trilha de Fawcett"; "Dyott encontra nova pista". John J. Whitehead, um dos membros da expedição, escreveu em seu diário: "Como a história de Stanley e Livingstone seria escrita diferente se eles tivessem um rádio".[38] Muitas pessoas ao redor do mundo acompanhavam os acontecimentos, hipnotizadas. "Ouvi falar [da expedição] pela primeira vez no meu rádio de cristal quando tinha onze anos de idade",[39] relembrou depois Loren McIntyre, um americano que viria a se tornar um aclamado explorador da Amazônia. Os ouvintes se punham no lugar dos que enfrentavam os inesperados terrores que a expedição confrontava. Uma noite Dyott relatou:

> Encontramos rastros[40] no solo fofo, rastros de pés humanos. Paramos para examinar. Deveriam ser de umas trinta ou quarenta pessoas num só bando. Depois de alguns instantes um de nossos índios bakairi virou-se e disse, com uma voz sem emoção: "Kayapó".

Depois de marchar por quase um mês rumo ao norte a partir do Posto Bakairi, o grupo chegou ao assentamento de Nahukwá, uma das muitas tribos que buscaram santuário nas selvas ao redor do Xingu. Dyott escreveu sobre os nahukwá: "Aqueles habitantes da floresta eram tão primitivos quanto Adão e Eva".[41] Vários membros da tribo receberam Dyott e seus homens calorosamente, mas o cacique, Aloique, mostrou certa hostilidade. "Ele nos olhava impassível com seus olhos miúdos",[42] escreveu Dyott. "Astúcia e crueldade escondiam-se atrás das pálpebras."

Dyott estava rodeado pelos filhos de Aloique quando percebeu algo amarrado a um pedaço de barbante pendurado no pescoço de um garoto — uma pequena placa de latão com as palavras "W. S. Silver and Company". Era o nome da empresa britânica que havia fornecido equipamentos a Fawcett. Esgueirando-se pelo barraco escuro do cacique, Dyott acendeu uma lanterna. No canto, avistou um baú de metal em estilo militar.

Sem contar com tradutores, Dyott tentou interrogar Aloique utilizando uma elaborada linguagem de sinais. Também gesticulando, Aloique pareceu indicar que o baú era um presente. Depois disse que tinha guiado três homens brancos até um território próximo. Dyott não acreditou muito e pediu que Aloique e alguns de seus homens o conduzissem pela mesma rota. Aloique advertiu que uma tribo violenta, os suyá, vivia naquela direção. Cada vez que falavam a palavra "suyá", os nahukwá contorciam a nuca, como se estivessem sendo decapitados. Dyott insistiu e Aloique, em troca de algumas facas, concordou em levar o grupo.

Naquela noite, enquanto Dyott e seus homens dormiam entre os índios, muitos integrantes da expedição se sentiram inquietos. "Não podemos prever a atitude [dos índios] pois não sabemos nada sobre eles, exceto — e isso é importante — que estão nas imediações de onde o grupo de Fawcett desapareceu",[43] escreveu Whitehead. Naquela noite ele dormiu com uma Winchester .38 e um machete sob as cobertas.

Quando a expedição entrou na floresta no dia seguinte, Dyott continuou a questionar Aloique, e pouco tempo depois o cacique acrescentou um novo elemento à sua história. Fawcett e seus homens, dizia agora, tinham sido mortos pelos suyá. "Suyá! Bung--bung-bung!", gritava o cacique, caindo no chão, como se estivesse morto. As explicações alternativas de Aloique levantaram suspeitas em Dyott. Como ele escreveu depois: "Parecia que o dedo da culpa apontava para Aloique".[44]

A certa altura, quando Dyott reportava suas últimas descobertas pelo rádio, o aparelho parou de funcionar. "Grito na selva é estrangulado", declarou um boletim da NANA. "Rádio de Dyott interrompido durante uma crise." O prolongado silêncio provocou especulações. "Estou com muito medo",[45] declarou sua esposa aos repórteres.

Enquanto isso, a expedição ia esgotando seu suprimento de água e comida, e alguns homens ficaram tão doentes que mal conseguiam andar. Whitehead escreveu que ele "não conseguia comer, minha febre estava muito alta".[46] As pernas do cozinheiro estavam inchadas e excretavam um pus gangrenoso. Dyott resolveu prosseguir com só dois de seus homens, na esperança de encontrar os restos mortais de Fawcett. "Lembre-se",[47] disse Dyott a Whitehead, "se alguma coisa acontecer comigo, todos os meus bens vão para minha esposa."

Na noite anterior à partida do pequeno contingente, um dos homens da expedição de Dyott, um índio, contou ter entreouvido Aloique e outros integrantes da tribo fazendo planos para assassinar Dyott e roubar seu equipamento. Àquela altura, Dyott não tinha dúvida de que havia encontrado o assassino de Fawcett. Para intimidá-lo, Dyott disse a Aloique que iria levar o grupo inteiro na incursão. Na manhã seguinte, Aloique e seus homens tinham desaparecido.

Logo depois, bandos de índios de várias tribos surgiram da floresta, empunhando arcos e flechas e exigindo presentes. A cada hora surgia uma nova canoa com mais indígenas. Alguns deles usavam joias vistosas e possuíam cerâmicas sofisticadas, o que fez Dyott pensar que as histórias de Fawcett sobre uma antiga e complexa civilização poderiam ser verdadeiras. Mas era impossível obter novas informações. Como definiu Whitehead: "Nativos de tribos de todo o território, possivelmente uns 2 mil índios, estavam nos cercando por todos os lados".[48]

Dyott já tinha exaurido seu estoque de presentes, e os índios estavam cada vez mais hostis. Ele prometeu que na manhã seguinte daria a cada um deles um machado e algumas facas. Depois da meia-noite, quando os índios pareciam estar dormindo, Dyott reuniu seus homens em silêncio e todos partiram nos barcos da expedição. Os homens navegavam ao sabor das correntezas. Ninguém se atrevia a remar. Instantes depois, ouviram um grupo de canoas com mais índios subindo o rio na direção deles, aparentemente em direção ao acampamento. Dyott fez sinal para que os homens encostassem os botes na margem do rio e se deitassem. Todos prenderam a respiração enquanto os índios passaram. Finalmente, Dyott deu ordens para que remassem, e os exploradores remaram furiosamente. Um dos técnicos conseguiu que o rádio funcionasse tempo suficiente para enviar uma breve mensagem: "Sinto informar que a expedição de Fawcett pereceu nas mãos de índios hostis. Nossa situação é grave [...] Não temos tempo de mandar mais detalhes pelo rádio. Precisamos descer o Xingu sem demora ou nós mesmos seremos apanhados".[49] A expedição descartou o rádio, junto com outros equipamentos pesados, para apressar a retirada. Os jornais debatiam sobre as chances da equipe. "Chances de Dyott escapar são exíguas", dizia uma manchete. Quando saíram afinal da floresta, meses depois — doentes, emaciados, barbudos e picados por mosquitos —, Dyott e seus homens foram recebidos como heróis. "Queremos nos deleitar na agradável e inebriante atmosfera da notoriedade",[50] disse Whitehead, que pouco depois foi contratado como propagandista de um laxante chamado Nujol. ("Pode estar certo de que por mais importante que seja o equipamento que eu tiver de descartar, na minha próxima aventura vou levar comigo muito Nujol."[51]) Dyott publicou um livro, *Man hunting in the jungle*, e em 1933 estrelou um filme de Hollywood sobre suas aventuras, chamado *Savage gold*.

Porém àquela altura a história de Dyott já começava a esfacelar. Como observou Brian Fawcett, era difícil acreditar que seu pai, tão preocupado com que ninguém conhecesse seu caminho, tivesse deixado marcas de Y nas árvores. O equipamento encontrado por Dyott na casa de Aloique poderia muito bem ter sido presente de Fawcett, como insistiu Aloique, ou ser fruto da expedição de Fawcett de 1920, quando ele e Holt foram forçados a descartar boa parte da carga. Na realidade, a história de Dyott se apoiava em sua avaliação das intenções "traiçoeiras" de Aloique — um julgamento em muito baseado nas interações conduzidas em linguagem de sinal e nos supostos conhecimentos de Dyott a respeito da "psicologia indígena".[52]

Anos depois, quando missionários e outros exploradores entraram na região, eles descreveram Aloique e os nahukwá como índios normalmente pacíficos e amistosos. Dyott não levou em conta a probabilidade de que a atitude evasiva de Aloique, até sua decisão de fugir, pudesse ter origem em seus próprios temores em relação a um estranho branco liderando uma brigada armada. Finalmente, havia a menção a Bernardino. "Dyott [...] deve ter engolido o que ele disse com casca e tudo",[53] escreveu Brian Fawcett. "Digo isso porque não havia nenhum Bernardino na expedição do meu pai de 1925." De acordo com suas últimas cartas, Fawcett saiu do Posto Bakairi com apenas dois auxiliares brasileiros: Gardênia e Simão. Pouco depois da expedição, Nina Fawcett emitiu um comunicado declarando: "Ainda não existem provas de que os três exploradores tenham morrido".[54]

Elsie Rimell insistia em que "nunca desistiria",[55] sempre acreditando que seu filho ainda voltaria. Em particular, no entanto, ela começava a se desesperar. Um amigo lhe escreveu uma carta dizendo que era natural que estivesse tão "abatida", mas dizia também para ela "não perder a esperança".[56] O amigo garantia que a verdade dos fatos acerca dos exploradores logo se tornaria conhecida.

No dia 22 de março de 1932, um homem com um olhar preocupado e bigode escuro surgiu na porta da Embaixada Britânica em São Paulo e pediu para falar com o cônsul-geral. Usava paletó esporte, gravata listrada e culotes enfiados nos canos de botas de montar. Disse que era um assunto urgente referente ao coronel Fawcett.

O homem foi levado até o cônsul-geral, Arthur Abbott, amigo de Fawcett. Durante anos, Abbott tinha mantido sua fé em que os exploradores pudessem reaparecer, mas poucas semanas antes destruíra as últimas cartas recebidas de Fawcett, acreditando que "toda a esperança de voltar a vê-lo havia desaparecido".[57]

Em uma declaração juramentada prestada posteriormente, o visitante disse: "Meu nome é Stefan Rattin. Sou cidadão suíço. Vim para a América do Sul vinte anos atrás".[58] Ele explicou que, cerca de cinco meses antes, ele e dois companheiros estavam caçando perto do rio Tapajós, na região noroeste de Mato Grosso, quando encontraram uma tribo que mantinha prisioneiro um senhor branco com longos cabelos loiros. Rattin disse que mais tarde, quando os índios estavam bêbados, o homem branco, que estava vestido com peles de animais, aproximou-se dele em silêncio.

"Você é amigo?", perguntou.

"Sim", respondeu Rattin.

"Eu sou um coronel inglês", disse o homem, e implorou que Rattin fosse ao consulado britânico e informasse ao "major Paget" que ele estava sendo mantido prisioneiro.

Abbott sabia que o ex-embaixador britânico no Brasil, sir Ralph Paget, era um confidente de Fawcett. Na verdade, Paget foi um dos lobistas que influenciaram o governo brasileiro a financiar a expedição de Fawcett de 1920. Esses fatos, Abbott observou em carta para a Real Sociedade Geográfica, eram conhecidos "só por mim e alguns amigos pessoais".[59]

Quando ficaram sabendo do relato de Rattin, Nina Fawcett e Elsie Rimell acharam que ele merecia crédito. Nina disse que não se atrevia a "alimentar minhas esperanças";[60] mesmo assim, mandou um telegrama para uma agência de notícias do Brasil dizendo que agora estava convencida de que seu marido estava "vivo".

Outros protagonistas continuavam céticos. O general Rondon, depois de uma entrevista de três horas com Rattin, observou em um relatório que o lugar onde o caçador suíço indicara ter encontrado Fawcett ficava a 750 quilômetros da localização em que a expedição havia sido vista pela última vez. O próprio Paget, quando foi contatado na Inglaterra, questionou o fato de terem deixado Rattin sair da tribo enquanto mantinham Fawcett como prisioneiro.

Abbott, no entanto, continuava convencido da sinceridade de Rattin, principalmente por ele ter concordado em resgatar Fawcett sem nenhuma recompensa. "Prometi ao coronel Fawcett que levaria ajuda e essa promessa será cumprida",[61] declarou Rattin. Logo depois o suíço partiu com dois homens, um deles um repórter que escrevia artigos para a United Press. Depois de andar pela floresta por duas semanas, os três homens chegaram ao rio Arinos, onde construíram canoas de casca de árvore. Em despacho datado de 24 de maio de 1932, quando a expedição estava prestes a entrar em território de índios hostis, o repórter escreveu: "Rattin está ansioso para partir. Ele grita 'Todos a bordo!'. Lá vamos nós".[62] Nunca mais ninguém ouviu falar deles.

Não muito depois, um ator inglês de 52 anos chamado Albert de Winton chegou a Cuiabá prometendo encontrar Fawcett, vivo ou morto. Recentemente ele havia representado pequenos papéis em diversos filmes de Hollywood, até em *King of the wild*. De acordo com o *Washington Post*, Winton tinha "trocado as aventuras de faz de conta dos filmes pela realidade da selva".[63] Vestindo um uniforme de safári novo em folha, pistola afivelada na cintura e fumando cachimbo, ele correu para a floresta. Uma mulher de Orange, Nova Jersey, apresentando-se como a "representante americana" de Winton, enviava atualizações à RSG em papéis de carta onde se lia impresso: "*Albert de Winton* — EXPEDIÇÃO NA INEXPLORADA FLORESTA BRASILEIRA EM BUSCA DO CORONEL P. H.

FAWCETT". Nove meses depois de se embrenhar na selva, Winton reapareceu com as roupas em farrapos, o rosto encovado. Em 4 de fevereiro de 1934, uma foto sua foi estampada nos jornais com a legenda "Albert Winton, ator de Los Angeles, não foi talhado para papéis dramáticos. Isso é o que nove meses na floresta sul-americana fizeram com ele".[64] Após uma breve estadia em Cuiabá, onde visitou um museu com uma exposição dedicada a Fawcett, Winton retornou à região do Xingu. Passaram-se meses sem notícias. Então, em setembro, um mensageiro indígena saiu da floresta com um amarrotado bilhete de Winton comunicando que ele era prisioneiro de uma tribo e rogando: "Por favor, mandem ajuda". A filha de Winton notificou a RSG sobre "esses graves eventos",[65] pedindo que alguém da Sociedade salvasse seu pai. Mas Winton também nunca mais seria visto. Anos depois,[66] funcionários do governo brasileiro souberam por índios da região que dois integrantes da tribo Kamayurá tinham encontrado Winton, nu e quase louco, a bordo de uma canoa. Um kamayurá tinha golpeado sua cabeça e roubado seu rifle.

Mas essas histórias pouco faziam para dissuadir hordas de outros exploradores da tentativa de encontrar Fawcett ou a cidade de Z. Houve expedições organizadas por alemães, italianos, russos e argentinos. Uma estudante de antropologia formada pela Universidade da Califórnia também se candidatou. Um soldado americano que servira com Fawcett na frente ocidental. Peter Fleming, irmão de Ian Fleming, o criador de James Bond. Um bando de foras da lei brasileiros. Em 1934, o governo brasileiro, sobrecarregado pelo número de expedições de busca, emitiu decreto proibindo-as a não ser que recebessem uma permissão especial. Mesmo assim, os exploradores continuaram tentando, com ou sem permissão.

Embora não haja estatísticas confiáveis, uma estimativa recente calcula que o número dessas expedições tenha chegado a cem. A estudante formada pela Universidade da Califórnia, que em 1930 foi a primeira mulher antropóloga a se aventurar na região para fazer pesquisas, conseguiu voltar só para morrer poucos anos depois de uma infecção que havia contraído na Amazônia. Em 1939, outro antropólogo americano enforcou-se numa árvore na floresta. (Ele deixou um recado dizendo: "Os índios vão pegar minhas anotações [...] Elas são muito valiosas e podem ser desinfetadas e enviadas para o museu. Quero que minha família acredite que eu morri numa aldeia indígena de causas naturais".[67]) Um explorador perdeu o irmão, que morreu de febre. "Eu tentei salvá-lo",[68] ele disse a Nina. "Mas infelizmente não pude fazer nada e por isso o enterramos na margem do Araguaia."

Assim como Rattin e Winton, outros exploradores pareciam cair do céu. Em 1947,[69] de acordo com o reverendo Jonathan Wells, missionário no Brasil, um pombo-correio saiu da selva com uma nota escrita por um professor do ensino médio de 32 anos da Nova Zelândia, Hugh McCarthy, cuja fixação era encontrar Z. Wells disse que tinha conhecido McCarthy em sua missão cristã, no lado oriental da fronteira de Mato Grosso, e o alertado de que morreria se continuasse a entrar na floresta sozinho. Wells contou que, quando McCarthy recusou seu conselho, ele deu ao professor sete pombos-correio para enviar mensagens, que McCarthy guardou em cestas de vime na sua canoa. A primeira mensagem apareceu seis semanas depois. Dizia: "Ainda estou bastante doente por causa do acidente, mas o inchaço da perna está melhorando aos poucos [...] Amanhã parto para continuar minha missão. Fui informado de que a montanha que procuro está a apenas cinco dias de distância. Deus o proteja. Hugh". Um mês e meio depois, um segundo pombo-correio chegou até Wells com a seguinte mensagem: "Eu [...] me encontro em circunstâncias terríveis [...] Já faz algum tempo que abandonei minha canoa e joguei meu rifle fora, por ser impraticável na selva. Meu suprimento de comida se exauriu e estou vivendo de frutas silvestres". Um último sinal de McCarthy veio numa terceira nota que dizia: "Meu trabalho está concluído e morro feliz, sabendo que minha crença em Fawcett e em sua Cidade de Ouro não foi em vão".

Nina seguia todos esses acontecimentos relacionados com o que ela chamou de "O mistério de Fawcett". Ela tinha se transformado numa espécie de detetive, examinando documentos e estudando as antigas anotações de Fawcett com uma lente de aumento. Um visitante descreveu-a postada à frente de um mapa do Brasil, lápis na mão, com cartas e fotografias do marido e do filho espalhadas por toda sua volta, além de um colar de conchas enviado por Jack do Posto Bakairi. A seu pedido, a RSG lhe comunicava todos os avistamentos relatados ou rumores relacionados ao destino da expedição. "Você sempre teve a corajosa convicção de poder julgar, melhor que qualquer um, o valor dessas evidências",[70] disse a ela um funcionário da RSG. Insistindo em que havia se "ensinado" a permanecer imparcial, ela atuava, caso após caso, como um árbitro no esclarecimento de qualquer evidência. Certa vez, após um aventureiro alemão ter afirmado que vira Fawcett vivo, ela escreveu com amargura que o homem tinha "mais de um passaporte, ao menos três pseudônimos e que fora encontrado com ele uma pilha de recortes da imprensa!".[71]

Apesar de seus esforços para permanecer isenta, depois dos boatos de que índios haviam massacrado o grupo, ela confessou ao amigo Harold Large: "Meu coração está dilacerado pelos horríveis relatos que sou obrigada a ler e minha imaginação invoca imagens terríveis do que pode ter acontecido. Tenho de usar toda a minha força de vontade para afastar esses horrores dos meus pensamentos, meu cansaço e minha tristeza são brutais".[72] Outro amigo de Nina informou à Real Sociedade Geográfica que "Lady Fawcett está sofrendo de corpo e alma".[73]

Nina descobriu em seus arquivos um pacote de cartas que Fawcett havia escrito a Jack e a Brian por ocasião de sua primeira expedição, em 1907. Ela disse a Large que dera as cartas a Brian e Joan, "para que os dois conheçam o verdadeiro ego do homem de quem descendem".[74] E acrescentou: "Hoje estou pensando muito em Fawcett — é o aniversário dele".

Em 1936 a maioria das pessoas, até os Rimell, tinha chegado à conclusão de que o grupo havia perecido. O irmão mais velho de Fawcett, Edward, disse à RSG: "Vou agir com a convicção, há muito adotada, de que eles morreram anos atrás".[75] Mas Nina se recusava a aceitar que o marido poderia não mais voltar, e que tinha concordado em enviar seu filho à morte. "Sou uma das poucas que *acreditam*",[76] disse. Large referia-se[77] a ela como uma "Penélope" esperando pela "volta de Ulisses".

Assim como a busca de Fawcett por Z, a busca de Nina pelos exploradores desaparecidos tornou-se uma obsessão. "A volta do marido é tudo por que ela vive estes dias",[78] contou um amigo ao cônsul-geral no Rio. Nina quase não tinha dinheiro, exceto o pouco que restara da pensão de Fawcett e um pequeno estipêndio que Brian mandava do Peru. Com o decorrer dos anos, ela passou a viver numa pobreza nômade, perambulando com sua pilha de papéis relacionados a Fawcett da casa de Brian no Peru à Suíça, onde Joan tinha se estabelecido com o marido, Jean de Montet, que era engenheiro, e os quatro filhos, entre eles Rolette. Quanto mais pessoas duvidavam da perseverança dos exploradores, mais Nina se apegava às suas provas para defender sua posição. Quando uma das bússolas de Fawcett apareceu no Posto Bakairi em 1933, ela insistiu em que o marido a havia deixado lá recentemente como um sinal de que ainda estava vivo, embora, como observou Brian, se tratava claramente de algo que o pai tinha deixado na aldeia antes de partir. "Tenho a impressão",[79] escreveu Nina a um contato no Brasil, "que em mais de uma ocasião o coronel

Fawcett tentou dar sinais de sua presença, e que ninguém — a não ser eu — entendeu o significado." Às vezes ela encerrava suas cartas com as palavras "*Acredite em mim*".

Nos anos 1930, Nina começou a receber relatos de uma nova fonte: missionários que adentravam a região do Xingu para converter o que um deles chamava de "os mais primitivos e não esclarecidos de todos os indígenas da América do Sul".[80] Em 1937,[81] a missionária americana Martha L. Moennich estava andando pela floresta, as pálpebras inchadas por picadas de carrapatos e recitando as palavras do Senhor — "Vede, eu estou sempre convosco, até mesmo no fim do mundo" —, quando alegou ter feito uma descoberta extraordinária: na aldeia dos kuikuro ela encontrou um garoto de pele clara e brilhantes olhos azuis. A tribo disse que o garoto era filho de Jack Fawcett com uma mulher indígena. "Em sua natureza ambivalente existem traços distintos da formalidade britânica e de uma formação militar, enquanto por seu lado índio, a visão de um arco e flecha, ou de um rio, faz dele um garotinho da floresta",[82] escreveu Moennich mais tarde. Ela contou ter se oferecido para levar o garoto com ela para que tivesse a oportunidade "não somente de aprender a língua do pai como também de viver com a raça do pai".[83] Mas a tribo se recusou a entregá-lo. Outros missionários trouxeram histórias semelhantes de crianças brancas na selva — uma delas, segundo um ministro, era "talvez o garoto mais famoso em todo o Xingu".[84]

Em 1943, Assis Chateaubriand, multimilionário proprietário de um conglomerado de publicações e estações de rádio, despachou um repórter de um de seus tabloides, Edmar Morel, para encontrar o "neto de Fawcett". Meses depois, Morel retornou com um garoto de dezessete anos, de pele clara como a lua, chamado Dulipé, que foi aclamado como o neto do coronel Percy Harrison Fawcett — ou, como a imprensa o chamou, "o Deus Branco do Xingu".

O achado causou um frenesi internacional. Tímido e nervoso, Dulipé foi fotografado pela revista *Life* e desfilou pelo Brasil como uma das atrações do Carnaval — uma "aberração",[85] como definiu a revista *Time*. Pessoas lotavam salas de cinema, com filas dando voltas no quarteirão, para ver cenas dele na selva, nu e branco. (Quando foi indagada sobre Dulipé, a RSG respondeu de forma fleumática que tais "questões estão fora do escopo científico da nossa Sociedade".[86]) Morel telefonou a Brian Fawcett no Peru perguntando se ele e Nina queriam adotar o garoto. Mas, quando os dois examinaram[87] fotografias de Dulipé, Nina ficou chocada. "Você nota algo diferente nos olhos dessa criança?", perguntou a Brian.

"Os olhos estão inflamados, como se incomodados pela luz."

"Essa criança me parece albina", disse Nina. Exames posteriores confirmaram sua afirmação. Na verdade, muitas lendas de índios brancos se originavam em casos de albinismo. Em 1924, Richard O. Marsh, um explorador americano que mais tarde sairia em busca de Fawcett, anunciou que durante uma expedição ao Panamá ele não apenas havia localizado "índios brancos" como estava trazendo três "espécimes vivos"[88] de prova. "Eles têm cabelos dourados, olhos azuis e pele branca",[89] disse Marsh. "Os corpos são cobertos por uma penugem clara. Eles [...] se parecem com os primitivos nórdicos brancos." Quando seu navio aportou em Nova York, Marsh apresentou as três crianças — dois assustados garotos indígenas, de dez e dezesseis anos, e uma índia clara de catorze anos chamada Marguerite — a uma multidão de fotógrafos e curiosos. Cientistas de todo o país — do Bureau de Etnologia Americana, do Museu do Índio Americano, do Museu Peabody, do Museu Americano de História Natural, da Universidade Harvard — logo se reuniram num quarto do hotel Waldorf-Astoria para ver as crianças em exposição, cutucando e examinando seus corpos. "Apalpem o pescoço da garota",[90] disse um dos cientistas. Marsh deduziu que fossem uma "relíquia da espécie paleolítica".[91] Pouco depois o *New York Times* publicou: "Cientistas atestam que índios brancos são verdadeiros". Os indígenas foram mantidos numa casa em uma área rural perto de Washington, a fim de permanecerem "mais perto da natureza".[92] Só mais tarde as conclusões revelaram que as crianças eram albinas, assim como muitos outros índios da tribo San Blas do Panamá.

Dulipé teve um destino trágico. Tirado de sua tribo e já não mais uma atração comercial, foi abandonado nas ruas de Cuiabá. Consta que foi lá mesmo que o "Deus Branco do Xingu" morreu de alcoolismo.

No final de 1945, Nina, agora com 72 anos, sofria de anemia e de artrite debilitante. Usava uma bengala, às vezes duas, para se locomover e se descrevia como alguém "sem um lar, sem ninguém para me ajudar ou me encontrar, e aleijada!".[93]

Brian escreveu uma carta a ela dizendo: "Você passou por coisas suficientes para derrubar o espírito de dezenas de pessoas, e seja o que for que tenha sentido [...] você passou por tudo isso sorrindo e aguentando as dificuldades que o Destino pôs à sua frente por tanto tempo e de tal forma que isso me faz sentir muito orgulhoso de ser seu filho. Você deve ser um espírito muito avançado, senão os deuses não a teriam feito passar por tal provação, e sua recompensa por certo será muito Grande".[94]

Em 1946, quando surgiu outro relato de que os três exploradores estavam vivos no Xingu — desta vez dizia-se que Fawcett era ao mesmo tempo "prisioneiro e cacique dos índios" —, Nina teve certeza de que afinal sua recompensa havia chegado. Ela prometeu liderar uma expedição para resgatá-los, mesmo que "isso signifique a minha morte!".[95] No entanto, o relato acabou se provando outro fato sem fundamento.

Até 1950, Nina continuou insistindo em que não se surpreenderia se os exploradores entrassem pela sua porta a qualquer momento — o marido agora com 82 anos, o filho com 47. Mas em abril de 1951, Orlando Villas Boas, funcionário do governo famoso por sua defesa dos índios da Amazônia, anunciou que os kalapalo tinham admitido que membros da sua tribo haviam matado os três exploradores. Mais do que isso, Villas Boas afirmou ter uma prova: os ossos do coronel Fawcett.

23. Os ossos do coronel

"O cacique dos kalapalo vai se encontrar com a gente", disse Paulo, reproduzindo uma mensagem enviada por rádio do interior da floresta. Ele explicou que as negociações teriam lugar perto do Posto Bakairi, em Canarana, uma pequena cidade fronteiriça na divisa sul do Parque Nacional do Xingu. Quando chegamos lá naquela mesma tarde, a cidade estava assolada por uma epidemia de dengue, com muitas linhas telefônicas interrompidas. Era também o aniversário de 25 anos de Canarana, e a cidade comemorava a data com fogos de artifício, que soavam como disparos esporádicos de armas de fogo. No início dos anos 1980, o governo brasileiro, como parte de sua política de colonização de territórios indígenas, tinha despachado aviões cheios de vaqueiros — muitos de descendência alemã — para se estabelecer naquelas regiões remotas. Embora abandonada, as principais estradas da cidade eram surpreendentemente largas, como se fossem super-rodovias. Só quando vi a fotografia de um hóspede estacionando seu avião em frente a um hotel local que compreendi a razão daquilo: durante anos, a cidade era tão inacessível que as ruas funcionavam também como pistas de pouso. Até hoje, me disseram, era possível aterrissar um avião no meio da rua e embarcar um passageiro na praça principal, aparentemente o único monumento da cidade.

O cacique kalapalo, Vajuvi, apareceu no nosso hotel acompanhado por dois homens. Tinha o rosto sulcado e queimado de sol e parecia ter perto de cinquenta anos de idade. Como seus dois companheiros, tinha um metro e setenta de altura, com braços musculosos. O cabelo era aparado acima das orelhas no tradicional corte em forma de cuia. De forma geral, os indígenas não usam roupas na região do Xingu, mas para aquela visita Vajuvi usava uma camisa de algodão com o colarinho em V e jeans castigadas pelo sol, que pendiam frouxamente de seus quadris.

Depois que nos apresentamos e expliquei por que gostaria de visitar o Xingu, Vajuvi me perguntou: "Você é da família do coronel?".

Eu estava acostumado com aquela pergunta, mas dessa vez parecia mais carregada: os kalapalo tinham sido acusados de matar Fawcett, um ato que poderia exigir que um membro da família vingasse sua morte. Quando expliquei que era repórter, Vajuvi pareceu mais tranquilo. "Eu vou contar a verdade sobre os ossos", falou. Em seguida acrescentou que a aldeia queria receber 5 mil dólares por isso.

Expliquei que não tinha aquele dinheiro e tentei exaltar as virtudes do intercâmbio cultural. Um dos kalapalo deu um passo à frente em minha direção e disse: "Os espíritos me disseram que você vinha e que você é rico". Outro kalapalo acrescentou: "Eu vi fotografias das suas cidades. Vocês têm muitos carros. Você devia nos dar um carro".

Um dos índios saiu do hotel e voltou pouco depois com outros três kalapalo. A cada intervalo de alguns minutos aparecia mais um kalapalo, e logo o quarto estava lotado com mais de uma dúzia de homens, alguns velhos, alguns jovens, todos ao redor de mim e de Paulo. "De onde eles estão vindo?", perguntei a Paulo.

"Não sei", ele respondeu.

Vajuvi deixou que os outros argumentassem e pechinchassem. Enquanto as negociações prosseguiam, alguns kalapalo começaram a se mostrar hostis. Faziam pressão e me chamavam de mentiroso. Finalmente, Vajuvi levantou-se e disse: "Você fala com seu chefe nos Estados Unidos, e depois nos falamos outra vez, daqui algumas horas".

Em seguida saiu do quarto, com os outros membros da tribo atrás dele.

"Não se preocupe", disse Paulo. "Eles estão fazendo pressão e nós estamos pressionando de volta. É assim que acontece."

Desanimado, subi para meu quarto. Duas horas depois, Paulo ligou do telefone do hotel. "Por favor, desça até aqui", falou. "Acho que consegui um acordo pra nós."

Vajuvi e os outros estavam na porta de entrada. Paulo me informou que ele tinha concordado em nos levar até o Parque Nacional do Xingu se pagássemos o transporte e comprássemos algumas centenas de dólares em suprimentos. Troquei um aperto de mão com o cacique, e antes que eu percebesse seus homens estavam dando tapinhas no meu ombro e perguntando sobre minha família, como se estivéssemos nos encontrando pela primeira vez. "Agora nós conversamos e comemos", disse Vajuvi. "Está tudo bem."

No dia seguinte nos preparamos para partir. Para chegarmos a um dos maiores rios do Xingu, o Kuluene, precisávamos de um veículo ainda mais possante, por isso depois do almoço nos despedimos do nosso motorista, que pareceu aliviado em voltar para casa. "Espero que encontre esse Y que está procurando", falou.

Quando ele partiu, alugamos um caminhão com rodas do tamanho das de um trator. Quando a notícia de que estávamos indo para o Xingu se espalhou, começaram a surgir índios de todos os lados, carregando crianças e artigos empacotados, todos querendo subir a bordo. Cada vez que o caminhão parecia lotado, outra pessoa se espremia, e, quando começaram as chuvas da tarde, nós demos início à nossa jornada.

De acordo com o mapa, o Kuluene ficava a apenas noventa quilômetros de distância. Mas a estrada era pior do que qualquer outra que Paulo e eu tínhamos percorrido: poças de água chegavam até o chassi, e às vezes o caminhão, com todo aquele peso, inclinava-se perigosamente para o lado. Nossa velocidade não passava de vinte quilômetros por hora, e às vezes tínhamos que parar e recuar um pouco antes de seguir em frente outra vez. Aqui também as florestas estavam desmatadas. Algumas áreas tinham sido queimadas recentemente, e eu podia ver restos de árvores espalhados por quilômetros, os galhos enegrecidos erguendo-se para o céu aberto.

Finalmente, quando nos aproximamos do rio, a floresta começou a se adensar outra vez. Aos poucos as árvores se fechavam à nossa volta, os galhos formando uma rede que cobria o para-brisa. O som de madeira martelando as laterais do caminhão era constante. O motorista ligou os faróis, e o facho de luz ondulava sobre o terreno. Depois de cinco horas chegamos a uma cerca de arame: era a divisa do Parque Nacional do Xingu. Vajuvi disse que seriam apenas setecentos metros até o rio, e que depois viajaríamos de bote até a aldeia kalapalo. Mas logo em seguida o caminhão encalhou na lama, nos obrigando a retirar temporariamente nosso equipamento para aliviar o peso, e quando chegamos ao rio estava escuro como breu sob a copa das árvores. Vajuvi disse que teríamos de esperar para atravessar. "É perigoso demais", explicou. "O rio está cheio de troncos e galhos. Não podemos desrespeitar isso."

Mosquitos picavam minha pele, araras e cigarras cantavam. Acima de nossa cabeça algumas criaturas uivavam. "Não se preocupe", disse Paulo. "São apenas macacos."

Caminhamos um pouco mais até chegarmos a uma cabana. Vajuvi empurrou a porta, que se abriu com um rangido. Depois nos levou para dentro e remexeu em algumas coisas até acender uma vela, que iluminou um pequeno cômodo com teto de zinco corrugado e chão de terra. Havia uma coluna de madeira no meio do quarto, e Vajuvi nos ajudou a armar nossas redes. Embora minhas roupas estivessem ainda molhadas de suor e lama da viagem, eu me deitei, tentando proteger o rosto dos insetos. Pouco depois a vela apagou e eu fiquei balançando devagar na escuridão, ouvindo o murmúrio das cigarras e os guinchos dos macacos.

Caí num sono leve, mas acordei de repente ao sentir alguma coisa na minha orelha. Abri os olhos, assustado: cinco garotos nus, com arcos e flechas, estavam olhando para mim. Quando perceberam que eu havia me mexido, deram risada e saíram correndo.

Eu me sentei. Paulo e Vajuvi estavam ao redor de uma fogueira de lenha, fervendo água.

"Que horas são?", perguntei.

"Cinco e meia", respondeu Paulo. Ele me deu algumas bolachas e uma caneca de latão com café. "Ainda temos um longo caminho pela frente", falou. "Você precisa comer alguma coisa."

Depois de um rápido desjejum, saímos da cabana e, na luz do dia, pude enxergar um pequeno acampamento em frente ao rio Kuluene. Na margem havia dois barcos de alumínio de fundo chato, nos quais carregamos nossos equipamentos. Os barcos tinham mais ou menos doze pés de comprimento com um motor de popa — uma invenção introduzida no Xingu nos anos recentes.

Paulo e eu subimos num dos botes com um guia kalapalo, enquanto Vajuvi e sua família viajavam no outro. Os dois botes seguiram rio acima, lado a lado. Mais ao norte havia correntezas e quedas-d'água, mas aqui as águas eram calmas e cor de oliva. Árvores alinhavam-se nas margens, os galhos inclinados como anciãos, as folhas relando a superfície da água. Depois de várias horas atracamos os botes na margem. Vajuvi disse para juntarmos nosso equipamento e nós o seguimos por uma trilha curta. De repente ele parou e fez um gesto com a mão, orgulhoso. "Kalapalo", falou.

Estávamos na periferia de uma praça circular com mais de cem metros de circunferência, pontilhada de casas muito parecidas com as que descrevemos no Posto Bakairi. Semelhantes a cascos de navios emborcados, pareciam mais ter sido trançadas com folhas e madeira do que construídas. O exterior era coberto de sapé, com exceção das portas traseira e da frente — ambas suficientemente baixas, segundo me disseram, para afugentar maus espíritos.

Diversas pessoas caminhavam pela praça. Muitas estavam sem roupa, e algumas tinham o corpo adornado com enfeites exóticos: colares de dentes de macaco, torvelinhos de pigmento preto extraído da fruta do jenipapo e faixas do pigmento vermelho da semente de urucum. Mulheres com idade entre trinta e cinquenta anos usavam vestidos de algodão folgados, a parte superior arriada até a cintura. Percebi que a maioria dos homens usava tiras de pano amarradas ao redor dos bíceps e da panturrilha, como torniquetes, para realçar os músculos. "Para nós é um sinal de beleza", explicou Vajuvi. A tribo ainda praticava o infanticídio com os que pareciam desnaturados ou enfeitiçados, embora essa prática fosse menos comum do que em tempos atrás.

Vajuvi me levou até a casa dele, um espaço cavernoso cheio de fumaça exalada de um fogo de lenha. Apresentou-me a duas mulheres atraentes, com longos cabelos negros que caíam até as costas nuas. A mulher mais velha tinha uma tatuagem de árvores verticais nos braços, e a mais nova usava um colar de conchas brilhantes. "Minhas esposas", disse Vajuvi.

Pouco depois, mais pessoas saíram da penumbra: filhos e netos, genros e noras, tias e tios, irmãos e irmãs. Vajuvi disse que cerca de vinte pessoas moravam na casa. Parecia mais uma aldeia independente que uma casa particular. No centro do aposento, perto de uma coluna que sustentava o teto, com milho pendurado para secar, uma das filhas de Vajuvi ajoelhava-se em frente a um grande tear fazendo uma rede. A seu lado um garoto usava um cinto de miçangas azuis de onde pendiam peixes com elaborados detalhes e potes de cerâmica de cores brilhantes. Perto dele, um caçador mais velho sentava-se num grande tronco de árvore escavado com a forma de uma onça, afiando uma flecha de um metro e meio de comprimento. Fawcett tinha escrito sobre o sul da bacia amazônica: "Toda essa região é cheia de tradições indígenas de um tipo muito interessante",[1] que "não podem ter sido fundadas sobre nada" e que sugeriam a presença anterior de "uma outrora grande civilização".

Com cerca de 150 moradores, a aldeia era bem estratificada. Não se tratava de um povo formado por caçadores e coletores nômades. Os caciques eram ungidos por consanguinidade, como os reis europeus. Havia tabus quanto a dietas que proibiam comer a maior parte das carnes vermelhas, até mesmo anta, veado e porco selvagem — uma restrição alimentar que estava entre as mais estritas do mundo e que contradizia a noção de que os índios viviam ameaçados por um constante estado de inanição. Na puberdade, garotos e garotas ficavam isolados durante um período, no qual um adulto designado os ensinava os rituais e as responsabilidades da vida adulta. (O filho da linhagem que sucederia ao cacique permanecia recluso por até quatro anos.) Durante sua viagem ao Xingu com Aloique, Dyott passou pela aldeia kalapalo e ficou tão impressionado com o que viu que escreveu: "Existem razões para acreditar que as histórias de Fawcett sobre uma civilização esquecida são baseadas em fatos".[2]

Perguntei a Vajuvi se ele sabia se um dos povos daquela região, conhecidos como xinguanos, seria descendente de uma civilização mais antiga, e se existiam algumas ruínas na floresta ao redor. Ele abanou a cabeça. Segundo a lenda, porém, o espírito Fitsi-fitsi tinha construído fossos gigantes naquela região. ("Em cada lugar por onde passava que parecesse um bom local para ficar, Fitsi-fitsi fazia valas longas e profundas e deixava parte de seu povo ali, enquanto ele próprio continuava viajando."[3])

Enquanto Vajuvi, Paulo e eu conversávamos, um homem chamado Vanite Kalapalo entrou na casa e sentou-se a nosso lado. Ele parecia desanimado, e explicou que seu trabalho era guardar um dos postos da reserva. Outro dia, um índio tinha chegado até ele e falado: "Escuta, Vanite. Você precisa vir comigo até o rio. Os brancos estão construindo alguma coisa em Afasukugu". A palavra "Afasukugu" quer dizer "o lugar dos grandes felinos", onde os xinguanos acreditam terem sido criados os primeiros seres humanos. Vanite pegou um graveto e desenhou um mapa no chão de terra. "Afasukugu fica aqui", explicou. "É perto de uma queda-d'água."

"É fora do parque", explicou o chefe Vajuvi, acrescentando: "Mas é sagrado".

Lembrei-me de que uma das últimas cartas de Fawcett mencionava que ele ficara sabendo com os índios sobre uma queda-d'água sagrada naquela mesma região, que ele desejava visitar.

Vanite continuou contando sua história. "Então eu disse: 'Eu vou com você até Afasukugu, mas você está louco. Ninguém ia construir nada no lugar dos felinos'. Mas quando cheguei lá a queda-d'água estava destruída. Eles explodiram tudo com trinta quilos de dinamite. O lugar era tão bonito, e agora desapareceu. E eu perguntei a um dos homens que trabalhavam ali: 'O que vocês estão fazendo?'. Ele me respondeu: 'Estamos construindo uma usina hidrelétrica.'"

"Mas é no meio do rio Kuluene", disse Vajuvi. "Toda a água de lá flui direto para nosso parque e para nosso território."

Vanite, que estava ficando agitado, pareceu não ter ouvido o cacique. E continuou: "Um homem do governo de Mato Grosso vem ao Xingu e fala pra gente: 'Não se preocupem. Essa barragem não vai prejudicar vocês'. E nos oferece dinheiro. Um dos chefes de outra tribo aceitou o dinheiro, e as tribos agora estão lutando umas com as outras. Pra mim, dinheiro não significa nada. O rio está aqui há milhares de anos. Nós não vivemos pra sempre, mas o rio vive. O deus Taugi criou o rio. O rio nos dá comida, remédios. Você vê, nós não temos um poço. Bebemos a água direto do rio. Como vamos viver sem isso?".

Vajuvi disse: "Se eles conseguirem fazer isso, o rio vai desaparecer, e com ele o nosso povo".

De repente a nossa busca por Fawcett e pela Cidade de Z pareceu trivial — estávamos diante de mais uma tribo que parecia estar em vias de extinção. Porém, mais tarde naquela noite, depois de tomarmos um banho no rio, Vajuvi disse que havia uma coisa que ele não tinha nos contado sobre os ingleses. E prometeu que no dia seguinte nos levaria de bote até o local onde os ossos tinham sido descobertos. Antes de ir para cama, ele acrescentou: "Existem muitas coisas sobre os ingleses que só o povo kalapalo sabe".

Na manhã seguinte, enquanto nos preparávamos para partir, uma das garotas da nossa casa removeu um pano que cobria um grande objeto no canto da sala, perto de uma série de máscaras. Sob o pano havia um aparelho de televisão, era alimentado pelo único gerador da aldeia.

A garota girou um botão, sentou-se no chão de terra e começou a assistir a um desenho estrelado por um pássaro roufenho parecido com o Pica-Pau. Em minutos, pelo menos vinte outras crianças e vários adultos da aldeia se reuniram em torno do aparelho.

Quando Vajuvi veio nos buscar, perguntei há quanto tempo ele tinha uma televisão. "Só alguns anos", respondeu. "No começo, todo mundo só ficava olhando em transe pra ela. Mas agora eu controlo o gerador, e ela só fica ligada algumas horas por semana."

Vários homens que assistiam à televisão pegaram seus arcos e flechas e saíram para caçar. Enquanto isso, Paulo e eu seguimos Vajuvi e um de seus filhos, que tinha cinco anos idade, até o rio.

"Achei melhor pegarmos nosso almoço do jeito dos kalapalo", disse Vajuvi.

Subimos em um dos botes a motor e seguimos rio acima. A névoa que cobria a floresta se dissipou lentamente enquanto o sol se erguia. O rio, escuro e lodoso, às vezes se estreitava numa garganta tão estreita que galhos de árvore pendiam sobre nossa cabeça como pontes. Afinal entramos num braço de rio coberto por um emaranhado de folhas flutuantes. "A lagoa verde", disse Vajuvi.

Ele desligou o motor e o bote deslizou em silêncio pela água. Pássaros de bico amarelo esvoaçavam entre roseiras e cedros e andorinhas ziguezagueavam sobre a lagoa como pontos brancos e brilhantes acima da cobertura verde. Um casal de araras gritava e tagarelava, e na beira do rio um veado postava-se tão imóvel quanto a superfície da água. Um pequeno jacaré nadava perto da margem.

"Você sempre precisa tomar cuidado na selva", disse Vajuvi. "Eu escuto meus sonhos. Se eu sonho com algum perigo, eu fico na aldeia. Muitos acidentes acontecem com homens brancos porque eles não acreditam nos sonhos."

Os xinguanos eram famosos por pescarem de arco e flecha, com o corpo debruçado para fora das canoas — uma imagem que Jack e Raleigh tinham captado com a câmera e enviado para o Museu do Índio Americano. Vajuvi e seu filho, porém, pegaram algumas linhas de pesca e as equiparam com anzóis. Depois rodopiaram as linhas sobre a cabeça como um laço e jogaram os anzóis no centro da lagoa.

Enquanto puxava a linha, Vajuvi apontou para a margem e disse: "Os ossos estão enterrados naquela direção. Mas não são os ossos de Fawcett — são do meu avô".[4]

"Do seu avô?", perguntei.

"Sim. Mugika — era o nome dele. Ele já estava morto quando Orlando Villas Boas começou a perguntar sobre Fawcett. Orlando queria nos proteger de todos os brancos que chegavam, e disse ao povo kalapalo: 'Se vocês encontrarem o esqueleto de um homem alto, eu dou um rifle a cada um de vocês'. Meu avô era um dos homens mais altos da tribo. Então muita gente da aldeia resolveu desenterrar os ossos dele e enterrar aqui perto da lagoa e dizer que eram de Fawcett."

Enquanto falava, a linha do filho dele se retesou. Vajuvi ajudou o garoto a puxar a linha e um peixe branco prateado saltou da água, debatendo-se no anzol. Debrucei-me para examiná-lo, mas Vajuvi me afastou e começou a bater no peixe com um bastão.

"Piranha", ele disse.

Olhei para o peixe jogado no assoalho de alumínio do bote, com sua mandíbula baixa e deslocada. Vajuvi abriu a boca do peixe com uma faca, revelando uma fileira de dentes agudos e encavalados — dentes que os índios usam às vezes para esfregar na pele em rituais de purificação. Depois de retirar o anzol, ele continuou: "Meu pai, Tadjui, estava fora na época, e ficou furioso quando descobriu o que as pessoas tinham feito. Mas os ossos já tinham sido levados".

Havia outro fato que parecia corroborar aquela história. Como Brian Fawcett observara na época, muitos kalapalo contavam versões contraditórias de como os exploradores tinham sido mortos: alguns diziam que fora a porretadas, outros afirmavam que tinham sido mortos por flechas lançadas a distância. Além disso, os kalapalo insistiam em que Fawcett fora assassinado porque não tinha trazido presentes e por ter esbofeteado um rapaz kalapalo, mas isso contradizia o longo histórico de Fawcett e de seu comportamento bondoso com os índios. Ainda mais importante, eu tinha encontrado nos arquivos do Real Instituto Antropológico, em Londres, um memorando interno sobre o exame dos ossos. O memorando dizia:

> A mandíbula superior[5] fornece a mais clara evidência de que esses restos humanos não eram do coronel Fawcett, cuja dentadura sobressalente superior felizmente encontra-se disponível para comparação [...] Consta que o coronel Fawcett tinha um 1,88 metro de altura. A altura do homem cujos restos mortais foram trazidos para a Inglaterra foi estimada em um metro e setenta.

"Eu gostaria de recuperar os ossos e enterrar no lugar a que eles pertencem", disse Vajuvi.

Depois de pescar meia dúzia de piranhas nós deslizamos até a margem. Vajuvi reuniu diversos gravetos e fez uma fogueira. Sem escamar os peixes, ele os jogou sobre a lenha, grelhando um lado e depois o outro. Colocou os peixes enegrecidos num leito de folhas e tirou os espinhos. Depois embrulhou o peixe em beiju, uma espécie de panqueca feita de farinha de mandioca, e deu um sanduíche a cada um de nós. Enquanto comíamos, ele falou: "Vou contar o que meus pais me contaram sobre o que realmente aconteceu com os ingleses. É verdade que eles estiveram aqui. Eles eram em três, e ninguém sabia quem eram ou de onde tinham vindo. Não tinham animais e carregavam seus pertences nas costas. Um deles[6], o chefe, era velho, e os outros dois eram jovens. Eles estavam famintos e cansados de andar tanto tempo, e as pessoas da aldeia deram peixes e beiju a eles. Em retribuição pela ajuda, os ingleses ofereceram anzóis, o que ninguém tinha visto antes. E facas. Finalmente o homem velho disse: 'Agora nós precisamos ir'. As pessoas perguntaram: 'Pra onde vocês vão?'. E eles responderam: 'Naquela direção. Para o leste'. Nós dissemos: 'Ninguém vai naquela direção. Os índios hostis estão lá. Eles vão matar vocês'. Mas o velho insistiu. E então eles foram". Vajuvi apontou para o leste e meneou a cabeça. "Naquele tempo, ninguém ia naquela direção", falou. E continuou: "Durante vários dias, os kalapalo viram fumaça acima das árvores — o acampamento de Fawcett —, mas no quinto dia a fumaça desapareceu. Vajuvi disse que um grupo de kalapalo, temendo que alguma coisa ruim tivesse acontecido com eles, tentou encontrar o acampamento. Mas não viram sinal dos ingleses".

Mais tarde fiquei sabendo que os pais tinham contado a ele uma história, que tinha sido passada de geração a geração com uma coerência notável. Em 1931, Vicenzo Petrullo, um antropólogo que trabalhava para o Museu da Universidade da Pensilvânia, em Filadélfia, e um dos primeiros homens brancos a entrar no Xingu, contou ter ouvido uma narrativa semelhante, embora poucos tenham prestado atenção em meio a todas as outras histórias mais sensacionalistas. Cerca de cinquenta anos depois, Ellen Basso, antropóloga da Universidade do Arizona, registrou a versão mais detalhada de um kalapalo chamado Kambe, que era garoto quando Fawcett e seu grupo chegaram à aldeia. Ela traduziu o relato direto do idioma kalapalo, mantendo o ritmo épico das histórias orais da tribo:

> Um deles ficou por si mesmo.
> Enquanto cantava, ele tocava um instrumento musical.
> O instrumento musical funcionava assim, assim...
> Ele cantou e cantou.
> Colocou o braço em torno de mim assim.

Enquanto ele cantava, nós observamos os cristãos.
Enquanto ele tocava.
O pai e os outros.
Então, "Eu tenho de ir embora", ele disse.

Kambe também relatou como eles podiam ver o fogo dos exploradores:

"Lá está o fogo cristão", dissemos um para os outros.
Que era aceso quando o sol se punha.
No dia seguinte o sol se pôs, e outra vez o fogo se ergueu.
No dia seguinte outra vez, só um pouco de fumaça, espalhada pelo céu.
Nesse dia, *mbouk,* o fogo deles se apagou...
Parecia que o fogo dos ingleses não estava mais vivo, como se tivesse sido apagado.
"Que pena! Por que ele insistiu em ir naquela direção?"

Quando terminou sua versão da história oral, Vajuvi disse: "As pessoas sempre dizem que os kalapalo mataram os ingleses. Mas nós não matamos. Nós tentamos salvá-los".

24. O outro mundo

A sala estava escura. Nina Fawcett sentava-se de um lado da mesa; no outro uma mulher contemplava uma bola de cristal. Depois de anos de buscas pelo marido e o filho neste mundo, Nina tinha começado a procurá-los em outra dimensão.

Cercou-se de médiuns e adivinhos, muitos dos quais lhe escreveram longas cartas detalhando suas tentativas de entrar em contato com os exploradores. Uma médium disse a Nina que estava percebendo uma presença na sala e, olhando para cima, viu Fawcett em pé perto da janela. A médium contou que perguntou: "Você está vivo ou morto?".[1] Fawcett riu e respondeu: "Você não está vendo que estou vivo?". E acrescentou: "Diga a Nina que eu a amo e que estamos bem".

Em outra ocasião, uma médium relatou que a figura de um jovem com uma longa barba flutuou à frente dela. Era Jack. "Nos veremos algum dia",[2] ele disse. Depois desapareceu, deixando para trás "um aroma maravilhoso".

O irmão de Fawcett, Edward, contou à RSG sobre as viagens de Nina pelo oculto: "A vida dela flui melhor assim".[3]

Nina não foi a única a se voltar para médiuns em busca de respostas que o mundo visível teimava em não revelar. Perto do final da vida,[4] Reeves, o mentor de Fawcett na RSG, chocou seus colegas ao se tornar um espiritualista — o que às vezes era chamado de "pesquisador espiritual". Nos anos 1930, ele frequentou sessões espíritas em busca de pistas sobre o destino de Fawcett. O mesmo fez sir Ralph Paget, amigo de Fawcett e ex-embaixador no Brasil. No início dos anos 1940,[5] numa reunião na casa da médium Nell Montague em Seaford, na Inglaterra, Paget colocou uma carta de Fawcett na bola de cristal. Montague disse que viu três figuras brancas bruxuleantes. Uma jazia imóvel no chão. Outra, mais velha, lutava para respirar e se agarrava a um homem de barba e cabelos compridos. A bola de cristal subitamente ficou vermelha, com se banhada em sangue. Depois Montague disse que viu índios com lanças e flechas carregando os três homens brancos. As pessoas na sala ficaram boquiabertas. Pela primeira vez, Paget sentiu que seu amigo estava morto.

Em 1949,[6] Geraldine Cummins, uma famosa praticante de "automatismo", pela qual uma pessoa entra intencionalmente em transe e escreve mensagens dos espíritos, descreveu como Jack e Raleigh foram massacrados por índios. "Dor — pare essa dor!",[7] suspirou Raleigh, antes de morrer. De acordo com Cummins, Fawcett começou a delirar: "As vozes e os sons se tornaram murmúrios distantes agora que eu encarava o tom cinzento da morte. É um momento de terror sobrenatural [...] um momento em que o universo parece implacável e a solidão permanente surge como o destino do homem".[8]

Embora descartasse esses relatos, Nina sabia que estava encarando sua própria mortalidade. Mesmo antes da profecia de Cummins, Brian Fawcett, que cuidava de Nina no Peru, escreveu para Joan: "Realmente não acredito que os dias dela na terra sejam muitos! [...] Ela mesma seria a primeira a admitir que está desmoronando".⁹ Certa vez Nina acordou às duas da manhã e escreveu a Joan que tivera uma revelação de que deveria "estar preparada para o 'Chamado' a qualquer momento". E ponderou: "Alguma vez você se perguntou: Será que eu tenho medo da Morte e do Além?".¹⁰ Ela tinha esperança de que sua morte fosse fácil — "talvez eu vá dormir e não acorde". Brian disse à irmã: "De certa forma seria uma coisa boa ela partir aqui. Seria agradável pensar nela deixando seus restos mortais no mesmo continente que o marido e [...] o filho".¹¹

Com a saúde deteriorando, Nina disse a Brian que precisava entregar a ele uma coisa importante. E abriu um baú, revelando todas as anotações e diários de Fawcett. "Chegou o momento de dar a você todos os documentos em minha posse",¹² explicou.

Apesar de ainda não ter quarenta anos, a vida de Brian tinha sido marcada pela morte: não somente do pai e do irmão, pois sua primeira esposa morreu de diabete quando estava grávida de sete meses. Depois disso ele se casou outra vez, mas não teve filhos, e sofria surtos do que chamava "tristezas incontroláveis e desesperadoras".¹³

Brian agora estudava os papéis do pai, que ele descrevia como as "relíquias patéticas de um desastre cuja natureza não tínhamos meios de conhecer".¹⁴ Durante as semanas seguintes levou os papéis com ele para o trabalho. Depois de mais de vinte anos como engenheiro ferroviário, ele se sentia inquieto e entediado. "Sinto que estou desperdiçando minha vida indo a um escritório nojento todos os dias, assinando um monte de papéis estúpidos e voltando para casa!",¹⁵ confidenciou a Joan. "Isso não leva a nada." E prosseguiu: "Outros conseguem encontrar a imortalidade nos filhos. Isso me foi negado, mas vou continuar procurando".

Durante a hora de almoço ele lia os papéis do pai, visualizando Fawcett "em suas expedições, partilhando com ele as dificuldades, enxergando o grande objetivo através dos seus olhos".¹⁶

Ressentindo-se por não ter sido escolhido para a expedição, Brian não havia demonstrado grande interesse pelo trabalho do pai. Agora estava sendo consumido por isso. Ele decidiu se demitir do emprego e reunir os escritos fragmentados em *A Expedição Fawcett*. Enquanto trabalhava arduamente no manuscrito, Brian disse à mãe: "Papai parece bem próximo de mim, como se eu estivesse sob sua direção consciente. Naturalmente, há ocasiões em que isso me toca bastante o coração".[17] Quando completou seu esboço, em abril de 1952, Brian deu uma cópia a Nina, dizendo: "Realmente é um trabalho 'monumental', e acho que papai se sentiria orgulhoso dele".[18] Acamada, Nina começou a virar as páginas. "Eu simplesmente não consegui parar",[19] ela escreveu a Joan. "Eu me embrulhei em minhas roupas de dormir e li aquele livro até as quatro da manhã." Era como se o marido estivesse a seu lado; todas as lembranças dele e de Jack inundaram sua mente. Ao terminar o manuscrito, ela exclamou: "Bravo! Bravo!".

Publicado em 1953, o livro tornou-se uma sensação internacional e foi elogiado por Graham Greene e Harold Nicolson. Pouco depois, Nina morreu, aos 84 anos de idade. Brian e Joan[20] não tinham mais conseguido cuidar dela, que morava numa pensão barata em Brighton, Inglaterra, demente e virtualmente sem um centavo. Como disse um observador, ela tinha "sacrificado"[21] a vida pelo marido e por sua memória.

No início dos anos 1950, Brian resolveu organizar suas próprias expedições em busca dos exploradores desaparecidos. Ele desconfiava que o pai, que estaria chegando aos noventa anos, estivesse morto, e que Raleigh, devido às suas enfermidades, tivesse perecido pouco depois de ter partido do Acampamento do Cavalo Morto. Porém Jack — ele era a causa das inquietantes dúvidas de Brian. E se ele tivesse sobrevivido? Afinal, Jack era jovem e forte quando o grupo desapareceu. Brian mandou uma carta à Embaixada Britânica no Brasil pedindo ajuda para conseguir permissão para uma tentativa de busca. Explicou que ninguém havia declarado seu irmão morto e que também não poderia fazer isso "sem me convencer de que tudo foi feito".[22] Além disso, essa missão poderia promover a "volta a seu país de alguém que esteve perdido por trinta anos". Os funcionários do governo britânico consideraram Brian "tão louco quanto o pai",[23] como escreveu um diplomata em comunicado privado, e se recusou a facilitar o seu "suicídio".

Mesmo assim, Brian prosseguiu com seus planos e tomou um navio para o Brasil; sua chegada ao país disparou uma tempestade na mídia. "Britânico na pista do pai, irmão perdido na selva", publicou o *Chicago Tribune*. Brian comprou um traje de explorador e levava um livro de esboços e um caderno de anotações. Um brasileiro amigo do pai dele se assustou ao ver Brian. "Mas... mas... eu pensava que você tinha morrido!",[24] exclamou.

Brian contou à irmã que estava se tornando um explorador apesar de todas as conjunturas, mas que sabia que não sobreviveria a uma marcha na floresta. Em vez disso, apelando para os meios que o dr. Rice havia inaugurado décadas antes e que agora eram mais acessíveis, ele alugou um pequeno avião e escrutinou a selva do ar com um piloto. Lançou milhares de folhetos, que flutuaram sobre as árvores como neve. Os folhetos perguntavam: "Você viu Jack Fawcett? Se sua resposta for sim, faça este sinal com os braços acima da cabeça [...] Você consegue controlar os índios se aterrissarmos?".

Brian nunca recebeu uma resposta nem encontrou nenhuma evidência de Jack. Mas em outra expedição ele saiu em busca do objetivo do pai e do irmão: a cidade de Z. "O destino por certo guiou meus passos por este caminho com um propósito",[25] escreveu. Através de um binóculo, ele avistou uma cidade em ruínas com ruas, torres e pirâmides sobre um penhasco distante. "Parece ser aquilo!",[26] gritou o piloto. Mas, quando avião se aproximou, os dois perceberam que era simplesmente um afloramento de arenito erodido com formas estranhas. "A ilusão foi notável — quase inacreditável", disse Brian. E, com o passar dos dias, ele começou a temer o que nunca havia se permitido considerar — que Z nunca tinha existido. Como ele escreveu depois: "Toda a estrutura de convicções falaciosas, já balançando perigosamente, desabou sobre mim, me deixando aturdido". Brian começou a questionar alguns dos estranhos papéis encontrados na coleção de seu pai e nunca divulgados. Originalmente, Fawcett tinha descrito Z em termos estritamente científicos e com cautela: "Não estou supondo que 'A Cidade' seja grande ou rica".[27] Mas em 1924 Fawcett preencheu suas anotações com sonhos e escritos delirantes sobre o fim do mundo e sobre um mítico reino atlante, que lembrava o Jardim do Éden. Z foi transformada no "berço de todas as civilizações"[28] e no centro de um dos "Alojamentos Brancos" de Blavatsky, onde um grupo de seres altamente espirituais ajudava a direcionar o destino do universo. Fawcett esperava descobrir um Alojamento Branco que existia desde "o tempo da Atlântida"[29] e chegar à transcendência. Brian escreveu em seu diário: "Será que toda a concepção de 'Z' do papai era um objetivo espiritual, e chegar até ela seria uma forma de alegoria religiosa?".[30] Será possível que três vidas tenham sido perdidas por "um objetivo que nunca existiu?".[31] O próprio Fawcett tinha escrito em uma carta a um amigo: "Aqueles a quem os deuses querem destruir, eles primeiro enlouquecem".[32]

25. Z

"A caverna fica naquelas montanhas", disse o homem de negócios brasileiro. "Foi de lá que Fawcett desceu até a cidade subterrânea e continua vivo até hoje."

Antes de entrar na floresta com Paulo, paramos em Barra do Garças, uma cidade perto da serra do Roncador, no nordeste de Mato Grosso. Muitos brasileiros nos tinham dito que, nas últimas décadas, cultos religiosos que veneravam Fawcett como uma espécie de deus tinham se espalhado pela região. Eles acreditavam que Fawcett havia encontrado uma rede de túneis subterrâneos e descoberto que Z era, entre outras coisas, um portal para outra realidade. Embora Brian tenha escondido os bizarros textos do final da vida de seu pai, aqueles místicos se inspiraram em uns poucos escritos enigmáticos de Fawcett para revistas como *Occult Review*, sobre sua busca pelos "tesouros do Mundo invisível". Combinados com o desaparecimento de Fawcett e as tentativas fracassadas para descobrir seus restos mortais, esses textos alimentaram a ideia de que alguém tinha desafiado as leis da física.

Uma das seitas, chamada Núcleo Teúrgico,[1] foi iniciada em 1968 por um homem chamado Udo Luckner, que se autodenominava Alto Sacerdote de Roncador e usava uma longa bata branca e um chapéu cilíndrico com uma estrela de davi. Nos anos 1970, levas de brasileiros e europeus, até mesmo o sobrinho-neto de Fawcett, aderiram ao Núcleo Teúrgico na esperança de encontrar esse portal. Luckner construiu um complexo religioso perto da serra do Roncador, onde as famílias eram proibidas de comer carne ou de usar joias. Luckner previu que o mundo terminaria em 1982 e disse que seu povo deveria se preparar para descer às cavernas subterrâneas. Porém, como o planeta continuou existindo, o Núcleo Teúrgico aos poucos foi debandando.

Outros místicos continuaram a acorrer para a serra do Roncador em busca desse Outro Mundo. Um deles foi o homem de negócios brasileiro que Paulo e eu encontramos na cidadezinha. Baixo e balofo, perto dos cinquenta anos, ele nos disse que estava "perdido quanto a meu propósito na vida" quando conheceu um médium que lhe ensinou sobre o espiritualismo e o portal subterrâneo. Disse que agora estava se purificando, na esperança de afinal descer às cavernas.

Surpreendentemente, havia outras pessoas envolvidas em preparativos semelhantes. Em 2005, um explorador grego anunciou planos num site da internet — The Great Web of Percy Harrison Fawcett, que requeria um código secreto para ser acessado —, uma expedição para encontrar "o mesmo portal ou caminho para o Reino em que o coronel Fawcett tinha entrado em 1925". A jornada, que ainda está para ser iniciada, incluirá guias espirituais e é chamada de "Expedição Sem Volta ao Lugar Etéreo da Incredulidade". O site garante que os participantes não serão mais humanos, mas "seres de outra dimensão, o que significa que nunca morreremos, nunca ficaremos doentes e nunca cresceremos". Numa época em que os espaços em branco do mundo desapareciam, essas pessoas construíram um local permanente para seus sonhos.

Pouco depois que Paulo e eu nos encontramos com os kalapalo, comecei a pensar em encerrar a nossa busca. Tanto ele como eu estávamos cansados, marcados por picadas de insetos e já começávamos a discutir. Eu sentia também uma forte indisposição estomacal, provavelmente por causa de algum parasita. Certa manhã, afastei-me da aldeia kalapalo com o telefone via satélite que havia trazido. Paulo tinha me alertado para não mostrar aquele aparelho a ninguém, por isso o levei numa pequena sacola até a mata. Agachado entre folhas e trepadeiras, retirei o telefone e tentei captar algum sinal. Depois de várias tentativas, consegui um sinal e liguei para casa. "David, é você?", perguntou Kara, atendendo.

"Sim. Sim. Sou eu", respondi. "Tudo bem? Como está o Zachary?"

"Não estou ouvindo bem. Onde você está?"

Olhei para a copa das árvores. "Em algum lugar no Xingu."

"Tudo bem com você?"

"Um pouco doente, mas tudo bem. Estou com saudade."

"O Zachary quer falar com você."

Instantes depois ouvi meu filho balbuciando. "Zachary, é o papai", falei.

"Papi", ele respondeu.

"É, é o papi."

"Ele começou a chamar o telefone de papi", disse minha mulher, pegando o receptor. "Quando você vai voltar pra casa?"

"Em breve."

"Não está sendo fácil."

"Eu sei. Sinto muito." Enquanto falava, ouvi alguém se aproximando. "Eu preciso desligar", disse subitamente.

"O que está acontecendo?"

"Vem vindo alguém."

Antes que ela conseguisse responder, desliguei e guardei o telefone na sacola outra vez. Naquele momento um jovem índio apareceu, e eu o segui até a aldeia. Naquela noite, deitado na minha rede, pensei sobre o que Brian Fawcett tinha dito a respeito de sua segunda esposa depois de sua expedição. "Eu era tudo que ela tinha",[2] declarou. "E essa situação não precisava ter sido criada. Eu a escolhi deliberadamente — de forma egoísta —, esquecendo o que poderia significar para ela minha vontade de perseguir um ideal até o fim."

Eu sabia que já dispunha de material suficiente para escrever uma reportagem. Tinha descoberto a verdade sobre os ossos do avô de Vajuvi. Tinha ouvido a história oral dos kalapalo. Tinha reconstruído a juventude de Fawcett, seu treinamento na RSG e sua última expedição. Mas ainda havia lacunas na narrativa que me incomodavam. Já tinha ouvido falar de biógrafos que se tornaram obcecados por seus biografados. Depois de anos pesquisando a vida deles, tentando seguir cada um de seus passos para entender o mundo daquelas pessoas, eram acometidos por acessos de raiva e desespero porque, até certo ponto, as pessoas jamais podiam ser totalmente conhecidas. Aspectos de suas personalidades e partes de suas histórias permaneciam impenetráveis. Fiquei imaginando o que teria acontecido com Fawcett e seus companheiros depois que os kalapalo viram a fogueira do acampamento se apagar. Fiquei imaginando se os exploradores teriam sido mortos por índios, e, nesse caso, quais teriam sido os índios. Fiquei imaginando se Jack tinha chegado a duvidar do pai, e se o próprio Fawcett, ao ver o filho morrendo, talvez não tenha se perguntado "O que foi que eu fiz?". E fiquei imaginando, acima de tudo, se Z realmente existia. Seria Z, assim como Brian Fawcett temia, uma trama da imaginação de seu pai, ou talvez da imaginação de todos nós? O fim da história de Fawcett parecia se refugiar eternamente além do horizonte: uma metrópole oculta formada por palavras e parágrafos, minha Z particular. Como disse a médium Geraldine Cummins, incorporando Fawcett: "Minha história está perdida. Mas faz parte da vaidade da alma humana lutar para desenterrá-la e mostrá-la ao mundo".[3]

A atitude mais lógica era voltar para casa. Mas achei que ainda havia uma última pessoa que poderia saber mais alguma coisa: Michael Heckenberger, o arqueólogo da Universidade da Flórida que James Petersen me indicara para entrar em contato. Durante nossa breve conversa telefônica, Heckenberger tinha dito que poderia me encontrar na aldeia dos kuikuro, que ficava ao norte do assentamento dos kalapalo. Eu tinha ouvido por outro antropólogo que Heckenberger havia passado tanto tempo no Xingu que fora adotado pelo cacique kuikuro e tinha sua própria cabana na aldeia. Se havia alguém capaz de fornecer algum fragmento de evidência ou esclarecer mais a lenda que envolvia os últimos dias de Fawcett, seria ele. Por isso resolvi continuar, apesar da recomendação de Brian Fawcett para que as pessoas parassem de "jogar a vida fora por uma miragem".[4]

Quando contei isso a Paulo, ele me lançou um olhar de ironia — aquilo significava ir até o mesmo local onde James Lynch e seus homens tinham sido sequestrados em 1996. Talvez por senso de dever ou resignação, Paulo concordou: "Como quiser", e começou a colocar nosso equipamento na canoa de alumínio dos kalapalo. Assim, seguimos pelo rio Kuluene com Vajuvi como nosso guia. Tinha chovido a maior parte da noite anterior, e o rio transbordava para a selva ao redor. Normalmente, eu e Paulo estaríamos animados, falando sobre a nossa missão, mas agora estávamos em silêncio.

Depois de várias horas o bote se aproximou da margem, onde um garoto indígena pescava. Vajuvi virou o bote naquela direção e desligou o motor. O garoto desceu até a água.

"Onde nós estamos?", perguntei a Vajuvi.

"A aldeia é no interior", ele respondeu. "A partir daqui vocês vão ter que ir a pé."

Paulo e eu descarregamos nossas sacolas e caixas de comida, nos despedimos de Vajuvi e ficamos vendo o bote desaparecer atrás de uma curva do rio. Havia muita bagagem para carregarmos, e Paulo perguntou se o garoto poderia emprestar sua bicicleta, que estava apoiada em uma árvore. O garoto concordou, e Paulo me disse para esperar enquanto ele ia buscar ajuda. Quando ele se afastou, sentei sob uma árvore de juriti e fiquei observando o garoto lançando e recolhendo sua linha de pesca.

Uma hora se passou sem aparecer ninguém da aldeia. Levantei-me e olhei para o caminho — só havia uma trilha de lama cercada de capim e arbustos. Passava do meio-dia quando quatro garotos chegaram de bicicleta. Eles acomodaram a carga nos bagageiros das bicicletas, mas não sobrou lugar para uma grande caixa de papelão, que pesava cerca de vinte quilos, nem para a sacola do meu computador, e por isso eu mesmo resolvi levar aquilo. Numa mistura de português, kuikuro e pantomima, os garotos explicaram que me esperariam na aldeia, fizeram um gesto de despedida e desapareceram pelo caminho com suas frágeis bicicletas.

Eu segui os garotos a pé, sozinho, com a caixa apoiada num ombro e a sacola na mão. O caminho era sinuoso e atravessava um mangue parcialmente submerso. Pensei em tirar os sapatos, mas eu não tinha como levá-los, por isso continuei com eles, com lama até os tornozelos. Os sinais da trilha logo desapareceram sob a água. Eu não sabia para que lado ir, mas virei à direita, por onde pensei ter visto grama amassada. Andei por uma hora, mas não vi sinal de ninguém. A caixa sobre meu ombro ia ficando mais pesada, assim como a sacola com meu laptop, que no meio do mangue parecia uma modernidade absurda em termos de viagem.

Pensei em deixar minha carga no caminho, mas não consegui encontrar um local seco.

De vez em quando eu escorregava na lama e caía de joelhos na água. Juncos espinhosos rasgavam a pele dos meus braços e pernas, escorrendo filetes de sangue. Gritei o nome de Paulo, mas não ouvi resposta. Exausto, encontrei um montículo de grama alguns centímetros abaixo da linha-d'água e me sentei. Minha calça encheu de água e fiquei ouvindo os sapos. O sol queimava meu rosto e minhas mãos e eu me lavava na água barrenta numa vã tentativa de me refrescar. Foi então que tirei do bolso o mapa do Xingu em que eu e Paulo traçamos nossa rota. De repente aquele Z no meio do mapa me pareceu ridículo, e eu comecei a xingar Fawcett. Xinguei-o por Jack e por Raleigh. Xinguei-o por Murray, por Rattin e por Winton. E xinguei-o por mim mesmo.

Depois de algum tempo, levantei e tentei encontrar o caminho certo. Saí andando, mas a certa altura a água chegou até minha cintura, e eu passei a levar a sacola e a caixa na cabeça. Cada vez que eu pensava ter chegado ao fim do mangue, uma nova área se abria à minha frente — grandes extensões de juncos envoltas em nuvens de piuns e mosquitos que me devoravam.

Eu estava dando um tapa num mosquito no meu pescoço quando ouvi um ruído a distância. Parei, mas não vi nada. Dei mais um passo à frente e o ruído ficou mais alto. Gritei o nome de Paulo outra vez.

Então ouvi mais uma vez — um cacarejo estranho, quase uma risada. Um objeto escuro emergiu no mato alto, e outro, e outro. Alguma coisa estava se aproximando. "Quem está aí?", perguntei em português.

Outro som reverberou atrás de mim e eu me virei: o mato estava agitado, embora não ventasse. Andei mais depressa, mas a profundidade e a superfície da água foram aumentando até se transformarem num lago. Eu estava aturdido, olhando para a margem a uns cem metros à frente, quando avistei uma canoa de alumínio encostada num arbusto. Embora não houvesse nenhum remo, descansei a caixa e a sacola na canoa e subi, a respiração ofegante. Depois ouvi o ruído outra vez e ergui-me depressa. Dezenas de crianças nuas saíram dos arbustos, alcançaram a beira da canoa e começaram a me empurrar pelo lago, rindo e gritando o caminho todo. Quando chegamos outra vez à margem, tropecei para fora da canoa e as crianças me seguiram por uma trilha. Nós tínhamos chegado à aldeia dos kuikuro.

Paulo estava sentado à sombra de uma das primeiras cabanas. "Desculpe não ter voltado pra te buscar", falou. "Achei que eu não conseguiria." O colete dele estava enrolado no pescoço e ele bebericava água de uma cuia, que me passou em seguida. Apesar de a água não ter sido fervida, eu bebi com vontade, deixando escorrer no pescoço.

"Agora você pode imaginar como foi para Fawcett", ele falou. "Então vamos pra casa, não?"

Antes que eu conseguisse responder, um índio kuikuro chegou e nos convidou para segui-lo. Hesitei por um momento, depois andei com ele por uma praça central empoeirada de mais ou menos 250 metros de diâmetro — a maior do Xingu, me disseram. Dois incêndios tinham consumido recentemente as cabanas na periferia da praça, as chamas se alastrando de um teto de sapé para outro, deixando boa parte do assentamento reduzida a cinzas. O kuikuro parou na porta de uma das casas que resistiram e nos convidou a entrar. Perto da porta havia duas magníficas esculturas de barro — uma de um sapo, outra de uma onça. Eu estava admirando as estátuas quando um homem enorme saiu da penumbra. Seu físico lembrava o de Tamakafi, um guerreiro mítico do Xingu que, segundo a lenda, tinha um corpo colossal, os braços grossos como coxas, as pernas grandes como um tórax. O homem vestia apenas um pequeno calção de banho e seu corte de cabelo em forma de cuia fazia seu rosto enérgico parecer ainda mais impressionante.

"Eu sou Afukaká", falou, num tom de voz surpreendentemente suave e controlado. Estava claro que era o cacique. Ele ofereceu almoço para mim e Paulo — uma tigela de peixe com arroz servida por suas duas esposas, que eram irmãs. Afukaká parecia muito interessado pelo mundo exterior e me fez várias perguntas sobre Nova York, sobre arranha-céus e restaurantes.

Enquanto conversávamos, um som doce chegou até a cabana. Olhei para a porta e vi um grupo de homens e mulheres entrarem dançando e tocando flautas de bambu. Os homens, que estavam nus, tinham o corpo coberto com elaboradas pinturas de peixes, tartarugas e jiboias, as figuras ondulando nos braços e pernas, as cores laranja, amarelo e vermelha brilhando com o suor. Quase todos tinham círculos negros pintados ao redor dos olhos, que pareciam máscaras de uma festa à fantasia. As cabeças eram enfeitadas com penas grandes e coloridas.

Afukaká, Paulo e eu ficamos em pé quando o grupo invadiu a cabana. Os homens davam dois passos à frente, depois para trás, depois à frente outra vez, o tempo todo tocando as flautas, algumas de três metros de comprimento — lindas peças de bambu que emitiam um som de zunido, como de ar passando pela boca de uma garrafa. Várias jovens de cabelos longos e pretos dançavam ao lado dos homens, os braços apoiados nos ombros da pessoa à frente, formando uma corrente. Também estavam nuas, com exceção de cordões de cascas de caramujo ao redor do pescoço e um triângulo de cortiça, ou *uluri*, que cobria a região púbica. Algumas garotas púberes estavam isoladas até recentemente, e tinham o corpo mais claro que o dos homens. Os colares chacoalhavam quando elas batiam os pés, somando-se ao insistente ritmo da música. O grupo nos rodeou por vários minutos, depois saiu pela porta e desapareceu na praça, o som das flautas esmaecendo quando os músicos e dançarinos entraram na cabana ao lado.

Perguntei a Afukaká sobre o ritual, e ele respondeu que era um festival para os espíritos dos peixes. "É uma forma de comungar com os espíritos", falou. "Nós temos centenas de rituais — todos lindos."

Algum tempo depois eu mencionei Fawcett. Afukaká repetiu quase literalmente o que o chefe kalapalo tinha me dito. "Os índios ferozes devem ter matado eles", afirmou. Na verdade, parecia provável que uma das tribos mais belicosas da região — provavelmente a dos suyá, como sugerira Aloique, ou dos kayapó ou xavantes — tivesse trucidado o grupo. Era pouco provável que os três ingleses tivessem morrido de fome, dado o talento de Fawcett para sobreviver na selva por longos períodos. Mas as provas só me levavam até ali, e de repente me senti resignado. "Só a floresta sabe toda a história", comentou Paulo.

Enquanto conversávamos, uma figura pitoresca entrou na cabana. Sua pele era clara, embora partes estivessem avermelhadas pelo sol, e o cabelo era loiro e desbotado. Sem camisa, usava calções largos e segurava um machete. Era Michael Heckenberger. "Então você conseguiu", disse com um sorriso, examinando minhas roupas sujas e ensopadas.

Era verdade o que me haviam contado: ele tinha sido adotado por Afukaká, que construíra uma cabana para ele ao lado da sua. Heckenberger disse que estava lá fazendo pesquisas, indo e voltando nos últimos treze anos. Durante esse tempo ele tinha resistido a tudo, de malária a virulentas bactérias que fizeram sua pele descascar. O corpo também já tinha sido invadido por vermes, como o de Murray. "Era mais ou menos horrível", explicou Heckenberger. Em razão da predominante noção de que a Amazônia era um falso paraíso, a maioria dos arqueólogos há algum tempo tinha desistido de estudar o remoto Xingu. "Eles acharam que isso era um buraco negro arqueológico", explicou Heckenberger, acrescentando que Fawcett era "a exceção".

Heckenberger conhecia bem a história de Fawcett e tinha até conduzido suas próprias investigações a respeito de seu destino. "Sou fascinado por ele e pelo que fez naquela época", observou. "Ele era uma dessas figuras maiores que a vida. Qualquer um que subisse numa canoa e viesse até aqui numa época em que se sabia o que alguns índios poderiam fazer..." Ele parou no meio da frase, como se estivesse medindo as consequências.

Depois disse que era fácil definir Fawcett como "um pirado", pois ele não dispunha das ferramentas e da disciplina de um arqueólogo moderno. Também nunca tinha questionado o dogma de que qualquer cidade perdida na Amazônia teria necessariamente de ter uma origem europeia. Mas, mesmo sendo um amador, ele continuou em frente e conseguiu esclarecer mais fatos do que muitos acadêmicos profissionais.

"Eu vou mostrar uma coisa a vocês", disse Heckenberger a certa altura.

Segurando o machete à frente, ele conduziu Paulo, Afukaká e a mim pela floresta, cortando gavinhas que tentavam subir pelas árvores, lutando pela luz do sol. Depois de andar mais ou menos dois quilômetros, chegamos a uma área onde a floresta era menos densa. Heckenberger apontou o chão com o machete. "Estão vendo como a terra tem um declive?", perguntou.

Realmente, o solo parecia descer por uma longa extensão, depois subia novamente, como se alguém tivesse cavado uma enorme trincheira.

"É um fosso", explicou Heckenberger.

"Como assim, um fosso?"

"Um fosso. Um fosso defensivo." E acrescentou: "De mais ou menos novecentos anos atrás".

Paulo e eu tentamos seguir os contornos do fosso, que passava através das árvores e se fechava num círculo quase perfeito. Heckenberger disse que originalmente o fosso tinha de quatro a cinco metros de profundidade e cerca de dez metros de largura com quase um quilômetro e meio de diâmetro. Pensei nas "trincheiras longas e profundas" que o espírito Fitsi-fitsi havia cavado ao redor dos assentamentos. "Os kuikuro sabiam que elas existiam, mas não entenderam que foram construídas por seus ancestrais", explicou Heckenberger.

Afukaká, que tinha ajudado na escavação, falou: "Nós achávamos que tinham sido feitas por espíritos".

Heckenberger andou até um buraco retangular no chão, onde parte de um fosso havia sido escavada. Paulo e eu olhamos pela borda com o cacique. Em contraste com outras partes da floresta, a terra exposta era escura, quase preta. Usando o método da datação de carbono, Heckenberger tinha calculado que a trincheira deveria ser de 1200 d.C. Apontou a ponta do machete em direção ao fundo do buraco, onde parecia haver uma trincheira dentro da outra. "Foi aqui que eles ergueram a cerca de paliçada", falou.

"Uma *cerca*?", perguntei.

Heckenberger sorriu e continuou: "Ao redor do fosso podem-se ver aquelas formas afuniladas, distribuídas regularmente. Só há duas explicações. Ou eles tinham armadilhas no fundo ou alguma coisa cravada nelas, como troncos de árvores".

Ele explicou que o conceito de armadilhas para que inimigos invasores caíssem era improvável, já que as pessoas protegidas pelo fosso também correriam perigo. Disse também que, quando examinou os fossos com Afukaká, o cacique contou uma lenda sobre um kuikuro que tinha fugido de outra aldeia saltando "uma grande cerca de paliçada e uma vala".

Mesmo assim, nada daquilo parecia fazer sentido. Por que alguém construiria uma paliçada com estacas no meio da mata? "Não existe nada aqui", falei.

Heckenberger não respondeu; em vez disso, abaixou-se e remexeu a terra, pegando um pedaço de barro endurecido com ranhuras ao longo das bordas, que colocou sob a luz. "Cacos de cerâmica", explicou. "Está em toda a parte."

Quando olhei para os outros cacos no chão, pensei em como Fawcett havia insistido que em certas regiões mais altas da Amazônia "umas poucas rasteladas produzem uma abundância"[5] de cerâmica antiga.

Heckenberger explicou que estávamos no meio de um enorme assentamento antigo.

"Coitado do Fawcett... ele estava bem perto", comentou Paulo.

O assentamento estava exatamente na região em que Fawcett acreditava que estaria. Mas era compreensível que ele não tivesse conseguido vê-lo, continuou Heckenberger. "Não há muitas pedras na floresta, e a maior parte dos assentamentos foi construída com materiais orgânicos — madeira, palmeiras e montes de terra — que se decompõem", explicou. "Mas, quando você começa a mapear, a escavar uma área, é impressionante o que se pode encontrar."

Ele começou a andar outra vez pela mata, apontando o que claramente parecia ser os remanescentes de uma grande paisagem feita pelo homem. Não havia somente um fosso, mas três, organizados em círculos concêntricos. Havia ainda uma gigantesca praça circular onde a vegetação era diferente da do resto da floresta, por ter sido cortada. E sinais de moradias espalhadas por todos os lados, como evidenciado pela terra preta cada vez mais densa, enriquecida pela decomposição de lixo e detritos humanos.

Enquanto caminhávamos, percebi um aterro que se estendia para dentro da floresta em linha reta. Heckenberger disse que era uma estrada.

"Eles também tinham estradas?", perguntei.

"Estradas. Viadutos. Canais." Heckenberger disse que algumas estradas chegavam a ter cinquenta metros de largura. "Encontramos até um local onde a estrada termina de um lado do rio, numa espécie de rampa, e continua do outro lado por uma rampa de descida. O que só pode significar uma coisa: a existência de uma espécie de ponte de madeira ligando as duas, sobre uma área de uns 750 metros de comprimento."

Eram o mesmo tipo dos assentamentos e viadutos delirantes que os conquistadores descreveram quando visitaram a Amazônia, as construções nas quais Fawcett acreditava com tanta convicção e que os cientistas do século xx tinham descartado como mitos. Perguntei a Heckenberger para onde iam aquelas estradas, e ele respondeu que se estendiam até outros sítios, igualmente complexos. "Eu só trouxe vocês ao mais próximo", explicou.

Ao todo, ele tinha desenterrado vinte assentamentos pré-colombianos no Xingu, que haviam sido habitados mais ou menos entre 800 a.C. e 1600. Os assentamentos situavam-se a cerca de três a cinco quilômetros uns dos outros e eram ligados por estradas. Mais espantoso, as praças eram alinhadas pelos pontos cardeais, de leste a oeste, e as estradas se estendiam nos mesmos ângulos geométricos. (Fawcett disse que os índios lhe contaram lendas que descreviam "muitas ruas em ângulo reto umas com as outras".)

Heckenberger pegou emprestado meu caderno de notas e começou a traçar um grande círculo, depois outro e mais outro. Eram as praças e as aldeias, explicou. Depois desenhou anéis ao redor deles, que ele disse serem os fossos. Finalmente, acrescentou diversas linhas paralelas saindo de cada um dos assentamentos em ângulos precisos — as estradas, pontes e passagens. Cada forma parecia se encaixar num todo elaborado, como uma pintura abstrata cujos elementos só ganham coerência a distância. "Assim que eu e minha equipe começamos a mapear tudo isso, descobrimos que nada foi feito por acaso", disse Heckenberger. "Todos esses assentamentos foram dispostos de acordo com um plano complexo, com uma noção de matemática e de engenharia equiparável a tudo o que acontecia na maior parte da Europa na época." Heckenberger explicou que, antes de a população ser devastada pelas doenças ocidentais, cada conjunto de assentamentos abrigava algo em torno de 2 mil a 5 mil habitantes, e isso significava que a maior comunidade era do tamanho de algumas cidades medievais europeias. "Esse povo tinha uma estética cultural do monumental", falou. "Eles gostavam de estradas bonitas, de praças e de pontes. Os monumentos deles não eram pirâmides, e por isso são tão difíceis de se encontrar; eram obras horizontais. Mas nem por isso são menos extraordinários."

Heckenberger falou que tinha acabado de publicar sua pesquisa num livro chamado *The ecology of power*. Susanna Hecht, geógrafa da Escola de Políticas Públicas da UCLA, definiu os achados de Heckenberger como "extraordinários". Outros geógrafos e arqueólogos definiram-nos depois como "monumentais", "revolucionários" e "de arrasar quarteirão". Heckenberger ajudou[6] a derrubar a noção da Amazônia como um falso paraíso que não poderia jamais sustentar o que Fawcett tinha como uma visão: uma civilização próspera e gloriosa.

Fiquei sabendo também que havia outros cientistas[7] contribuindo com essa revolução na arqueologia, que põe em xeque praticamente tudo que se acreditava sobre as Américas antes de Colombo. Esses arqueólogos contam com aparelhagens que superam qualquer coisa que o dr. Rice poderia ter imaginado. Elas incluem radares que penetram o solo, imagens de satélites para mapear sítios arqueológicos e sensores remotos capazes de detectar campos magnéticos no solo e identificar artefatos enterrados. Anna Roosevelt, uma tataraneta de Theodore Roosevelt que foi arqueóloga da Universidade de Illinois, fez escavações numa caverna perto de Santarém, na Amazônia brasileira, cheia de pinturas rupestres — representações de animais e figuras humanas semelhantes às que Fawcett afirmou ter visto em diversas partes da Amazônia e que alimentaram sua teoria de Z. Soterrados na caverna havia remanescentes de um assentamento de menos de 10 mil anos atrás — cerca do dobro do tempo que os cientistas datavam a presença humana na Amazônia. Na verdade, o assentamento é tão antigo que lança dúvidas sobre a teoria há muito vigente sobre a forma como as Américas foram habitadas originalmente. Durante anos os arqueólogos acreditaram que os primeiros habitantes das Américas foram os clovis — assim chamados em razão das pontas de lanças encontradas em Clovis, no Novo México. Considerava-se que esses caçadores de animais de grande porte atravessaram o Estreito de Bering vindos da Ásia no fim da Era Glacial para se estabelecerem na América do Norte cerca de 11 mil anos atrás, e depois migrado para a América Central e América do Sul. Mas o assentamento da Amazônia pode ser tão antigo quanto o primeiro e indiscutível assentamento de Clovis na América do Norte. Mais ainda: de acordo com Anna Roosevelt, os sinais da cultura dos clovis — como lanças com pontas de pedra trabalhadas de forma artesanal — não se encontravam presentes na caverna da Amazônia. Mas agora alguns arqueólogos[8] acreditam que pode ter existido um povo anterior aos clovis. Outros, como Anna Roosevelt, acham que o mesmo povo da Ásia disseminou-se ao mesmo tempo pelas Américas e desenvolveu culturas diferentes.

Numa caverna em um assentamento às margens de um rio próximo, Anna Roosevelt fez outra descoberta espantosa: cerâmica de 7500 anos de idade, que precede em mais de 2 mil anos as primeiras cerâmicas encontradas nos Andes ou na América Central. Isso significa que a Amazônia pode ter sido a primeira região a produzir cerâmica em toda a América e que, como Fawcett argumentava de forma radical, é possível que a região tenha sido uma fonte de civilização para toda a América do Sul — ou seja, que uma cultura avançada tenha se disseminado de dentro para fora, e não ao contrário.

Usando fotografias aéreas e imagens de satélites, os cientistas começaram também a encontrar grandes montes de terra construídos pelo homem e ligados por viadutos através da Amazônia — em particular nos planaltos bolivianos, onde Fawcett encontrou seus primeiros cacos de cerâmica e afirmou que "onde existem planaltos, ou terras altas acima das planícies [...] existem também artefatos". Clark Erickson, antropólogo da Universidade da Pensilvânia que estudou esses acúmulos de terra na Bolívia, explicou-me que os montes permitiam aos índios continuar trabalhando na lavoura durante as enchentes sazonais, evitavam ainda processos de assoreamento que poderiam privar o solo de nutrientes. Suas construções, ele afirmou, exigiram muito trabalho e conhecimentos de engenharia: remoção e transporte de toneladas de terra, alteração do curso de rios, escavação de canais e a construção de estradas e assentamentos interligados. De muitas formas, segundo ele, aqueles montes "são comparáveis às pirâmides do Egito".

Talvez mais espantoso ainda seja a evidência de que os índios transformaram a paisagem até mesmo de onde existia de fato um falso paraíso — ou seja, em locais em que o solo era infértil demais para sustentar uma grande população. Cientistas localizaram grandes porções de "terra preta de índio" na selva: solo enriquecido por detritos orgânicos humanos e carvão resultante de queimadas, por isso excepcionalmente fértil. Não está claro se a terra preta do índio foi um resíduo acidental da ocupação humana ou, como pensam alguns cientistas, que tenha sido criada intencionalmente — com uma cuidadosa e sistemática "queimada" do solo com fogo brando, como os kayapó praticam no Xingu. De qualquer forma, muitas tribos amazônicas parecem ter usado esse solo rico para plantar grãos em locais em que já se pensou que a agricultura seria inconcebível. Os cientistas descobriram tanta terra preta em antigos assentamentos na Amazônia que agora acreditam que a floresta tropical pode ter sustentado milhões de pessoas. E pela primeira vez alguns acadêmicos estão reavaliando as crônicas de Eldorado que Fawcett usou para montar sua teoria de Z. Como observou Anna Roosevelt, o que Carvajal descreveu não era absolutamente uma "miragem".[9] Os cientistas reconhecem que não descobriram provas do ouro fantástico com que os conquistadores sonhavam, mas o antropólogo Neil Whitehead afirma: "Com algumas ressalvas, pode-se dizer que Eldorado realmente existiu".[10]

Heckenberger me disse que os cientistas estavam apenas começando a compreender aquele mundo antigo — e que, assim como a teoria a respeito de quem povoou as Américas, todos os paradigmas tradicionais teriam de ser reavaliados. Em 2006, surgiram evidências de que em algumas regiões da Amazônia os índios ergueram construções de pedra. Arqueólogos do Instituto de Ciências e Pesquisas Tecnológicas do Amapá descobriram, no norte da Amazônia brasileira, a torre de um observatório astronômico construída com grandes rochas de granito, algumas pesando várias toneladas, e outras com quase três metros de altura. As ruínas, que se acredita terem de 500 a 2 mil anos de idade, foram chamadas de "Stonehenge da Amazônia".

"Os antropólogos", explicou Heckenberger, "cometeram o engano de virem à Amazônia no século xx, estudarem somente as pequenas tribos e dizer: 'Bem, então é só isso'. O problema é que nessa época muitas populações indígenas já tinham sido extintas pelo holocausto que foi o contato com os europeus. É por essa razão que os primeiros europeus na Amazônia descreveram assentamentos tão grandes que ninguém nunca mais conseguiu encontrar."

Enquanto voltávamos para a aldeia dos kuikuro, Heckenberger parou na periferia da praça e pediu que eu a examinasse de perto. Disse que a civilização responsável por aqueles gigantescos assentamentos tinha sido quase eliminada. Porém um pequeno número de descendentes conseguiu sobreviver, e, sem dúvida, nós estávamos entre eles. Havia mil anos que os xinguanos mantinham as tradições artísticas e culturais daquela civilização avançada e altamente estruturada. Ele comentou, por exemplo, que a aldeia atual dos kuikuro ainda era organizada ao longo de pontos cardeais de leste a oeste e que suas trilhas eram alinhadas em ângulos retos, embora os residentes não soubessem mais por que era esse o padrão preferido. Heckenberger acrescentou que chegou a retirar um pedaço de cerâmica das ruínas para mostrar a um ceramista local. Era tão semelhante à cerâmica atual, com o exterior pintado e de barro avermelhado, que o ceramista insistiu em que havia sido feita recentemente.

Enquanto Paulo e eu seguíamos em direção à casa do cacique, Heckenberger pegou um pote de cerâmica contemporâneo e passou a mão pelas ranhuras existentes na borda. "Elas são resultado da fervura das toxinas da mandioca", explicou. Ele havia detectado esse mesmo padrão nos potes antigos. "Isso significa que as pessoas dessa civilização tinham a mesma dieta básica mil anos atrás." Depois começou a andar pela casa, indicando paralelos entre a antiga civilização e os remanescentes de hoje: estátuas de barro, paredes e teto de palha, redes de algodão. "Para dizer a verdade, acho que não existe um lugar no mundo sem uma história escrita onde a continuidade seja tão nítida quanto aqui", explicou.

Alguns dos músicos e dançarinos estavam circulando pela praça, e Heckenberger disse que em qualquer lugar da aldeia dos kuikuro "você pode ver o passado no presente". Comecei a visualizar os flautistas e dançarinos em uma daquelas antigas praças. Imaginei-os vivendo em casas de dois andares em forma de montes, as habitações não espalhadas aleatoriamente, mas em intermináveis fileiras, onde as mulheres teciam redes e assavam farinha de mandioca e onde garotos e garotas adolescentes eram mantidos isolados para aprender os ritos de seus ancestrais. Visualizei os cantores e dançarinos atravessando fossos e passando por altas cercas de paliçada, andando de uma aldeia à outra através de largas avenidas, pontes e viadutos.

Os músicos se aproximaram de nós. Heckenberger falou algo sobre as flautas, mas eu não conseguia mais ouvir a voz dele em meio àqueles sons. Por um momento, consegui ver aquele mundo desaparecido como se estivesse bem à minha frente. Z.

Agradecimentos

Sou grato a muitas pessoas que contribuíram com este projeto. A neta de Fawcett, Rolette de Montet-Guerin, e sua bisneta Isabelle, que generosamente me permitiram acessar os diários, cartas e fotografias de Fawcett. O sobrinho de Fawcett, dr. Peter Fortescue, com 95 anos de idade, que me deu uma cópia de suas memórias não publicadas em que ele recorda de forma vívida de quando ainda era garoto e esteve com Percy e Jack Fawcett no jantar de despedida antes da viagem à Amazônia. Os dois filhos de Henry Costin, Michael e Mary, que partilharam lembranças do pai e me deixaram ler suas cartas particulares. Ann Macdonald, prima de Raleigh Rimell, que me deu acesso às últimas cartas dele para casa. Robert Temple, o agente literário de Edward Douglas Fawcett, e a esposa de Robert, Olívia, que lançou uma nova luz na maravilhosa vida do irmão mais velho de Percy Fawcett. O filho do comandante George Miller Dyott, Mark, e o sobrinho do dr. Alexander Hamilton Rice, John D. Farrington, que me forneceram detalhes cruciais sobre seus parentes. James Lynch, que me contou sobre sua angustiante viagem.

Sinto-me também em débito com numerosas instituições de pesquisa e seus incríveis funcionários. Particularmente, quero agradecer a Sarah Strong, Julie Carrington, Jamie Owen e todos da Real Sociedade Geográfica; Maurice Paul Evans do Museu da Artilharia Real; Peter Lewis da Sociedade Geográfica Americana; Vera Faillace da Biblioteca Nacional do Rio de Janeiro; Sheila Mackenzie da Biblioteca Nacional da Escócia; Norwood Kerr e Mary Jo Scott do Departamento de Arquivos e História do Alabama; e Elizabeth Dunn da Rare Book, Manuscript, and Special Collections Library da Universidade Duke.

Eu não poderia jamais ter entrado na selva sem meu maravilhoso e bem-humorado guia, Paulo Pinage. Sou também grato aos índios bakairi, kalapalo e kuikuro por me receberem tão bem em suas aldeias e conversarem comigo não apenas sobre Fawcett mas também sobre suas riquezas históricas e culturais.

Para aprender sobre a arqueologia e a geografia da Amazônia, bebi da sabedoria de diversos estudiosos — Ellen Basso, William Denevan, Clark Erickson, Susanna Hecht, Eduardo Neves, Anna Roosevelt e Neil Whitehead, entre outros —, embora eles não possam ser considerados responsáveis por minhas palavras. Gostaria de prestar um tributo especial a James Petersen, assassinado na Amazônia pouco depois de conversarmos, privando o mundo de um de seus melhores arqueólogos e de uma de suas almas mais generosas. E, desnecessário dizer, este livro teria tido um final bem diferente não fosse o arqueólogo Michael Heckenberger, um acadêmico brilhante e destemido que tanto fez para iluminar as antigas civilizações da Amazônia.

William Lowther, Misha Williams e Hermes Leal, que fizeram toda a prodigiosa pesquisa sobre Fawcett e pacientemente responderam às minhas perguntas.

Nos Estados Unidos, os notáveis jovens jornalistas que me ajudaram em vários estágios com suas pesquisas, até Walter Alarkon, David Gura e Todd Neale. No Brasil, Mariana Ferreira, Lena

Ferreira e Juliana Lottmann me ajudaram a rastrear uma série de documentos, enquanto na Inglaterra Gita Daneshjoo se ofereceu para localizar um importante texto de referência. Nana Asfour, Luigi Sofio e Marcos Steuernagel contribuíram com traduções de primeira; Ann Goldstein decifrou um antigo texto italiano. Andy Young me prestou uma grande ajuda verificando fatos e fazendo traduções do português. Nandi Rodrigo foi um diligente verificador de fatos e me fez maravilhosas sugestões editoriais.

Nunca poderei agradecer o suficiente a Susan Lee, a notável jovem jornalista que trabalhou neste projeto como repórter e pesquisadora, verificando fatos durante meses a fio. Ela incorpora todas as melhores qualidades da profissão — paixão, inteligência e tenacidade.

Muitos amigos vieram a meu auxílio, oferecendo suas visões editoriais enquanto me empurravam para a linha de chegada. Agradeço especialmente a Burkhard Bilger, Jonathan Chait, Warren Cohen, Jonathan Cohn, Amy Davidson, Jeffrey Frank, Lawrence Friedman, Tad Friend, David Greenberg, Raffi Khatchadourian, Larissa MacFarquhar, Katherine Marsh, Stephen Metcalf, Ian Parker, Nick Paumgarten, Alex Ross, Margaret Talbot e Jason Zengerle.

Foi também muita sorte minha estar cercado pelos talentosos editores da *New Yorker*. Daniel Zalewski é um dos mais inteligentes e talentosos editores do ramo, que editou com esmero a reportagem publicada na revista e fez contribuições valiosas ao livro. Dorothy Wickenden, que leu o manuscrito até durante suas férias, cuja edição e intervenções melhoraram muito o texto. Elizabeth Pearson-Griffiths é uma dessas editoras que aperfeiçoam os escritores com quem trabalham em silêncio, e cada uma das páginas se beneficiou de seu olhar infalível e de seu ouvido para idiomas. E não vou jamais conseguir expressar toda a minha gratidão a David Remnick, que concordou em me mandar para a selva em busca de Z e que, quando o projeto começou a crescer e envolver minha vida, fez tudo o que pôde para garantir que eu o concluísse. Este livro não teria acontecido sem ele.

Kathy Robbins e David Halpern, do Robbins Office, e Matthew Snyder da CAA são mais do que grandes agentes; são assessores sábios, aliados irredutíveis e, acima de tudo, amigos. Quero agradecer também a todos os outros do Robbins Office, especialmente a Kate Rizzo.

Uma das melhores coisas em escrever este livro foi a oportunidade de trabalhar com a extraordinária equipe da Doubleday. William Thomas foi o que todo escritor sonha encontrar: um editor incisivo, meticuloso e lutador incansável, que deu tudo para este projeto. Stephen Rubin, que acompanhou este livro desde sua concepção até a publicação, e fez isso com um espírito e uma visão indomáveis. Na verdade, toda a equipe da Doubleday — que inclui Bette Alexander, Maria Carella, Melissa Danaczko, Todd Doughty, Patricia Flynn, John Fontana, Catherine Pollock, Ingrid Sterner e Kathy Trager — foi maravilhosa.

Em John e Nina Darnton tive não somente perfeitos parentes como também editores de primeira. Minha irmã, Alison, e sua família, e meu irmão, Edward, foram uma constante fonte de encorajamento. Assim como minha mãe, Phyllis, que sempre me orientou ao longo dos anos. Meu pai, Victor, não somente me apoiou em cada passo como continua me mostrando as maravilhas de uma vida aventureira.

Espero que um dia meu filho, Zachary, e minha filha, Ella, que nasceu depois da viagem, leiam este livro e cheguem à conclusão de que afinal seu pai não era assim tão velho e tão chato. Finalmente, quero agradecer a minha esposa, Kyra, que deu a este livro mais do que quaisquer palavras poderiam descrever e que é, e sempre será, tudo para mim. Juntos, ela, Zachary e Ella me proporcionaram a mais gratificante e inesperada de todas as minhas jornadas.

Observação sobre as fontes

A despeito da imensa fama de Fawcett, muitos detalhes de sua vida, assim como de sua morte, têm sido envolvidos em mistério. Até recentemente, a família de Fawcett guardava a maior parte de seus documentos em particular. Além disso, o conteúdo de boa parte dos diários e da correspondência com seus colegas e companheiros, como a com Raleigh Rimell, jamais foi publicado. Em minha tentativa de escavar a vida de Fawcett, obtive muitas informações desse material, que incluem diários e cadernos de anotação de Fawcett; a correspondência com sua esposa e seus filhos, bem como com seus companheiros mais próximos de exploração e seus mais renitentes rivais; os diários de integrantes de sua unidade militar durante a Primeira Guerra Mundial; e as últimas cartas de Rimell da expedição de 1925, que foram passadas a um primo. O próprio Fawcett era um escritor compulsivo que deixou uma enorme quantidade de informações em primeira mão em publicações científicas e esotéricas, e seu filho Brian, que editou *A Expedição Fawcett*, que também foi um prolífico escritor.

Beneficiei-me também das incríveis pesquisas de outros autores, particularmente na reconstrução de alguns períodos históricos. Eu estaria perdido, por exemplo, sem os três volumes sobre a história dos índios brasileiros de John Hemming, ou sem o seu livro *The search for El Dorado*. O livro *1491*, de Charles Mann, publicado não muito depois de eu ter voltado da minha viagem, serviu como um guia maravilhoso a desenvolvimentos científicos que estão desbancando tantas concepções prévias de como era a América antes da chegada de Cristóvão Colombo. Citei essas e outras importantes fontes na bibliografia. Quando estive especialmente em débito com uma fonte, tentei citá-la nas notas também.

Tudo que aparece entre aspas no texto, até as conversas na selva de exploradores desaparecidos, vem diretamente de um diário, carta ou outro documento escrito e é citado nas notas. Em alguns poucos lugares, encontrei pequenas discrepâncias nas citações entre as cartas originais e as versões publicadas, que foram editadas; nesses casos, preferi usar o original. Para manter as notas o mais concisas possível, não incluí citações para fatos bem estabelecidos e não controvertidos, ou quando fica claro que uma pessoa está falando diretamente comigo.

FONTES DE ARQUIVO E NÃO PUBLICADAS

Alabama Department of Archives and History, ADAH
American Geographical Society, AGS
Documentos da família Costin, coleção particular de Michael Costin e Mary Gibson
Documentos da família Fawcett, coleção particular de Rolette de Montet-Guerin
Fundação Biblioteca Nacional, Rio de Janeiro, Brasil, FBN

Harry Ransom Center, Universidade do Texas em Austin, Austin, Texas, HRC

Imperial War Museum, IWM

Biblioteca Nacional da Escócia, NLS

Arquivos do Museu Nacional do Índio Americano, Smithsonian Institution, NMAI

Documentos de Percy Harrison, Rare Book, Manuscript, and Special Collections Library, Universidade Duke, Durham, PHFP

Documentos da família Rimell, coleção particular de Ann Macdonald

Royal Anthropological Institute, RAI

Royal Artillery Historical Trust, RAHT

Royal Artillery Historical Trust

Real Sociedade Geográfica, RSG

Arquivos Nacionais, Kew, Surrey, TNA

Notas

PREFÁCIO [pp. 17-9]

1. Hobbes, *Leviathan*, p. 186.
2. *Los Angeles Times*, 28 de jan., 1925.

1. NÓS VOLTAREMOS [pp. 21-32]

1. Embora muitas das expedições de Fawcett tenham ocorrido depois da morte da rainha Vitória, em 1901, ele costuma ser definido como um explorador vitoriano. Não apenas ele cresceu durante o período vitoriano como também incorporou, em quase todas as formas, o ethos e o espírito de exploração vitorianos.
2. Dyott, "Search for Colonel Fawcett," p. 514.
3. Loren McIntyre, em transcrição de entrevista para a National Public Radio, 15 de mar., 1999.
4. K.G.G., "Review: Exploration Fawcett", *Geographical Journal*, set., 1953, p. 352.
5. Doyle, notas para *Lost world*, p. 195; Percy Harrison Fawcett, *Exploration Fawcett*, p. 122. Pouco se sabe sobre a origem do relacionamento entre Percy Fawcett e Conan Doyle. *Exploration Fawcett* conta que Conan Doyle compareceu a uma das palestras de Fawcett na Real Sociedade Geográfica. Certa vez, em

carta a Conan Doyle, Fawcett comentou que o autor havia tentado entrar em contato com ele enquanto escrevia *O mundo perdido*, mas, como Fawcett estava na selva, Nina teve de responder. Em *The annotated lost world*, publicado em 1996, Roy Pilot e Alvin Rodin observam que Fawcett "conhecia bem Conan Doyle" e expõem as muitas semelhanças entre Fawcett e o explorador fictício de romances John Roxton. Interessante notar que Percy Fawcett pode não ter sido o único integrante da família a influenciar a famosa obra literária de Conan Doyle. Em 1894, quase duas décadas antes de Conan Doyle escrever *O mundo perdido*, o irmão de Fawcett, Edward, publicou *Swallowed by an Earthquake* — um romance que também relata sobre homens que descobrem um mundo escondido com dinossauros pré-históricos. Em artigo na British Heritage em 1985, o escritor e agente literário de Edward Fawcett, Robert K. G. Temple, acusou Conan Doyle de se apossar "com descaramento" do romance de Edward, agora quase esquecido.

6. Doyle, *Lost world*, p. 63.
7. Ibid., p. 57.
8. Minhas descrições do *Vauban* e da vida a bordo dos transatlânticos vêm, entre outras fontes, da brochura da Lamport & Holt "South America: the land of opportunity, a continent of scenic wonders, a paradise for the tourist"; *Lamport & Holt* de Heaton; e *Only way to cross* de Maxtone-Graham.
9. Fawcett para John Scott Keltie, 4 de fev., 1925, Real Sociedade Geográfica, Londres (doravante citada como RSG).
10. *Los Angeles Times*, 16 de abr., 1925.
11. Ralegh, *Discoverie of the large, rich, and bewtiful empyre of Guiana*, pp. 177-8.
12. Ibid., p. 114.
13. Carvajal, *Discovery of the Amazon*, p. 172.
14. Citado em Hemming, *Search for El Dorado*, p. 144.
15. *Expedition of Pedro de Ursua & Lope de Aguirre*, p. 227.
16. Citado em Hemming, *Search for El Dorado*, p. 144.
17. *Atlanta Constitution*, 12 de jan., 1925.
18. Brian Fawcett, *Ruins in the sky*, p. 48.
19. Coronel Arthur Lynch, "Is Colonel Fawcett still alive?" *Graphic* (Londres), 1º de set., 1928.
20. Fawcett para Keltie, 18 de ago., 1924, RSG.
21. Citado em Fawcett para Isaiah Bowman, 8 de abr., 1919, AGS.
22. Arthur R. Hinks ao capitão F. W. Dunn-Taylor, 6 de jul., 1927, RSG.
23. Fawcett, epílogo de *Exploration Fawcett*, p. 304.
24. Ibid., pp. 14-5.
25. *Los Angeles Times*, 28 de jan., 1925.

26. Ibid.
27. Williams, introdução a *AmaZonia*, p. 24.
28. Fawcett, epílogo de *Exploration Fawcett*, p. 277.
29. Ibid., p. 15.
30. Percy Harrison Fawcett, "General details of proposed expedition in S. America" (proposta), n.d., RSG.
31. Fawcett, epílogo de *Exploration Fawcett*, p. 277.
32. Williams, introdução a *AmaZonia*, p. 10.
33. Dickens, *American Notes*, p. 13.
34. Ibid., p. 14.
35. Brochura "South América", da Lamport & Holt.
36. Fawcett, epílogo de *Exploration Fawcett*, p. 278.
37. Ibid., p. 15.
38. Ibid.
39. *Los Angeles Times*, 28 de jan., 1925.

2. O DESAPARECIMENTO [pp. 33-43]

1. Minhas descrições do Amazonas foram tiradas de várias fontes. Elas incluem Goulding, Barthem e Ferreira, *Smithsonian Atlas of the Amazon*; Revkin, *Burning Season*; Haskins, *Amazon*; Whitmore, *Introduction to tropical rain forests*; Bates, *Naturalist on the river Amazons*; e Price, *Amazing Amazon*.
2. Minhas descrições da expedição de 1996 foram baseadas em minhas entrevistas com James Lynch e integrantes de sua equipe, bem como em informações de *Coronel Fawcett*, de Leal.
3. Temple, "E. Douglas Fawcett", p. 29.
4. Londres: *Daily Mail*, 30 de jan., 1996.
5. Heath, *Picturesque Prison*, p. 116.
6. Fleming, *Brazilian Adventure*, p. 104.
7. *New York Times*, 13 de fev., 1955.
8. Percy Harrison Fawcett, *Exploration Fawcett*, p. 269.
9. *New York Times*, 18 de jan., 2007.
10. Hemming, *Die if you must*, p. 635.
11. Ibid.
12. *New York Times*, 11 de maio, 2006.
13. Percy Harrison Fawcett, "Case for an expedition in the Amazon basin" (proposta), RSG.
14. Citado em Millard, *O rio da Dúvida*, p. 168.

3. COMEÇA A BUSCA [pp. 44-51]

1. Para uma discussão bem mais detalhada do debate acadêmico sobre civilizações avançadas na Amazônia, ver *1491*, de Carles C. Mann (Rio de Janeiro: Objetiva, 2007).
2. Ver Meggers, *Amazonia*.
3. Ibid., p. 104.
4. Cowell, *Tribe that hides from man*, p. 66.
5. Charles C. Mann, *1491*, p. 9 (Rio de Janeiro: Objetiva, 2007).
6. Holmberg, *Nomads of the long bow*, p. 17.
7. Ibid., p. 122.
8. Ibid., p. 161.
9. Ibid., p. 261.
10. Mann, *1491*, p. 328.

4. O TESOURO ENTERRADO [pp. 52-69]

1. Percy Harrison Fawcett, "Passing of trinco", p. 110.
2. Percy Harrison Fawcett, "Gold Bricks at Badulla", p. 223.
3. Ibid., p. 232.
4. De um artigo publicado por Timothy Paterson, "Douglas Fawcett and imaginism", p. 2.
5. Ibid.
6. Fawcett para Doyle, 26 de mar., 1919, HRC.
7. Percy Harrison Fawcett, *Exploration Fawcett*, p. 15.
8. Ibid., p. 16.
9. Para detalhes sobre o etos e os costumes vitorianos, ver o manual de 1865 *The habits of good society*; Campbell, *Etiquette of good society*; e Bristow, *Vice and vigilance*.
10. Fawcett, *Exploration Fawcett*, p. 211.
11. Percy Harrison Fawcett, "Obsession", p. 476.
12. Girouard, *Return to Camelot*, p. 260.
13. De um artigo de jornal do Álbum de Recortes, Documentos da família Fawcett.
14. Ver Guggisberg, *Shop*.
15. Ibid., p. 57.
16. Hankey, *Student in arms*, p. 87.
17. Os detalhes de Sri Lanka nos anos 1890 vêm de vários livros da época, como Ferguson, *Ceylon in 1893*; Willis, *Ceylon*; e Cave, *Golden Tips*.

18. Twain, *Following the Equator*, p. 336.
19. Fawcett, "Gold bricks at Badulla", p. 225.
20. Ibid., p. 231.
21. Ibid., p. 232.
22. Williams, introdução a *AmaZonia*, p. 16.
23. Citação de um artigo de jornal encontrado no álbum de recortes de Fawcett, Fawcett Family Documents.
24. *Curieux*, 26 de set., 1951.
25. Williams, introdução a *AmaZonia*, p. 18.
26. *Curieux*, 26 de set., 1951.
27. Ibid.
28. Fawcett para Doyle, 26 de mar., 1919, HRC.
29. Williams, introdução a *AmaZonia*, p. 3.
30. *Curieux*, 26 de set., 1951.
31. Ibid.
32. Williams, introdução a *AmaZonia*, p. 3. Um relato semelhante pode ser encontrado em Hambloch, *Here and there*.
33. Minha entrevista com a neta de Fawcett, Rolette.
34. *Curieux*, 26 de set., 1951.
35. Percy Harrison Fawcett, carta ao editor, *Occult Review*, fev., 1913, p. 80.
36. Fawcett, *Exploration Fawcett*, p. 16.
37. Ver Meade, *Madame Blavatsky*; Washington, *Madame Blavatsky's Baboon*; e Oppenheim, *Other world*.
38. Meade, *Madame Blavatsky*, p. 40.
39. Ibid., p. 8.
40. Kelly, *Collected letters of W. B. Yeats*, p. 164.
41. Oppenheim, *Other world*, p. 28.
42. Stashower, *Teller of tales*, p. 405.
43. Oppenheim, *Other world*, p. 184.
44. *Dublin Review*, jul.-out., 1890, p. 56.
45. A. N. Wilson, *Victorians*, p. 551.
46. Fawcett, "Passing of Trinco", p. 116.
47. Ver Stanley, *How I found Livingstone*; e Jeal, *Livingstone*.
48. Pritchett, *Tale bearers*, p. 25.
49. Edward Douglas Fawcett, *Swallowed by an Earthquake*, p. 180.
50. Edward Douglas Fawcett, *Secret of the desert*, p. 206.
51. Ibid., p. 3.
52. Ibid., p. 49.
53. Ibid., p. 46
54. Ibid., p. 195.

55. Ibid., p. 237.
56. Fawcett, "Passing of Trinco", p. 116.
57. Walters, *Palms and pearls*, p. 94.
58. Fawcett para Esther Windust, 23 de mar., 1924, PHFP.
59. Conrad, "Geography and some explorers", p. 6.

5. ESPAÇOS EM BRANCO NO MAPA [pp. 70-81]

1. Relato "Fawcett's Wake", de Steve Kemper em 1995, fornecido ao autor.
2. Informações sobre a história dos mapas e da geografia foram principalmente extraídas de Wilford, *Mapmakers*; Brown, *Story of maps*; Sobel, *Longitude*; Bergreen, *Over the edge of the world*; e de Camp and Ley, *Lands beyond*.
3. Citado em Brehaut, *Encyclopedist of the dark ages*, p. 244.
4. Citado em Bergreen, *Over the edge of the world*, p. 77.
5. Citado em De Camp and Ley, *Lands beyond*, p. 148.
6. Wilford, *Mapmakers*, p. 153.
7. Para informações sobre a história da RSG, ver Mill, *Record of the Royal Geographical Society*; Cameron, *To the farthest ends of the Earth*; e Keltie, "Thirty years' work of the Royal Geographical Society".
8. Mill, *Record of the Royal Geographical Society*, p. 17.
9. Francis Younghusband em "The centenary meeting: addresses on the history of the Society", *Geographical Journal*, dez., 1930, p. 467.
10. Keltie, "Thirty years' work of the Royal Geographical Society", p. 350.
11. Para informações sobre Burton, ver Kennedy, *Highly civilized man*; Farwell, *Burton*; e Lovell, *Rage to live*.
12. Citado em Farwell, *Burton*, p. 267.
13. Citado em Lovell, *Rage to live*, p. 581.
14. David Attenborough, prefácio de Cameron, *To the farthest ends of the Earth*.
15. Citado em Kennedy, *Highly civilized man*, p. 102.
16. Ibid., p. 103.
17. Ibid., p. 169.
18. Ibid., p. 124.
19. Citado em Moorehead, *White Nile*, pp. 74-5.
20. Ver Gillham, *Life of sir Francis Galton*; Pickover, *Strange brains and genius*; e Brookes, *Extreme measures*.
21. Citado em Pickover, *Strange brains and genius*, p. 113.
22. Ibid., p. 118.
23. Citado em Driver, *Geography militant*, p. 3.

24. Citado em Cameron, *To the farthest ends of the Earth*, p. 53.
25. Fawcett para Keltie, 14 de dez., 1921, RSG.

6. O DISCÍPULO [pp. 82-91]

1. A data foi identificada numa carta de 1901 do Gabinete da Guerra ao secretário da Real Sociedade Geográfica, enquanto a localização do hotel foi mencionada em *Recollections of a geographer*, de Reeves, p. 96.
2. Para uma descrição de Londres na virada do século, ver Cook, *Highways and byways in London*; Burke, *Streets of London through the centuries*; Sims, *Living London*; Flanders, *Inside the victorian home*; e Larson, *Thunderstruck*.
3. Para detalhes sobre o edifício da RSG na Savile Row, ver Mill, *Record of the Royal Geographical Society*.
4. Minhas descrições de Reeves e seus cursos foram extraídas principalmente de suas memórias, *Recollections of a geographer*, e de suas palestras publicadas, *Maps and map-making*.
5. Reeves, *Recollections of a geographer*, p. 17.
6. Francis Younghusband, prefácio a ibid., p. 11.
7. Galton, *Art of travel*, p. 2.
8. Reeves, *Maps and map-making*, p. 84.
9. Reeves, *Recollections of a geographer*, p. 96.
10. Bergreen, *Over the edge of the world*, p. 84.
11. Para mais informações sobre o papel desses manuais na formação das atitudes vitorianas, ver Driver, *Geography militant*, pp. 49-67.
12. Freshfield e Wharton, *Hints to travellers*, p. 2.
13. Ibid., p. 5.
14. *New York Times*, 11 de fev., 1913.
15. McNiven e Russell, *Appropriated pasts*, p. 66.
16. Freshfield e Wharton, *Hints to travellers*, p. 435.
17. Ibid., pp. 445-46.
18. Ibid., p. 442.
19. Informações sobre os "instrumentos" usados pelos primeiros antropólogos foram extraídas principalmente da edição de 1893 de *Hints to travellers* e do manual de 1874, preparado pela Associação Britânica para o Avanço da Ciência, *Notes and queries on anthropology*.
20. Freshfield e Wharton, *Hints to travellers*, p. 421.
21. Ibid.
22. Ibid., p. 422.
23. Ibid., p. 58.

24. Ibid., p. 6.
25. Ibid., p. 309.
26. Ibid., p. 308.
27. Ibid., p. 17.
28. Ibid., p. 18.
29. Ibid., p. 21.
30. Ibid., p. 20.
31. Ibid., p. 225.
32. Ibid., p. 201.
33. Ibid., p. 317.
34. Ibid., p. 321.
35. Ibid.
36. Ibid., p. 96.
37. Fawcett para John Scott Keltie, 2 de nov., 1924, RSG.

7. SORVETE SECO E MEIAS DE ADRENALINA [pp. 92-6]

1. Fleming, *Brazilian adventure*, p. 32.
2. Millard, *O rio da Dúvida*, p. 164.
3. Percy Harrison Fawcett, *Exploration Fawcett*, p. 50.
4. Brian Fawcett para o brigadeiro F. Percy Roe, 15 de mar., 1977, RSG.

8. NA AMAZÔNIA [pp. 97-117]

1. Detalhes sobre o período em que Fawcett trabalhou para o Bureau Inteligência Britânica foram extraídos de seu diário no Marrocos, 1901, Fawcett Family Documents.
2. Ibid.
3. Ver Hefferman, "Geography, cartography, and military intelligence", pp. 505-6.
4. Minhas informações sobre o Departamento de Estudos Indianos (Survey of India Department) foram extraídas principalmente dos livros de Hopkirk *The great game* e *Trespassers on the roof of the world*.
5. Percy Harrison Fawcett, "Journey to Morocco City", p. 190.
6. Fawcett, diário do Marrocos.
7. Percy Harrison Fawcett, *Exploration Fawcett*, pp. 18-9.
8. Flint, *Sir George Goldie and the making of Nigeria*; e Muffett, *Empire builder extraordinary*.

9. Muffett, *Empire builder extraordinary*, p. 19.
10. Ibid., p. 22.
11. Para a conversa entre Fawcett e Goldie, ver Fawcett, *Exploration Fawcett*, pp. 18-20.
12. Ibid., pp. 18-9, 20.
13. Ibid., p. 20.
14. Fawcett usou um pseudônimo para Chivers em *Exploration Fawcett*, chamando-o de Chalmers.
15. Ibid., p. 21.
16. Enrique Chavas-Carballo, "Ancon hospital: an American hospital during the construction of the Panama Canal, 1904-1914", *Military Medicine*, out., 1999.
17. Fawcett, *Exploration Fawcett*, p. 26.
18. Freshfield e Wharton, *Hints to travellers*, p. 12.
19. Fawcett, *Exploration Fawcett*, p. 159.
20. Minhas descrições do ciclo da borracha da Amazônia e das fronteiras vieram de várias fontes, até Furneaux, *Amazon*, pp. 144-66; Hemming, *Amazon frontier*, pp. 271-5; e St. Clair, *Mighty, mighty Amazon*, pp. 156-63.
21. Entrevista do autor com Aldo Musacchio, coautor de "Brazil in the International Rubber Trade, 1870-1930", publicado em *From silver to cocaine: Latin American commodity chains and the building of the world economy, 1500-2000*, ed. Steven Topik, Carlos Marichal, and Zephyr Frank (Durham, N.C.: Duke University Press, 2006).
22. Furneaux, *Amazon*, p. 153.
23. Citado em Hemming, *Amazon frontier*, pp. 292-3.
24. Fawcett, *Exploration Fawcett*, p. 41.
25. Ibid., p. 89.
26. Price, *Amazing Amazon*, p. 147.
27. Citado em Fifer, *Bolivia*, p. 131.
28. Fawcett, *Exploration Fawcett*, pp. 95-6.
29. Ver Hardenburg, *Putumayo*.
30. Ibid., p. 204.
31. Departamento de Estado dos EUA, *Slavery in Peru*, p. 120.
32. Ibid., p. 69.
33. Percy Harrison Fawcett, "Survey work on the frontier between Bolivia and Brazil", p. 185.
34. Percy Harrison Fawcett, "Explorations in Bolivia", p. 515.
35. Ibid., p. 64.
36. Percy Harrison Fawcett, "In the heart of South America", pt. 4, p. 91.
37. Theodore Roosevelt, *Through the Brazilian wilderness*, p. 40.

38. Fawcett, *Exploration Fawcett*, p. 131.

39. Para descrições dos animais e insetos da Amazônia, ver Forsyth e Miyata, *Tropical nature*; Cutright, *Great naturalists explore South America*; Kricher, *Neotropical companion*; e Millard, *O rio da Dúvida*.

40. Humboldt, *Personal narrative of travels to the equinoctial regions of America*, pp. 112-6.

41. Fawcett, *Exploration Fawcett*, p. 50.

42. Fawcett, "In the heart of South America", pt. 3, p. 498.

43. Fawcett, *Exploration Fawcett*, p. 84.

44. Costin para a filha Mary, 10 de nov., 1946, Documentos da família Costin.

45. Fawcett, *Exploration Fawcett*, p. 94.

46. Ibid., p. 47.

47. Ibid.

48. Price, *Amazing Amazon*, p. 138.

49. Fawcett, *Exploration Fawcett*, p. 59.

50. Ibid., p. 49.

51. Ernest Holt diary, 20 de out., 1920, ADAH.

52. Millard, *O rio da Dúvida*, p. 241.

53. Fawcett, *Exploration Fawcett*, p. 89.

54. Métraux, *Native tribes of Eastern Bolivia and Western Matto Grosso*, p. 80.

55. Clastres, "Guayaki cannibalism", pp. 313-5.

56. C. Reginald Enock, carta ao editor, *Geographical Journal*, 19 de abr., 1911, RSG.

57. Fawcett, *Exploration Fawcett*, p. 73.

58. Ibid., p. 87.

59. Ibid.

60. Ibid., p. 83.

61. Fawcett, "Explorations in Bolivia", p. 523.

62. Ibid., p. 43.

63. Keltie para Nina Fawcett, 1º de dez., 1913, RSG.

64. Fawcett, *Exploration Fawcett*, p. 55.

9. OS DOCUMENTOS SECRETOS [pp. 118-23]

1. Malcolm, *Silent woman*, p. 9.

2. Citações de diários e cadernos de anotações foram extraídas dos documentos particulares da família Fawcett.

10. O INFERNO VERDE [pp. 124-30]

1. Ver Percy Harrison Fawcett, *Exploration Fawcett*, pp. 116-22. Para mais informações sobre a viagem, ver Fawcett, "Explorations in Bolivia" e sua série em quatro partes "In the heart of South America".
2. Fawcett, "In the heart of South America", pt. 2, p. 491.
3. Fawcett, *Exploration Fawcett*, p. 122.
4. Doyle, notas sobre *Lost world*, p. 195. Outro lugar que se diz ter inspirado o cenário do romance é o Monte Roraima, na Venezuela.
5. Para mais detalhes dessa conversa, ver Fawcett, *Exploration Fawcett*, pp. 120-1.
6. Fawcett, "In the heart of South America", pt. 3, p. 549.
7. Millard, *O rio da Dúvida*, p. 149.
8. Forsyth e Miyata, *Tropical nature*, p. 93.
9. Trinta e oito anos mais tarde, foi revelado que Fawcett e seus homens estiveram na verdade a muitos quilômetros de distância da nascente principal. Brian Fawcett comentou que "meu pai teria ficado amargamente desapontado".
10. Fawcett, *Exploration Fawcett*, p. 122.
11. Ibid., p. 121.
12. Fawcett, "In the heart of South America", pt. 4, p. 89.
13. Fawcett, *Exploration Fawcett*, p. 110.
14. Ibid., p. 124.

11. O ACAMPAMENTO DO CAVALO MORTO [pp. 131-3]

1. Percy Harrison Fawcett, "Case for an expedition in the Amazon Basin" (proposta), 13 de abr., 1924, RSG.
2. Ibid.
3. Ibid.

12. NAS MÃOS DOS DEUSES [pp. 134-60]

1. Percy Harrison Fawcett, *Exploration Fawcett*, p. 108.
2. Ibid., pp. 108-9.
3. Ibid., p. 109.
4. Ibid., p. 138.
5. Nina Fawcett para Joan, 24 de jan., 1946, Fawcett Family Papers.
6. Fawcett para John Scott Keltie, 3 de out., 1911, RSG.

7. Nina Fawcett para Joan, 6 de set., 1946, Fawcett Family Papers.
8. Williams, introdução a *AmaZonia*, p. 24.
9. Brian Fawcett para Nina, 5 de dez., 1933, Fawcett Family Papers.
10. Nina Fawcett para Keltie, 30 de nov., 1913, RSG.
11. Nina Fawcett para Harold Large, 12 de abr., 1926, Fawcett Family Papers.
12. Fawcett, *Exploration Fawcett*, p. 16.
13. Nina Fawcett, "The transadine railway", n.d., RSG.
14. Nina Fawcett para Large, 6 de dez., 1923, Fawcett Family Papers.
15. Nina Fawcett para Keltie, 6 de jan., 1911, RSG.
16. Williams, introdução a *AmaZonia*, p. 24.
17. Percy Harrison Fawcett, "Gold bricks at Badulla", p. 234.
18. Entrevista do autor com a neta de Fawcett.
19. Percy Harrison Fawcett, "Jack going to school", 1910, Fawcett Family Papers.
20. Fawcett para Nina Fawcett, 12 de abr., 1910, Fawcett Family Papers.
21. Stanley Allen, *New haven register*, n.d., RSG.
22. Barclay para David George Hogarth, 1º de set., 1927, RSG.
23. Larson, *Thunderstruck*, p. 271.
24. Edward Douglas Fawcett, *Hartmann the anarchist*, p. 27.
25. Ibid., p. 147.
26. Citações de artigos de jornal encontrados no álbum de recortes de Fawcett, Fawcett Family Papers.
27. Suarez, Lembcke, e Fawcett, "Further explorations in Bolivia", p. 397.
28. Fawcett para Keltie, 24 de dez., 1910, RSG.
29. Suarez, Lembcke, e Fawcett, "Further explorations in Bolivia", pp. 396-7.
30. Ibid.
31. Fawcett para Keltie, 5 de dez., 1914, RSG.
32. Thomas Charles Bridges, *Pictorial Weekly*, n.d.
33. Furneaux, *Amazon*, p. 214.
34. Fawcett para Keltie, 10 de mar., 1910, RSG.
35. Fawcett, *Exploration Fawcett*, p. 178.
36. Barclay para David George Hogarth, 1º de set., 1927, RSG.
37. Fawcett para Esther Windust, 24 de mar., 1923, PHFP.
38. "Colonel Fawcett's expedition in Matto Grosso", *Geographical Journal*, fev. 1928, p. 176.
39. Nina Fawcett para Keltie, 9 de out., 1921, RSG.
40. Fawcett para Keltie, 2 de mar., 1912, RSG.
41. Do álbum de recortes, Fawcett Family Papers.
42. Dyott, *Man hunting in the jungle*, p. 120.

43. Percy Harrison Fawcett, "Bolivian exploration, 1913-1914" (proposta), n.d., RSG.
44. Fawcett para Keltie, 24 de dez., 1913, RSG.
45. Keltie para Fawcett, 29 de jan., 1914, RSG.
46. Para mais detalhes sobre Murray, ver Riffenburgh, *Nimrod*; Niven, *Ice Master*; "Captain Bartlett Has No Views", *Washington Post*, 6 de jul., 1914; Shackleton, *Heart of the Antarctic*; e Murray e Marston, *Antarctic days*.
47. Murray e Marston, *Antarctic days*, p. 88.
48. Fawcett para Keltie, 3 de out., 1911, RSG.
49. Murray e Marston, introdução a *Antarctic days*, p. xvi.
50. Fawcett, carta ao editor, *Travel*, n.d., RSG.
51. Entrevista do autor com Michael Costin.
52. Fawcett, *Exploration Fawcett*, p. 144.
53. Diário de James Murray, 2 de out., 1911, NLS.
54. Costin para a filha Mary, 10 de nov., 1946, Costin Family Papers.
55. Fawcett, *Exploration Fawcett*, p. 150.
56. Diário de Ernest Holt, 10 de nov, 1920, ADAH.
57. Rice, "Further explorations in the North-West Amazon basin", p. 148.
58. Para esta citação e todas as outras de Murray na expedição de 1911, ver seu diário, parte da Coleção William Laird McKinlay na Biblioteca Nacional da Escócia.
59. Diário de Holt, 22 de nov., 1920, ADAH.
60. Costin para a filha Mary, 10 de nov., 1946, Costin Family Papers.
61. Citado em Hemming, *Search for El Dorado*, p. 114.
62. Sra. Letheran para Fawcett, 30 de out., 1919, Fawcett Family Papers.
63. Percy Harrison Fawcett, "Occult life", p. 93.
64. Fawcett, *Exploration Fawcett*, p. 163.
65. Percy Harrison Fawcett, "Renegades from civilization", n.d., Fawcett Family Papers.
66. Theodore Roosevelt, *Through the Brazilian wilderness*, p. 303.
67. Fawcett, *Exploration Fawcett*, p. 60.
68. Costin, *Daily Chronicle* (Londres), 27 de ago., 1928.
69. Fawcett, *Exploration Fawcett*, p. 169.
70. Costin, *Daily Chronicle* (Londres), 27 de ago., 1928.
71. Diário de Murray, 17 de nov., 1911, NLS.
72. Fawcett para Keltie, 31 de dez., 1911, RSG.
73. Keltie para Fawcett, 11 de jun., 1912, RSG.
74. Fawcett para Keltie, 2 de mar., 1912, RSG.
75. Keltie para Hugh Mill, 1º de mar., 1912, RSG.

76. Keltie para Fawcett, 1º de jun., 1912, RSG.
77. Fawcett para Keltie, 10 de maio, 1912, RSG.
78. Keltie para Fawcett, 7 de mar., 1912, RSG.
79. Fawcett, *Exploration Fawcett*, p. 153.
80. Ibid., p. 154.
81. Sobre o desaparecimento de Murray, ver Niven, *Ice Master*.

14. O CASO DE Z [pp. 166-87]

1. Percy Harrison Fawcett, "Further explorations in Bolivia", p. 387.
2. Carvajal, *Discovery of the Amazon*, p. 438.
3. Percy Harrison Fawcett, "In the heart of South America," pt. 3, p. 552.
4. Costin para a filha Mary, n.d., Costin Family Papers.
5. As lembranças de Costin e Fawcett diferem em alguns pequenos detalhes. Fawcett, por exemplo, lembrou que um dos colegas acabou atravessando o rio com ele numa canoa.
6. Costin para a filha Mary, n.d., Costin Family Papers.
7. Fawcett, "In the heart of South America", pt. 3, p. 552.
8. Costin para a filha Mary, n.d., Costin Family Papers.
9. Fawcett, "Further explorations in Bolivia", p. 388.
10. Ibid.
11. Costin para a filha Mary, n.d., Costin Family Papers.
12. Fawcett, "Further explorations in Bolivia", p. 388.
13. Fawcett para a RSG, 15 de out., 1909, RSG.
14. Costin para a filha Mary, n.d., Costin Family Papers.
15. Costin, *Daily Chronicle* (Londres), 27 de ago., 1928.
16. Suarez, Lembcke, e Fawcett, "Further explorations in Bolivia", p. 397.
17. Nina para Keltie, 1909, RSG.
18. Nina Fawcett para John Scott Keltie, 11 de jan., 1911, RSG.
19. Costin, *Daily Chronicle* (Londres), 27 de ago., 1928.
20. Ibid.
21. Ibid.
22. Percy Harrison Fawcett, *Exploration Fawcett*, p. 171.
23. Ibid., p. 149.
24. Fawcett, "In the heart of South America", pt. 2, p. 495.
25. Fawcett, *Exploration Fawcett*, pp. 168-9.
26. Fawcett, "In the heart of South America", pt. 4, p. 92.

27. Para detalhes sobre o primeiro encontro entre europeus e nativos americanos e sobre o debate entre Las Casas e Sepúlveda, ver Huddleton, *Origins of the American indians*; Todorov, *Conquest of America*; Pagden, *European encounters with the New World*; e Greenblatt, *Marvelous possessions*.

28. Citado na Universidade Colúmbia, *Introduction to contemporary civilization in the West*, pp. 526-7.

29. Citado em Pagden, *European encounters with the New World*, p. 71.

30. Las Casas, *Short account of the destruction of the Indies*, p. 12.

31. Ibid., pp. 9-10.

32. British Association for the Advancement of Science, *Notesand queries on Anthropology*, pp. 10-3. Esses pontos de vista racistas em relação aos nativos americanos não se limitavam apenas aos vitorianos. Em 1909, o diretor científico do Museu de São Paulo, dr. Hermann von Ihering, argumentou que, pelo fato de os índios não contribuírem "nem com trabalho nem com o progresso", o Brasil não tinha "alternativa a não ser exterminá-los".

33. Para minhas descrições das atitudes vitorianas em relação à raça, consultei vários livros excelentes. Eles incluem Stocking, *Victorian anthropology*; Kuklick, *Savage within*; Stepan, *Idea of race in science*; e Kennedy, *Highly civilized man*.

34. Citado em Kennedy, *Highly civilized man*, p. 133.

35. Ibid., p. 143.

36. Citado em Stocking, *Victorian anthropology*, p. 105.

37. Citado em A. N. Wilson, *Victorians*, pp. 104-5.

38. Victoria Glendinning, *Leonard Woolf: a biography* (Nova York: Free Press, 2006), p. 149.

39. Citado em Stocking, *Victorian anthropology*, p. 157.

40. De acordo com a Bíblia, em 722 a.C. o exército assírio conduziu e dispersou dez tribos do reino israelita do norte. O que aconteceu com elas durante muito tempo confundiu acadêmicos. Na metade do século XVII, Antonio de Montezinos, um judeu sefardita que escapou da Inquisição, afirmou ter encontrado os descendentes das tribos na selva amazônica — a terra "onde nunca a humanidade nunca habitou". Alguns índios, ele relatou, disseram para ele em hebreu: "Ouvi, ó Israel! O Senhor Nosso Deus o Senhor é Único". O influente rabino e estudioso europeu Menasseh ben Israel posteriormente endossou o relato de Montezinos, e muitos acreditaram que os índios da América, cujas origens havia muito confundia os ocidentais, eram na realidade judeus. Em 1683, o *quaker* e fundador da Pensilvânia, William Penn, disse que estava "pronto para acreditar" que os índios eram realmente "descendentes das Dez Tribos". Essas teorias também foram adotadas pelos mórmons, que acreditavam que os índios eram originários, em parte, da migração de judeus.

41. *Los Angeles Times*, 16 de abr., 1925.

42. Fawcett, *Exploration Fawcett*, pp. 170, 201.
43. Ibid., p. 215.
44. Ibid., p. 49.
45. Percy Harrison Fawcett, "Bolivian Exploration, 1913-1914", p. 225.
46. Fawcett, *Exploration Fawcett*, p. 203.
47. Ibid., p. 170.
48. Thomas Charles Bridges, *Pictorial Weekly*, n.d.
49. Costin, *Daily Chronicle* (Londres), 27 de ago., 1928.
50. Kennedy, *Highly civilized man*, p. 143.
51. Fawcett, *Exploration Fawcett*, p. 95.
139 Citado em Babcock, "Early Observations in American Physical Anthropology", p. 309.
52. Citado em Woolf, "Albinism (OCA2) in Amerindians", p. 121.
53. Carvajal, *Discovery of the Amazon*, p. 214.
54. Hemming, *Die if you must*, p. 78.
55. Fawcett, "Bolivian Exploration, 1913-1914", p. 222.
56. Fawcett, *Exploration Fawcett*, pp. 199-200.
57. Costin, *Daily Chronicle* (London), 27 de ago., 1928.
58. Ibid.
59. Fawcett, *Exploration Fawcett*, p. 199.
60. O renomado antropólogo suíço, barão Erland Nordenskiöld, relatou depois que Fawcett tinha "descoberto uma importante tribo indígena [...] que nunca tinha sido visitada por homens brancos".
61. Bowman, "Remarkable discoveries in Bolivia", p. 440.
62. Fawcett, *Exploration Fawcett*, p. 173.
63. Fawcett, "Bolivian exploration, 1913-1914", p. 224.
64. Ibid., p. 228.
65. Fawcett, *Exploration Fawcett*, p. 200.
66. Percy Harrison Fawcett, "Memorandum regarding the region of South America which it is intended to explore" (proposta), 1920, RSG.
67. Ibid.
68. Para detalhes sobre Henry Savage Landor, ver Hopkirk, *Trespassers on the roof of the world*; e Landor, *Everywhere* e *Across unknown South America*.
69. Landor, *Across unknown South America*, vol. 1, p. 14.
70. Citado em Millard, *O rio da Dúvida*, p. 13.
71. Church, "Dr. Rice's exploration in the North-Western Valley of the Amazon", pp. 309-10.
72. H.E., "The Rio Negro, the Casiquiare canal, and the upper Orinoco", p. 343.
73. Royal Geographical Society, "Monthly Record", jun., 1913, p. 590.

74. *New York Times*, 7 de set., 1913.
75. Keltie para Fawcett, 29 de jan., 1914, RSG.
76. *New York Times*, 24 de jul., 1956.
77. Fawcett para a RSG, 24 de jan., 1922, RSG.
78. Keltie para Fawcett, 10 de mar., 1911, RSG.
79. Citado em Millard, *O rio da Dúvida*, p. 321.
80. Ibid., p. 339.
81. Citado em Hopkirk, *Trespassers on the roof of the world*, p. 135.
82. *New York Times*, 6 de out., 1915.
83. Fawcett para Keltie, 3 de fev., 1915, RSG.
84. Fawcett para Keltie, 15 de abr., 1915, RSG.
85. Fawcett para Keltie, 27 de set., 1915, RSG.
86. Fawcett para Keltie, 9 de abr., 1915, RSG.
87. Millard, *O rio da Dúvida*, p. 83.
88. Percy Harrison Fawcett, "Case for an expedition in the Amazon basin" (proposta), 13 de abr., 1924, RSG.
89. Brian Fawcett, *Ruins in the sky*, p. 231.
90. Keltie para Fawcett, 29 de jan., 1914, RSG.
91. Ibid.
92. Bingham, introdução a *Lost city of the Incas*, pp. 17-8.
93. Hugh Thomson, *Independent* (Londres), 21 de jul., 2001.

15. ELDORADO [pp. 188-96]

1. Citado em Hemming, *Search for El Dorado*, p. 97.
2. Para detalhes, ver o definitivo relato de Hemming, *The search for El Dorado*. Ver também Wood, *Conquistadors*; Smith, *Explorers of the Amazon*; e St. Clair, *Mighty, Mighty Amazon*.
3. Citado em Hemming, *Search for El Dorado*, p. 101.
4. O teólogo Sepúlveda depois descartaria a "engenhosidade" dos índios, como os astecas e os incas, dizendo que "animais, pássaros e aranhas" também fazem "certas estruturas que nenhuma realização humana pode imitar de forma competente".
5. Citado em Hemming, *Search for El Dorado*, p. 7.
6. Ibid., p. 45.
7. Carvajal, apêndice a *Discovery of the Amazon*, p. 245.
8. Citado em Hemming, *Search for El Dorado*, p. 111.
9. Ibid., p. 112.
10. Carvajal, *Discovery of the Amazon*, p. 172.

11. Ibid., p. 171.
12. Ibid., p. 213.
13. St. Clair, *Mighty, mighty Amazon*, p. 47.
14. Ralegh, *Discoverie of the large, rich, and bewtiful empyre of Guiana*, p. 111.
15. Citado em Trevelyan, *Sir Walter Raleigh*, p. 494.
16. Ibid., pp. 504-5.
17. Adamson e Folland, *Shepherd of the ocean*, p. 449.
18. Citado em Hemming, *Search for El Dorado*, p. 63.
19. Ibid., p. 42.
20. Ibid., p. 172.
21. Fawcett para Arthur R. Hinks, n.d., RSG.
22. Carvajal, *Discovery of the Amazon*, p. 202.
23. Ibid.
24. Ibid., p. 211.
25. Ibid., p. 217.
26. Ibid., p. 201.
27. Carvajal, introdução a *Discovery of the Amazon*, p. 25.
28. Citado em Hemming, *Search for El Dorado*, p. 134.
29. Ibid., p. 133.
30. Trechos datilografados da correspondência de Fawcett para Harold Large, 16 de out., 1923, Fawcett Family Papers.
31. Percy Harrison Fawcett, *Exploration Fawcett*, p. 173.

16. A CAIXA TRANCADA [pp. 197-200]

1. Minha tradução do documento foi cotejada com a tradução mais reconhecida feita pela esposa de Richard Burton, Isabel, que foi incluída no segundo volume de *Explorations of the highlands of the Brazil*.
2. Percy Harrison Fawcett, *Exploration Fawcett*, p. 10.
3. Brian Fawcett para Nina e Joan, 6 de fev., 1952, Fawcett Family Papers.

17. O MUNDO INTEIRO ESTÁ LOUCO [pp. 201-27]

1. Keltie para Fawcett, 11 de dez., 1914, RSG.
2. Fawcett para Keltie, 3 de fev., 1915, RSG.
3. Citado em *The New York Times current history: the European war*, vol. 1, *August-December 1914*, p. 140.

4. Fawcett para Keltie, 18 de jan., 1915, RSG.

5. Cecil Eric Lewis Lyne, "My participation in the two great wars" (memórias não publicadas), RAHT.

6. Henry Harold Hemming, "My story" (memórias não publicadas), IWM.

7. Lyne, "My participation in the two great wars".

8. Ibid.

9. Ver a primeira edição de *Man of the century: Winston Churchill and his legend since 1945*, de John Ramsden (Nova York: Columbia University Press, 2002), p. 372.

10. Sobre o encontro de Fawcett com Churchill, ver Lyne, "My participation in the two great wars".

11. Citado em Gilbert, *Churchill*, p. 332.

12. Nina Fawcett para Keltie, 2 de mar., 1916, RSG.

13. Nina Fawcett para Keltie, 25 de abr., 1916, RSG.

14. Fawcett para Edward A. Reeves, 5 de fev., 1915, RSG.

15. "Monthly Record", *Geographical Journal*, out. 1916, p. 354.

16. Nina Fawcett para Keltie, 11 de mar., 1916, RSG.

17. Fawcett para Keltie, 15 de jan., 1920, RSG.

18. Para descrições da guerra, ver Gilbert, *Somme*; Ellis, *Eye-deep in hell*; Winter, *Death's men*; e Hart, *Somme*.

19. Percy Harrison Fawcett, *Exploration Fawcett*, p. 66.

20. Huntford, *Shackleton*, p. 599.

21. Diário de Cecil Eric Lewis Lyne, RAHT.

22. Ellis, *Eye-deep in hell*, pp. 66-7.

23. Nina Fawcett para Keltie, 3 de mar., 1917, RSG.

24. Mill, *Record of the Royal Geographical Society*, p. 204.

25. Fawcett para Keltie, n.d., 1917, RSG.

26. Davson, *History of the 35th Division*, p. 43.

27. "British colonel in letter here tells of enormous slaughter", no álbum de recortes de Fawcett, n.d., n.p., Fawcett Family Papers.

28. Stashower, *Teller of tales*, p. 346.

29. Fawcett para Doyle, 26 de mar., 1919, HRC.

30. Hemming, "My story". Henry Harold era também pai de John Hemming, o famoso historiador que depois se tornou diretor da Real Sociedade Geográfica.

31. Fawcett para Doyle, 26 de mar., 1919, HRC.

32. *Washington Post*, 18 de mar., 1934.

33. Carta ao editor, *Times* (Londres), 4 de jul., 1936.

34. Keltie para Fawcett, 7 de abr., 1915, RSG.

35. Fawcett para Keltie, 23 de fev., 1918, RSG.

36. Fawcett, carta ao editor, *Travel*, 1918.
37. Fawcett para Keltie, 23 de fev., 1918, RSG.
38. Fawcett, *Exploration Fawcett*, p. 209.
39. Nina Fawcett para Large, 19 de maio, 1919, Fawcett Family Papers.
40. Ibid.
41. Jack Fawcett para Large, 2 de out., 1924, Fawcett Family Papers.
42. Fawcett, epílogo de *Exploration Fawcett*, p. 277.
43. Ibid.
44. Ibid.
45. Nina Fawcett para Joan, 14 de dez., 1952, Fawcett Family Papers.
46. Brian Fawcett para Nina, 5 de dez., 1933, Fawcett Family Papers.
47. Brian Fawcett para o brigadeiro F. Percy Roe, 15 de mar., 1977, RSG.
48. Dyott, *On the trail of the unknown*, p. 141.
49. Fawcett, *Exploration Fawcett*, p. 260.
50. Schurz, "Distribution of population in the Amazon valley", p. 206.
51. Citado em Rob Hawke, "The making of a legend: colonel Fawcett in Bolivia" (tese, Universidade de Essex, n.d.), p. 41.
52. Arthur R. Hinks para Sir Maurice de Bunsen, 26 de fev., 1920, RSG.
53. Hinks para Keltie, 31 de dez., 1923, RSG.
54. Fawcett para Keltie, 17 de mar., 1925, RSG.
55. Keltie para Fawcett, 11 de dez., 1914, RSG.
56. Hinks para Keltie, 31 de dez., 1923, RSG.
57. Fawcett para Keltie, 15 de abr., 1924, RSG.
58. Fawcett, *Exploration Fawcett*, p. 209.
59. Rice, "Rio Negro, the Casiquiare Canal, and the upper Orinoco", p. 324.
60. Swanson, "Wireless receiving equipment", p. 210.
61. Rice, "Rio Negro, the Casiquiare Canal, and the upper Orinoco", p. 340.
62. Ibid., p. 325.
63. Rice, "Recent expedition of Dr. Hamilton Rice", pp. 59-60.
64. *Los Angeles Times*, 22 de dez., 1920.
65. Fawcett para Keltie, 18 de jul., 1924, RSG.
66. Fawcett para Keltie, 9 de abr., 1924, RSG.
67. RSG para de Bunsen, 10 de mar., 1920, RSG.
68. Minha descrição do encontro entre Fawcett e Rondon foi extraída principalmente de Leal, *Coronel Fawcett*, pp. 95-6.
69. Fawcett para secretário, War Office, 17 de fev., 1919, WO 138/51, TNA.
70. Fawcett para o secretário do Army Council, 8 de ago., 1922, WO 138/51, TNA.

71. Citado em Hemming, *Die if you must*, p. 14.
72. Em *Exploration Fawcett*, tanto Brown como Holt não ganharam pseudônimos. O primeiro é chamado de Butch Reilly, e o último de Felipe.
73. Ibid., p. 214.
74. Hobhouse, *Seeds of wealth*, p. 138.
75. Furneaux, *Amazon*, p. 159.
76. Fawcett, *Exploration Fawcett*, pp. 212-3.
77. Nina Fawcett para Large, 10 de jun., 1921, Fawcett Family Papers.
78. Jack Fawcett para Fawcett, 13 de mar., 1920, Fawcett Family Papers.
79. Fawcett para James Rowsell, 10 de jun., 1921, TNA.
80. Fawcett para Keltie, 2 de fev., 1920, RSG.
81. Diário de Holt, 24-26 de out., 1920, ADAH.
82. Fawcett, *Exploration Fawcett*, p. 218.
83. Ibid., p. 192.
84. Diário de Holt, 18 de nov., 1920.
85. Fawcett, *Exploration Fawcett*, p. 217.
86. Ibid.
87. Diário de Holt, 17 de nov., 1920.
88. Nina Fawcett para Large, 26 de jan., 1921, Fawcett Family Papers.
89. Cândido Mariano da Silva Rondon, *Anglo-Brazilian Chronicle*, 2 de abr., 1932.
90. Harriett S. Cohen para Holt, 28 de jan., 1921, ADAH.
91. Fawcett para Holt, 18 de ago., 1921, ADAH.
92. Diário de Holt, 17 de ago., 1921.
93. Fawcett para Esther Windust, 5 de mar., 1923, PHFP.
94. Fawcett, *Exploration Fawcett*, p. 222.
95. Fawcett para Keltie, 4 de fev., 1920, RSG.
96. Fawcett, *Exploration Fawcett*, p. 238.
97. Brian Fawcett, *Ruins in the sky*, p. 235.

18. UMA OBSESSÃO CIENTÍFICA [pp. 228-38]

1. Brian Fawcett, *Ruins in the sky*, p. 16.
2. Fawcett para Harold Large, 26 de mar., 1919, Fawcett Family Papers.
3. Fawcett para Esther Windust, 5 de mar., 1923, PHFP.
4. *Ruins in the sky*, p. 16.
5. Raleigh Rimell para Roger Rimell, 5 de mar., 1925, Rimell Family Papers.
6. Fawcett para Large, 5 de fev., 1925, Fawcett Family Papers.

7. Fawcett para John Scott Keltie, 4 de abr., 1924, RSG.
8. Nina Fawcett para Large, 26 de nov., 1922, Fawcett Family Papers.
9. Fawcett para Large, 16 de out., 1923, Fawcett Family Papers.
10. Nina Fawcett para Large, 18 de jul., 1919, Fawcett Family Papers.
11. Fawcett para Keltie, 29 de dez., 1923, RSG.
12. Nina Fawcett para Large, 14 de ago., 1922, Fawcett Family Papers.
13. Percy Harrison Fawcett, epílogo de *Exploration Fawcett*, p. 275.
14. Fawcett para Large, 16 de out., 1923, Fawcett Family Papers.
15. Fawcett para Keltie, 29 de nov., 1921, RSG.
16. Fawcett, *Exploration Fawcett*, p. 208.
17. Fawcett para Keltie, 1º de nov., 1924, RSG.
18. Sra. Letheran para Fawcett, 9 de out., 1919, Fawcett Family Papers.
19. Percy Harrison Fawcett, "Planetary control", p. 347.
20. George Miller Dyott para Arthur R. Hinks, 24 de jun., 1927, RSG.
21. Stanley Allen, *New Haven Register*, n.d., RSG.
22. Percy Harrison Fawcett, "Obsession".
23. Fawcett para Large, 19 de out., 1923, Fawcett Family Papers.
24. Jack Fawcett para Windust, 2 de dez., 1924, PHFP.
25. Jack Fawcett para Windust, 28 de out., 1924, PHFP.
26. Fay Brodie-Junes para Nina Fawcett, n.d., Fawcett Family Papers.
27. Fawcett para Large, 19 de out., 1923, Fawcett Family Papers.
28. *New York Times*, 4 de out., 1924.
29. *New York Times*, 12 de ago., 1924.
30. Fawcett para Hinks, 23 de dez., 1924, RSG.
31. Jack Fawcett para Windust, 28 de out., 1924, PHFP.
32. Fawcett para Keltie, 4 de fev., 1925, RSG.
33. *Atlanta Constitution*, 12 de jan., 1925.
34. Fawcett para Keltie, 4 de nov., 1924, RSG.
35. Fawcett para Keltie, 10 de out., 1924, RSG.
36. Fawcett para Keltie, 2 de nov., 1924, RSG.
37. Nina Fawcett para Large, 31 de mar., 1927, Fawcett Family Papers.
38. Fawcett para Keltie, 17 de mar., 1925, RSG.
39. Fawcett para Keltie, 4 de fev., 1925, RSG.
40. Reeves, *Recollections of a Geographer*, p. 98.
41. Fawcett para Keltie, 10 de nov., 1924, RSG.
42. Fawcett, *Ruins in the sky*, p. 46.
43. Fawcett para Hinks, 23 de dez., 1924, RSG.
44. Fawcett para Keltie, 17 de mar., 1925, RSG.
45. Isaiah Bowman para Rockefeller, 3 de jan., 1925, AGS.

46. Fawcett para Keltie, 17 de mar., 1925, RSG.
47. Fawcett para Keltie, 25 de dez., 1924, RSG.
48. Fawcett para Bowman, 15 de dez., 1924, AGS.

19. UMA PISTA INESPERADA [pp. 239-43]

1. *New York Times*, 29 de dez., 2006.
2. Nina Fawcett para Arthur R. Hinks, 17 de nov., 1927, RSG.
3. Percy Harrison Fawcett, "Proposal for a S. American expedition", 4 de abr., 1924, RSG.

20. NÃO TENHA MEDO [pp. 244-64]

1. Percy Harrison Fawcett, epílogo de *Exploration Fawcett*, p. 278
2. *Los Angeles Times*, 28 de jan., 1925.
3. Fawcett, epílogo de *Exploration Fawcett*, p. 280.
4. Fawcett para John Scott Keltie, 4 de fev., 1925, RSG.
5. Ibid.
6. Fawcett para Keltie, 7 de mar., 1925, RSG.
7. Williams, introdução a *AmaZonia*, p. 22.
8. Fawcett, epílogo de *Exploration Fawcett*, p. 279.
9. Ibid.
10. Jack Fawcett para Nina e Joan, 16 de maio, 1925, RSG.
11. Fawcett, epílogo de *Exploration Fawcett*, p. 279.
12. Ibid.
13. Ibid., p. 281.
14. *Los Angeles Times*, 3 de dez., 1925. Segundo os especialistas atuais, na verdade, não é possível determinar se uma serpente é venenosa com base no fato de o ferimento sangrar ou não.
15. Fawcett, epílogo de *Exploration Fawcett*, p. 279.
16. Ibid., p. 281.
17. Raleigh Rimell para Roger Rimell, 5 de mar., 1925, Rimell Family Papers.
18. Fawcett, epílogo de *Exploration Fawcett*, p. 283.
19. Ibid., p. 281.
20. Ibid., p. 282.
21. Raleigh Rimell para Dulcie Rimell, 11 de mar., 1925, Rimell Family Papers.
22. Fawcett, epílogo de *Exploration Fawcett*, p. 281.

23. Ibid., p. 282.
24. Raleigh Rimell para Roger Rimell, 5 de mar., 1925, Rimell Family Papers.
25. Ibid., p. 283.
26. Raleigh Rimell para Roger Rimell, 5 de mar., 1925, Rimell Family Papers.
27. Fawcett, epílogo de *Exploration Fawcett*, p. 283.
28. Ibid., p. 280.
29. Jack Fawcett para Nina e Joan, 16 de maio, 1925, RSG.
30. *Los Angeles Times*, 23 de abr., 1925.
31. Fawcett para Nina, 6 de mar., 1925, RSG.
32. Royal Geographical Society, "Dr. Hamilton Rice on the Rio Branco", p. 241.
33. Stevens, "Hydroplane of the Hamilton Rice expedition", pp. 42-3. Interessante notar que em 1932 Stevens, ao voar num balão de ar quente, tornou-se o primeiro fotógrafo a capturar a sombra da Lua na Terra durante um eclipse solar. Em 1935, ele também quebrou o recorde mundial de ascensão em um balão — recorde que não seria superado durante os 25 anos seguintes.
34. Ibid., pp. 35-6.
35. Royal Geographical Society, "Dr. Hamilton Rice on the Rio Branco", p. 241.
36. *New York Times*, 24 de ago., 1924.
37. *New York Times*, 11 de jul., 1924.
38. Royal Geographical Society, "Dr. Hamilton Rice on the Rio Branco", p. 241.
39. Ibid.
40. Fawcett, epílogo de *Exploration Fawcett*, p. 284.
41. Ahrens para Nina Fawcett, 10 de jul., 1925, RSG.
42. Fawcett, epílogo de *Exploration Fawcett*, p. 289.
43. *Los Angeles Times*, 1º de dez., 1925.
44. Fawcett, epílogo de *Exploration Fawcett*, p. 286.
45. Large para Nina Fawcett, 24 de maio, 1929, Fawcett Family Papers.
46. *Los Angeles Times*, 17 de jul., 1927.
47. *Los Angeles Times*, 1º de dez., 1925.
48. Fawcett para Nina, 20 de maio, 1925, Fawcett Family Papers.
49. Nina Fawcett para Large, 30 de ago., 1925, Fawcett Family Papers.
50. Para detalhes sobre Galvão, ver Leal, *Coronel Fawcett*.
51. Tradução de um trecho do jornal *O Democrata*, n.d., RSG.
52. *Los Angeles Times*, 1º de dez., 1925.
53. Diário de John James Whitehead, 8 de jun., 1928, RSG.
54. Fawcett para Isaiah Bowman, 20 de maio, 1925, NMAI.
55. American Geographical Society, "Correspondence", p. 696.

56. Fawcett para Isaiah Bowman, 20 de maio, 1925, NMAI.
57. Jack Fawcett para Nina e Joan, 19 de maio, 1925, RSG.
58. Ibid.
59. Jack Fawcett para Nina e Joan, 16 de maio, 1925, RSG.
60. Fawcett, epílogo de *Exploration Fawcett*, p. 290.
61. Jack Fawcett para Nina e Joan, 16 de maio, 1925, RSG.
62. Ibid.
63. Nina Fawcett para o embaixador brasileiro, 3 de fev., 1937, RSG.
64. Jack Fawcett para Nina e Joan, 19 de maio, 1925, RSG.
65. Jack Fawcett para Nina e Joan, 16 de maio, 1925, RSG.
66. Fawcett, epílogo de *Exploration Fawcett*, p. 291.
67. Raleigh Rimell para Roger Rimell, 17 de mar., 1925, Rimell Family Papers.
68. Jack Fawcett para Nina e Joan, 19 de maio, 1925, RSG.
69. Ibid.
70. Raleigh Rimell para Roger Rimell, 17 de mar., 1925, Rimell Family Papers.
71. Raleigh Rimell para Roger Rimell, 5 de mar., 1925, Rimell Family Papers.
72. Hemming, *Die if you must*, p. 140.
73. *Los Angeles Times*, 2 de dez., 1925.
74. Para informações sobre os xavantes e os kayapó, ver Hemming, *Die if you must*, pp. 86-132.
75. Citado em ibid., p. 95.
76. Fawcett para Keltie, 17 de mar., 1925, RSG.
77. *Los Angeles Times*, 2 de dez., 1925.
78. Fawcett para Nina, 29 de maio, 1925, Fawcett Family Papers.
79. *Los Angeles Times*, 1º de dez., 1925
80. Raleigh Rimell para Roger Rimell, 5 de mar., 1925, Rimell Family Papers.
81. Fawcett, epílogo de *Exploration Fawcett*, p. 291.

21. A ÚLTIMA TESTEMUNHA [pp. 265-76]

1. Rice, "Rio Branco, Uraricuera, and Parima", p. 218.
2. *New York Times*, 17 de set., 2003.
3. *Economist*, 24 de jul., 2004.
4. Ver *New York Times*, 16 de maio, 2007; *Baltimore Sun*, 14 de mar., 2005; e *Dayton Daily News*, 14 de ago., 2007.
5. Meu relato da morte de Petersen é baseado em minhas entrevistas com Eduardo Neves e em notícias de jornais.
6. Verne, *Bob Moran and the Fawcett mystery*, p. 76.

7. MacGregor, *Indiana Jones and the seven veils*, p. 58.
8. Ibid., p. 2.

22. VIVO OU MORTO (pp. 277-99)

1. *Los Angeles Times*, 17 de jul., 1927.
2. *Los Angeles Times*, 1º de jan., 1927.
3. Nina Fawcett para Arthur R. Hinks, 11 de jul., 1927, RSG.
4. Nina Fawcett para Harold Large, 23 de nov., 1925, Fawcett Family Papers.
5. *Los Angeles Times*, 17 de jul., 1927.
6. Ibid.
7. Cowell, *Tribe that hides from man*, p. 93.
8. *Washington Post*, 12 de set., 1927.
9. *Independent*, 24 de set., 1927.
10. Brian Fawcett para Nina, 23 de set., 1927, RSG.
11. Nina Fawcett para Hinks, 24 de out., 1927, RSG.
12. Nina Fawcett to Courteville, 1º de ago., 1928, RSG.
13. *Los Angeles Times*, 17 de jul., 1927.
14. Ibid.
15. D. G. Hogarth, "Address at the anniversary general meeting, 20 June 1927", *Geographical Journal*, ago. de1927, p. 100.
16. R. Bock para D. G. Hogarth, 21 de jun., 1927, RSG.
17. Robert Bunio para Hogarth, 21 de jun., 1927, RSG.
18. *Los Angeles Times*, 27 de nov., 1927.
19. Ibid.
20. Geoffrey Steele-Ronan para Hogarth, 21 de jun., 1927, RSG.
21. St. Clair, *Mighty, mighty Amazon*, p. 254.
22. *Los Angeles Times*, 28 de jan., 1927.
23. *Los Angeles Times*, 6 de nov., 1927.
24. Ibid.
25. *Los Angeles Times*, 13 de nov., 1927.
26. *Los Angeles Times*, 27 de nov., 1927.
27. *Independent*, 3 de dez., 1927.
28. Roger Rimell para RSG, 1933, RSG.
29. *Los Angeles Times*, 17 de nov., 1927.
30. *Los Angeles Times*, 27 de nov., 1927.
31. Ibid.
32. *Los Angeles Times*, 28 de mar., 1927.
33. *Los Angeles Times*, 17 de nov., 1927.

34. Diário de John James Whitehead, 1º de mar., 1928, RSG.
35. Kigar, "Phantom trail of colonel Fawcett", p. 21.
36. Dyott, *Man hunting in the jungle*, p. 85.
37. Ibid., p. 135.
38. Diário de Whitehead, 28 de maio, 1928, RSG.
39. McIntyre, "The commander and the mystic", p. 5.
40. *Los Angeles Times*, 18 de ago., 1927.
41. Dyott, *Man hunting in the jungle*, p. 173.
42. Ibid., p. 177.
43. Diário de Whitehead, 24 de jul., 1928, RSG.
44. Dyott, *Man Hunting in the jungle*, p. 236.
45. *Los Angeles Times*, 16 de ago., 1928.
46. Diário de Whitehead, 12 de ago., 1928, RSG.
47. Dyott: ibid., 25 de jul., 1928.
48. Stanley Allen, *New haven register*, n.d., RSG.
49. Dyott to NANA (despacho pelo rádio), 16 de ago., 1928, RSG.
50. Diário de Whitehead, 28 de set., 1928, RSG.
51. *Chicago Daily Tribune*, 19 de mar., 1930.
52. Dyott, *Man hunting in the jungle*, p. 264.
53. Brian Fawcett, *Ruins in the sky*, p. 71.
54. Nina Fawcett para NANA, 23 de ago., 1928, RSG.
55. *Los Angeles Times*, 22 de ago., 1928.
56. Esther Windust para Elsie Rimell, 14 de dez., 1928, PHFP.
57. Abbott to Charles Goodwin, 22 de mar., 1932, FO 743/16, TNA.
58. Declaração traduzida de Stefan Rattin, preparada por Charles Goodwin e enviada a sir William Seeds, 18 de mar., 1932, FO 743/17, TNA.
59. Abbott para Hinks, 8 de dez., 1932, RSG.
60. H. Kingsley Long, "The faith of Mrs. Fawcett", *Passing Show*, 12 de nov., 1932.
61. *Chicago Daily Tribune*, 20 de mar., 1932.
62. *Washington Post*, 28 de maio, 1932.
63. *Washington Post*, 30 de set., 1932.
64. *Los Angeles Times*, 4 de fev., 1934.
65. George W. Cumbler para o escritório do Consulado Britânico, 17 de out., 1934, RSG.
66. Hemming, *Die if you must*, p. 700.
67. *New York Times*, 12 de ago., 1939.
68. *O Globo*, 23 de ago., 1946.
69. Ver Childress, *Lost cities and ancient mysteries of South America*, pp. 303-5.

70. Hinks para Nina Fawcett, 25 de out., 1928, RSG.
71. Nina Fawcett to A. Bain Mackie, 20 de jun., 1935, RSG.
72. Nina Fawcett para Large, 6 de maio, 1929, Fawcett Family Papers.
73. A. Bachmann para Hinks, 12 de fev., 1934, RSG.
74. Nina Fawcett para Large, Fawcett Family Papers.
75. Edward Douglas Fawcett para Hinks, 1933, RSG.
76. Nina Fawcett para Thomas Roch, 10 de mar., 1934, RSG.
77. Large para Nina Fawcett, 16 de abr., 1925, Fawcett Family Papers.
78. Mackie para Goodwin, 21 de nov., 1933, TNA.
79. Nina Fawcett para o Reverendo Monseigneur Couturon, 3 de jul., 1933, RSG.
80. Moennich, *Pioneering for Christ in Xingu jungles*, p. 9.
81. Ibid., pp. 17-8.
82. Percy Harrison Fawcett, epílogo de *Exploration Fawcett*, p. 301.
83. Moennich, *Pioneering for Christ in Xingu jungles*, pp. 124-6.
84. *New York Times*, 6 de jan., 1935.
85. "The 'Grandson'", *Time*, 24 de jan., 1944.
86. Hinks para Morel, 16 de fev., 1944, RSG.
87. Fawcett, *Ruins in the sky*, p. 123.
88. Marsh, "Blond indians of the darien jungle", p. 483.
89. *Los Angeles Times*, 15 de jun., 1924.
90. *New York Times*, 9 de jul., 1924.
91. *New York Times*, 7 de jul., 1924.
92. *Washington Post*, 16 de out., 1924.
93. Nina Fawcett para Joan, 6 de set., 1946, Fawcett Family Papers.
94. Brian Fawcett para Nina, 5 de dez., 1933, Fawcett Family Papers.
95. Everild Young para o coronel Kirwan, 24 de set., 1946, RSG.

23. OS OSSOS DO CORONEL [pp. 300-13]

1. Percy Harrison Fawcett, "Proposal for a S. American expedition" (proposta), 4 de abr., 1924, RSG.
2. Dyott, *Manhunting in the jungle*, p. 224.
3. Villas Boas e Villas Boas, *Xingu*, p. 165.
4. Em 1998, Vajuvi contou uma história semelhante à do aventureiro britânico Benedict Allen, que realizou um filme sobre sua jornada para a BBC intitulado *The bones of colonel Fawcett*.
5. "Report on the human remains from Brazil", 1951, RAI.
6. Basso, *Last cannibals*, pp. 78-86.

24. O OUTRO MUNDO [pp. 314-9]

1. Esther Windust para Nina Fawcett, 10 de out., 1928, PHFP.
2. Sra. Mullins para Nina Fawcett, 9 de fev., 1928, Fawcett Family Papers.
3. Edward Douglas Fawcett para Arthur R. Hinks, 1933.
4. Reeves, *Recollections of a geographer*, pp. 198-9.
5. Leal, *Coronel Fawcett*, pp. 213-5.
6. Cummins, *Fate of Colonel Fawcett*, p. 143.
7. Ibid., p. 58.
8. Ibid., p. 111.
9. Brian Fawcett para Joan, 3 de set., 1945, Fawcett Family Papers.
10. Nina Fawcett para Joan, 22 de abr., 1942, Fawcett Family Papers.
11. Brian Fawcett para Joan, 3 de set., 1945, Fawcett Family Papers.
12. Brian Fawcett, *Ruins in the sky*, p. 124.
13. Brian Fawcett para Joan, 3 de set., 1945, Fawcett Family Papers.
14. Percy Harrison Fawcett, introdução a *Exploration Fawcett*, p. xiii.
15. Brian Fawcett para Joan, 3 de set., 1945, Fawcett Family Papers.
16. Fawcett, introdução a *Exploration Fawcett*, p. xiii.
17. Brian Fawcett para Nina, 1º de abr., 1952, Fawcett Family Papers.
18. Brian Fawcett para Nina, 15 de maio, 1952, Fawcett Family Papers.
19. Nina Fawcett para Joan, 14 de dez., 1952, Fawcett Family Papers.
20. Williams, introdução a *AmaZonia*, p. 20.
21. Ibid.
22. Brian Fawcett para Sir Geoffrey Thompson, 20 de maio, 1955, FO 371/114106, TNA.
23. Thompson para I. F. S. Vincent, 19 de maio, 1955, FO 371/114106, TNA.
24. Fawcett, *Ruins in the sky*, p. 217.
25. Ibid., p. 284.
26. Ibid., p. 245.
27. Percy Harrison Fawcett, "Memorandum regarding the region of South America which it is intended to explore" (proposta), 1919, RSG.
28. Fawcett, *Ruins in the sky*, p. 299.
29. "The occult interests of Col. P. H. Fawcett", n.d., n.p., PHFP.
30. Williams, introdução a *AmaZonia*, p. 7.
31. Fawcett, *Ruins in the sky*, p. 301.
32. Fawcett para Windust, 5 de mar., 1923, PHFP.

25. Z [pp. 320-39]

1. Detalhes das seitas vêm de Leal, *Coronel Fawcett*, e de minhas entrevistas.

2. Brian Fawcett, *Ruins in the sky*, p. 307.
3. Cummins, *Fate of Colonel Fawcett*, p. 43.
4. Fawcett, *Ruins in the sky*, p. 301.
5. Percy Harrison Fawcett, "Memorandum regarding the region of South America which it is intended to explore" (proposta), 1919, RSG.
6. Para mais informações sobre as descobertas, ver *The ecology of power*.
7. Minhas descrições da revolução na arqueologia na Amazônia foram extraídas de entrevistas com muitos antropólogos e outros cientistas que estão trabalhando ou já trabalharam no campo, até William Denevan, Clark Erickson, Susanna Hecht, Michael Heckenberger, Eduardo Neves, James Petersen, Anna Roosevelt e Neil Whitehead. Minhas informações derivam-se também de muitas outras pesquisas publicadas por outros acadêmicos. Ver, por exemplo, "Secrets of the forest" e *Moundbuilders of the Amazon*, de Roosevelt; "The timing of terra preta formation in the central Amazon", de Neves; e *Time and complexity in historical ecology*, editada por Balée e Erickson. Para um estudo generalizado sobre os últimos desenvolvimentos que estão revolucionando muito do que se acreditava sobre as Américas antes de Colombo, ver *1491*, de Mann.
8. Uma equipe de arqueólogos afirma que num sítio em Monte Verde, no Chile, existem indícios de presença humana há mais de 32 mil anos, o que, se for verdade, estilhaçaria ainda mais a teoria tradicional de como e quando a América foi originalmente habitada.
9. Roosevelt, "Secrets of the forest", p. 26.
10. Entrevista com o autor.

Bibliografia selecionada

Adamson, Jack H.; H. F. Folland. *The shepherd of the ocean: an account of Sir Walter Ralegh and his times*. Boston: Gambit, 1969.

American Geographical Society. "Correspondence". *Geographical Review* 15, nº 4 (1925).

Babcock, William H. "Early observations in American physical anthropology". *American Journal of Physical Anthropology* 1, nº 3 (1918).

Baker, Samuel White. *Eight years in Ceylon*. Dehiwala: Tisara Prakasakayo, 1966.

Balée, William; Clark L. Erickson, editores. *Time and complexity in historical ecology: studies in the neotropical lowlands*. Nova York: Columbia University Press, 2006.

Basso, Ellen B. *The last cannibals: a South American oral history*. Austin: University of Texas Press, 1995.

Bates, Henry Walter. *The naturalist on the river Amazons*. Santa Barbara, Calif.: Narrative Press, 2002.

Bergreen, Laurence. *Over the edge of the world: Magellan's terrifying circumnavigation of the globe*. Nova York: William Morrow, 2003.

Berton, Pierre. *The Arctic Grail: The quest for the North West passage and the North Pole, 1818-1909*. Nova York: Lyons Press, 2000.

Bingham, Hiram. *Across South America: an account of a journey from Buenos Aires to Lima by way of Potosi, with notes on Brazil, Argentina, Bolivia, Chile, and Peru*. Nova York: Da Capo Press, 1976.

_____. *Lost city of the Incas: the story of Machu Picchu and its builders*. Nova edição ilustrada, com introdução de Hugh Thomson. Nova York: Phoenix, 2003.

Bodard, Lucien. *Green hell: massacre of the Brazilian indians*. Trad. de Jennifer Monaghan. Nova York: Outerbridge & Dienstfrey, 1972.

Bowman, Isaiah. "Remarkable discoveries in Bolivia". *Bulletin of the American Geographical Society* 47, nº 6 (1915).

Brantlinger, Patrick. *Rule of darkness: British literature and imperialism, 1830-1914*. Ithaca, N.Y.: Cornell University Press, 1988.

Brehaut, Ernest. *An encyclopedist of the dark ages: Isidore of Seville*. Nova York: Columbia University Press, 1912.

Brinton, Daniel Garrison. *The American race: a linguistic classification and ethnographic description of the native tribes of North and South America*. Philadelphia: David McKay, 1901.

Bristow, Edward J. *Vice and vigilance: purity movements in Britain since 1700*. Totowa, N.J.: Rowman & Littlefield, 1977.

Bristow, Joseph. *Empire boys: adventures in a man's world*. London: Unwin Hyman, 1991.

British Association for the Advancement of Science. *Notes and queries on anthropology, for the use of travellers and residents in uncivilized lands*. London: Edward Stanford, 1874.

Brookes, Martin. *Extreme measures: the dark visions and bright ideas of Francis Galton*. Nova York: Bloomsbury, 2004.

Brown, Lloyd A. *The story of maps*. Nova York: Dover, 1979.

Burke, Thomas. *The streets of London through the centuries*. London: B. T. Batsford, 1940.

Burton, Richard Francis. *Explorations of the highlands of the Brazil; with a full account of the gold and diamond mines*. 2 vols. Nova York: Greenwood Press, 1969.

Cameron, Ian. *To the farthest ends of the earth: 150 years of world exploration by the Royal Geographical Society*. Nova York: E. P. Dutton, 1980.

Campbell, Lady Colin. *Etiquette of good society*. London: Cassell, 1893.

Carvajal, Gaspar de. *The discovery of the Amazon*. Ed. José Toribio Medina. Trad. de Bertram T. Lee; H. C. Heaton. Nova York: Dover, 1988.

Cave, Henry. *Golden tips: a description of Ceylon and its great tea industry*. London: S. Low, Marston & Co., 1900.

Childress, David Hatcher. *Lost cities and ancient mysteries of South America*. Stelle, Ill.: Adventures Unlimited Press, 1986.

Church, George Earl. "Dr. Rice's exploration in the North-Western Valley of the Amazon". *Geographical Journal* 31, nº 3 (1908).

Clastres, Pierre. "Guayaki cannibalism". In *Native South Americans: ethnology of the least known continent*. Editado por Patricia J. Lyon. Boston: Little, Brown, 1974.

Columbia University. *Introduction to contemporary civilization in the West.* Nova York: Columbia University Press, 1960.

Conklin, Beth A. *Consuming grief: compassionate cannibalism in an Amazonian society.* Austin: University of Texas Press, 2001.

Conrad, Joseph. "Geography and some explorers". In *The collected works of Joseph Conrad.* vol. 22. London: Routledge, 1995.

Cook, Emily Constance Baird. *Highways and byways in London.* London: Macmillan, 1903.

Cowell, Adrian. *The heart of the forest.* Nova York: Alfred A. Knopf, 1961.

_____. *The tribe that hides from man.* Briarcliff Manor, N.Y.: Stein & Day, 1974.

Crone, G. R. "Obituary: Alexander Hamilton Rice, A.M., M.D". *Geographical Journal* 122, nº 3 (1956).

Cummins, Geraldine. *The fate of colonel Fawcett.* London: Aquarian Press, 1955.

Cutright, Paul Russell. *The great naturalists explore South America.* Nova York: Macmillan, 1940.

Davis, Shelton H. *Victims of the miracle: development and the indians of Brazil.* Cambridge, U.K.: Cambridge University Press, 1977.

Davson, H. M. *The history of the 35th Division in the Great War.* London: Sifton Praed, 1926.

De Camp, L. Sprague; Willy Ley. *Lands beyond.* Nova York: Rinehart, 1952.

Denevan, William M. *Cultivated landscapes of native Amazonia and the Andes.* Nova York: Oxford University Press, 2001.

Diacon, Todd A. *Stringing together a nation: Cândido Mariano da Silva Rondon and the construction of a modern Brazil, 1906-1930.* Durham, N.C.: Duke University Press, 2004.

Diamond, Jared. *Guns, germs, and steel: the fates of human societies.* Nova York: W. W. Norton, 1999.

Dickens, Charles. *American notes; and pictures from Italy.* Nova York: Macmillan, 1903.

Dillehay, Tom D., ed. *Monte Verde: a late Pleistocene settlement in Chile.* 2 vols. Washington, D.C.: Smithsonian Institution Press, 1989-97.

Doyle, Arthur Conan. *The lost world: being an account of the recent amazing adventures of professor George E. Challenger, lord John Roxton, professor Summerlee, and mr. E. D. Malone of the "Daily Gazette".* Ed. Ian Duncan. Nova York: Oxford University Press, 1998.

Driver, Felix. *Geography militant: cultures of exploration and empire.* Oxford, U.K.: Blackwell, 2001.

Dyott, George Miller. *Man hunting in the jungle: being the story of a search for three explorers lost in the Brazilian wilds.* Indianapolis: Bobbs-Merrill, 1930.

Dyott, George Miller. *On the trail of the unknown: in the wilds of Ecuador and the Amazon*. London: Thornton Butterworth, 1926.

_____. "The search for colonel Fawcett". *Geographical Journal* 74, nº 6 (1929).

Ellis, John. *Eye-deep in hell: trench warfare in world War I*. Nova York: Pantheon, 1976.

Farwell, Byron. *Burton: a biography of sir Richard Francis Burton*. Nova York: Penguin, 1990.

Fawcett, Brian. *Ruins in the sky*. London: Hutchinson, 1958.

Fawcett, Edward Douglas. *Hartmann the anarchist; or, the doom of the great city*. Nova York: Arno Press, 1975.

_____. *The secret of the desert; or, how we crossed Arabia in the* Antelope. London: E. Arnold, 1895.

_____. *Swallowed by an earthquake*. London: E. Arnold, 1894.

Fawcett, Percy Harrison. "At the hot wells of Konniar". *Occult Review*, July 1925.

_____. "Bolivian exploration, 1913-1914". *Geographical Journal* 45, nº 3 (1915).

_____. *Exploration Fawcett*. London: Hutchinson, 1953.

_____. "Explorations in Bolivia". *Geographical Journal* 35, nº 5 (1910).

_____. "Further explorations in Bolivia: The river heath". *Geographical Journal* 37, nº 4 (1911).

_____. "Gold bricks at Badulla". *Blackwood's Magazine*, mar. de 1965.

_____. "In the heart of South America". Partes. 1-4. *Wide World Magazine*, jul.-out. 1912.

_____. "Journey to Morocco city". *Geographical Journal* 19, nº 2 (1902).

_____. "The lost mity of my quest". *Blackwood's Magazine*, jan. de 1933.

_____. "A new touring ground: Morocco, the country of the future". *Pall Mall Magazine*, set. de 1902.

_____. "Obsession". *Light*, 29 de jul. de 1922.

_____. "The occult life". *Occult Review*, ago. de 1923.

_____. "The passing of Trinco". *Blackwood's Magazine*, fev. de 1959.

_____. "The planetary control". *Occult Review*, dez. de 1922.

_____. "The source of the river heath". *Geographical Journal* 47, nº 4 (1916).

_____. "South American forests". *Geographical Journal* 40, nº 6 (1912).

_____. "Survey work on the Bolivia-Brazil boundary". *Geographical Journal* 35, nº 2 (1910).

_____. "Survey work on the frontier between Bolivia and Brazil". *Geographical Journal* 33, nº 2 (1909).

Ferguson, John. *Ceylon in 1893: describing the progress of the island since 1803, its present agricultural and commercial enterprises, and its unequalled attractions to visitors, with useful statistical information, specially prepared map, and upwards of one hundred illustrations*. London: John Haddon, 1893.

Fifer, J. Valerie. *Bolivia: land, location, and politics since 1825.* Cambridge, U.K.: Cambridge University Press, 1972.

_____. "Bolivia's boundary with Brazil: a century of evolution". *Geographical Journal* 132, nº 3 (1966).

_____. "The empire builders: a history of the Bolivian rubber boom and the rise of the house of Suárez". *Journal of Latin American Studies* 2, nº 2 (1970).

Flanders, Judith. *Inside the victorian home: a portrait of domestic life in victorian England.* Nova York: W. W. Norton, 2003.

Fleming, Peter. *Brazilian adventure.* Nova York: Grosset & Dunlap, 1933.

Flint, John E. *Sir George Goldie and the making of Nigeria.* London: Oxford University Press, 1960.

Forsyth, Adrian; Kenneth Miyata. *Tropical nature.* Nova York: Charles Scribner's Sons, 1984.

Fraser, Robert. *Victorian quest romance: Stevenson, Haggard, Kipling, and Conan Doyle.* Plymouth, U.K.: Northcote House, 1998.

Freshfield, Douglas W.; W. J. L. Wharton, ed. *Hints to travellers, scientific and general.* 7. ed. London: Royal Geographical Society, 1893.

Furneaux, Robin. *The Amazon: the story of a great river.* London: Hamish Hamilton, 1969.

Galton, Francis. *The art of travel; or, shifts and contrivances available in wild countries.* Harrisburg, Pa.: Stackpole Books, 1971.

Gilbert, Martin. *Churchill: a life.* Nova York: Henry Holt, 1991.

_____. *The Somme: heroism and horror in the First World War.* Nova York: Henry Holt, 2006.

Gillham, Nicholas W. *A life of sir Francis Galton: from African exploration to the birth of eugenics.* Nova York: Oxford University Press, 2001.

Girouard, Mark. *The return to Camelot: chivalry and the English gentleman.* New Haven, Conn.: Yale University Press, 1981.

Glass, Frederick C. *Adventures with the Bible in Brazil.* Nova York: Loizeaux Brothers, 1943.

Glendinning, Victoria. *Leonard Woolf: a biography.* Nova York: Free Press, 2006.

Gott, Richard. *Land without evil: utopian journeys across the South American watershed.* Nova York: Verso, 1993.

Goulding, Michael, Ronaldo Barthem; Efrem Ferreira. *The Smithsonian Atlas of the Amazon.* Washington, D.C.: Smithsonian Institution Press, 2003.

Green, Martin Burgess. *Dreams of adventure, deeds of empire.* Nova York: Basic Books, 1979.

Greenblatt, Stephen. *Marvelous possessions: the wonder of the New World.* Chicago: University of Chicago Press, 1991.

Guggisberg, F. G. *The shop: the story of the Royal Military Academy.* London: Cassell, 1900.

H.E. "The Rio Negro, the Casiquiare Canal, and the upper Orinoco, September 1919-April 1920: Discussion". *Geographical Journal* 58, nº 5 (1921).

Haggard, H. Rider. *King Solomon's mines.* Nova York: Oxford University Press, 1989.

Halstead, John P. *Rebirth of a nation: the origins and rise of Moroccan nationalism, 1912-1944.* Cambridge, Mass.: Harvard University Press, 1967.

Hambloch, Ernest. *Here and there: a medley of memories.* London: Johnson, 1968.

Hankey, Donald. *A student in arms.* Nova York: E. P. Dutton, 1917.

Hardenburg, W. E. *The Putumayo, the devil's paradise; travels in the Peruvian Amazon region and an account of the atrocities committed upon the Indians therein.* London: T. F. Unwin, 1912.

Hart, Peter. *The Somme.* London: Weidenfeld & Nicolson, 2005.

Haskins, Caryl. *The Amazon: the life history of a mighty river.* Garden City, NY: Doubleday, 1943.

Heath, Jeffrey M. *The picturesque prison: Evelyn Waugh and his writing.* Kingston, Ont.: McGill-Queen's University Press, 1982.

Heaton, Paul Michael. *Lamport & Holt.* Newport, U.K.: Starling Press, 1986.

Hecht, Susanna. "Indigenous soil management and the creation of Amazonian dark earths: implications of Kayapó practices". In *Amazonian dark earths: origins, properties, management,* ed. J. Lehmann et al. The Netherlands: Kluwer Academic, 2004.

Hecht, Susanna; Alexander Cockburn. *The fate of the forest: developers, destroyers, and defenders of the Amazon.* Nova York: Verso, 1989.

Heckenberger, Michael J. *The ecology of power: culture, place, and personhood in the Southern Amazon, A.D. 1000-2000.* Nova York: Routledge, 2005.

Heckenberger, Michael J., et al. "Amazonia 1492: pristine forest or cultural parkland?" *Science* 301 (2003).

_____. "Of lost civilizations and primitive tribes, Amazonia: reply to Meggers". *Latin American Antiquity* 12, nº 3 (2001).

_____. "Village size and permanence in Amazonia: two archaeological examples from Brazil". *Latin American Antiquity* 10, nº 4 (1999).

Hefferman, Michael. "Geography, cartography, and military intelligence: the Royal Geographical Society and the First World War". *Transactions of the Institute of British Geographers* 21, nº 3 (1996).

Hemming, John. *Amazon frontier: the defeat of the Brazilian Indians.* Cambridge, Mass.: Harvard University Press, 1987.

Hemming, John. *Die if you must: Brazilian Indians in the twentieth century.* London: Macmillan, 2003.

_____. *Red gold: the conquest of the Brazilian Indians.* Cambridge, Mass.: Harvard University Press, 1978.

_____. *The search for El Dorado.* London: Michael Joseph, 1978.

Hobbes, Thomas. *Leviathan.* Ed. e intr. de C. B. Macpherson. London: Penguin, 1985.

Hobhouse, Henry. *Seeds of wealth: four plants that made men rich.* Washington, D.C.: Shoemaker & Hoard, 2004.

Holmberg, Allan R. *Nomads of the long bow: the Siriono of Eastern Bolivia.* Garden City, N.Y.: Natural History Press, 1969.

Honigsbaum, Mark. *The fever trail: in search of the cure for malaria.* Nova York: Farrar, Straus & Giroux, 2002.

Hopkirk, Peter. *The great game: the struggle for empire in Central Asia.* Nova York: Kodansha International, 1992.

_____. *Trespassers on the roof of the world: the secret exploration of Tibet.* Nova York: Kodansha International, 1995.

Houghton, Walter E. *The victorian frame of mind, 1830-1870.* New Haven, Conn.: Yale University Press, 1957.

Huddleston, Lee Eldridge. *Origins of the American Indians: european concepts, 1492-1729.* Austin: University of Texas Press, 1967.

Humboldt, Alexander von; Aimé Bonpland. *Personal narrative of travels to the equinoctial regions of America, during the years 1799-1804.* Trad. e ed. Thomasina Ross. 3 vols. vol. 2. London: George Bell and Sons, 1885.

Huntford, Roland. *Shackleton.* Nova York: Carroll & Graf, 1998.

Huxley, Elspeth. *Scott of the Antarctic.* Nova York: Atheneum, 1978.

Jeal, Tim. *Livingstone.* New Haven, Conn.: Yale University Press, 2001.

Johnson, Donald S. *Phantom islands of the Atlantic: the legends of seven lands that never were.* Nova York: Walker, 1996.

Johnson, J. H. *Stalemate! The great trench warfare battles of 1915-1917.* London: Arms and Armour Press, 1995.

Kelly, John, ed. *The collected letters of W. B. Yeats.* vol. 1. Nova York: Oxford University Press, 2005.

Keltie, J. Scott. "Thirty years' work of the Royal Geographical Society". *Geographical Journal* 49, n° 5 (1917).

Kennedy, Dane. *The highly civilized man: Richard Burton and the victorian world.* Cambridge, Mass.: Harvard University Press, 2005.

Kigar, Paul Donovan. "The phantom trail of colonel Fawcett". *Americas* (abr. de 1975).

Knox, Robert. *An historical relation of Ceylon*. Colombo: Tisara Prakasakayo, 1966.

Kricher, John C. *A neotropical companion: an introduction to the animals, plants, and ecosystems of the New World tropics*. Princeton, N.J.: Princeton University Press, 1997.

Kuklick, Henrika. *The savage within: the social history of British anthropology, 1885-1945*. Cambridge, U.K.: Cambridge University Press, 1991.

Landes, David S. *The wealth and poverty of nations: why some are so rich and some so poor*. Nova York: W. W. Norton, 1998.

Landor, A. Henry Savage. *Across unknown South America*. 2 vols. London: Hodder & Stoughton, 1913.

_____. *Everywhere: the memoirs of an explorer*. Nova York: Frederick A. Stokes, 1924.

Larson, Erik. *Thunderstruck*. Nova York: Crown, 2006.

Las Casas, Bartolomé de. *A short account of the destruction of the Indies*. Tradução e edição de Nigel Griffin. Nova York: Penguin, 1992.

Lathrap, Donald W. *The upper Amazon*. London: Thames & Hudson, 1970.

Leal, Hermes. *Coronel Fawcett: a verdadeira história do Indiana Jones*. São Paulo: Geração Editorial, 1996.

Lestringant, Frank. *Mapping the Renaissance world: the geographical imagination in the age of Discovery*. Trad. de David Fausett. Berkeley: University of California Press, 1994.

Lightman, Bernard V., ed. *Victorian science in context*. Chicago: University of Chicago Press, 1997.

Lovell, Mary S. *A rage to live: a biography of Richard and Isabel Burton*. Nova York: W. W. Norton, 1998.

Lyon, Patricia J. *Native South Americans: ethnology of the least known continent*. Boston: Little, Brown, 1974.

MacGregor, Rob. *Indiana Jones and the seven veils*. Nova York: Bantam Books, 1991.

MacKenzie, John M., ed. *Imperialism and popular culture*. Manchester, U.K.: Manchester University Press, 1986.

Malcolm, Janet. *The silent woman: Sylvia Plath and Ted Hughes*. Nova York: Vintage Books, 1995.

Mann, Charles. "The forgotten people of Amazonia". *Science* 297 (2002).

_____. "1491". *Atlantic Monthly*, abr. de 2002.

_____. *1491: new revelations of the Americas before Columbus*. Nova York: Vintage Books, 2006.

_____. "The good earth: did people improve the Amazon basin?" *Science* 287 (2000).

Mann, Charles. "The real dirt on rainforest fertility". *Science* 297 (2002).

Marsh, Richard O. "Blond Indians of the Darien jungle". *World's Work*, mar. de 1925.

_____. *White Indians of Darien*. Nova York: G. P. Putnam's Sons, 1934.

Matthiessen, Peter. *The cloud forest: a chronicle of the South American wilderness*. Nova York: Penguin, 1996.

Maxtone-Graham, John. *The only way to cross*. Nova York: Macmillan, 1972.

McCullough, David. *The path between the seas: the creation of the Panama Canal, 1870-1914*. Nova York: Simon & Schuster, 1977.

McIntyre, Loren. "The commander and the mystic". *South American Explorer* (primavera de 1996).

McNiven, Ian J; Lynette Russell. *Appropriated pasts: indigenous peoples and the colonial culture of archaeology*. Lanham, Md.: AltaMira Press, 2005.

Meade, Marion. *Madame Blavatsky: the woman behind the myth*. Nova York: G. P. Putnam's Sons, 1980.

Meggers, Betty J. *Amazonia: man and culture in a counterfeit paradise*. Washington, D. C.: Smithsonian Institution Press, 1996.

Meggers, Betty J.; Clifford Evans. *Archeological investigations at the mouth of the Amazon*. Smithsonian Institution. Bureau of American Ethnology. Washington, D.C.: Government Printing Office, 1957.

Métraux, Alfred. *The native tribes of Eastern Bolivia and Western Matto Grosso*. Washington, D.C.: Government Printing Office, 1942.

Mill, Hugh Robert. *The record of the Royal Geographical Society, 1830-1930*. London: Royal Geographical Society, 1930.

Millard, Candice. *O rio da Dúvida: A sombria viagem de Theodore Roosevelt e Rondon pela Amazônia*. São Paulo: Companhia das Letras, 2007.

Moennich, Martha L. *Pioneering for Christ in Xingu jungles*. Grand Rapids, Mich.: Zondervan, 1942.

Moorehead, Alan. *The White Nile*. Nova York: Harper's Perennial, 2000.

Muffett, D. J. M. *Empire builder extraordinary: sir George Goldie*. Isle of Man, U.K.: Shearwater Press, 1978.

Murray, James; George Marston. *Antarctic days: sketches of the homely side of Polar life by two of Shackleton's men*. London: Andrew Melrose, 1913.

Neves, Eduardo G., et al. "Historical and socio-cultural origins of Amazonian dark earths". In *Amazonian dark earths: origins, properties, and management*, ed. J. Lehmann et al. The Netherlands: Kluwer Academic, 2004.

_____. "The timing of *terra preta* formation in the Central Amazon: archaeological data from three sites". In *Amazonian dark earths: explorations in space and time*, ed. Bruno Glaser; William I. Woods. Nova York: Springer, 2004.

Nicholl, Charles. *The creature in the map: a journey to El Dorado*. London: J. Cape, 1995.

Niven, Jennifer. *The ice master: the doomed 1913 voyage of the Karluk*. Nova York: Hyperion, 2000.

Oppenheim, Janet. *The other world: spiritualism and psychical research in England, 1850-1914*. Nova York: Cambridge University Press, 1985.

Pagden, Anthony. *European encounters with the New World*. New Haven, Conn.: Yale University Press, 1993.

Picchi, Debra. *The Bakairí Indians of Brazil: politics, ecology, and change*. Prospect Heights, Ill.: Wareland Press, 2000.

Pickover, Clifford A. *Strange brains and genius: the secret lives of eccentric scientists and madmen*. Nova York: HarperCollins, 1999.

Price, Willard. *The Amazing Amazon*. Nova York: John Day Co., 1952.

Pritchett, V. S. *The tale bearers: literary essays*. Nova York: Random House, 1980.

Ralegh, Walter. *The discoverie of the large, rich, and bewtiful empyre of Guiana*. Transcrito, anotado e com introdução de Neil Whitehead. Manchester, U.K.: Manchester University Press, 1997.

Reeves, Edward Ayearst. *Maps and map-making*. London: Royal Geographical Society, 1910.

_____. *The recollections of a geographer*. London: Seeley, Service & Company, 1935.

Revkin, Andrew. *The burning season: the murder of Chico Mendes and the fight for the Amazon rain forest*. Washington, D.C.: Island Press, 2004.

Rice, Alexander Hamilton. "Further explorations in the North-West Amazon Basin". *Geographical Journal* 44, nº 2 (1914).

_____. "The recent expedition of Dr. Hamilton Rice". *Geographical Journal* 56, nº 1 (1920).

_____. "The Rio Branco, Uraricuera, and Parima". *Geographical Journal* 71, nº 2 (1928).

_____. "The Rio Branco, Uraricuera, and Parima (Continued)". *Geographical Journal* 71, nº 3 (1928).

_____. "The Rio Branco, Uraricuera, and Parima (Continued)". *Geographical Journal* 71, nº 4 (1928).

_____. "The Rio Negro, the Casiquiare Canal, and the upper Orinoco, September 1919-April 1920". *Geographical Journal* 58, nº 5 (1921).

Riffenburgh, Beau. *Nimrod: Ernest Shackleton and the extraordinary story of the 1907-1909 British Antarctic expedition*. London: Bloomsbury, 2004.

Roosevelt, Anna C. "Dating a Paleoindian site in the Amazon in comparison with Clovis Culture". *Science* 275 (1997).

Roosevelt, Anna C. *Moundbuilders of the Amazon: geophysical archaeology on Marajó Island, Brazil*. San Diego, Calif.: Academic, 1991.

_____. "Secrets of the forest: an archaeologist reappraises the past — and future — of Amazonia". *Sciences* 32 (1992).

_____, ed. *Amazonian Indians from Prehistory to the present: anthropological perspectives*. Tucson: University of Arizona Press, 1994.

Roosevelt, Anna C., et al. "Paleoindian cave dwellers in the Amazon: the peopling of the Americas". *Science* 272 (1996).

Roosevelt, Anna C.; John Douglas; Linda Brown. "The migrations and adaptations of the first Americans: Clovis and Pre-Clovis viewed from South America". In *The first Americans: the Pleistocene colonization of the New World*, ed.Nina G. Jablonski. San Francisco: California Academy of Sciences, 2002.

Roosevelt, Theodore. *Through the Brazilian wilderness*. Nova York: Charles Scribner's Sons, 1914.

Royal Geographical Society. "Colonel Fawcett's Expedition in Matto Grosso". *Geographical Journal* 71, nº 2 (1928).

_____. "Dr. Hamilton Rice on the Rio Branco". *Geographical Journal* 65, nº 3 (1925).

_____. "The Monthly Record". *Geographical Journal* 54, nº 2 (1919).

_____. "The Monthly Record". *Geographical Journal* 48, nº 4 (1916).

_____. "The Monthly Record". *Geographical Journal* 41, nº 6 (1913).

Ryan, Simon. *The cartographic eye: how explorers saw Australia*. Cambridge, U.K.: Cambridge University Press, 1996.

Schurz, W. L. "The distribution of population in the Amazon Valley". *Geographical Review* 15, nº 2 (1925).

Semple, Ellen C. *Influences of geographic environment on the basis of Ratzel's system of anthropo-geography*. Nova York: Henry Holt, 1911.

Shackleton, Ernest Henry. *The heart of the Antarctic: being the story of the British Antarctic expedition, 1907-1909*. 2 vols. London: W. Heinemann, 1909.

Simón, Pedro. *The expedition of Pedro de Ursua & Lope de Aguirre in search of El Dorado and Omagua in 1560-1*. Editado por William Bollaert. London: Hakluyt Society, 1861.

Sims, George R., ed. *Living London: its work and its play, its humour and its pathos, its sights and its scenes*. 3 vols. London: Cassell, 1901-3.

Slater, Candace. *Entangled edens: visions of the Amazon*. Berkeley: University of California Press, 2002.

Smith, Anthony. *Explorers of the Amazon*. Nova York: Viking, 1990.

Sobel, Dava. *Longitude: the true story of a lone genius who solved the greatest scientific problem of his time*. Nova York: Walker, 1995.

Staden, Hans. *Hans Staden: the true history of his captivity*. Tradução e edição de Malcolm Letts. London: George Routledge, 1928.

Stanley, Henry M. *How I found Livingstone: travels, adventures, and discoveries in Central Africa, including four months' residence with Dr. Livingstone*. London: Sampson Low, Marston, Low, & Searle, 1872.

Stashower, Daniel. *Teller of tales: the life of Arthur Conan Doyle*. Nova York: Henry Holt, 1999.

St. Clair, David. *The mighty, mighty Amazon*. London: Souvenir Press, 1968.

Stepan, Nancy. *The idea of race in science: great Britain, 1800-1960*. Hamden, Conn.: Archon Books, 1982.

Stevens, Albert William. "The hydroplane of the Hamilton Rice expedition, 1924-25". *Geographical Journal* 68, nº 1 (1926).

Steward, Julian H., ed. *Handbook of South American Indians*. vol. 3, *The Tropical forest tribes*. Washington, D.C.: Smithsonian Institution, 1948.

Steward, Julian H.; Louis C. Faron. *Native peoples of South America*. Nova York: McGraw-Hill, 1959.

Stocking, George, Jr. *Race, culture, and evolution: essays in the history of anthropology*. Chicago: University of Chicago Press, 1968.

_____. *Victorian anthropology*. Nova York: Free Press, 1987.

Suarez, Pedro M. Eduardo Lembcke e Percy Harrison Fawcett. "Further explorations in Bolivia: the river heath: discussion". *Geographical Journal* 37, nº 4 (1911).

Swanson, John W. "The radio-telegraphy of the Hamilton Rice expedition, 1924-25". *Geographical Journal* 67, nº 6 (1926).

_____. "The wireless receiving equipment of the Hamilton Rice expedition, 1919-20". *Geographical Journal* 60, nº 3 (1922).

Temple, Robert. "E. Douglas Fawcett: the English Jules Verne". *British Heritage*, fev./mar. de 1985.

Todorov, Tzvetan. *The conquest of America*. Norman: University of Oklahoma Press, 1999.

Trevelyan, Raleigh. *Sir Walter Raleigh*. Nova York: Henry Holt, 2004.

Twain, Mark. *Following the Equator: a journey around the world*. Hartford, Conn.: American Publishing, 1897.

Ure, John. *Trespassers on the Amazon*. London: Constable, 1986.

U.S. Department of State. *Slavery in Peru: message from the president of the United States transmitting report of the secretary of State, with accompanying papers, concerning the alleged existence of slavery in Peru*. Washington, D.C.: Government Printing Office, 1913.

Verne, Henry. *Bob Moran and the Fawcett mystery*. Nova York: Roy Publishers, 1956.

Villas Boas, Orlando; Villas Boas, Claudio. *Xingu: the Indians, their myths*. Nova York: Farrar, Straus & Giroux, 1973.

Viveiros de Castro, Eduardo Batalha. *From the enemy's point of view: humanity and divinity in an Amazonian society*. Tradução de Catherine V. Howard. Chicago: University of Chicago Press, 1992.

Waldman, Carl; Alan Wexler. *Who was who in world exploration*. Nova York: Facts on File, 1992.

Walker, Lynne. "The Royal Geographical Society's house: An architectural history". *Geographical Journal* 146, nº 2 (1980).

Wallace, Alfred Russel. *A narrative of travels on the Amazon and Rio Negro, with an account of the native tribes, and observations on the climate, geology, and Natural History of the Amazon Valley*. Nova York: Greenwood Press, 1969.

Walters, Alan. *Palms and pearls; or, scenes in Ceylon*. London: Bentley, 1892.

Washington, Peter. *Madame Blavatsky's baboon: a history of the mystics, mediums, and misfits who brought spiritualism to America*. Nova York: Schocken Books, 1995.

Weinstein, Barbara. The *Amazon rubber Boom, 1850-1920*. Stanford, Calif.: Stanford University Press, 1983.

Whitmore, Timothy Charles. *An introduction to tropical rain forests*. Oxford, U.K.: Oxford University Press, 1998.

Wilford, John Noble. *The mapmakers*. Nova York: Vintage Books, 2000.

Williams, Misha. *AmaZonia*. London: Misha Williams, 2004.

Willis, J. C. *Ceylon: a handbook for the resident and the traveller*. Colombo: Colombo Apothecaries, 1907.

Wilson, A. N. *The victorians*. Nova York: W. W. Norton, 2003.

Wilson, David J. *Indigenous South Americans of the past and present: An ecological perspective*. Boulder, Colo.: Westview Press, 1999.

Winter, Denis. *Death's men: soldiers of the Great War*. Nova York: Penguin, 1979.

Wolf, Howard; Ralph Wolf. *Rubber: a story of glory and greed*. Nova York: Covici, Friede, 1936.

Wood, Michael. *Conquistadors*. Berkeley: University of California Press, 2000.

Woods, William I.; Joseph M. McCann. "The anthropogenic origin and persistence of Amazonian dark earths". *Yearbook Conference of Latin Americanist Geographers* 25 (1999).

Woolf, Charles M. "Albinism (OCA2) in Amerindians". *Yearbook of Physical Anthropology* 48 (2005).

Zweig, Paul. *The adventurer*. Pleasantville, N.Y.: Akadine Press, 1999.

Índice remissivo

Abbott, Arthur, 290-1
"abelhas lambedoras", 126
Abuná, rio, 113
Acampamento do Cavalo Morto, expedições de Fawcett ao, 38, 50, 119, 131-2, 242, 262, 272
Aché Kyravwa, 114
Afasukugu, 307
Afukaká (cacique dos kuikuros), 328--31
Aguirre, Lope de, 25-6
Ahrens, John, 254-5
albinismo, entre as tribos amazônicas, 297
Alexandre III, papa, 73
Aloique (cacique dos nahukwás), 285--9, 306, 329
Amazing Amazon, The (Price), 111
Amazonas (mulheres guerreiras), 191, 194
Amazonas, rio, 24, 104, 191, 194, 242, 267, 269; afluentes do, 34; curso e tamanho do, 33-4; enchentes do, 34; *ver também* afluentes específicos
Amazone, L' (Furneaux), 104
Amazônia (região): alterações ecológicas na, 268; camuflagem animal na, 127; civilizações perdidas da, 24; *ver também* Cidade de Z; Eldorado; clima na, 34-5, 47; como "falso paraíso", 49, 126, 171, 190, 214, 329, 334, 337; condições de vida na, 47-8; desmatamento da, 267-8; evidências de civilizações antigas na, 330-7; exploração da Antártida vs., 145; imagem popular da, 47; inanição na, 126-30; "índios brancos" da, 177, 218, 253, 297; potencial medicinal da, 172-3, 268; povo da *ver* tribos amazônicas; pragas e insetos da, 111-2, 126-7, 248, 257; *ver também* insetos específicos; predadores da, 95,

108, 110, 126-7, 146; ver também predadores específicos; tamanho da, 24; sustentabilidade de grandes sociedades na, 26, 47-8, 171, 173, 195, 214, 334-7
Amundsen, Roald, 27
Antarctic Days (Murray), 144
Antártida, exploração da, 143-4; Amazônica vs., 145; dispensa de Fawcett da, 231
Anuradhapura, 68
Aquitania (barco), 237
Araguaia, rio, 242, 293
Art of Travel, The (Galton), 86
Ártico, exploração do, 160
Artilharia Real, 52
astecas, 189
Atlanta Constitution, 26
Aventuras de Tintim, 272

Badulla, Ceilão, 53, 57-8
bakairi, índios, 242, 259-60, 266, 270, 275, 285; interação do governo com os, 274-5
Bakairi, Laurinda, 275
Bakairi, Posto Indígena, 269, 284-5, 289, 294-5, 300, 305; expedição de Dyott no, 284-5; expedição de Grann no, 273-5
Bakairi, Taukane, 266, 268, 270-1, 273-4
Barclay, William S., 139, 141
Barra do Garças, Brasil, 320
Basso, Ellen, 312
Batalha do Somme, 206
Batticaloa, Ceilão, 57
Bernardino (guia indígena), 284, 289
Biblioteca Nacional (Brasil): documentos com referências a Fawcett na, 197-200

bichos-de-pé, 111
Bingham, Hiram, 183, 186-7, 235
Blavatsky, Helena Petrovna, 62-4, 209, 319
Bob Moran and the Fawcett mistery (Verne), 272
Bolívia: disputas de fronteiras na, 99--100; mapeamento de Fawcett da fronteira brasileira com, 100-17, 124-30; tribos amazônicas da, 48, 171
borracha, indústria da, 100, 103-4, 106, 222, 241; no Brasil, 103-4, 222; relação com escravidão da, 105-6
botocudos, índios, 122
Bowman, Isaiah, 235-6, 238
Branco, rio: expedição de Rice ao, 251-3
Brasil: assassinato de uma freira no, 269; desmatamento no, 267-8; disputas de fronteiras no, 100; indústria da borracha no, 103-4, 222; mapeamento de Fawcett da fronteira boliviana com, 100-17, 124--30; pedido de financiamento de Fawcett do, 219-20; povos indígenas protegidos no, 239-40; reservas indígenas no, 240
Bridges, Thomas Charles, 141, 177
Brown, Lewis, 221
budismo, 63-4
Bureau de Etnologia Americana, 297
Burton, Richard Francis, 65, 69, 76-7, 114, 175, 205

Canarana, Brasil, 300
candiru (peixe), 95
canibalismo, 19, 25, 90, 113-4, 129, 177, 193, 206, 234, 244, 278; em expedições, 193

Cannibal Club, 114
carrapatos, 111-2, 257, 268, 296
cartografia: e a busca do paraíso, 72-3; espionagem relacionada à, 98; representação do desconhecido em, 72-3
Carvajal, Gaspar de, 24-5, 191, 194-5, 337
Casement, Roger, 106
Ceilão: Fawcett servindo no, 52-3, 56-8, 61, 64, 68
Chateaubriand, Assis, 296
Chivers, Arthur John, 101-3, 105, 107, 110, 113, 116
Churchill, Winston, 175, 203
Cidade de Z: debates sobre teorias a respeito da, 214; descrição e argumentos de Fawcett a favor da, 26, 121, 132, 166, 171, 173, 180-1, 187-8, 193-201; expedição de 1920 para encontrar a, 221-4, 246, 289--90; expedição de para encontrar a *ver* Expedição de Fawcett de 1925; expedição solo de Fawcett para encontrar a (1921), 225-6; financiamento da busca da, 26, 210, 213, 216, 219, 234, 236-7; formações rochosas confundidas com, 267, 318; Lynch atraído pela ideia da, 37-8; planejamento da primeira expedição em busca da, 201-2, 210, 213-4; relatos de conquistadores a respeito da, 187-8, 194-5, 200, 214
Cieza de León, Pedro de, 190
Cinta Larga, tribo, 240
cipó, 127
civilizações antigas nas Américas, 187, 235, 330-7

civilizações perdidas, 24, 49, 81, 166, 197; *ver também* Cidade de Z; Eldorado
Clastres, Pierre, 114
clovis, 335
Colômbia: região amazônica da, 38, 111; tribos amazônicas da, 38
Colombo, Cristóvão, 19, 34, 75, 103, 177, 236, 334
comida e escassez de comida: na Amazônia, 168, 172, 191, 194; na expedição ao rio Heath, 149-54; nas expedições de mapeamento da fronteira da Bolívia, 101, 106, 126-8, 130
comunidade científica: na sociedade vitoriana, 62, 75; ressentimento de Fawcett com, 214, 231
conquistadores, 24-5, 75, 173, 177, 188-9, 193-5; relatos de cidades avançados dos, 187-8, 200, 214, 333, 337; relatos vitorianos *vs.*, 193-5; *ver também* conquistadores específicos
Conrad, Joseph, 26, 68, 79
Cortés, Hernán, 189
Corumbá, Brasil, 124, 247, 249
Costin, Henry, 109-10, 115, 145-6, 151-9, 167-72, 179, 201-3, 210, 213, 256; leishmaniose contraída por, 153, 159; sobre a abordagem de Fawcett aos nativos, 166--70, 177; sobre a expedição ao rio Heath, 145-6, 150-9
Courteville, Roger, 278-9
cristianismo: conversão de nativos ao, 76; na sociedade vitoriana, 55; promovido pelo Império Britânico, 56, 64

395

Crosby, Bing, 272
Cuiabá, Brasil, 40, 123, 222-4, 241-2, 247-9, 251, 256, 259, 266-7, 273, 291-2, 298; expedições de Fawcett em, 247-54; Grann em, 240-2
Cuiabá, rio, 255
Cummins, Geraldine, 315, 324
Cunha, Euclides da, 104
Cuzco, 189

Daily Mail, 40
Dannreuther, T., 85
Darwin, Charles, 63, 71, 75, 78, 99, 140, 174-5, 221
Darwin, Leonard, 75, 140
Das, Jumna, 58
Delmotte, Rene, 39
dengue, 111, 300
Destiny (navio), 192
Dewisme, Charles-Henri *ver* Verne, Henry
Díaz del Castillo, Bernal, 189
Dickens, Charles, 53; travessia do Atlântico de, 30
discórdias internas, em expedições, 144, 148, 150-4
doenças: contraídas na Amazônia, 190-1, 251; na expedição ao rio Heath, 148, 153-4, 156-9; na expedição de Dyott, 286; na expedição de Fawcett de 1920, 224; na expedição de Fawcett de 1925, 258, 261, 267; nas expedições de mapeamento da fronteira da Bolívia, 113-4, 126
Doutrina secreta, A (Blavatsky), 64
Doyle, Arthur Conan, 19, 23, 47, 54, 60, 63, 125, 202, 207, 209-10; espiritualismo de, 63, 208

Doyle, Kingsley, 207
Dulipé ("o Deus Branco do Xingu"), 296-8
Dúvida, rio da, 127, 182, 281
Dyott, George Miller: métodos de exploração de, 281

Earhart, Amelia, 37
echoja (tribo): amizade com Fawcett, 169; conhecimentos médicos e farmacológicos da, 172, 173; recursos alimentares da, 171
Ecology of power, The (Heckenberger), 334
Edward, príncipe de Gales, 53
Eldorado: busca de Pizzaro por, 189, 190-1; busca por, 25, 187, 189-93, 214; descartado como mito, 193; lenda de, 188-9
Eleanor II (barco), 216, 233
enguias elétricas (poraquês), 108
Erickson, Clark, 336
Escola de Medicina Tropical (Londres), 159
escravos: usados pela indústria da borracha, 105-6; usados pela indústria madeireira, 269; usados pelos conquistadores, 191
Espinosa, Gaspar de, 189
espiritualismo: Conan Doyle e, 63, 208; e a ascensão da ciência, 62; Fawcett e, 208-9, 214, 231; Nina Fawcett e, 314; praticado pelos seguidores de Fawcett, 315
Estados Unidos: expedições lideradas pelos americanos, 204; Fawcett buscando financiamento nos, 234, 236
eugenia, 78, 175

evolução: versão predominante de nativos e, 174-5
Expedição ao rio Heath, 143-59; abandono de Murray considerado na, 154, 156; comida e escassez de comida na, 149, 152-4; discórdias internas na, 144, 148, 150-4; doenças durante, 153-7
Expedição de Dyott, 280-8; despachos da, 284-7; doença contraída na, 286; encontros tribais da, 284-7, 306; no Posto Indígena Bakairi, 284-5; voluntários para, 281-2
Expedição de Fawcett de 1925: 244--63; alegados avistamentos e evidências da, 278, 289-96; buscas pela, 280-93; cobertura da mídia da, 26, 27, 31, 36, 235, 244; desaparecimento da, 35, 50, 120; despachos e cartas enviadas pela, 35, 246-9, 254-6, 264, 274, 277, 294; financiamento da, 26, 229, 234, 236-7; grupo separado durante a, 256, 268; Jack convidado para, 228-9; lendas em torno da, 36; planejamento e preparação para, 23-31, 228-9, 231-2, 236-7; segredo em torno da rota da, 36, 50, 120-2, 131-2, 220, 242, 279, 288; tamanho da, 27; testemunhas da, 274-5, 312-3
Expedição de Lynch: cobertura da mídia da, 40; equipe escolhida para, 39; fuga do cativeiro, 161, 162-4; preparações para, 39; sequestro de, 42-3, 324
Expedição Fawcett, A (Fawcett), 38, 50, 95, 119, 134, 136, 151, 317-8, 320; detalhes em anotações particulares *vs*., 122
expedições: aumento da especialização em, 213, 233; avanços tecnológicos e, 213, 217, 233-4, 284; canibalismo em, 193; *ver* comida e falta de comida; discórdias internas em, 144, 148, 150-4; doenças em *ver* doenças; financiamento de, 26, 184, 210, 213, 215, 219, 234, 236-7; motins em, 151, 182-3
Expedições que procuraram Fawcett, 36-7, 50, 71, 94, 164, 198, 275, 281-2, 284-8, 290-3
exploradores: amadores *vs*. profissionais, 74, 213; americanos, 204; educação e treinamento de, 84-5, 90, 183; rivalidade entre, 27, 181--5, 204, 221, 225; *ver também* conquistadores, exploradores específicos
"Explorer, The" (Kipling), 102

Faillace, Vera, 198-200
Fawcett, Brian, 28-9, 38, 96, 116, 119, 134, 237, 244-5, 277-8, 295; *A Expedição Fawcett*, compilação de, 316-7, 320; Dyott questionado por, 288; e o mistério de Fawcett, 278, 288, 297-8, 310; em busca da expedição de 1925, 317-8; infância e juventude de, 135-6, 212, 230; sobre a saúde de Nina Fawcett, 315
Fawcett, Edward, 314; budismo de, 64; como romancista, 66-7, 82, 139; morte do irmão aceita por, 295
Fawcett, Edward Boyd, 53-5

Fawcett, Jack, 100, 223, 226, 234, 236; amizade de Raleigh Rimell com, 28-9, 31, 211, 215, 232, 261; aparência de, 29, 211; ascetismo de, 28, 232, 245; cartas a Nina Fawcett de, 247-9; desenvolvimento na expedição de 1925 de, 256-7, 259; forma física de, 28-9, 31, 211; infância e juventude de, 134, 137-8, 211-2, 215; nascimento de, 61; sobre a expedição de 1925, 28-31, 245-9, 254-63; suposto filho de, 296-7

Fawcett, Joan, 118, 136-7, 230, 237, 277, 295, 315-7

Fawcett, Myra Elizabeth, 54-5, 60, 209

Fawcett, Nina Agnes Paterson, 30, 37, 59, 60-1, 81, 90, 100, 121, 134-8, 148, 170, 201, 204-5, 207, 211, 224, 228, 230-1, 236-7, 251, 254-5, 257, 260-1, 264, 277, 279, 282, 290, 293, 295-8, 314-7; cartas à RSG de, 136-7, 142, 153, 204, 207; cartas de Jack Fawcett a, 248-9, 277; Cidade de Z como sonho de, 229; código de Fawcett para, 122, 222; como defensora da igualdade entre os sexos, 136-7; corte de, 59--61; espiritualismo praticado por, 314; mistério de Fawcett acompanhado por, 278, 289, 294, 296-8; morte de, 317; notícias da expedição de 1925 enviadas a, 248-9, 257, 277; planos para expedição de resgate rejeitados por, 279; preocupações financeiras de, 230, 236, 294, 317; retorno de Fawcett antecipado por, 277-8; saúde de, 136, 297, 298, 315, 316; viagem à América do Sul de, 136; vida na casa mantida por, 135-6, 212, 230, 237

Fawcett, Percy Harrison: abordagem aos nativos de, 166-70, 217-8, 262-3; anel de sinete de, 123; anotações particulares de, 50, 79-80, 118-22; aparência de, 22, 59, 202; ar de invencibilidade de, 141, 143, 169-70, 186, 229; ascetismo de, 54-5, 58, 60, 231-2; budismo de, 63-4; casamento de, 61; Ceilão explorado por, 52-3, 56-8, 61, 64, 68; colaboração com Murray, 143-58; como renegado social, 53-4, 61, 64, 178, 202, 209; críticos de, 186, 214-5, 229; cultos formados em torno de, 320-1; dieta seguida por, 109-10, 128, 142-3; dificuldades financeiras de, 229-30, 236-7; escravidão denunciada por, 105-6; estilo de liderança de, 108, 110, 139, 142-3, 149-50, 155-6, 158, 202-3; expedição ao rio Heath de, 143-59; expedição ao rio Verde de, 124-30; fama e reputação de, 22-7, 136, 138-40, 169-70, 203, 205, 208, 250; fascínio por exploradores de, 65-6; formação de, 54-6; fronteira Brasil-Bolívia mapeada por, 100-17, 124, 125-30; habilidades esportivas de, 55; infância e juventude de, 53-6; inquietação de, 61, 65-6, 68, 135; línguas e dialetos aprendidos por, 167; na expedição de 1920, 221-4, 246, 288, 290; na expedição de 1925 *ver* Expedição de Fawcett de 1925; Nina Fawcett cortejada por, 59--61; no Exército, 52-6, 64, 202-10;

obras de ficção inspiradas, 22-3, 35, 47, 125, 209, 272; opiniões religiosas de, 54-5, 64; poemas escritos por, 137; poemas levados por, 101, 120-1; prêmios conferidos a, 204, 208, 229-30; primeira expedição planejada por, 201-2, 209-10, 212-3; primeira viagem à América do Sul de, 29, 100-17; relatos de conquistadores estudados por, 193-5; ressentimentos com a comunidade científica de, 214, 230-1; retorno ao lar de, 134-5; saúde e forma física de, 55, 116-7, 141, 143, 169-70, 186, 223-4; sociedades complexas na Amazônia aparentemente sustentáveis de, 26, 171, 173, 180, 194-5; superioridade ocidental questionada por, 65, 176-7; supostos ossos de, 299, 308-10, 323; trabalho de espionagem de, 97-8, 203, 221; treinamento na RSG de, 82-90, 323; tribos procuradas por, 168-70; turistas desdenhados por, 30; vida doméstica de, 134-8, 210-2
febre amarela, 101, 104, 111, 113
Ferrovia da Morte, 105
Fisher, Frank, 124
Fitsi-fitsi, mito de, 307, 331
Fleming, Ian, 292
Fleming, Peter, 292
Fonte da Juventude, 72
Forster, E. M., 66
Forsyth, Adrian, 128
Francisco Ferdinando, arquiduque, 58, 201
frenologia, 175
Freshfield, Douglas, 185

FUNAI (Fundação Nacional do Índio), 38, 240
Furneaux, Robin, 104, 222

Gabinete da Guerra britânico, 220
Galla-pita-Galla, busca de Fawcett a, 57-8, 122, 137, 216
Galton, Francis, 78-9, 86, 88-90; recomendações e manuais da RSG, 84-5, 88-90; teorias eugênicas de, 78-9, 175
Galvão, Hermenegildo, 258, 269-71
Gardênia (guia indígena), 289
Geographical Journal, 22, 205
Geographical Review, 214
Goldie, George Taubman, 99-100
Goodrich, B. F., 103
Google Earth, 131
Gould, Stephen Jay, 78
Grann, David: "apelo" como interesse de, 46; em busca da rota de Fawcett, 118-22, 132, 197-200; em busca de um encerramento para o caso Fawcett, 324-38; na aldeia dos kuikuros, 327-38; na trilha de Fawcett, 239-42, 265-75, 300-12, 321; planos para a viagem à Amazônia de, 50, 92-6, 118-22, 131-2, 134; reportagens investigativas de, 46; separação com Paolo de, 326; sua atração por histórias de aventuras, 45
Grann, Kyra Darnton, 50, 92, 131-2, 322
Grann, Zachary, 96, 322
Greene, Graham, 317
guarayo (tribo), 146, 148-9, 168-70; amigos de Fawcett, 168; recursos alimentícios dos, 168, 171
guayaki (tribo), 114

Haggard, Henry Rider, 19, 44, 66, 233, 258
Harrison, John, 74
Hartmann the Anarchist (E. Fawcett), 139
Hearst, William Randolph, 249
Hecht, Susanna, 334
Heckenberger, Michael, 49, 269, 324; encontro de Grann com, 329-8; investigações sobre Fawcett de, 329-30
Hemingway, Ernest, 38, 235
Hemming, Henry Harold, 209
Hemming, John, 38, 70, 178
Heyerdahl, Thor, 235
Hints to travellers, 86-7, 102
Holmberg, Alan R., 48
Holt, Ernest, 23, 221-6, 246, 249, 289
Hope, Bob, 272
Humboldt, Alexander von, 108

Iguatemi (barco), 247-9
Ilha da Madeira, Portugal, 237
Ilha de Marajó, 34, 48
Império Britânico: cristianismo promovido pelo, 56, 64; depois da morte da rainha Vitória, 139; expansão do, 74-5; mapeamento como crucial para, 74
inanição, 19, 107, 126, 128-9, 306
incas, 186, 189
Indiana Jones e os sete véus (romance), 272
Instituto Butantan, 246
Instituto de Ciências e Pesquisas Tecnológicas do Amapá, 337
Inter-Departmental Committee on Physical Deterioration [Comitê Interdepartamental sobre Deterioração Física], 139
Isidore de Seville, 72

Jamaica, mudança de Fawcett para, 215
James I, rei da Inglaterra, 193
Jardim do Éden, 72, 151, 319
jiboia, 22, 109-10, 328

kalapalo (tribo): acusada pela morte de Fawcett, 299, 301; encontro de Grann com, 300, 304-9, 322; estilo de vida dos, 304-9; habilidades na pesca, 309-10; história oral dos, 312, 323; histórias contraditórias a respeito de Fawcett dos, 310-2; recursos alimentares, 305, 309-11
Kalapalo, Vanite, 307-8
kamayurá (tribo), 292
Kambe (índio kalapalo), 312-3
kanichana (tribo), 113-4
Karluk (navio), 160
kayapó (tribo), 262-3, 284, 329, 336
Keltie, John Scott, 24, 81, 116, 136-7, 142-3, 158-9, 176, 181, 183, 186, 202, 205, 207, 210, 215, 223, 226, 231, 236-7, 245; cartas de Nina para, 136-7, 204, 207; sobre os pedidos de financiamento de Fawcett, 210, 215, 236
Kennedy, Dane, 177
Keynes, John Maynard, 175
King of the wild (filme), 291
Kipling, Rudyard, 98, 102, 145, 222
Koch-Grünberg, Theodor, 233, 251, 253

kuikuro (tribo), 42, 296, 324-5, 327, 331, 338; encontro da expedição de Lynch com, 41-2; Heckenberger com, 49, 324

Kuluene, rio, 302-4, 324; represa construída no, 307

Kurisevo, rio, 284

Landor, Henry Savage, 182, 184-6

Large, Harold, 211, 224, 294

Las Casas, Bartolomé de, 173-4

Laughton, Arthur Edward Seymour, 85

Lawrence, T. E., 228-9

leishmaniose, contraída por Costin, 153, 159

León, Ponce de, 27, 72

Life (revista), 297

Light (revista), 232

Livingstone, David, 22, 65-6, 69-71, 75, 140, 205, 280, 285

London Gazette, 208

Los Angeles Times, 235

Los Angeles, Califórnia: mudança de Fawcett para, 228

Luckner, Udo, 321

Lynch, George, 234, 236-8

Lynch, James: atraído pela história de Fawcett, 35-8; aventuras que procurou, 36-7, 164; visita de Grann a, 161-4

Lynch, James, Jr., 163-4; sobre a expedição de Lynch, 40-3

Lyne, Cecil Eric Lewis, 202-3, 207

Machu Picchu, 186-7, 236

Madeira, rio, 34

madeireiras, escravos usados pelas, 269

Maggi, Blairo, 268

malária, 45, 101, 111, 113, 145, 251, 266, 273, 280, 329; contraída por Manley, 153, 158

Malcolm, Janet, 120

Man hunting in the jungle (Dyott), 288

Manaus, Brasil, 103-4, 216, 222, 269

Manley, Henry, 153-4, 156-9, 179, 201, 210, 213; com malária, 153, 158; sobre a expedição ao rio Heath, 145, 150, 153-4, 156-9

Mann, Charles, 48

Manso, rio, 256, 268

maricoxi (tribo), 171

Markham, Clements, 222

Marsh, Richard O., 297-8

Mato Grosso: como localização de Z, 201; desenvolvimento comercial de, 268; expedição de Lynch a, 40; expedições de Fawcett a, 38, 123; população indígena de, 240; *ver também* Cuiabá

Mauro, Fra, 73

maxubi (tribo), 180, 212

McCarthy, Hugh, 293-4

McIntyre, Loren, 285

Meade, Marion, 62

Medalha de Fundador, 205

Medalha de Patrono, 205

Medalha Distinguished Service Order, 208

Meggers, Betty, 47-9

mídia: cobertura da expedição de Fawcett de 1925, 26-7, 31, 36, 235, 244; cobertura do mistério de Fawcett, 277-81, 284, 287, 292, 318; *ver também* North American Newspaper Alliance (NANA)

401

1491 (Mann), 48
Millard, Candice, 127
Minas do rei Salomão, As (Haggard), 66
Ministério dos Transportes do Brasil, 269
miriápodes, 111
Mistério de Fawcett, O: cobertura da mídia do, 277-81, 284, 287, 292, 318; na cultura popular, 272-3, 321; supostos ossos no, 299, 308--10, 323
Miyata, Kenneth, 128
Moennich, Martha, 296
Montague, Nell, 315
Montet, Jean de, 295
Montet-Guerin, Isabelle, 122
Montet-Guerin, Rolette de, 118-20, 123, 295
Monya (avô de Grann), 45-6
morcegos-vampiros, 22, 146
Morel, Edmar, 296-7
Morte, rio da, 242, 263, 273
moscas-varejeiras, 111
mosquitos, 18-9, 40, 96, 111-3, 115, 129, 149-50, 248, 255, 261, 288, 326
motins, em expedições, 151, 182-3
Mugika (avô de Vajuvi), 310
Mundo perdido, O (Doyle), 23, 47, 125, 209-10
Muñoz, Daniel, 39
Murray, James: abandono de, 154, 156-7; aparência de, 144; carreira e reputação de, 143-4; colaboração de Fawcett com, 143-58; constituição física de, 144, 147-9; doenças contraídas por, 153-8; infestação por vermes de, 153-4, 157, 172; morte de, 160; reaparecimento de, 157-9; tido como morto, 157
Museu Americano de História Natural, 297
Museu do Índio Americano, 236, 297, 309
Museu Peabody, 297

nahukwá (tribo), 285
National Geographic, 45, 187
nativos *ver* povos indígenas
Negro, rio, 34, 205, 218
New York Times, 36, 233, 253, 268, 298
Nicolson, Harold, 317
Nilo, rio, 33-4, 65, 77
Nordenskiöld, Erland, 214
North American Newspaper Alliance (NANA), 254, 284, 286; financiamento da expedição de 1925, 235; *ver também* mídia
Notes and queries on Anthropology (manual), 174
Novo Mundo, 19, 173, 215
Núcleo Teúrgico, 321
Nukak-Makú (tribo), 38

Occult Review, 320
Oppenheim, Janet, 63
Orellana, Francisco de, 24, 126, 191-2, 194
Origem das espécies, A (Darwin), 174
Orinoco, rio, 108, 192, 204, 216-7, 252
Otelo (Shakespeare), 24
Other world, The (Oppenheim), 63
Oviedo, Gonzalo Fernández de, 189, 193

pacaraguá, índios, 113
Paget, Ralph, 219, 224, 290-1, 315
Panama, SS, 100
Pansil (preceitos budistas), adotados pelos irmãos Fawcett, 64
Pará, Brasil, 242
Parima, rio, 252
parintintin (tribo), 113
Parque Nacional do Xingu, 240, 242, 300, 303
Paterson, Nina Agnes *ver* Fawcett, Nina Agnes Paterson
Pequeno Lord, O (filme), 228
Peru: disputas de fronteiras no, 100; escravidão no, 106; povos indígenas do, 187
Peruvian Amazon Company, 106
Pessoa, Epitácio, 220
Petersen, James, 49, 269, 324; morte de, 269
Petrullo, Vincenzo, 312
Phyllobates terribilis, 111
Pickford, Mary, 228
Pinage, Paulo, 240
Pinzón, Vicente, 34
piranhas, 22, 35, 95, 108, 127, 163, 182, 259, 311
piuns, 111, 326
Pizarro, Francisco, 189, 192
Pizarro, Gonzalo, 189-90
Polo Sul, 27, 74, 86
pólvora, 89, 112, 213
Poole, James, 80
poraquês *ver* enguias elétricas
porcos selvagens, 110
Possuelo, Sydney, 38
povos indígenas: debates a respeito na RSG, 76-7; visões ocidentais dos, 65, 173-7; *ver também* tribos amazônicas; tribos específicas

Prester, John, 73
Price, Willard, 111
Prichard, Herbert Christie, 60-1
Primeira Guerra Mundial, 23, 202-10, 280; busca por Z interrompida pela, 202
Pritchett, V. S., 66
Punhado de pó, Um (Waugh), 36

Radio Relay League, 284
Raleigh, Elizabeth, 192
Raleigh, Walter, 24, 192
Raleigh, Walter (filho), 192
Rattin, Stefan, 290-1, 293, 326
Real Sociedade Geográfica (RSG), 22, 26-7, 69; apresentação de Fawcett na, 140; debates organizados pela, 76-7; desconfiança dos que procuravam por Fawcett, 70-1; e o mistério de Fawcett, 277, 297; financiamento da, 74; membros excêntricos da, 74, 76-8; missão da, 74; os que apoiavam Fawcett na, 214-5, 236; planos para o resgate de Fawcett apoiados pela, 280; prêmios conferidos pela, 205; sobre o abandono de Murray, 159; solicitações de financiamento de Fawcett à, 210, 213, 218-9, 230, 236; visita de Grann à, 70-1, 78-80
Recollections of a Geographer, The (Reeves), 84
Reeves, Edward Ayearst, 80-1, 84-5, 90-1, 204, 215, 221, 237, 315; como diretor de treinamento da RSG, 84-5, 90, 182
Riberalta, Bolívia, 105, 107, 109
Ricardo Franco, serra de, 125
Rice, Alexander Hamilton, 27, 182-5, 216-8, 233-4, 251-3, 334; aborda-

gem dos nativos de, 217, 218, 252-3; aposentadoria de, 279; formação e treinamento de, 182; prêmios recebidos, 204; riqueza de, 183, 204, 216, 233; tecnologia usada por, 204, 216, 233-4, 251, 253; visita a Nina Fawcett de, 279
Ridout, Brian, 123
Rimell, Elsie, 229, 277, 279, 282, 283, 289-90
Rimell, Raleigh, 137, 215, 242; amizade com Jack Fawcett, 28-9, 31, 211, 215, 232, 261; aparência de, 29; convidado para a expedição, 229; desaparecimento de ver Mistério de Fawcett; na expedição de 1925, 28-31, 245-9, 254-63, 268; preparações para a expedição de, 31; tentativa de carreira no cinema, 228; transformado pela expedição, 256-7, 261
Rimell, Roger, 229, 262, 264, 282
Rio da Dúvida, O (Millard), 127
Rio Novo (fazenda), 270, 271
rivalidade entre exploradores, 27, 181--5, 204, 221, 225
Rockefeller, John D., Jr., 238
Rondon, Cândido Mariano de Silva, 182, 185-6, 220-2, 224, 240, 291
Roosevelt, Anna, 334-5, 337
Roosevelt, rio, 185
Roosevelt, Theodore, 108, 152, 182, 334
Rurrenabaque, Bolívia, 105

Santos, Silvino, 233
São Lourenço, rio, 248
sapos, envenenamento por, 110
saúvas, 107

Savage Club, 234
Savage gold (filme), 288
Scott,Robert Falcon, 27, 86
Secret of the desert, The (Fawcett), 67
Sepúlveda, Juan Ginés de, 173, 175
Serviço de Proteção aos Índios, 182, 220, 240, 263
Shackleton, Ernest, 70, 143-5, 152, 206
Shakespeare, William, 24, 59
Shaw, George Bernard, 63
Simão (guia indígena), 289
Sirionó, tribo, 48
Sociedade Antropológica de Londres, criação da, 175
Sociedade de Pesquisa Psíquica, 63
Sociedade Geográfica Americana, 26, 235-6
Speke, John, 65
Sri Lanka ver Ceilão
Stanley, Henry Morton, 65, 280
Stevens, Albert William, 252
Sturt, Charles, 80
Survey of India Department, 97
suyá, tribo, 262-3, 286, 329
Swallowed by an Earthquake (E. Fawcett), 66
Swanson, John W., 217

Tapajós, rio, 194, 290
Temple, Charles Lindsay, 84
Tennyson, Alfred, 63
Tenochtitlán, 189
Tentação de Zanzibar, A (filme), 272
teosofia/teosofistas, 63-4, 66
Terra da neblina, A (Doyle), 209
Terra do Fogo, habitantes da, 175
Thomson, Hugh, 187
Tibete, 45, 98, 182
Time (revista), 297

tocandira, 128
Travel (revista), 210
Travel Films, 281
tribos amazônicas, 38; abordagem de Fawcett às, 167-70, 218, 262-3; abordagem de Rice às, 217, 218, 252-3; albinismo nas, 297; busca de Fawcett às, 168-70; canibalismo entre as, 113-4; cautelosas com ocidentais, 240, 289; hostilidade com forasteiros das, 106; imagem popular das, 48; infanticídio entre as, 47, 305; organização política das, 240; Proteção do Brasil das, 239-40, 276; recursos alimentícios das, 168, 171, 195, 306, 309-11; tamanho e população das, 47, 180, 195, 305, 334, 337; tecnologia usada pelas, 240; *ver também* povos indígenas; tribos específicas
Trypanosoma cruzi, 111
Twain, Mark, 57
Txukahamei, tribo, 278

United Fruit Company, 216
Universidade Harvard, 184, 297

Vajuvi (cacique kalapalo), 301-13, 323-5
Valdemira, 260
Vauban, SS, 21, 23, 30
Verde, rio: expedição ao, 124-8, 130
vermes parasitas, 111
vermes, Murray infestado por, 153-4, 158, 172
Verne, Henry (Charles-Henri Dewisme), 272
Verne, Julio, 66
Victorians, The (Wilson), 64

Villas Boas, Claudio, 48
Villas Boas, Orlando, 299, 310
Vinte mil léguas submarinas (Verne), 67
Vitoriana, sociedade: antropologia e, 174-5; ascensão da ciência na, 62, 74; cristianismo na, 55; Era Vitoriana das descobertas, 69; Fawcett como um renegado na, 53-4, 61; hábitos sexuais da, 55; papel de, 213
Voltaire, SS, 283-4

wai-wai (índios da Guiana), 178
Waldorf-Astoria, hotel, 31, 238, 297
Walker, Jimmy, 283
Wallace, Alfred Russel, 63
Washington Post, 210, 278, 291
Waugh, Evelyn, 36
Wells, Jonathan, 293
When the world shook (Haggard), 233
Whitehead, John J., 285-6, 288
Whitehead, Neil, 337
Widener, Eleanor, 184
Willis (cozinheiro), 107, 110, 116-7
Wilson, A. N., 64
Windust, Esther, 232, 234
Winton, Albert de, 291-3
Wright, Persis Stevens, 283

xavantes, tribo, 263, 329
Xingu, rio, 17, 40, 201, 223
xinguanos, tribo, 306-7, 309, 338

yanomami, tribo, 178, 218, 253
Yeats, William Butler, 62
Younghusband, Francis, 98
yurucar, tribo, 178

Z *ver* Cidade de Z

ESTA OBRA FOI COMPOSTA EM MINION PELO ACQUA ESTÚDIO E IMPRESSA
PELA RR DONNELLEY EM OFSETE SOBRE PAPEL PÓLEN SOFT DA SUZANO
PAPEL E CELULOSE PARA A EDITORA SCHWARCZ EM AGOSTO DE 2009